LINDER
BIOLOGIE

Lösungen und Kommentare zum Arbeitsheft 1

Zellbiologie

Stoffwechselbiologie

Genetik

Immunbiologie

herausgegeben von

Rainer Drös

Schroedel
westermann

LINDER BIOLOGIE

**Lösungen und Kommentare
zum Arbeitsheft 1**
23., neu bearbeitete Auflage

Herausgeber
Dr. Rainer Drös

Fachberatung
Prof. Dr. Horst Bayrhuber

Autoren
Prof. Dr. Horst Bayrhuber, Gettorf
Karin Becker, Heidelberg
Dr. Rainer Drös, Mauer
Dr. Helmut Gaßmann, Bad Münstereifel
Dr. Thomas Hansen, Gettorf
Dr. Kristin Vorwerck, Elmshorn

Bildquellen
|2 & 3d design Renate Diener, Wolfgang Gluszak, Düsseldorf: 125.4, 126.4. |A1PIX - Your Photo Today, Ottobrunn: 129.1, 131.2. |Agentur Focus - Die Fotograf*innen, Hamburg: Biophoto Associates/Science Source 23.1; Photo Researchers/Don W. Fawcett 23.3. |Australian National University, Research School of Biology, Canberra: 120.3, 120.4, 120.5. |Becker, Karin: 74.3. |Biosphoto, Berlin: J.-L. & Hubert M.-L. Klein 129.2. |Böthling, Jörg, Hamburg: 131.1. |CartoonStock. com, Bath: Kim Nick 123.1. |Frederick National Laboratory for Cancer Research, Frederick/Maryland: Kunio Nagashima, Electron Microscopy Laboratory 139.1. |Gall, Eike, Enkirch: 90.1. |Getty Images, München: AFP/Vince Bucci 86.1; Tom Brakefield 65.1. |Golden Rice Humanitarian Board/ www.goldenrice.org: 131.4. |Granlund, Dave, Waconia MN: 154.1. |Hartmann, Jörg, Münster: 135.1. |Holtermann, Helmut, Dannenberg: 125.2, 126.2. |Huber, Oswald Prof. Dr., Marly: 77.2. |John Wiley & Sons, Inc., Hoboken: 23.2. |Karnath, Brigitte, Wiesbaden: 9.1, 9.2, 11.1, 12.1, 12.2, 12.3, 13.1, 14.1, 15.1, 17.1, 18.1, 19.1, 20.1, 20.2, 25.1, 30.1, 32.1, 33.1, 33.2, 33.3, 34.1, 34.2, 34.3, 36.1, 39.1, 40.1, 43.1, 44.1, 46.1, 47.1, 48.1, 52.1, 55.1, 57.1, 57.2, 58.1, 59.1, 60.1, 61.1, 61.2, 64.1, 67.1, 72.1, 74.4, 76.1, 77.1, 80.1, 88.1, 88.2, 89.1, 91.1, 91.2, 92.1, 92.2, 93.1, 94.1, 94.2, 95.1, 100.1, 102.1, 105.1, 106.1, 108.1, 110.1, 111.1, 113.1, 115.2, 118.1, 120.1, 120.2, 122.1, 125.3, 125.5, 126.3, 126.5, 131.1, 132.1, 133.1, 137.1, 139.2, 141.1, 142.1, 142.2, 142.3, 143.1, 148.1, 151.1, 151.2, 151.3, 151.4, 152.1. |Maclean, Rod, Vancouver B.C.: 29.1. |mauritius images GmbH, Mittenwald: Alamy 74.2. |Max-Planck-Institut für marine Mikrobiologie, Bremen: Dr. Heide Schulz-Vogt 45.1. |Mester, Gerhard, Wiesbaden: 115.1. |OKAPIA KG - Michael Grzimek & Co., Frankfurt/M.: Science Source 71.1. |PantherMedia GmbH (panthermedia.net), München: Eraxion Titel. |Picture-Alliance GmbH, Frankfurt a.M.: dpa/dpaweb 131.3. |Radboud University Nijmegen, AJ Nijmegen: www.vcbio.science.ru.nl / Dr. J. Derksen, Ing M.Wolters and Dr. E. Pierson 53.1. |Rijksmuseum Boerhaave, Leiden: 7.1. |Science Photo Library, München: Brown, A. Barrington 97.1; SPL 52.2; SPL/Don Fawcett & T. Pollard 3.4; SPL/Dr. Gopal Murti 3.6; SPL/Kenneth Eward 3.1, 3.3, 3.5; SPL/National Cancer Institute 3.2. |Van Fleet, Matthew, Chappaqua: 74.1. |Visuals Unlimited, Milford NH: Cabisco, John 125.1, 126.1. |Walther, Prof. Dr. Paul - Universität Ulm, Ulm: 8.2. |Weidenkaff, Prof. Dr. Anke - Universität Stuttgart, Institut für Materialwissenschaft, Lehrstuhl für Chemische Materialsynthese, Stuttgart, Stuttgart: 8.1. |wikimedia.commons: aegon - Lizenz GFDL and CC-BY-SA 49.1.

Druck A⁹ / Jahr 2024
Alle Drucke der Serie A sind im Unterricht parallel verwendbar.

Redaktion Dr. Manuela Röver
Illustrationen 2&3d design Renate Diener, Wolfgang Gluszak, Eike Gall, Helmut Holtermann, Brigitte Karnath
Umschlaggestaltung Farnschläder & Mahlstedt, Hamburg
Druck und Bindung Westermann Druck GmbH, Georg-Westermann-Allee 66, 38104 Braunschweig

ISBN 978-3-507-**10111**-1

Inhalt

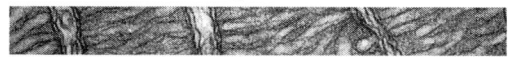
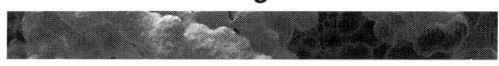

Konzeption des Arbeitsheftes

Grundkonzept

Das Lehrwerk »Linder Biologie« ist seit vielen Jahren ein verlässlicher Begleiter für Schülerinnen und Schüler der gymnasialen Oberstufe. 2010 erschien die mittlerweile 23. und völlig neubearbeitete Auflage dieses Lehrbuchs. Neben der gründlichen Neubearbeitung und Aktualisierung der Texte und Abbildungen wurde insbesondere auch der Anteil der Aufgaben gegenüber früheren Auflagen deutlich erhöht.

Als Ergänzung zu den Aufgaben des Lehrbuchs dienen die beiden parallel erschienenen Arbeitshefte (**Linder Biologie Arbeitsheft 1 und 2**). Die in den zwei Heften zusammengestellten Aufgaben und Rätsel sollen es den Schülerinnen und Schülern ermöglichen, ihren Wissensstand zu überprüfen und zugleich vertiefte Einsichten in kursstufenrelevante Themen der Biologie zu gewinnen. Thematisch befasst sich Heft 1 mit den Kapiteln »Zellbiologie«, »Stoffwechselbiologie«, »Genetik« und »Immunbiologie«. Wegen seines großen Umfangs wurde das Genetikkapitel in drei Abschnitte untergliedert. Heft 2 enthält Aufgaben zu den Themengebieten »Neurobiologie«, »Ökologie« und »Evolution«. Die Gliederung der Arbeitshefte korrespondiert mit der Kapitelabfolge im Lehrbuch; wie dort ist auch in den Arbeitsheften das Thema des Kapitels bzw. Unterkapitels am oberen Seitenrand vermerkt und mit einer kleinen Abbildung visualisiert.

Bei der Zusammenstellung der Aufgabenseiten wurde auf eine große **Methodenvielfalt** Wert gelegt. Diese bietet zum einen Abwechslung bei der unterrichtlichen Bearbeitung, zum anderen ermöglicht sie das Einüben spezieller Aufgabentypen. Die Aufgabenseiten sind so konzipiert, dass sie entweder im Unterricht in Still-, Partner- oder Gruppenarbeit, als Hausaufgabe oder zur gezielten Vorbereitung auf Klassenarbeiten bearbeitet werden können. Einen Schwerpunkt stellen typische Arbeitsblätter dar mit in der Regel mehreren Teilaufgaben zum selben Thema. Daneben finden sich in den Arbeitsheften Rätselseiten, Multiple-Choice-Aufgaben und Seiten mit Fehlertexten. An thematisch geeigneten Stellen wird darüber hinaus auf die Erstellung von »Concept Maps« sowie auf die Durchführung einer ethischen Analyse eingegangen. Zu Beginn eines neuen Kapitels werden die wichtigsten Fachbegriffe zusammengestellt, die sich die Schülerinnen und Schüler im Verlauf der Behandlung des Themas erarbeiten sollen.

Inhaltlich stehen abiturrelevante Fragestellungen im Vordergrund. Dabei orientierten sich die Autoren an den grundlegenden Konzepten der Biologie, den sogenannten **Basiskonzepten**. Die Aufgaben wurden in enger Anlehnung an die Texte und Abbildungen des Lehrbuchs erstellt, sodass zur Lösung der Aufgaben in aller Regel keine über den Lernstoff des Schülerbandes hinausgehenden Informationen erforderlich sind. Soweit dies notwendig ist, sind zusätzliche lösungsrelevante Inhalte auf den Aufgabenseiten zu finden. Einige Aufgaben erfordern darüber hinaus eine Recherche mit Hilfe von Fachliteratur oder Internetquellen.

Die Aufgaben wurden so ausgewählt, dass sowohl unterschiedliche **Kompetenzbereiche** als auch verschiedene Schwierigkeitsgrade (**Anforderungsbereiche**) abgedeckt werden. Regelmäßig finden sich auch Aufgaben, die unterschiedliche Themengebiete miteinander verknüpfen. So wird eine Vernetzung der von den Schülerinnen und Schülern erworbenen Fach- und Methodenkenntnisse möglich; zudem wird eine Vorbereitung auf die ebenfalls häufig themengemischten Aufgaben der schriftlichen Abiturprüfung gegeben. Als Hilfe bei der Lösung komplexer Aufgabestellungen ist die kommentierte Liste der Operatoren (Arbeitsheft S. 4) gedacht, der die »Einheitlichen Prüfungsanforderungen in der Abiturprüfung (EPA) für Biologie (2004)« zugrunde liegen.

Ein Teil der Aufgaben ist so konzipiert, dass die Lösungen von den Schülerinnen und Schülern unmittelbar in das Arbeitsheft eingetragen werden, z. B. auf den Rätselseiten und bei den Multiple-Choice-Aufgaben, aber auch bei Seiten, auf denen Zeichnungen und Schaubilder erstellt, ergänzt oder koloriert werden sollen und Fehlertexte korrigiert werden müssen. Die Lösungen der übrigen Aufgaben sind auf gesonderte Blätter zu schreiben. Die Seiten 39–40 sind zur Herstellung eines einfachen Papiermodells gedacht; auch S. 79 ist zum Ausschneiden vorgesehen (die Rückseite sollte daher vor dem Zerschneiden bearbeitet werden).

Die einzelnen Blätter können an der Perforation auf einfache Weise aus dem Arbeitsheft gelöst und so an der thematisch passenden Stelle im Schülerordner einsortiert werden.

Basiskonzepte der Biologie

Bei der thematischen Auswahl der Aufgaben wurde großer Wert auf die Orientierung an den grundlegenden Konzepten der Biologie, den Basiskonzepten, gelegt. Im Schülerband werden diese Konzepte, die allen Teilgebieten der Biologie zugrunde liegen, auf den Seiten 14–18 behandelt und näher erläutert; eine Übersicht über die Basiskonzepte gibt die Tabelle auf S. 18 des Lehrbuchs.

Je nach Themengebiet steht das eine oder andere Basiskonzept im Vordergrund. Welche dieser Konzepte bei den einzelnen Kapiteln besonders bedeutsam sind, finden die Schülerinnen

und Schüler auf den Kapiteleinstiegsseiten des Arbeitshefts (S. 5, 19, 37, 51, 63, 73). So stehen im Teilkapitel »Die Zelle« insbesondere der Struktur-Funktions-Zusammenhang, die Kompartimentierung, Stoff- und Energieumwandlungen sowie Regulation im Mittelpunkt der Betrachtung. Im Themenbereich »Klassische Genetik und Humangenetik« sind die Basiskonzepte Reproduktion, Individualentwicklung (Ontogenese), Variabilität und Information von zentraler Bedeutung, aber auch hier tauchen die Konzepte Struktur und Funktion und Regulation auf. Auch auf den einzelnen Aufgabenseiten werden die Basiskonzepte der

Biologie schwerpunktmäßig thematisiert. An manchen Stellen wird explizit in der Formulierung der Aufgaben auf einzelne Basiskonzepte Bezug genommen (z. B. S. 17 und S. 30). Beispiele für Seiten mit einem besonderen Basiskonzept-Schwerpunkt sind der folgenden Aufstellung zu entnehmen:

System: S. 79;
Struktur und Funktion: S. 7, 11, 13, 22, 54, 56, 75;
Stoff- und Energieumwandlung: S. 21, 24, 27, 28, 32, 35;
Regulation: S. 48, 65;
Reproduktion und Individualentwicklung: S. 9, 18, 41, 52, 60, 64, 66, 69;
Information und Kommunikation: S. 42, 44, 61, 75;
Variabilität und Angepasstheit: S. 30, 46, 53, 67, 68;
Evolutionäre Entwicklung und Verwandtschaft: S. 14, 17.

Kompetenzbereiche

Die in den Arbeitsheften zusammengestellten Aufgaben und Aufgabentypen schulen unterschiedliche Kompetenzen der Lernenden. Dabei werden die drei Kompetenzbereiche »Kommunikation«, »Erkenntnisgewinnung« und »Bewertung« abgedeckt.

Grundlage für die Lösung aller im Arbeitsheft aufgeführten Aufgaben sind **Fachkenntnisse,** die die Schülerinnen und Schüler durch die Arbeit mit dem Lehrbuch erworben haben. Über die einfache Reproduktion der Inhalte hinaus erfordern die Aufgaben in den meisten Fällen eine vertiefte **Reflexion** über das Gelernte sowie häufig die Fähigkeit zur Verknüpfung von Inhalten mehrerer Themengebiete.

Im Kompetenzbereich **Kommunikation** steht der reflektierte Gebrauch der Fachsprache im Vordergrund. Hier sollen die Schülerinnen und Schüler zeigen, dass sie Fachbegriffe kennen, definieren und fachinhaltlich korrekt verwenden können sowie im Zusammenhang mit bislang unbekannten Sachverhalten anwenden können. Eine Hilfestellung zur Erarbeitung neuer Fachbegriffe sollen die Einstiegsseiten zu den einzelnen Kapiteln geben; auch die verschiedenen Rätseltypen schulen die fachsprachliche Kompetenz ebenso wie das Recherchieren und anschließende Präsentieren komplexer Sachverhalte.

Darüber hinaus soll die Verwendung der Fachsprache dazu befähigen, fachbezogen korrekt zu argumentieren. In diesem Zusammenhang trainieren die Analyse von »Fehlertexten« und die Bearbeitung von Multiple-Choice-Aufgaben den korrekten Umgang mit der Fachsprache.

Eine wesentliche Kompetenz in diesem Bereich ist zudem die Fähigkeit zur Anwendung unterschiedlicher Repräsentationsformen und zum Repräsentationswechsel. Bei letzterem sind die Schülerinnen und Schülern gefordert, verschiedene Darstellungsformen ineinander umzuwandeln. Beispielsweise sollen Messwerttabellen in eine grafische Darstellung der Daten oder die Beschreibung eines komplexen Sachverhalts in ein Schaubild umgesetzt werden.

Großer Wert wird auf den Aufgabenseiten auf den Kompetenzbereich **Erkenntnisgewinnung** gelegt. Bei Aufgaben mit diesem Schwerpunkt steht die korrekte Planung, Ausführung und Auswertung von Experimenten im Vordergrund. Die Schülerinnen und Schüler sollen zeigen, dass sie die wesentlichen Grundlagen der Erkenntnisgewinnung in der Biologie, wie sie auf S. 19 im Lehrbuch im Überblick dargestellt werden, kennen und situationsgerecht anwenden können. Solche Aufgaben ergänzen die Durchführung und Besprechung von Versuchen und Experimenten, die im Unterricht durchgeführt werden, und können ggf. Anregungen für den eigenen Experimentalunterricht geben. Auf einigen Seiten werden auch typische methodische Fehler bei der Durchführung und Auswertung von Exprimenten thematisiert.

Ebenfalls zum Kompetenzbereich der empirischen Erkenntnisgewinnung zählt der Umgang mit Modellen und Modellvorstellungen. Auch solche Aufgaben sind an geeigneten Stellen zu finden.

Der dritte Kompetenzbereich **Bewertung** befasst sich mit der Analyse ethischer Probleme. Hierfür bieten sich eine Reihe von Themenfeldern an, z. B. die aktuell diskutierten Themen Präimplantationsdiagnostik, Stammzellforschung und Gentechnik.

In der folgenden Aufstellung sind die Seiten des Arbeitsheftes den Kompetenzen zugeordnet, die dort jeweils im Zentrum stehen. Die Liste erlaubt dem Lehrer die Auswahl von Aufgaben, die spezielle Kompetenzbereiche gezielt trainieren:

Kompetenzbereich Kommunikation:
Gebrauch der Fachsprache: 5, 6, 10, 19, 20, 25, 34, 37, 49, 51, 55, 63, 72, 73, 78;
Argumentieren: 16, 33, 36, 42, 43, 44, 45, 48, 50, 52, 54, 56, 57, 61, 62, 66, 67, 69 – 70, 74, 77, 80;
Repräsentationswechsel: 7, 8, 9, 13, 18, 21, 24, 28, 30, 32, 35, 65, 68, 75, 76;
Kompetenzbereich Erkenntnisgewinnung:
Experimentieren und Beobachten: 15, 23, 26, 29, 31, 46, 47, 53, 64;
Modellbildung: 11, 12, 14, 17, 22, 27, 38 – 40, 41, 79;
Kompetenzbereich Bewertung: 58, 59 – 60, 71.

Im Linder-Arbeitsheft sind Aufgaben unterschiedlicher **Anforderungsbereiche** zusammengestellt, die sich in ihrer Komplexität und ihrem Schwierigkeitsgrad in Bezug auf die geforderten Denk- und Arbeitsprozesse unterscheiden. Bei mehrteiligen Aufgaben stehen in der Regel Teilaufgaben mit niedrigerem Anforderungsprofil am Beginn. Dabei sollen die Schülerinnen und Schüler wichtige themenbezogene Fakten und Daten wiedergeben können und über Kenntnisse und Fertigkeiten im Zusammenhang mit erlernten Arbeitstechniken verfügen; der wiederholende Charakter der Aufgaben steht im Vordergrund. Im zweiten Anforderungsbereich steigt der Grad der Selbstständigkeit, der zur Bearbeitung der Aufgaben erforderlich ist; im Zentrum der Lösungsaktivität steht das Übertragen bekannter Zusammenhänge auf unbekannte Sachverhalte. Der letzte Anforderungsbereich bezieht sich auf komplexe Aufgabenstellungen, zu deren Bearbeitung planmäßige und kreative Lösungsansätze sowie ein hoher Grad an Selbstständigkeit nötig sind, um Erlerntes auf neue Problemstellungen anwenden zu können.

Im vorliegenden Buch findet man zum einen die Lösungen der Aufgaben aus dem Arbeitsheft, zum anderen zusätzliche Hinweise und Kommentare sowie Anregungen für den unterrichtlichen Einsatz des jeweiligen Aufgabenblattes.

Die Hinweise zu den einzelnen Arbeitsblättern sind nach folgendem Schema gegliedert:

Konzeption des Arbeitsblattes: Der einführende Text verweist auf die grundlegende konzeptionelle Ausrichtung der Aufgaben sowie auf die thematische und kompetenzorientierte Schwerpunktsetzung.

Einsatz des Arbeitsblattes im Unterricht: Hier wird gezeigt, wie das Arbeitsblatt gewinnbringend im Unterricht eingesetzt werden kann. In diesem Zusammenhang wird insbesondere darauf verwiesen, ob sich die Aufgaben vorzugsweise zur Erarbeitung, Übung oder Vertiefung eignen.

Lösungen und Anmerkungen: Dieser Abschnitt umfasst Musterlösungen. Zusätzliche, über die von den Schülerinnen und Schülern zu erwartenden Antworten hinausgehende Informationen werden in eckige Klammern gestellt. Sie sind als ergänzende Hilfestellung für den Lehrer gedacht und können ggf. bei der Besprechung der Aufgaben Berücksichtigung finden.

Zusätzliche Materialien: Unter dieser Rubrik sind zusätzliche Texte, Abbildungen sowie Literaturhinweise und Internetquellen angegeben, die eine vertiefte Auseinandersetzung mit der Thematik erlauben, dazu ggf. Hinweise und Tipps zum unterrichtlichen Einsatz.

Weiterführende Aufgaben: Zu manchen Aufgabenseiten werden noch zusätzliche Aufgaben incl. der zugehörigen Lösungen vorgestellt, die als Ergänzung im Unterricht oder als Hausaufgaben bearbeitet werden können.

Grundsätzlich stellen die Inhalte des Schülerbandes die Grundlage zur Lösung der Aufgaben dar. In manchen Teilaufgaben wird explizit auf die entsprechenden Stellen im Lehrbuch hingewiesen, an denen Lösungshilfen, beispielsweise Abbildungen, zu finden sind. Auf reine Reproduktionsaufgaben wie z. B. die Beschriftung von Lehrbuchabbildungen wird dabei grundsätzlich verzichtet.

Im Folgenden sollen noch einige allgemeine Hinweise zu speziellen konzeptionellen Elementen des Arbeitshefts gegeben werden.

Einstiegsseiten (S. 5, 19, 37, 51, 63, 73)
Auf diesen Seiten sind alle durch Fettdruck hervorgehobenen Fachbegriffe des entsprechenden Lehrbuchkapitels bzw. -teilkapitels zusammengestellt, hinzu kommen themenbezogene Fachbegriffe, die im Glossar des Schülerbands aufgeführt sind. Am Ende der Liste sind jeweils zusätzlich die Basiskonzepte aufgeführt, die in diesem Kapitel besondere Relevanz besitzen; am Seitenende findet man den Verweis auf die zugehörigen Seiten im Schülerband.

Die Seiten können auf unterschiedliche Weise eingesetzt werden. Möglich ist die Verwendung als »Checkliste«, anhand der die Kenntnisse der Schülerinnen und Schüler überprüft werden können. Dies kann nach dem Durcharbeiten des entsprechenden Lehrbuchkapitels im Selbsttest (einzeln oder in der Gruppe) oder

im Plenum erfolgen, indem beispielsweise einzelne Begriffe definiert oder erklärt werden müssen. Dabei sollen die Lernenden auch zur Arbeit mit dem Glossar im Schülerband ermuntert werden. Andere Varianten sind das Erstellen einer Concept Map (s. Arbeitsheft S. 35) oder eines zusammenhängenden Textes, in dem ein (zuvor vom Lehrer ausgewählter) Teil der Begriffe in einen sinnvollen Zusammenhang gebracht werden soll. Möglich ist auch die Zusammenstellung von Begriffen, die jeweils besonders gut zu den genannten Basiskonzepten passen. Gegebenenfalls kann die Liste auch dazu eingesetzt werden, mögliche Vorkenntnisse der Schülerinnen und Schüler zu ermitteln (indem z. B. zu Beginn der Unterrichtseinheit nach bereits bekannten Begriffen gefragt wird).

Multiple-Choice-Seiten (S. 16, 36, 50, 62, 78)
Diese Seiten stehen jeweils am Ende eines Aufgabenblocks zu einem speziellen Thema und können zur Überprüfung des inhaltlichen Verständnisses genutzt werden. In jedem Fall stehen vier verschiedene Antworten zur Auswahl, wobei die Aufgabenstellungen variieren; in den meisten Fällen können mehrere Lösungen zutreffen.

Die Aufgabenstellung kann insofern erweitert werden, als die Schülerinnen und Schüler nicht nur die entsprechenden Kästchen ankreuzen, sondern zusätzlich begründen, weshalb die falschen Angaben nicht korrekt sind.

Rätselseiten (S. 20, 25, 34, 49, 55, 65, 72)
Im Arbeitsheft findet man verschiedene Rätseltypen (Kreuzwort- und Silbenrätsel, »Buchstabensalat«, Lernprogramm); die Lösungen können unmittelbar in das Heft eingetragen werden. Die Seiten sind vorzugsweise zur Übung und Vertiefung konzipiert und dienen der Festigung von Kenntnissen zu Fachbegriffen; die Kurzdefinitionen zu den Lösungsbegriffen fördern die fachsprachliche Exaktheit. In einem Teil der Fälle ergibt sich beim richtigen Ausfüllen des Rätsels ein Lösungswort.

Rätsel nach den im Arbeitsheft vorliegenden Mustern können auch von den Schülerinnen und Schülern selbst erstellt werden, wobei z. B. die auf den Einstiegsseiten genannten Fachbegriffe als Lösungswörter eingesetzt werden und die dazu gehörigen Definitionen formuliert werden müssen.

Concept Map – ethische Analyse – Gruppenpuzzle (S. 35, 59, 69–70)
Die vier Seiten dienen als allgemeine Anleitungen zur Erstellung einer Concept Map bzw. zur Durchführung einer ethischen Analyse und eines Gruppenpuzzles. Das jeweilige Schema lässt sich anschließend auch auf andere Themengebiete anwenden; in weiteren Aufgaben wird auf diese Methoden zurückgegriffen.

Fehlerteufel und »Schülerforen« (S. 43, 52, 57)
Fehlertexte können ebenso wie Multiple-Choice-Aufgaben verbreitete fachliche Fehlvorstellungen thematisieren. Dieser Aufgabentyp ist insofern anspruchsvoll, als nicht nur die inhaltlichen Fehler gefunden werden müssen, sondern zudem auf der Metaebene die Form der gefundenen Fehler analysiert werden kann.

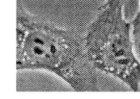

Richtig oder falsch? (S. 6)

Konzeption des Arbeitsblattes

Das Arbeitsblatt soll dazu dienen, Kenntnisse zur Historie der Entdeckung zellulärer Strukturen und zu wichtigen mikroskopischen Verfahren zu überprüfen. Die zugehörigen Informationen finden die Schülerinnen und Schüler auf den Seiten 25 – 29 des Schülerbands. Die Aufgabe, die in Form eines Fehlertextes konzipiert ist, baut auf Vorkenntnissen der Lernenden zum Bau eines Lichtmikroskops auf, die in der Unter- und Mittelstufe erworben wurden. Falsche Aussagen sollen anhand der erworbenen Fachkenntnisse erkannt und anschließend korrigiert werden. Die »Ampel«-Symbole dienen der besseren Visualisierung der korrekten und insbesondere der falschen Aussagen.

Geforderte Kompetenzen: Gebrauch der Fachsprache, Experimentieren und Beobachten, Reflexion.

Einsatz des Arbeitsblattes im Unterricht

Die Seite kann entweder als Einstieg in die Thematik eingesetzt werden oder im Anschluss an die Erarbeitung der entsprechenden Themen im Schülerband. Im ersten Fall werden mögliche Vorkenntnisse der Schülerinnen und Schüler überprüft, bei der zweiten – empfohlenen – Variante werden neu erworbene Fachkenntnisse und Textverständnis überprüft.

Die Lernenden sollen für Besonderheiten und Einsatzmöglichkeiten, aber auch Grenzen der verschiedenen im Schülerband vorgestellten mikroskopischen Verfahren sensibilisiert werden und sich darüber hinaus die Dimensionen der untersuchten Objekte bewusst machen.

Lösungen und Anmerkungen

> Das menschliche Auge ist in der Lage, bei normalem Leseabstand zwei Punkte voneinander zu unterscheiden, die mindestens 10 μm voneinander entfernt sind.

Korrektur: …, die mindestens **100 μm** voneinander entfernt sind.

> Der dem Auge zugewandte Teil des optischen Apparats eines Lichtmikroskops wird als Objektiv bezeichnet.

Korrektur: … bezeichnet man als **Okular**.
[Hilfestellung: Der Begriff »Okular« leitet sich von dem lateinischen Wort *oculus* (Auge) ab. Das Objektiv bzw. die Objektive sind diejenigen Linsen in einem Mikroskop, die dem Objekt am nächsten sind.]

> Bei dem Vergrößerungsgerät, mit dem ANTON VAN LEEUWENHOEK im 17. Jahrhundert sogar Bakterien untersuchte, handelte es sich nicht um ein Mikroskop, sondern um eine Lupe mit besonders hoher Vergrößerung.

[Definitionsgemäß handelt es sich bei einem Mikroskop um ein Vergrößerungsgerät, dessen dioptrischer Apparat aus mehreren Linsen zusammengesetzt ist. VAN LEEUWENHOEKS Vergrößerungsgerät enthielt nur eine einzige winzige Linse, sollte also korrekterweise als Lupe bezeichnet werden. Auf welche Weise der Forscher seine qualitativ hochwertigen bikonvexen Linsen herstellte, ist nicht bekannt; seine Fertigungsmethode wurde nie veröffentlicht. Vermutlich wurden die Linsen nicht geschliffen, sondern mit Hilfe von Schmelzvorgängen hergestellt. Der Niederländer war der erste Naturforscher, der Objekte untersuchte, die mit bloßem Auge nicht sichtbar sind. Dazu musste der Vergrößerungsapparat sehr nahe an das Auge des Betrachters herangeführt werden.]

> Um aus besonders zarten Objekten mit einem Mikrotom Dünnschnitte herzustellen, müssen die Objekte zuvor in einem festen und zugleich gut schneidbaren Material eingebettet werden.

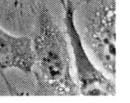
Zur lichtmikroskopischen Untersuchung wenig kontrastreicher Objekte wendet man häufig das Phasenkontrastverfahren an.

Das abgebildete Präparat von Schuppen eines Schmetterlingsflügels wurde mit Hilfe eines Transmissions-Elektronenmikroskops hergestellt.

Korrektur: … wurde mit Hilfe eines **Rasterelektronenmikroskops** hergestellt.
[Mit einem Transmissions-Elektronenmikroskop lassen sich Dünnschnitte des zu untersuchenden Objekts betrachten (vgl. Abb. 29.1 B im Schülerband sowie die Abbildungen auf S. 10 und 11 im Arbeitsheft), aber keine Oberflächenstrukturen wie die im Bild gezeigten Flügelschuppen eines Schmetterlings.]

Bei der Fluoreszenzmikroskopie wird das Präparat mit langwelligem Licht bestrahlt; die Fluoreszenzfarbstoffe geben daraufhin sichtbares Fluoreszenzlicht ab.

Korrektur: … mit **kurzwelligem** Licht bestrahlt …

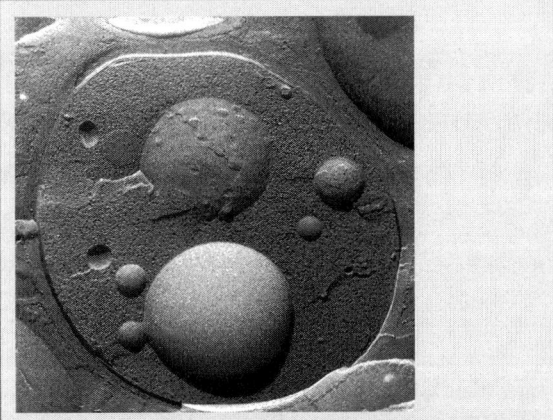

Das Bild einer Hefezelle entstand mit Hilfe der Gefrierätztechnik. Dabei werden die Zellen zunächst tiefgefroren und anschließend im Vakuum mit einem Spezialmesser aufgebrochen.
Nun wird eine dünne Rußschicht auf das Präparat aufgedampft; diesen Vorgang bezeichnet man als »Ätzen«. Danach wird das Objekt unter dem Elektronenmikroskop betrachtet, wobei man ein dreidimensionales Bild erhält.

Korrektur: Nun wird die **obere Eisschicht abgedampft,** diesen Vorgang bezeichnet man als »Ätzen«. Anschließend wird eine dünne **Schicht aus Platin und Kohlenstoff** aufgedampft.
[Das abgebildete Präparat wurde mit einem Kryo-Rasterelektronenmikroskop aufgenommen. In der Hefezelle sind oben der Zellkern mit aufgebrochener Kernhülle, unten eine große Vakuole zu erkennen, außerdem mehrere kleinere Vesikel.]

Objekte, die man mit Hilfe der konfokalen Mikroskopie untersucht, werden punktweise mit einem Laserstrahl abgetastet. Die so erhaltenen Bildpunkte werden anschließend mit einem Rechner zu einem kompletten Bild zusammengesetzt.

Nur mit einem Rasterelektronenmikroskop lassen sich farbige Bilder erzeugen, während man mit einem Transmissions-Elektronenmikroskop lediglich Schwarz-Weiß-Bilder erhält.

Korrektur: **Weder mit einem Transmissions-Elektronenmikroskop noch mit einem Rasterelektronenmikroskop lassen sich farbige Bilder erzeugen.**
[Die in vielen, insbesondere populärwissenschaftlichen Untersuchungen zu findenden farbigen EM-Aufnahmen sind alle nachträglich koloriert. Ein weiterer Nachteil elektronenmikroskopischer Verfahren gegenüber lichtmikroskopischen Untersuchungsmethoden ist die Tatsache, dass keine lebenden Objekte untersucht werden können (s. S. 28 im Schülerband).]

Um biologische Objekte im Elektronenmikroskop untersuchen zu können, müssen die Objekte zuvor entwässert, dehydriert und anschließend mit einem Ultramikrotom geschnitten werden; zur Verstärkung des Bildkontrasts werden die Präparate häufig mit Schwermetallverbindungen behandelt.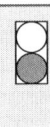

Im Unterschied zum Lichtmikroskop werden in einem Transmissions-Elektronenmikroskop die das Objekt durchdringenden Strahlen nicht durch Glaslinsen, sondern durch elektromagnetische Felder gebündelt, die von Magnetspulen erzeugt werden.

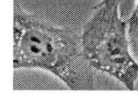

Proteine – Makromoleküle aus Aminosäuren (S. 7)

Konzeption des Arbeitsblattes

Um den Bau von Proteinen zu verstehen, sind einige basale biochemische Kenntnisse erforderlich. Insbesondere sollten die Schülerinnen und Schüler wissen, dass Proteine aus Aminosäuren aufgebaut sind, den Grundaufbau einer Aminosäure als Strukturformel zeichnen können und erläutern können, auf welche Weise diese Bausteine in einem Proteinmolekül untereinander verknüpft sind.

Darüber hinaus sollten Kenntnisse zum räumlichen Bau von Proteinmolekülen und zu den intramolekularen Bindungskräften vorhanden sein. Dieses Wissen ist Voraussetzung für das Verständnis der molekularen Ebene zahlreicher biologischer Strukturen und Mechanismen. Das Arbeitsblatt trägt dieser Forderung Rechnung. Es stellt wiederholend die allgemeine Strukturformel einer proteinogenen Aminosäure vor, thematisiert die »Polarität« von Peptiden und die aus der Kombination der verschiedenen Aminosäurebausteine sich ergebende theoretische Vielfalt an Polypeptid-Verbindungen. Die Auswahl wichtiger Proteine zeigt exemplarisch auf, in welchen Bereichen des Zellstoffwechsels diese Stoffklasse von Bedeutung ist. Hier wird besonders augenfällig der Zusammenhang zwischen Struktur und Funktion auf molekularer Ebene deutlich.

Geforderte Kompetenzen: Repräsentationswechsel (Verbalisierung von einfachen chemischen Strukturformeln; Zuordnung von Molekülmodellen zu Molekülbeschreibungen), Gebrauch der Fachsprache, Modellbildung.

Einsatz des Arbeitsblattes im Unterricht

Das Arbeitsblatt kann dazu verwendet werden, das Vorwissen der Schülerinnen und Schüler aus dem Biologie- und insbesondere dem Chemieunterricht der Mittelstufe einzuschätzen. Sollten die für das Verständnis des Proteinaufbaus nötigen Kenntnisse, insbesondere zu den wichtigsten funktionellen Gruppen der organischen Verbindungen, nicht vorhanden sein, bietet sich eine vobereitende Erarbeitung der Thematik mit Hilfe der Seiten 32 – 35 im Schülerband an.

Die Identifizierung der Molekülmodelle sollte anhand der Beschreibungen möglich sein. Hierzu müssen die beiden Fachbegriffe α-Helix und β-Faltblatt bekannt sein. Hinweise zu den Sekundärstrukturen ebenso wie zu den Funktionen der abgebildeten Proteine finden die Schülerinnen und Schüler auf S. 32, 33 und 34 im Lehrbuch. Bei den Proteinmodellen ist zu beachten, dass – ebenso wie im Schülerband – zwei verschiedene Modelltypen Anwendung finden.

Lösungen und Anmerkungen

AUFGABE 1

Die Verbindungen, die in der Stoffklasse der Aminosäuren zusammengefasst werden, sind durch zwei funktionelle Gruppen gekennzeichnet, eine NH_2-Gruppe (Aminogruppe) und eine COOH-Gruppe (Carboxylgruppe, »Säuregruppe«); Aminosäuren [eigentlich »Aminocarbonsäuren«] sind also Carbonsäuren mit einer Aminogruppe [einige Aminosäuren besitzen auch zwei oder mehr Aminogruppen].

Aminogruppe $\begin{array}{c} H \\ \diagdown \\ \diagup \\ H \end{array} N - \begin{array}{c} H \\ | \\ C \\ | \\ R \end{array} - C \begin{array}{c} \diagup\diagup O \\ \diagdown OH \end{array}$ *Carboxylgruppe*

[Die Strukturformel zeigt eine α-Aminocarbonsäure. Bei dieser Aminosäuren-Teilgruppe sitzen Carboxyl- und Aminogruppe am selben Kohlenstoffatom. In der Natur kommen auch Verbindungen vor, bei denen die beiden funktionellen Gruppen durch eine oder mehrere CH_2-Gruppen voneinander getrennt sind, doch spielen diese als Bestandteile von Proteinen keine Rolle. Ein Beispiel für eine β-Aminocarbonsäure ist β-Alanin, die bekannteste [Gamma]-Aminosäure ist GABA (Gamma-Aminobuttersäure).]

AUFGABE 2

a) Bei der Verknüpfung zweier Aminosäuren A und B zu einem Dipeptid können zwei verschiedene Produkte entstehen. Entweder reagiert die Aminogruppe von A mit der Carboxylgruppe von B oder umgekehrt; je nachdem, welche der beiden möglichen Reaktionen stattfindet, ist bei A entweder die Carboxylgruppe oder die Aminogruppe frei:

$H_2N-CHR_A-CO-NH-CHR_B-COOH$ oder
$H_2N-CHR_B-CO-NH-CHR_A-COOH$

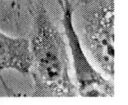

b) Für jede Position des Polypeptids stehen 20 verschiedene Aminosäuren zur Verfügung; daraus ergibt sich für ein Peptid aus zehn Aminosäuren eine theoretische Anzahl von $20^{10} = 1,02 \cdot 10^{13}$ verschiedenen Varianten. Entsprechend erhält man bei 20 Bausteinen $20^{20} = 1,05 \cdot 10^{26}$ Möglichkeiten, bei 50 Bausteinen $20^{50} = 1,13 \cdot 10^{65}$ Varianten.

[Üblicherweise geht man bei solchen Berechnungen vereinfachend von 20 proteinogenen Aminosäuren aus. Eine Aufstellung dieser »klassischen« Aminosäuren findet man im Schülerband in Abb. 136.3, die Strukturformeln einiger ausgewählter Verbindungen in Abb. 34.2, eine komplette Liste auf dieser Seite unter »Zusätzliche Materialien«. Neben diesen 20 Verbindungen führt man nach neueren wissenschaftlichen Erkenntnissen zwei weitere auf, die ebenfalls eine Rolle als Proteinbausteine spielen, aber nicht bei allen Organismen vorkommen (Selenocystein und Pyrrolysin). Beim Menschen wird zusätzlich zu den »klassischen Aminosäuren« auch Selenocystein als proteinogener Baustein verwendet. Andere Aminosäuren entstehen durch nachträgliche chemische Modifizierung von Seitenketten nach der Biosynthese (z. B. Hydroxyprolin aus Prolin).]

AUFGABE 3

A (Hämoglobin): 4 und d
B (Insulin): 1 und b
C (α-Keratin): 2 und c
D (Pepsin): 3 und a

[Hämoglobin ist das komplexeste der vier abgebildeten Proteine. Der Aufbau aus vier Polypeptidketten lässt sich zwar in der Abbildung nicht ohne Weiteres erkennen, aber aus der Anordnung der Sekundärstrukturen und den dazwischen liegenden Ringsystemen (Häm-Moleküle) rückschließen. Ein ähnliches Molekülmodell des Hämoglobins findet man im Lehrbuch (Abb. 33.1 B). Das Insulinmolekül ist leicht zu erkennen an den beiden kurzen Peptidketten mit sowohl Helix- als auch Faltblattstrukturen (vgl. auch Abb. 34.1 im Schülerband). Bei dem lang gestreckten, helical gebauten Molekül handelt es sich um Keratin – hier ist, wie in der Bildunterschrift vermerkt, nur ein Ausschnitt aus der Superhelixstruktur dargestellt. Pepsin ist kompakt gebaut (globuläres Protein) und besteht aus zahlreichen Aminosäuren.]

Zusätzliche Materialien

Für den schulischen Gebrauch erscheint es nicht erforderlich, die Namen der proteinogenen Aminosäuren auswendig zu lernen. Sinnvoll ist es aber, dass die Schülerinnen und Schüler die üblicherweise zur Charakterisierung der Aminosäuren verwendeten Abkürzungen auflösen können. Insbesondere ist dies für die Benennung von Peptidprimärsequenzen notwendig, die aus DNA- bzw. mRNA-Sequenzen ermittelt werden, wie dies bei Aufgaben aus der Molekulargenetik gefordert wird.

Liste der proteinogenen Aminosäuren
(mit international gültigen Dreibuchstabenkürzeln)

Alanin	**Ala**
Arginin	**Arg**
Asparagin	**Asn**
Asparaginsäure	**Asp**
Cystein	**Cys**
Glutamin	**Gln**
Glutaminsäure	**Glu**
Glycin	**Gly**
Histidin	**His**
Isoleucin	**Ile**
Leucin	**Leu**
Lysin	**Lys**
Methionin	**Met**
Phenylalanin	**Phe**
Prolin	**Pro**
Serin	**Ser**
Threonin	**Thr**
Tryptophan	**Trp**
Tyrosin	**Tyr**
Valin	**Val**

Weiterführende Aufgaben

AUFGABE A

Zeichnen Sie die Strukturformel eines möglichen Tripeptids aus den Aminosäuren Glycin, Alanin und Cystein. Glycin besitzt als Rest R ein H-Atom, Alanin eine CH_3-Gruppe und Cystein (s. Schülerband Abb. 34.2) eine CH_2–SH-Gruppe. Berechnen Sie außerdem, wie viele verschiedene Tripeptide aus diesen drei Aminosäuren gebildet werden können.

Lösung
Beispiel eines Tripeptids:
H_2N–CH_2–CO–NH–CH(CH_3)–CO–NH–CH(CH_2SH)–COOH
(Strukturdarstellung wie in Lösung zu Aufgabe 2)
Mögliche Zahl an Tripeptiden: $3^2 = 27$. Dabei kann jede Aminosäure auch zwei- oder dreimal in das Molekül eingebaut werden.

AUFGABE B

Ermitteln Sie mit Hilfe Ihres Lehrbuchs die Funktionen folgender wichtiger Peptide und Proteine:
Actin – Antikörper – Aquaporin – DNA-Polymerase – Histon – Katalase – Myoglobin – Rhodopsin – Somatostatin
Lösung
Actin: Muskelkontraktion; **Antikörper:** spezifische Immunantwort; **Aquaporin:** Transport von Wassermolekülen durch die Biomembran; **ATP-Synthase:** ATP synthetisierendes Membranprotein; **DNA-Polymerase:** Katalyse der Synthese von DNA aus Nucleotiden; **Histon:** Strukturkomponente des Chromatins; **Katalase:** katalytische Spaltung von Wasserstoffperoxid; **Myoglobin:** Sauerstofftransport im Muskel; **Rhodopsin:** Sehfarbstoff in den Lichtsinneszellen der Netzhaut; **Somatostatin:** Wachstumshormon.

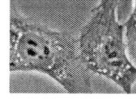

Rund um den Zucker (S. 8)

Konzeption des Arbeitsblattes

Die Aufgaben sollten anhand der Angaben aus dem Kapitel »Bau und Inhaltsstoffe von Zellen im Überblick« sowie mit Hilfe von Vorkenntnissen aus dem Chemieunterricht gelöst werden. Im Mittelpunkt stehen folgende Kompetenzen:
- Ermitteln von Summenformeln aus Strukturformeln
- Ermitteln molekularer Massen aus Summenformeln

- Kenntnis wichtiger funktioneller Gruppen bei organischen Verbindungen (hier: Hydroxyl-, Carbonyl- und Carboxylgruppen)
- Erstellen und stöchiometrisches »Einrichten« einfacher Reaktionsgleichungen
- Lösen einfacher stöchiometrischer Aufgaben

Einsatz des Arbeitsblattes im Unterricht

Die auf dieser Seite zusammengestellten Aufgaben sind keine typischen »Biologieaufgaben«, trainieren aber wichtige chemische Basiskenntnisse, die zum Verständnis molekularer Abläufe in der Zelle unabdingbar sind. Über die schrittweise Erarbeitung und unterstützt durch Hilfen im Einführungstext der Aufgaben sollen die Schülerinnen und Schüler die Scheu vor chemischen Formeln, Reaktionsgleichungen und stöchiometrischen Aufgaben ablegen.

Soll die Thematik vertieft werden, können im Anschluss noch die unter »Weiterführende Aufgaben« zusammengestellten Übungsaufgaben gelöst werden. Sie führen in den molekularen Bau der im Zusammenhang mit molekulargenetischen Fragestellungen wichtigen Monosaccharide Ribose und Desoxyribose ein.

Lösungen und Anmerkungen

AUFGABE 1

Summenformel der Glucose: $C_6H_{12}O_6$. Diese Formel ergibt sich auch durch Einsetzen von n = 6 in die allgemeine Summenformel für Monosaccharide.

[Die Atomanzahl der verschiedenen Elemente lässt sich aus der offenkettigen Form auf einfache Weise durch Abzählen erhalten. Bei der Ringschreibweise nach HAWORTH, wie sie auch im Schülerband verwendet wird (s. Abb. 36.1), müssen zusätzlich die nicht mit Elementsymbolen bezeichneten Kohlenstoffatome in den »Ringecken« berücksichtigt werden.

Die Grund-Summenformel gilt nur für Monosaccharide, nicht aber für deren Derivate. Die charakteristische Zusammensetzung der Einfachzucker veranlasste 1844 den russisch-deutschen Chemiker Carl SCHMITT, diese Verbindungen fälschlicherweise als »Hydrate des Kohlenstoffs« mit der allgemeinen Summenformel $C_n(H_2O)_n$ aufzufassen und ihnen die Bezeichnung »Kohlehydrate« zu geben.

Höhere Kohlenhydrate, etwa Di- oder Trisaccharide, entstehen formal durch Wasserabspaltung aus den Monosaccharidbausteinen (s. Aufgabe 8). Dementsprechend erhält man z. B. die Summenfomel eines Disaccharids, indem man jeweils die Indices der gleichnamigen Atome in den beteiligten Monosacchariden addiert und anschließend die Anzahl der Wasserstoffatome um zwei, die der Sauerstoffatome um eins verringert. Dadurch ergibt sich etwa für die Saccharose, die aus je einem Glucose- und einem Fructosebaustein besteht, die Summenformel $C_{12}H_{22}O_{11}$.]

AUFGABE 2

M(Glucose) = $6 \cdot 12$ g/mol + $12 \cdot 1$ g/mol + $6 \cdot 16$ g/mol
$= 180$ g/mol

AUFGABE 3

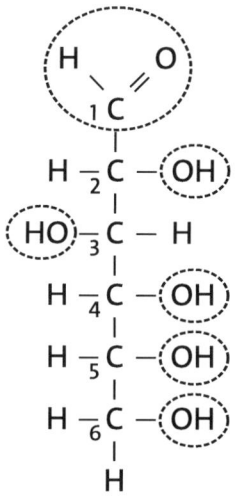

CHO-Gruppe: Carbonylgruppe (genauer: Aldehydgruppe); OH-Gruppen: Hydroxylgruppen

[Als Stoffklasse werden die Kohlenhydrate heute als Hydroxyaldehyde bzw. Hydroxyketone definiert, d. h. Carbonylverbindungen mit mindestens einer Hydroxylgruppe.

Die Ringform der Glucose ist ein Halbacetal der offenkettigen Form. Dabei reagiert die Carbonylgruppe am C_1-Atom intramolekular in einer Umlagerungsreaktion mit dem C_5-Atom. Dadurch ist die Aldehydgruppe in der Strukturformel nicht mehr als solche erkennbar und auch chemisch blockiert. In wässriger Lösung liegen Ringform und offenkettige Form im Gleichgewicht vor.]

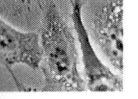

AUFGABE 4

Strukturformel der Gluconsäure:

```
        HO    O
          \\  //
          1 C
           |
    H — 2 C — OH
           |
   HO — 3 C — H
           |
    H — 4 C — OH
           |
    H — 5 C — OH
           |
    H — 6 C — OH
           |
           H
```

[Im Fehling-Reagenz sind Cu^{2+}-Ionen enthalten, was der Lösung ihre blaue Farbe verleiht. Diese reagieren mit einem Reduktionsmittel (hier der Glucose) unter Bildung von Cu^{+}-Ionen, wobei ein roter Niederschlag aus Cu_2O (Kupfer-I-oxid) entsteht. Gleichzeitig wird die Aldehydgruppe der Glucose zu einer Carboxylgruppe oxidiert. Der Nachweis ist so empfindlich, dass die sehr geringe Konzentration an offenkettiger Glucose in der Lösung ausreicht, um eine positive Reaktion zu erhalten.]

AUFGABE 5

```
           H
           |
    H — 1 C —(OH)
           |
       2 (C = O)
           |
   (HO)— 3 C — H
           |
    H — 4 C —(OH)
           |
    H — 5 C —(OH)
           |
    H — 6 C —(OH)
           |
           H
```

CO-Gruppe: Carbonylgruppe (genauer: Ketogruppe oder Oxogruppe); OH-Gruppen: Hydroxylgruppen

Zwar besitzen Glucose und Fructose dieselbe Summenformel ($C_6H_{12}O_6$), doch unterscheiden sich die beiden Verbindungen in der Anordnung der Atome und Atomgruppen im Molekül: Es handelt sich um Strukturisomere. Während die Carbonylgruppe im Glucosemolekül am 1. C-Atom positioniert ist, befindet sie sich im Fructosemolekül am 2. C-Atom. Demnach handelt es sich bei der Glucose um einen Aldehyd, bei der Fructose um ein Keton, was sich auch im chemischen Verhalten der beiden Stoffe bemerkbar macht.

AUFGABE 6

$C_6H_{12}O_6 + 6\ O_2 \rightarrow 6\ H_2O + 6\ CO_2$

AUFGABE 7

M(Glucose) = 180 g/mol, m = 100 g
→ n = m/M = 0,56 mol, d. h. 100 g Glucose entsprechen 0,56 mol dieser Verbindung
Bei der Verbrennung von 1 mol Glucose werden 6 mol Kohlenstoffdioxid freigesetzt, bei der Verbrennung von 0,56 mol Glucose entsprechend 6 · 0,56 = 3,33 mol Kohlenstoffdioxid.
$M(CO_2)$ = 12 g/mol + 2 · 16 g/mol = 44 g/mol
→ $m(CO_2)$ = 3,33 mol · 44 g/mol = **146,7 g**
$\varrho\ (CO_2)$ = 1,84 g/l
→ $V(CO_2) = m(CO_2) / \rho(CO_2)$ = 146,7 g / 1,84 g/l = **79,7 l**
[Das Volumen des entstandenen Kohlenstoffdioxids lässt sich näherungsweise auch über das Molvolumen eines idealen Gases berechnen: V_M = 22,4 l/mol.
→ $V(CO_2) = V_M · n(CO_2)$ = 22,4 l/mol · 3,33 mol = **74,6 l**
Der Unterschied in den beiden Ergebnissen lässt sich u. a. darauf zurückführen, dass dem Wert von V_M Normbedingungen, z. B. eine Temperatur von 0 °C, zugrunde liegen. Setzt man die CO_2-Dichte bei 0 °C in die obige Rechnung ein, erhält man ein Volumen von 74,1 l.]

AUFGABE 8

Glucose und Fructose haben beide dieselbe Summenformel ($C_6H_{12}O_6$): Formal ergäbe die Kombination ein Disaccharid der Formel $C_{12}H_{24}O_{12}$. Aus der tatsächlichen Summenformel ergibt sich eine Differenz von zwei Wasserstoffatomen und einem Sauerstoffatom, demnach entsteht ein Wassermolekül. [Formal handelt es sich also um eine Kondensationsreaktion; in der Natur läuft die Saccharosesynthese aber auf Umwegen über phosphorylierte Zwischenprodukte ab.]

Weiterführende Aufgabe

AUFGABE

Ribose ist ein biologisch wichtiges Monosaccharid. Es kommt als Baustein sowohl in Ribonucleinsäuren (RNA) als auch in der Energieüberträgersubstanz ATP (Adenosintriphosphat) vor.

```
   HO — CH₂   O     OH
          \    |    /
           \   |   /
          H  \ | /  H
           \  |  /
      H —    |     — H
           OH     OH
```

a) Ermitteln Sie aus der Strukturformel die Summenformel der Ribose.

b) Berechnen Sie, welche Ribosemenge Sie zur Herstellung von 100 ml einer 0,1-molaren Lösung benötigen.

c) Formulieren Sie die Reaktionsgleichung für die vollständige Verbrennung dieses Zuckers.

Lösung

a) $C_5H_{10}O_5$

b) M = 150 g/mol → 0,1 mol entsprechen 15 g; für 100 ml Lösung werden daher 1,5 g Ribose benötigt.

c) $C_5H_{10}O_5 + 5\ O_2 \rightarrow 5\ H_2O + 5\ CO_2$

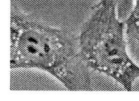

Bakterien vermehren sich (S. 9)

Konzeption des Arbeitsblattes

Das vorliegende Arbeitsblatt verfolgt mehrere Ziele: Zum einen sollen die Schülerinnen und Schüler sich mit der Vermehrung und den zugehörigen Vermehrungskurven bei einzelligen Organismen beschäftigen. Die ungeschlechtliche Vermehrung durch Zweiteilung und die kurze Generationsdauer bewirken insbesondere bei Prokaryoten eine außerordentlich rasche und effektive Vermehrung der Zellen. Zum anderen soll die rechnerische Ermittlung von Populationsgrößen anhand von einfachen Vermehrungsgleichungen und die grafische Darstellung der erhaltenen Daten eingeübt werden. Darüber hinaus soll eine komplexe Versuchsbeschreibung inhaltlich erfasst und aus Messwerten die Generationsdauer eines Bakterienstamms rechnerisch ermittelt werden. Die Schülerinnen und Schüler lernen dabei wichtige labortechnische Verfahren kennen, wobei sie bei der schrittweisen Auswertung mehrere Verdünnungsschritte berücksichtigen müssen.

Geforderte Kompetenzen: Repräsentationswechsel (zwischen Messdaten und grafischer Darstellung sowie zwischen einer verbalisierten Versuchsbeschreibung und deren grafischer Umsetzung), Experimentieren.

Einsatz des Arbeitsblattes im Unterricht

Inhaltlich knüpfen die Aufgaben an die unterrichtliche Behandlung der Prokaryoten an; im Schülerband finden sich diesbezügliche Informationen auf den Seiten 38 und 45. Ansonsten kann das Arbeitsblatt auch im Zusammenhang mit angewandten Aspekten der Molekulargenetik eingesetzt werden. Sollen Versuche, wie sie auf der Seite vorgestellt werden, im Unterricht praktisch durchgeführt werden, können die Aufgaben auch zur Vorbereitung des Praktikums oder als Hilfestellung bei der Auswertung der experimentellen Daten herangezogen werden.

Lösungen und Anmerkungen

AUFGABE 1

Die Zeichnung sollte folgende Teilabbildungen mit entsprechender Beschriftung enthalten: Flüssigkultur von *Escherichia coli* (in Erlenmeyerkolben oder Reagenzglas) – Pipette mit kleiner Menge der Bakterienkultur – Überführung der Kulturprobe in (zweites) Kulturgefäß (z. B. Reagenzglas oder Erlenmeyerkolben) mit Flüssig-Nährmedium – Kulturgefäß in Wasserbad (37 °C) – Entnahme einer kleinen Flüssigkeitsmenge mit Messpipette – Verdünnen der Probe mit Kulturmedium (z. B. in Reagenzglas) – Entnahme von 0,1 ml aus dem Mischgefäß mit Messpipette – Auftropfen der Probe auf eine Agarplatte – Ausstreichen der Flüssigkeit (z. B. mit Drigalski-Spatel).

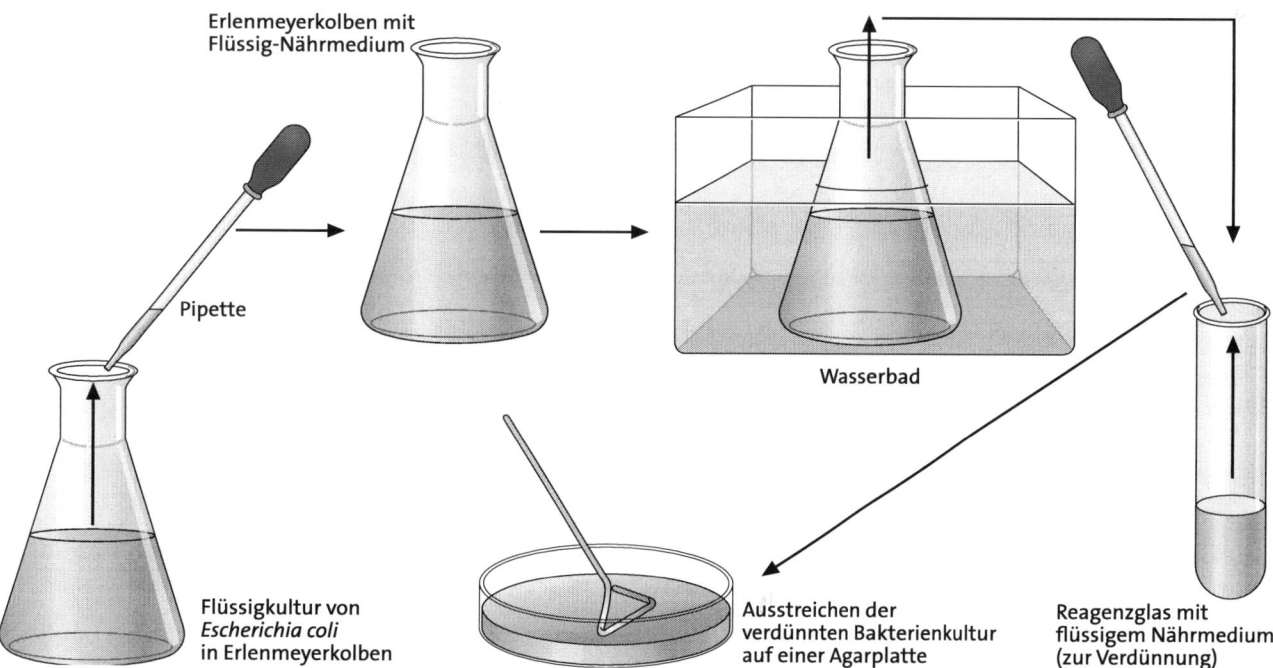

Erlenmeyerkolben mit Flüssig-Nährmedium

Pipette

Wasserbad

Flüssigkultur von *Escherichia coli* in Erlenmeyerkolben

Ausstreichen der verdünnten Bakterienkultur auf einer Agarplatte

Reagenzglas mit flüssigem Nährmedium (zur Verdünnung)

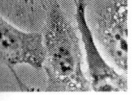

AUFGABE 2

Unverdünnt ausgestrichen, wäre die Anzahl der auf der Agarplatte ausgestrichenen Bakterien so groß, dass sich die daraus resultierenden Kolonien nicht auszählen ließen.

Die schrittweise Verdünnung der Kultur verringert den »Verdünnungsfehler«: Bei einer Verdünnung der Ausgangslösung in einem einzigen Arbeitsschritt hätte bereits eine geringe Pipettierungenauigkeit einen großen Fehler bei der angestrebten Endkonzentration zur Folge.

AUFGABE 3

Ausgangskonzentration: $2 \cdot 10^9$ Zellen/ml
Die Verdünnung beim Beimpfen des Kulturmediums (1 : 25) ergibt $8 \cdot 10^7$ Z./ml – Verdünnung vor dem Ausplattieren $(1 : 10^5)$ ergibt $8 \cdot 10^2 = 800$ Z./ml – Entnahme von 0,1 ml liefert 80 Zellen, also wären 80 Kolonien auf der Platte zu erwarten. Der Unterschied ist dadurch zu erklären, dass die Bakterien in der Kultur nicht völlig gleichmäßig verteilt sind; bei Entnahme eines kleinen Volumens gelangen also mehr (wie im vorliegenden Fall) oder weniger Zellen als statistisch zu erwarten auf die Platte.

AUFGABE 4

Die Koloniezahlen der Versuche B und C müssen vor der Auftragung wegen der höheren Verdünnung vor dem Ausplattieren mit 10 multipliziert werden. Dadurch ergeben sich für den Zeitpunkt t_1 115 Kolonien, für t_2 (60 Minuten) 340 und für t_3 (120 Minuten) 1060 Kolonien.

Die grafische Auswertung zeigt die Abbildung in der rechten Spalte.

AUFGABE 5

$N = N_0 \cdot 2^n = 80 \cdot 2^3 = 80 \cdot 8 = 640$ Zellen mit $N_0 = 80$ (rechnerisch ermittelter Durchschnittswert zu Versuchsbeginn, s. Lösung zu Aufgabe 3), $n = 3$ (bei 20-minütiger Generationsdauer, d. h. in 60 Minuten sind drei Teilungsschritte erfolgt).

Wegen der höheren Verdünnung müssten auf der Platte idealerweise 64 Kolonien auftreten.

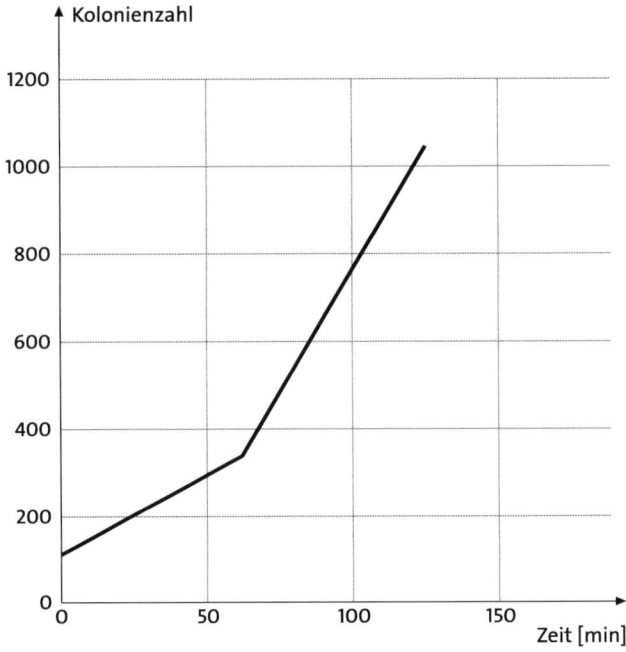

AUFGABE 6

Zur Berechnung der Generationsdauer können die Werte der Versuche A und B in die Formel eingesetzt werden: $t_1 = 0$ min, $t_2 = 60$ min, $N(t_1) = 115$, $N(t_2) = 340$ [im zweiten Fall muss wegen der 1 : 10-Verdünnung das Versuchsergebnis noch mit 10 multipliziert werden].

$$g = \frac{\log 2 \cdot (t_2 - t_1)}{\log N(t_2) - \log N(t_1)}$$

$$= 0{,}301 \cdot 60 \text{ min} / 2{,}531 - 2{,}061$$

$$= \mathbf{38{,}37 \text{ min}}$$

[Auf dieselbe Weise kann die Generationsdauer auch aus den Werten der Teilversuche B und C berechnet werden, wiederum unter Berücksichtigung der Verdünnung; hierbei erhält man einen Wert von $g = 36{,}58$ min.]

Zusätzliche Materialien

Die Aufgabenseite zeigt, wie die Konzentration der Bakterien in einer Nährlösung ermittelt werden kann. Zur Verfolgung der Zellvermehrung in einer Bakterien-Flüssigkultur können noch zwei weitere Verfahren herangezogen werden:

1. **Zählkammer-Methode**

In regelmäßigen Abständen wird eine Probe aus der Flüssigkultur entnommen und in einer Zählkammer unter dem Mikroskop untersucht. Bei einer solchen Zählkammer handelt es sich um eine Glasplatte, in deren Mitte sich eine vertiefte Fläche befindet, in die winzige Quadrate definierter Größe eingeätzt sind. Unter dem Lichtmikroskop werden nun mehrere Quadrate ausgewertet und die darin befindlichen Zellen ausgezählt. Nach Mittelwertbildung kann so auf die Konzentration in der untersuchten Lösung rückgeschlossen werden.

2. **Trübungsmessung in einem Fotometer**

Eine andere Möglichkeit der Konzentrationsbestimmung ist die Fotometrie. Dabei untersucht man die optische Dichte von Bakterienproben, die wiederum in regelmäßigen Zeitabständen aus der Kultur entnommen werden, in einem Fotometer; als Referenz dient die verwendete Nährlösung. Die Daten können dabei auch kontinuierlich mit Hilfe einer elektronischen Messwerterfassung erhoben werden. Eine Eichung der Kurven kann anhand von Kulturen bekannter Konzentration vorgenommen werden.

Literatur: BAYRHUBER, H. & LUCIUS, E. R. (Hrsg.): Handbuch der praktischen Mikrobiologie und Biotechnik, Bd. 1: Mikrobiologische Grundlagen – Biotechnik der Nahrungs- und Genußmittelproduktion. Metzler, Hannover 1992.

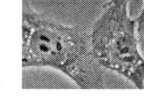

Weiterführende Aufgaben

AUFGABE A

In einem Labor werden verschiedene Versuche zum Wachstum und zur Vermehrung von Bakterien durchgeführt. Der noch unerfahrene Laborant stellt auf der Basis der Versuche Schlussfolgerungen an. Erläutern Sie, welche Fehler der Laborant bei der Dateninterpretation jeweils gemacht hat.

Versuch 1: Ein Bakterienstamm wird auf zwei verschiedenen Nährböden ausgestrichen und auf seine Lebensfähigkeit auf den beiden Medien hin untersucht. Ansatz I wurde das Antibiotikum Kanamycin, Ansatz II das Antibiotikum Streptomycin zugesetzt. Auch nach einigen Tagen lässt sich auf keinem der Nährböden Bakterienwachstum nachweisen. – **Folgerung:** Kanamycin und Streptomycin hemmen das Wachstum des Bakterienstamms.

Versuch 2: Zwei mit einer Bakterienkultur beimpfte Nährböden werden bei unterschiedlichen Temperaturen bebrütet (35 °C bzw. 37 °C). In beiden Fällen wurde dieselbe Ausgangsmenge an Bakterien auf die Agarplatte pipettiert. Nach zwei Tagen lassen sich auf dem bei 37 °C bebrüteten Ansatz deutlich größere Kolonien feststellen; die Anzahl der Kolonien ist dagegen ungefähr gleich. – **Folgerung:** Bakterien vermehren sich bei höheren Temperaturen rascher.

Versuch 3: Zwei Petrischalen mit Agar-Nährböden werden mit je 1 ml einer Flüssigkultur von *Escherichia coli* beimpft. Eine der beiden Platten wird zugedeckt, die andere lässt man offen an der Luft stehen. Bereits nach einem Tag zeigt sich auf dem offenen Nährboden ein deutlich stärkeres Bakterienwachstum als auf der geschlossenen. – **Folgerung:** Luftzutritt begünstigt das Bakterienwachstum.

Lösung

Versuch 1: Die Folgerung erscheint auf den ersten Blick schlüssig, doch fehlt ein Kontrollversuch, in dem getestet wird, ob sich die Bakterien auf dem Nährboden ohne Antibiotikum vermehren lassen. Es könnte sich beispielsweise um eine Mangelmutante eines Bakteriums handeln, die auf dem verwendeten Medium nicht überlebensfähig ist.

Versuch 2: Die Testreihe ist insofern wenig aussagekräftig, als zusätzlich noch weitere Temperaturwerte überprüft werden müssten, um einen Trend zu erkennen. Tatsächlich begünstigen Temperaturen um 37 °C das Wachstum von Bakterien, die im Körperinneren des Menschen leben (Angepasstheit an die Körperkerntemperatur des Wirtsorganismus); bei weiter steigenden Temperaturen nimmt aber die Vermehrungsrate wieder ab, bis schließlich bei Werten ab 55 °C die Zellproteine nicht mehr funktionstüchtig sind und die Bakterien sich nicht mehr vermehren können oder gar absterben. Zudem ist die Aussage des Laboranten sehr/zu allgemein; eine solche Aussage kann nicht auf der Basis einer einzigen Untersuchung getroffen werden – eine andere Bakterienart könnte völlig andere Eigenschaften zeigen.

Versuch 3: Hier hat bereits die Anordnung des Versuchs einen methodischen Fehler, da zwei Parameter gleichzeitig verändert werden. Zum einen kann zwar Luft bzw. Sauerstoff in den Versuchsansatz gelangen, zum anderen wird aber auch nicht mehr unter sterilen Bedingungen gearbeitet und es können zusätzliche Bakterien sowie Pilzsporen u. ä. in den Ansatz gelangen. Vermutlich ist demnach das verstärkte Bakterienwachstum nicht auf den Luftzutritt, sondern auf das unkontrollierte Eindringen anderer Mikroorganismen zurückzuführen.

AUFGABE B

Mit Hilfe einer fotometrischen Untersuchung soll die Vermehrungskurve einer Bakterienkultur ermittelt werden. Dazu werden in 15-Minuten-Abständen 1-ml-Proben der Kultur im Fotometer auf ihre optische Dichte hin untersucht; als Vergleich dient eine Probe des Flüssigmediums. Dabei erhält man folgende Messwerte:

Zeit [min]	Verdünnung	optische Dichte (Extinktion)
0	1 : 1	0,19
15	1 : 1	0,27
30	1 : 1	0,38
45	1 : 1	0,49
60	1 : 1	0,60
75	1 : 5	0,18
90	1 : 5	0,21
105	1 : 5	0,24
120	1 : 5	0,29
135	1 : 5	0,32

Tragen Sie die Messwerte in geeigneter Weise grafisch auf. Berücksichtigen Sie dabei die Verdünnungsangaben.

Lösung

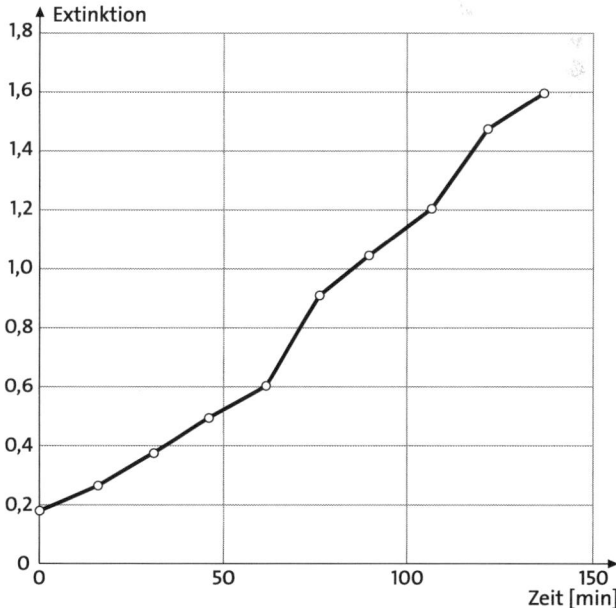

Die grafische Auftragung zeigt, dass sich die Bakterienkultur noch in der Wachstumsphase befindet. Vor der Auftragung müssen die letzten fünf Extinktionswerte aufgrund der Verdünnung noch mit 5 multipliziert werden.

Ein Blick durch das Elektronenmikroskop (S. 10)

Konzeption des Arbeitsblattes

Die Zelle ist die Struktur- und Funktionseinheit aller Lebewesen. Mit Hilfe elektronenmikroskopischer Verfahren wie der Transmissionselektronenmikroskopie können aufgrund des hohen Auflösungsvermögens der Untersuchungsapparaturen Strukturen sichtbar gemacht werden, die mit herkömmlichen lichtmikroskopischen Verfahren nicht dargestellt werden können. Das Arbeitsblatt bietet dem Schüler die Möglichkeit, sein Fachwissen über die Struktur der Organellen sowie über den Bau der Zellen verschiedener Organismengruppen zu festigen. Wichtige hierbei thematisierte Basiskonzepte sind der Struktur-Funktions-Zusammenhang sowie das Prinzip der Kompartimentierung.

Geforderte Kompetenzen: Gebrauch der Fachsprache, Beobachtung.

Einsatz des Arbeitsblattes im Unterricht

Das Arbeitsblatt dient der Anwendung und Überprüfung des erworbenen Wissens im Anschluss an die Besprechung des Eucyten-Bauplans im Unterricht. Auch als Hausaufgabe können das gesamte Arbeitsblatt oder ausgewählte Aufgaben eingesetzt werden.

Die Schülerinnen und Schüler sollen anhand ihrer Kenntnisse über die in einer Eukaryotenzelle enthaltenen Bestandteile die wichtigsten Zellorganellen auf einer Aufnahme identifizieren können, die mit einem Transmissions-Elektronenmikroskop erstellt wurde. Außerdem sollten sie in der Lage sein, anhand der Organellenausstattung auf die zugrunde liegende Organismengruppe zu schließen und so Pflanzen- und Tierzellen sowie Protocyten unterscheiden können. Mit Hilfe eines vorgegebenen Abbildungsmaßstabs berechnen sie die Größe der dargestellten Zellen und erhalten so einen Eindruck von den zellulären Dimensionen.

Lösungen und Anmerkungen

AUFGABE 1
1: Mitochondrien
2: Chloroplasten
3: Endoplasmatisches Reticulum
4: Dictyosom [ab Druck A^4 Nucleolus]
5: Vakuole
6: Zellwand
7: Zellkern
8: Zellmembran [ab Druck A^4 Kernhülle]
[Im Druck A^1 bis A^3 Phloemparenchymzelle der Gartenbohne (*Phaseolus vulgaris*) - Ultradünnschnitt im TEM, der Nucelolus liegt außerhalb der Schnittebene.]

AUFGABE 2
1: Cytoplasma
[oder Zisterne des Endoplasmatischen Reticulums]
2: Endoplasmatisches Reticulum
3: Zellkern
4: Nucleolus [ab Druck A^4 Kernhülle]
5: Kernhülle [ab Druck A^4 Zellmembran]
6: Endoplasmatisches Reticulum [ab Druck A^4 Mitochondrium; Fehler im Druck A^1: der Hinweisstrich sollte die Zellmembran bezeichnen; ggf. vor der Bearbeitung die Schülerinnen und Schüler den Fehler korrigieren lassen]
7: GOLGI-Apparat [ab Druck A^4 Lysosom]
8: Mitochondrium [ab Druck A^4 Liposom]
9: Lysosom [Vesikel] [ab Druck A^4 nur 8 Ziffern]
[im Druck A^1 bis A^3 Transmissionselektronenmikroskopisches Bild einer Plasmazelle aus dem Knochenmark einer Maus]

AUFGABE 3
Abb. 1 zeigt eine pflanzliche Zelle; dies ist daran zu erkennen, dass diese eine Zellwand, Vakuolen und Chloroplasten besitzt.

Tierische Zellen besitzen weder Zellwände noch eine zentrale Zellsaftvakuole und Chloroplasten. Zellen von Pilzen besitzen Zellwände und Vakuolen, jedoch keine Chloroplasten. Bei Protocyten kommen Zellwände vor, jedoch weder Vakuolen noch Chloroplasten; zudem ist kein Zellkern vorhanden und Prokaryoten sind in aller Regel einzellig, bilden also keinen Zellverband aus.

Bei Abb. 2 handelt es sich um eine tierische Zelle: Sie besitzt zwar einen Zellkern, aber weder eine Zellwand noch eine zentrale Zellsaftvakuole und Cholorplasten. Pflanzen- und Pilzzellen sowie viele Protocyten besitzen demgegenüber eine Zellwand, Protocyten darüber hinaus keinen Zellkern. [Das Fehlen von Chloroplasten ist kein eindeutiger Hinweis auf eine Tierzelle; auch eine Reihe von pflanzlichen Zelltypen ist chloroplastenfrei. Vakuolen kommen auch bei Protisten in Form von Nahrungs- und Verdauungsvakuolen vor.]

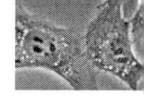

AUFGABE 4

Die Aufnahmen wurden mittels der Transmissionselektronenmikroskopie (TEM) durchgeführt (vgl. Schülerband S. 28 f.). Die Detailfülle selbst kleinster Zellbestandteile kann auf einem lichtmikroskopischen Bild aufgrund des geringeren Auflösungsvermögens nicht erreicht werden. Im Unterschied zu einem Rasterelektronenmikroskop, mit dem lediglich Oberflächenstrukturen dargestellt werden können, sind wie im vorliegenden Fall mit einem TEM auch Ultradünnschnittuntersuchungen möglich.

AUFGABE 5

Abb. 1: 1 μm entspricht auf der Abbildung einer Länge von 15,5 mm, d. h. der Abbildungsmaßstab (also das Verhältnis zwischen der Größe der Abbildung und der realen Größe) beträgt 15 500 : 1.

Abb. 2: Abbildungsmaßstab ebenfalls 15 500 : 1

[Beide Zellen haben demnach einen Durchmesser von 6 – 7 μm. Zwar handelt es sich dabei um vergleichsweise kleine Eucyten, doch sind sie immer noch deutlich größer als typische Bakterienzellen, sodass auch die Zellgröße gegen eine Zuordnung zu den Prokaryoten spricht.]

Zusätzliche Materialien

Folienvorlage: Schemazeichnung zu Abb. 2
(Plasmazelle aus dem Knochenmark einer Maus)

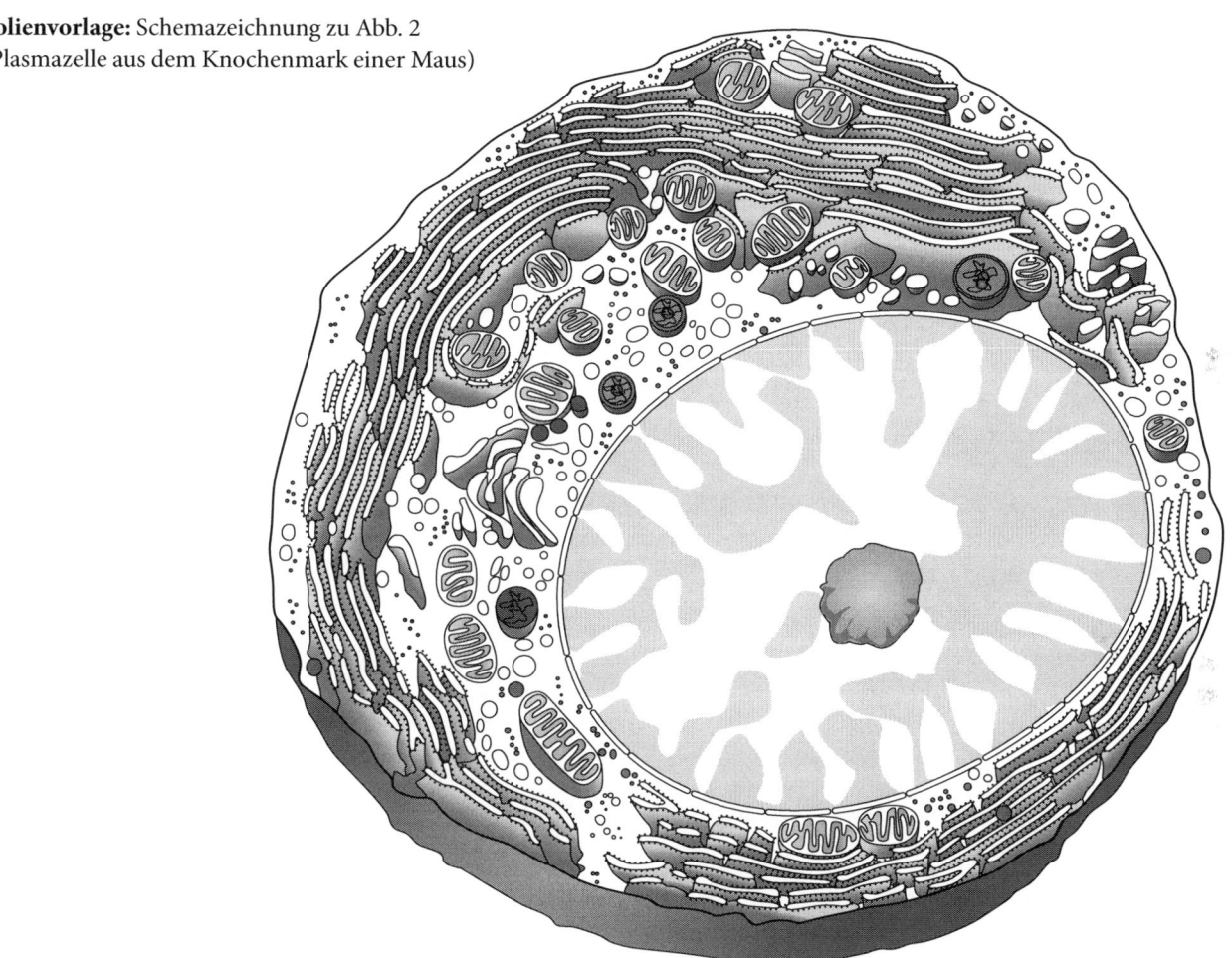

Weiterführende Aufgabe

AUFGABE A

Abb. 2 zeigt eine Plasmazelle. Benennen Sie die strukturelle Besonderheit, die dieser Zelltypus aufweist. Erläutern Sie, welcher Rückschluss auf die Funktion dieser Zelle sich daraus ziehen lässt.

Lösung

Die Zelle besitzt viel raues Endoplasmatisches Reticulum (ER). Dies weist auf eine hohe Syntheserate von Proteinen hin, die an den Ribosomen gebildet und im ER transportiert und gespeichert werden.

[In diesem Fall handelt es sich um die Produktion von Antikörper-Molekülen. Noch besser als auf der EM-Aufnahme lässt sich die Ausstattung der Plasmazelle mit Organellen anhand der Folienvorlage oben darstellen. Hinweise auf die Entstehung und Funktion der Plasmazellen findet man im Schülerband auf den Seiten 232 und 234.]

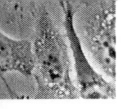

»Innere Werte« – Zellorganellen mit zwei Membranen (S. 11)

Konzeption des Arbeitsblattes

Am Beispiel der Mitochondrien werden Zellorganellen thematisiert, die eine Hülle aus zwei Membranen besitzen. Die Schülerinnen und Schüler sollen sich im Anschluss an das vorhergehende Arbeitsblatt (S. 10), in dem es um die Auswertung elektronenmikroskopischer Bilder ganzer Zellen ging, nun ausschließlich den Mitochondrien zuwenden. Sie sollen Details in den mikroskopischen Aufnahmen benennen sowie die Bedeutung des Besitzes von zwei Membranen und der be-

sonderen Faltung der inneren Membran erkennen. Ein weiteres Ziel ist die Erstellung einer Zeichnung aus der vorliegenden elektronenmikroskopischen Aufnahme, die anschließende Beschriftung der Zeichnung sowie die Ermittlung des Vergrößerungsfaktors der zeichnerischen Darstellung.

Geforderte Kompetenzen: Modellbildung, Repräsentationswechsel.

Einsatz des Arbeitsblattes im Unterricht

Die Betrachtung der Mitochondrien folgt im Schülerband im Anschluss an einen allgemeinen Überblick über die Organellen einer eukaryotischen Zelle. Mitochondrien als wichtigen Organellen des intermediären Stoffwechsels kommt eine besondere Bedeutung zu. Ihre Funktion im Rahmen der ATP-Produktion basiert ganz wesentlich auf dem Besitz von zwei Membranen, daher steht auch auf dem vorliegenden Arbeitsblatt dieses Thema im Vordergrund. Die mit der starken Auf-

faltung der inneren Membran verbundene enorme Oberflächenvergrößerung stellt ein Grundprinzip in biologischen Systemen dar, mit dem die Schülerinnen und Schüler im Biologieunterricht immer wieder konfrontiert werden. Bei der rechnerischen Bestimmung von inneren im Vergleich zu äußeren Oberflächen werden die Dimensionen einer solchen Vergrößerung innerer Membranen durch Faltungseffekte besonders deutlich.

Lösungen und Anmerkungen

AUFGABE 1

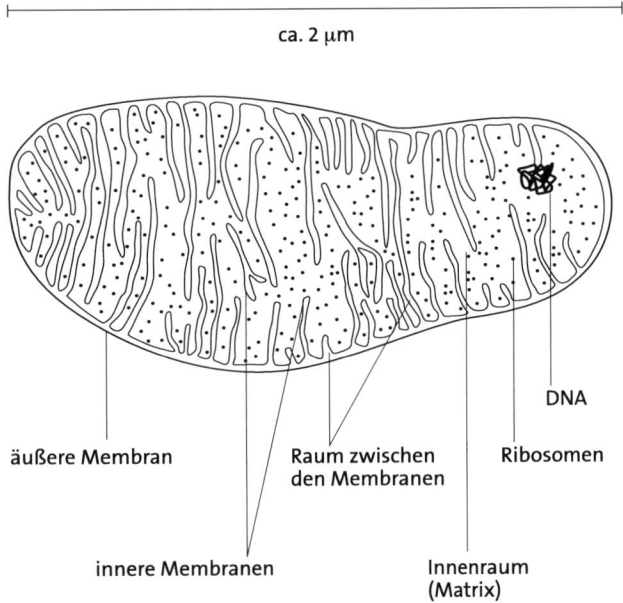

ca. 2 µm

äußere Membran   Raum zwischen den Membranen   Ribosomen

DNA

innere Membranen   Innenraum (Matrix)

[Die Beschriftung der selbst angefertigten Zeichnung kann mit Hilfe von Abb. 41.2 im Schülerband vorgenommen werden. Wie dort handelt es sich bei dem auf dem Aufgabenblatt abgebildeten Organell um ein Mitochondrium des Crista-Typs. Der Raum, der von den beiden Membranen der Mitochondrienhülle umschlossen wird, wird auch als Intermembranraum bezeichnet. Im rechten oberen Bildbereich sind neben dem Mitochondrium Membranbestandteile und Ri-

bosomen des rauen Endoplasmatischen Reticulums (rER) erkennbar.]

Die Länge des abgebildeten Mitochondriums beträgt etwa 450 nm; [damit handelt es sich um ein besonders kleines Exemplar dieser Organellen, die üblicherweise zwischen 800 nm und 8 µm lang werden]. Der Vergößerungsfaktor der Schülerzeichnung ergibt sich durch Division der Mitochondrienlänge in der Zeichnung durch die Originallänge; bei einer Zeichnungslänge von 12 cm berechnet man also eine 300 000-fache Vergrößerung.

AUFGABE 2

Die Anzahl der Mitochondrien pro Zelle hängt in erster Linie von der Intensität des Stoffwechsels der Zelle ab. Daher besitzen Zellen, die größere Mengen an Energie in Form von ATP benötigen bzw. produzieren, meistens deutlich mehr Mitochondrien als andere Zellen.

[Typische Tierzellen besitzen 1000 bis 2000 Mitochondrien, in den stoffwechselaktiven Zellen der Leber können bis zu 6000 Mitochondrien enthalten sein.]

In Nerven-, Leber- und Muskelzellen wird besonders viel Energie benötigt, daher ist hier auch die Zahl der Mitochondrien pro Zelle in aller Regel besonders hoch. [Sie können über 25 % des gesamten Zellvolumens einer Zelle ausmachen, bei Herzmuskelzellen sogar bis zu 36 %.]

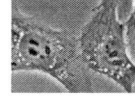

AUFGABE 3

Volumen des Würfels:

6 cm · 6 cm · 6 cm = 216 cm³

Oberfläche des Würfels:

6 (Seiten) · 6 cm · 6 cm = 216 cm²

Gesamtvolumen der 27 Einzelwürfel):

Das Gesamtvolumen der kleinen Würfel entspricht dem des ursprünglichen Würfels; rechnerisch lässt sich dies ermitteln über die Beziehung:

Volumen eines kleinen Würfels:

2 cm · 2 cm · 2 cm = 8 cm³

Gesamtvolumen:

8 cm³ · 27 (Einzelwürfel) = 216 cm³

Gesamtoberfläche der 27 Einzelwürfel:

6 (Seiten) · 2 cm · 2 cm = 24 cm²

24 cm² · 27 (Einzelwürfel) = 648 cm²

Die »Innere Oberfläche« des zusammengesetzten Würfels ergibt sich als Differenz aus der Gesamtoberfläche der kleinen Würfel und der Oberfläche des großen Würfels:

648 cm² – 216 cm² = 432 cm²

Die inneren Oberflächen des »Zauberwürfels« sind demnach doppelt so groß (432 cm²) wie die äußeren (216 cm²).

Das Würfelmodell kann zur Veranschaulichung des Prinzips der Oberflächenvergrößerung herangezogen werden: Obwohl das Gesamtvolumen des Würfels durch die Zerkleinerung nicht zugenommen hat, steigt die Größe der Oberfläche enorm an [vgl. hierzu auch Abb. 30.2 im Schülerband]. Das Grundprinzip der Oberflächenvergrößerung ist auch bei Mitochondrien erkennbar. Hier wird jedoch die Flächenvergrößerung nicht durch Zerkleinern des Organells, sondern durch eine Auffaltung der inneren Hüllmembran erreicht. Im Vergleich zum Würfelbeispiel ist bei Mitochondrien die innere Oberfläche im Verhältnis zur äußeren noch wesentlich größer [für die innere Oberfläche von Mitochondrien in Leberzellen ermittelte man einen etwa fünffachen Wert in Relation zur äußeren Oberfläche des Organells].

Struktur-/Funktionszusammenhang: Eine große innere Membranoberfläche bietet viel Raum für membrangebundene Enzyme und Enzymkomplexe, d. h. eine große Membranfläche bietet eine große reaktive Fläche für die Prozesse der Zellatmung und der ATP-Synthese. [Vergleichbare Verhältnisse findet man bei den ebenfalls stark oberflächenvergößerten inneren Membranen der Chloroplasten.]

Zusätzliche Materialien

Für den Unterricht geeignete elektronenmikroskopische Abbildungen von Zellorganellen findet man unter anderem bei: GROSCURTH, P.: Interaktiver Histologieatlas. Allgemeine Histologie, Spezielle Histologie, Zytologie, Histologische Technik. Urban & Fischer b. Elsevier, München/Jena, 2. Auflage 2005 (DVD-ROM).

Weiterführende Aufgaben

AUFGABE A

Beschriften Sie die folgende Schemazeichnung eines Mitochondriums.

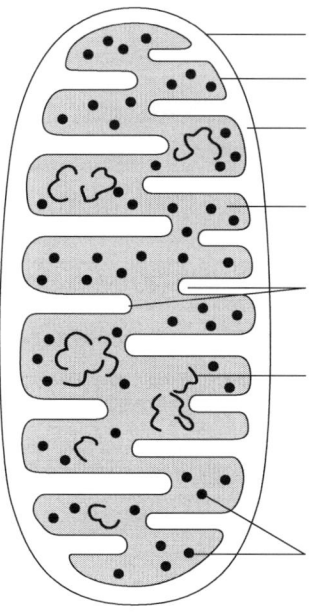

Lösung

[Beschriftung anhand der Textinformationen auf S. 40 und Abb. 41.2 im Schülerband; von oben nach unten:]
Äußere Mitochondrienmembran – innere Mitochondrienmembran – Intermembranraum – Mitochondrienmatrix – Ausstülpungen der inneren Mitochondrienmembran – DNA – Ribosomen.

AUFGABE B

Nennen Sie weitere Beispiele für das Prinzip der Oberflächenvergößerung in belebten Systemen.

Lösung

Vergrößerung der inneren Oberfläche in Chloroplasten infolge der Bildung von Thylakoiden; Vergrößerung der äußeren Zelloberfläche bei tierischen Zellen durch Mikrovilli; Membranstapelbildung (»discs«) in Sehsinneszellen; Vergrößerung der resorbierenden Oberfläche des Darms durch Zottenbildung und Oberflächenvergrößerung der einzelnen Darmzellen; vergrößerte respiratorische Oberfläche bei Erythrocyten (zahlreiche kleine Zellen als Sauerstoffträger) und bei Atmungsorganen (z. B. Lamellenbildung bei Kiemen, Lungenbläschen); Oberflächenvergrößerungen bei Pflanzen (Wurzelverzweigungen, Laubblätter).

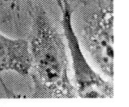

Modelle zum Bau der Biomembran (S. 12)

Konzeption des Arbeitsblattes

Die Seite führt über einen wissenschaftshistorischen Zugang in das Thema »Bau der Biomembran« ein. Damit ergänzt das Aufgabenblatt die Informationen aus dem Lehrbuch (S. 48), die wesentliche Erkenntnisschritte auf dem Weg zur Entwicklung des heute anerkannten »Flüssig-Mosaik-Modells« der Membranen zusammenfassen. Der Einstieg erfolgt über den Bau der Lipidbestandteile der Membran, den die Schülerinnen und Schüler bereits im Zusammenhang mit dem Bau der wichtigsten Zellinhaltsstoffe kennengelernt haben (Schülerband S. 37). Der bahnbrechende Versuch von RALEIGH, der erst durch die methodischen Verbesserungen von AGNES POCKELS möglich wurde, wird anhand einfacher Flächen- und Volumenberechnungen nachvollzogen und mit dem im Schülerband vorgestellten Experiment der niederländichen Forscher GORTER und GRENDEL verknüpft.

Geforderte Kompetenzen: Modellbildung (Molekülmodelle, Modellexperiment, Entwicklung eines Membranmodells), Experimentieren und Beobachten, Fachsprache.

Einsatz des Arbeitsblattes im Unterricht

Lernvoraussetzungen für die Bearbeitung der Aufgaben sind – neben basalen mathematischen Kenntnissen – Vorkenntnisse zum Molekülbau organischer Verbindungen. Insbesondere sollten die Begriffe »hydrophil« und »lipophil«/«hydrophob« bekannt sein, außerdem der Zusammenhang zwischen dem Vorliegen polarer und apolarer Elektronenpaarbindungen in den Molekülen organischer Substanzen und der Löslichkeit dieser Stoffe in Wasser bzw. apolaren Lösungsmitteln. Diese Kenntnis sind von großer Bedeutung für das Verständnis des Membranaufbaus und der daraus resultierenden selektiven Permeabilität der Membranen. Die Aufgaben können darüber hinaus auch dazu eingesetzt werden, um einen wissenschaftlichen Erkenntnisgewinnungspozess beispielhaft und schrittweise nachzuvollziehen.

Es bietet sich an, die Aufgaben 1 bis 3 des Arbeitsblattes zum Einstieg in das Thema »Bau der Biomembran« einzusetzen; vor der Bearbeitung der vierten Aufgabe sollte das »Flüssig-Mosaik-Modell« im Unterricht erarbeitet worden sein, ggf. in Eigenarbeit der Schülerinnen und Schüler mit dem Lehrbuch.

Lösungen und Anmerkungen

AUFGABE 1

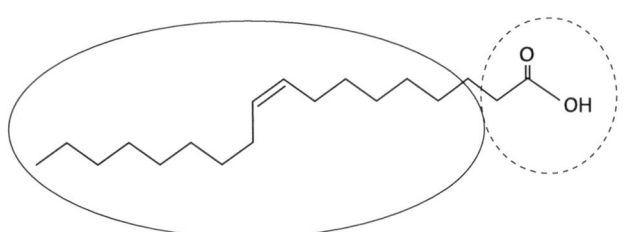

[Durchgezogene Linie: rot (lipophiler Molekülanteil); gestrichelte Linie: blau (hydrophiler Molekülanteil)]

Das Ölsäuremolekül ist amphiphil, besitzt also sowohl einen polaren Anteil (Carboxylgruppe) als auch einen unpolaren Molekülabschnitt (Kohlenwasserstoffrest mit einer Doppelbindung). In dieser Baueigenschaft ähnelt die Verbindung einem Membranlipid, z. B. dem polaren Lipid Lecithin (Phosphatidylcholin; [vgl. Abb. 37.2 und 48.1 A im Schülerband]). Auf einer Wasseroberfläche (monomolekularer Film) und in einer Emulsion (Micellenbildung) verhalten sich beide Substanzen vergleichbar. Im Unterschied zu dem polaren Lipid besitzt die Ölsäure nur einen lipophilen Kohlenwasserstoffrest, zudem ist der hydrophile Molekülteil kleiner und besitzt eine geringere Anzahl an polaren Bindungen.

AUFGABE 2

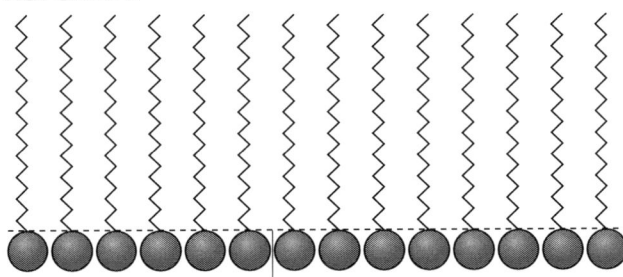

Wasseroberfläche

Die polaren Molekülanteile (Kugeln in der Schemadarstellung) sind zur Wasseroberfläche hin orientiert; sie sind hydrophil. Die lipophilen Alkylreste (Zickzacklinien) sind hydrophob und ragen aus der Wasseroberfläche hinaus in die Luft. Auf diese Weise entsteht ein monomolekularer Ölsäurefilm auf der Wasseroberfläche [»Monolayer«].

AUFGABE 3
$V = \pi \cdot r^2 \cdot h$
$\rightarrow h = V / (\pi \cdot r^2)$
$= 0,01 \text{ mm}^3 / (3,14 \cdot 625 \text{ mm}^2)$
$= 5 \cdot 10^{-6} \text{ mm} = \textbf{5 nm}$
[Dieser Wert stimmt recht gut mit den tatsächlichen Verhältnissen in einer Membran überein; die halbe Membrandicke beträgt 4 nm.]

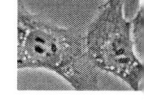

AUFGABE 4

GORTER und GRENDEL extrahierten mit einem lipophilen Lösungsmittel die Lipidbestandteile der Erythrocytenmembranen. Der Extrakt wurde auf eine Wasseroberfläche getropft und anschließend die Fläche des resultierenden Lipidfilms gemessen und der Wert mit dem berechneten Wert für einen monomolekularen Oberflächenfilm verglichen.

Die im Vergleich zu einem Lipid-»Monolayer« doppelte Fläche deutete darauf hin, dass die Lipide in der Erythrocytenmembran in einer Doppelschicht (»Bilayer«) vorliegen [s. Abb. unten]. Im Unterschied zu heutigen Vorstellungen fehlen in diesem einfachen »Bilayer«-Modell die Proteinkomponenten der Membran; außerdem berücksichtigt es nicht die halbflüssige Konsistenz der Membran (S. 48 im Schülerband).

Zusätzliche Materialien

AGNES POCKELS (1862–1935)

Obwohl ohne universitäre wissenschaftliche Ausbildung, lieferte die in Braunschweig lebende deutsche Forscherin wichtige Beiträge zur Physik und Chemie von Grenzflächenspannungen. Die wichtigste Erfindung der Autodidaktin war eine »Schieberinne« mit einer angeschlossenen einfachen, aber präzisen Waagenkonstruktion zur Untersuchung von Oberflächenfilmen auf Flüssigkeiten (1882). Die Apparatur wurde von IRVIN LANGMUIR weiterentwickelt und ist noch heute gebräuchlich, um Oberflächenspannungen zu messen. Zwar wurden die Forschungsergebnisse von AGNES POCKELS, die im Wesentlichen in der Küche ihres Hauses erzielt wurden, in Deutschland zunächst nicht gewürdigt, doch fanden sie breitere Beachtung, nachdem LORD RALEIGH, aufbauend auf ihren neu entwickelten Messverfahren, seine Experimente zu Oberflächenfilmen veröffentlichte. 1932 verlieh ihr die Technische Hochschule Braunschweig die Ehrendoktorwürde für ihr Lebenswerk.

Weiterführende Aufgaben

AUFGABE A

Erklären Sie, wozu im Modellexperiment das Schwefelpulver dient.

Lösung

Schwefelpulver ist wasserunlöslich und besitzt eine geringere Dichte als Wasser. Das Pulver liegt so als dünne Schicht der Wasseroberfläche auf; beim Auftropfen der Ölsäure werden die Schwefelpartikel nach außen gedrängt. Der Lipidfilm ist nun als schwefelfreier Kreis auf der Wasseroberfläche gut erkennbar; so ist eine bequeme Messung der Größe des Lipidfilms möglich.

AUFGABE B

Begründen Sie, weshalb sich gerade Erythrocyten besonders gut für die Untersuchung der Struktur von Biomembranen eignen.

Lösung

Die roten Blutzellen haben den Vorteil, dass ihnen innere Membranen fehlen. Sowohl der Zellkern als auch alle übrigen membranhaltigen Organelle werden in den roten Blutzellen im Laufe der Zelldifferenzierung abgebaut. Somit müssen alle Mambranbestandteile, die aus Erythrocyten isoliert werden, aus der Plasmamembran stammen. Da der mit den extrahierten Lipiden gewonnene Oberflächenfilm doppelt so groß ist wie der (berechnete) Wert eines Monolayers, lässt dies auf die Anordnung der Lipide in einer Doppelschicht schließen.

AUFGABE C

Die lipophilen Eigenschaften des Membraninneren sind auf die apolaren Reste der Membranlipide zurückzuführen. Dies erklärt zwar, weshalb lipophile Substanzen die Biomembran passieren können, steht aber im Widerspruch zur Tatsache, dass die Plasma- und Vakuolenmembranen mancher Zelltypen eine gute Durchlässigkeit für Wassermoleküle aufweisen. Erklären Sie diese Tatsache.

Lösung

In den betreffenden Zelltypen gelangen Wassermoleküle über spezielle hydrophile Tunnelproteine (Aquaporine) entlang des Konzentrationsgefälles durch die Membran.

[Zunächst ging man davon aus, dass Wassermoleküle wegen ihrer geringen Größe ungehindert durch die Membran diffundieren könnten. Diese Hypothese konnte aber nicht erklären, weshalb verschiedene Zelltypen eine ganz unterschiedliche Membrandurchlässigkeit für Wasser zeigen. Diese Permeabilitätsunterschiede führten dazu, dass um 1970 spezielle Wassertransportkanäle postuliert wurden. Erst 1990 gelang es dem US-amerikanischen Molekularbiologen PETER AGRE das gesuchte Membranprotein zu identifizieren. Ein solches Protein besteht aus vier Peptidbausteinen, die einen engen, für Wassermoleküle und andere kleine hydrophile Moleküle passierbaren Kanal umschließen (vgl. Abb. 50.2 im Schülerband). Das Tunnelprotein erlaubt den Durchtritt von bis zu 3 Milliarden H_2O-Molekülen pro Sekunde. AGRE erhielt für die Aufklärung dieses zellulären Transportmechanismus 2003 den Nobelpreis für Chemie. Inzwischen kennt man verschiedene Aquaporintypen in unterschiedlichen Zelltypen, z. B. in den Membranen von Erythrocyten, Nieren-Tubuluszellen, Endothelzellen von Blutkapillaren und Lungenbläschen, Speicheldrüsenzellen sowie in der Vakuolenmembran pflanzlicher Zellen.]

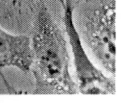

»Alles im Fluss« (S. 13)

Konzeption des Arbeitsblattes

Membranflussvorgänge spielen bei zellulären Prozessen eine ganz entscheidende Rolle. Grundlegende Eigenschaften von zellulären Membranen, ihre grundsätzliche strukturelle Ähnlichkeit sowie ihre Bedeutung bei zellulären Transportvorgängen stehen im Vordergrund dieses Arbeitsblattes.

Draüber hinaus sollen die Schülerinnen und Schüler das Versprachlichen bildlicher Informationen einüben und dabei ihre fachlichen Kenntnisse zu den Themen »Membranfluss« und »Transportvorgänge durch Membranen« einbringen. Anhand der Aufgaben wird in besonderer Weise das Basiskonzept der Kompartimentierung thematisiert.

Geforderte Kompetenzen: Repräsentationswechsel (Umsetzen von Bildinformationen in einen fachlich fundierten Text), Experimentieren und Beobachten (Verstehen und Erläutern des Zellfusionsexperiments), Gebrauch der Fachsprache.

Einsatz des Arbeitsblattes im Unterricht

Das Arbeitsblatt kann eingesetzt werden, wenn Grundkenntnisse zu Bau und Eigenschaften der Membran vorliegen. Denkbar ist auch die Bearbeitung der Aufgaben zur Wiederholung und Vertiefung am Ende der unterrichtlichen Erarbeitung der Zellorganellen.

Aus dem Verständnis des Flüssig-Mosaik-Modell ergeben sich Erkenntnisse im Hinblick auf die Beweglichkeit von Elementen der Membran: Die Proteine bilden in der Lipiddoppelschicht ein Mosaik, sie bewegen sich »in der zähflüssigen Lipiddoppelschicht wie Eisberge im Wasser« (Schülerband S. 48).

Aus diesen Befunden und der Tatsache, dass alle Membranen der Zelle einen weitgehend ähnlichen Grundaufbau und demzufolge auch ähnliche Eigenschaften haben, geht hervor, dass viele Membranen innerhalb einer Zelle »austauschbar« sind. Sie können miteinander verschmelzen und sich gegenseitig ergänzen. Von ihnen eingeschlossene Substanzen werden über Vesikel hin- und hertransportiert.

Die Schülerinnen und Schüler sollen erkennen, dass die Austauschprozesse innerhalb von Zellen und zwischen verschiedenen Zellen im Wesentlichen auf Membranflussprozessen basieren. Bei der Erarbeitung sollte ihnen darüber hinaus klar werden, dass die Membranen jeweils plasmatische von nichtplasmatischen Kompartimenten trennen und so die Voraussetzung für voneinander abgegrenzte Reaktionsräume in der Zelle schaffen.

Lösungen und Anmerkungen

AUFGABE 1

Die beiden Zellen fusionieren miteinander und bilden eine Hybridzelle aus Menschen- und Mauszelle. Bei der Hybridzelle ist die Herkunft der Membranen (Mensch oder Maus?) nicht mehr zu erkennen, d. h. die beiden Membranen sind miteinander verschmolzen. Diese Tatsache liefert ein Indiz für die Richtigkeit des Flüssig-Mosaik-Modells. Demgegenüber können die Membranproteine noch deutlich als von der Menschen- bzw. Mauszelle stammend identifiziert werden. Diese verschmelzen also nicht miteinander. Die Membranen müssen also von ihrem Bau und den molekularen Eigenschaften der Lipid-Grundsubstanz her so ähnlich sein, dass sie ohne weiteres miteinander verschmelzen und ein gemeinsames Produkt bilden können.

AUFGABE 2

1 Endocytose größerer Partikel: Abschnürung von Membranbereichen und Aufnahme der Nahrungsvesikel in das Zellinnere;

2 Endocytose kleinerer Partikel (Tröpfchen); Mechanismus wie in **1**;

3 Abschnürung von GOLGI-Vesikeln aus dem Endoplasmatischen Reticulum und anschließende Aufnahme in ein Dictyosom; Membranen verschmelzen miteinander;

4 Abschnürung von GOLGI-Vesikeln aus einem Dictyosom und Aufnahme von Substanzen (z. B. Verdauungsenzyme) in eine Nahrungsvesikel;

5 enzymatische Zersetzung der aufgenommenen Nahrungspartikel; Abschnürung von kleinen Vesikeln aus einer Nahrungsvesikel, dadurch Übertritt von Nahrungspartikeln oder anderen Substanzen aus dem Nahrungsvesikel in das Cytoplasma;

6 Exocytose: Ausschleusen nicht mehr verwertbarer Substanzen der Nahrungsvesikel aus der Zelle; die Vesikelmembran verschmilzt dabei mit der Zellmembran;

7 Abschnürung einer GOLGI-Vesikel von einer Zisterne eines Dictyosoms;

8 Transport der Vesikel durch das Cytoplasma;

9 Exocytose von Stoffen (z. B. Duftstoffe, Hormone, Verdauungsenzyme) in die Zellumgebung; die Vesikelmembran verschmilzt dabei mit der Zellmembran.

10 Aufnahme von Vesikeln in ein Dictyosom; die Vesikelmembran verschmilzt mit dem Dictyosom;

11 die doppelte Hüllmembran des Zellkerns schnürt Vesikel ab, die mit einem Dictyosom verschmelzen;

12 das Dictyosom schnürt eine Vesikel ab, diese wird zur Zellmembran transportiert, …

13 dort verschmilzt die Vesikelmembran mit der Zellmemb-

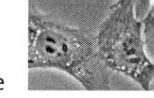

ran; auf diese Weise kann die Zellmembran repariert, ergänzt oder regeneriert werden;

14 das Dictyosom schnürt eine Vesikel ab;

15 diese wird zu einer größeren Vesikel transportiert, in der die Zersetzung eines Mitochondriums abläuft; nicht mehr benötigter Zellorganellen werden abgebaut;

16 aus dieser Vesikel werden Stoffe in das Cytoplasma abgegeben (vgl. **5**);

17 Exocytose: nicht mehr benötigte Stoffe (Abfallstoffe) werden aus der Zelle abgegeben; die Vesikelmembran verschmilzt dabei mit der Zellmembran.

Die Prozesse **1** und **2** sind Endocytose-Vorgänge, **6**, **9** und **17** sind Exocytose-Vorgänge, alle übrigen Transportprozesse verlaufen intrazellulär [Die Schülerinnen und Schüler kennzeichnen die drei Kategorien in Abb. 2 mit unterschiedlichen Farben].

AUFGABE 3

Die Vorgänge der Endo- und Exocytose sind Prozesse, bei denen Membranen miteinander verschmelzen. Es werden jeweils Vesikel abgeschnürt, also membranumhüllte und mit Flüssigkeit gefüllte Kompartimente. In diesen Fällen findet kein Transport von Stoffen durch eine Membran statt. Membranen können nur deshalb miteinander verschmelzen, weil sie einen grundsätzlich gleichen oder zumindest ähnlichen chemischen Aufbau aufweisen. Demgegenüber gelangen etwa bei Osmosevorgängen, Carriertransport oder Diffusion durch Tunnelproteine Stoffe durch die Membran hindurch.

Zusätzliche Materialien

Experimente zur Zellfusion

Bereits zwei Jahre, bevor SINGER und NICOLSON ihr Flüssig-Mosaik-Modell der Biomembran vorstellten (1972), gelang es den Zoologen LARRY D. FRYE und MICHAEL A. EDIDIN von der John Hopkins University in Baltimore (USA), Hinweise auf die Fluidität der Biomembran anhand von Zellfusionsexperimenten zu erhalten (1970). Eine schematische Darstellung des Versuchsprinzips zeigt Abb. 1 im Arbeitsheft. Die Markierung der Membranproteine erfolgte mit Hilfe von spezifischen Fluoreszenzfarbstoffen (rote Fluoreszenzmarker für die Humanzellen, grüne für die Mauszellen). Auf der Hybridzelle ließen sich anschließend markierte Proteine beider Ausgangszellen nachweisen; bereits nach etwa 40 Minuten zeigte sich eine völlige Durchmischung der Membrankomponenten: Die markierten Proteine waren nun gleichmäßig auf der Oberfläche der Hybridzelle angeordnet.

Literatur zum Thema:
FRYE, L. D. & EDIDIN, M.: *The rapid intermixing of cell surface antigens after formation of mouse-human heterokaryons.* Journal of Cell Science 7 1970: 319 – 335.
HORTON, H. R. et al.: Biochemie. Pearson Deutschland, München, 4. Aufl. 2008.

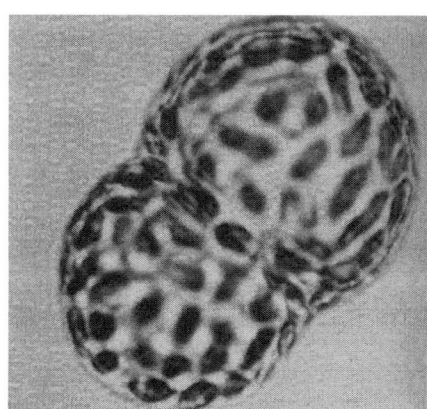

Beispiel einer Zellfusion: Zwei Protoplasten eines Laubmooses verschmelzen infolge eines eines Spannungsstoßes (»Elektrofusion«).

Exo- und Endocytose

Die folgenden elektronemikroskopischen Aufnahmen zeigen Beispiele für einen Exocytose- und einen Endocytosevorgang.

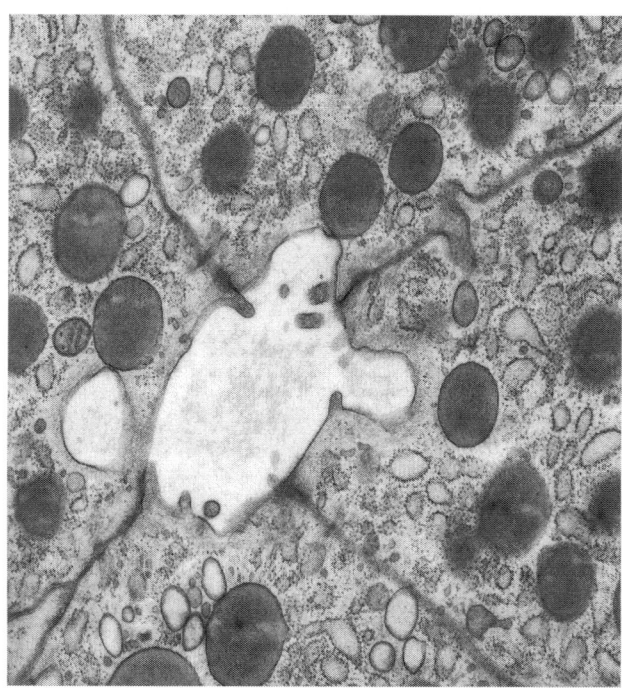

Exocytose von Sekretvesikeln aus Zellen der Bauchspeicheldrüse

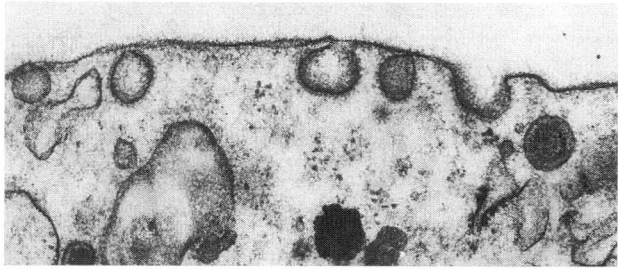

Endocytose. Einstülpungen der Zellmembran und Endocytosebläschen

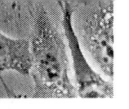
Pantoffeltierchen mit Untermietern (S. 14)

Konzeption des Arbeitsblattes

Übergeordnetes Thema des Arbeitsblattes ist die Endosymbionten-Theorie. Dabei dient eine rezente Protistenart (*Paramecium bursaria*) als Modell für die im Verlauf der Evolution abgelaufene Endosymbiose zwischen verschiedenartigen Zelltypen. Im einführenden Informationstext und anhand einer mikroskopische Aufnahme wird der Einzeller vorgestellt (Größe, Aussehen, Lebensraum), bevor auf die Symbiose mit intrazellulären Grünalgen eingegangen wird und – ergänzend zu den Informationen des Schülerbands (S. 40 und insbesondere S. 46) – die grundlegenden Aussagen der Endosymbi-

onten-Theorie vorgestellt werden. Aufgabe 6 thematisiert die Entstehung von Chloroplasten bei verschiedenen Algengruppen und knüpft damit an die Informationen des Lehrbuchs an. Das auf dieser Seite vorrangig berücksichtigte Basiskonzept ist die evolutionäre Entwicklung und die Verwandtschaft von Lebewesen.

Geforderte Kompetenzen: Modellbildung, Argumentieren, Repräsentationswechsel (Versprachlichen des Schemas zur Chloroplastenentstehung bei Algen), Gebrauch der Fachsprache, Experimentieren (Aufg. 1).

Einsatz des Arbeitsblattes im Unterricht

Das Arbeitsblatt kann im Anschluss an die Behandlung der Endosymbionten-Theorie im Unterricht eingesetzt werden. Die Schülerinnen und Schüler sollten über Kenntnisse zum postulierten Ablauf der Eucyten-Entstehung verfügen, wie er auf S. 46 im Lehrbuch und zusammenfassend in Abb. 46.1 be-

schrieben ist. Die Aufgaben lassen sich mit Hilfe der Lehrbuchinformationen und des Textes der Aufgabenseite bearbeiten. Je nach Kenntnisstand des Kurses kann die Verwendung des Lehrbuchs zur Erarbeitung zugelassen werden.

Lösungen und Anmerkungen

AUFGABE 1

Experiment 1: Die Chlorellen werden aus den Pantoffeltierchen isoliert und in einem Medium mit Mineralsalzen und im Licht kultiviert → Die Zellen sind auch ohne Wirt lebens- und teilungsfähig.

Experiment 2: Die Grünen Pantoffeltierchen (incl. Chlorellen) werden im Dunkeln kultiviert; der Kulturlösung werden Bakterien als Nahrung zugegeben → Die Pantoffeltierchen sind auch ohne Licht und damit ohne die Fotosyntheseprodukte der Algen lebensfähig und können sich unter geeigneten Lebensbedingungen vermehren, sind also nicht obligatorisch auf den Symbionten angewiesen.

[Ähnliche Verhältnisse findet man auch bei manchen vielzelligen Tieren, so bei dem bis zu 15 mm großen Grünen Süßwasserpolypen (*Hydra viridissima*), der in sauberen stehenden Gewässern auf Wasserpflanzen vorkommt. Bei dieser Art befinden sich die Chlorellen in den Zellen der inneren Körperwand, wodurch der Polyp seine charakteristische hellgrüne Färbung erhält. Im Licht kann *Hydra viridissima* gänzlich ohne Beutefang auskommen, indem die Tiere sich von den durch die Grünalgen bereitgestellten Assimilaten ernähren.]

AUFGABE 2

Dass Eukaryotenzellen Mitochondrien und z. T. auch Chloroplasten [Plastiden] besitzen, wird nach der Endosymbionten-Theorie auf die Aufnahme von ursprünglich selbstständig lebensfähigen prokaryotischen Zellen zurückgeführt, d. h. eine einzige Eucyte besteht eigentlich aus verschiedenen Zelltypen. Die »Symbionten« sind aber ebenso wie die »Wirtszellen« iso-

liert nicht mehr lebensfähig, da die Mitochondrien und Chloroplasten einen Teil ihres Genoms in die Kern-DNA transferiert haben und die aufnehmenden Zellen auf die Funktion dieser Doppelmembranorganellen angewiesen sind. Daher erscheinen die Zellen heute wie ein einheitliches System.

AUFGABE 3

Indizien für die Gültigkeit der Endosymbionten-Theorie:
– Doppelmembranhülle aus zwei chemisch unterschiedlichen Membranen, deren innere in ihrer Lipidzusammensetzung denen von Protocyten ähnelt;
– Plastiden werden in den Tochterzellen nicht neu gebildet, sondern gehen durch Teilung aus Plastiden hervor, die während der Zellteilungsprozesse auf die Tochterzellen verteilt wurden;
– Genom: zirkuläre DNA ohne Histone, [»Plastom«; in mehreren Kopien nucleoidartig in der Matrix konzentriert];
– Ribosomen des 70-S-Typs (wie ansonsten nur bei Prokaryoten), ein Teil der Plastidenproteine wird in den Plastiden selbst hergestellt und nicht im Cytoplasma der Zelle.

[Weitere Indizien sind Details im Bau der Chloroplasten-DNA und im Ablauf der Proteinbiosynthese: die Empfindlichkeit gegenüber bakteriellen Translationshemmern, die fehlende Polyadenylierung der mRNA-Moleküle sowie bakterienähnliche Operon- und Promotorstrukturen auf der DNA. Die DNA-Sequenzen der Chloroplasten zeigen darüber hinaus weitreichende Übereinstimmungen mit denen der Cyanobakterien.]

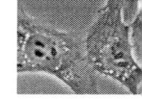

AUFGABE 4

Die Aufnahme von aeroben Bakterien ermöglicht den Zellen Zellatmung und damit eine effiziente Form der Energiebereitstellung durch den Abbau energiereicher organischer Substanzen und die damit verbundene ATP-Synthese. Die Aufnahme von fototrophen Bakterien versetzt die Zelle in die Lage, mit Hilfe von Sonnenlicht Fotosynthese zu betreiben und damit selbst energiereiche Verbindungen herzustellen.

AUFGABE 5

1. Zelle: »Wirtszelle«, ursprüngliche prokaryotische Zelle [»Protoeukaryot«]; 2. Zelle: Mitochondrium (= ursprünglich aerobes Bakterium); 3. Zelle: Grünalge der Gattung *Chlorella*; innerhalb der Chlorelle wiederum Mitochondrium (4. Zelle) und Chloroplast (5. Zelle; ursprünglich fotoautotrophes Bakterium = Cyanobakterium).

[Eigentlich sind es noch mehr »Zellen«, wenn man die Vielzahl an Mitochondrien sowohl in der Pantoffeltierchenzelle als auch in der Algenzelle berücksichtigt.]

AUFGABE 6

A: Eine doppelt begeißelte Zelle, die durch den Besitz eines Zellkerns und eines Mitochondriums als Eucyte gekennzeichnet ist, phagocytiert eine andere Zelle. Diese besitzt (ähnlich wie heutige einzellige Grünalgen) einen Zellkern, Mitochondrien und einen Chloroplasten mit einer Hülle aus zwei Membranen.

B: Die phagocytierte Zelle wird nicht verdaut, sondern bleibt – von der Vakuolenmembran der Wirtszelle umschlossen – im Inneren der Wirtszelle.

C: Das Mitochondrium im Inneren des Symbionten verschwindet, der Zellkern wird bis auf einen Rest reduziert.

D: Schließlich sind auch der Zellkernrest und das Plasma der Symbiontenzelle nicht mehr erkennbar: Der Plastid der aufgenommenen Zelle besitzt nun eine Hülle aus vier Schichten.

Die Bezeichnung »sekundäre Endosymbiose« bezieht sich auf die Tatsache, dass die aufgenommene Symbiontenzelle ihrerseits bereits durch Endosymbiose entstanden ist. Im Unterschied zur Symbiose bei *Paramecium bursaria* ist die Symbiose der Algenzellen obligatorisch.

[Zu Bau und zur phylogenetischen Entstehung der Plastiden bei verschiedenen Algengruppen s. »Zusätzliche Informationen«. Die Zusammenstellung der Unterschiede im Bau der Fotosyntheseorganellen bei Algen kann den Schülerinnen und Schülern auch als zusätzliche Rechercheaufgabe oder als Referatthema gestellt werden.]

Zusätzliche Informationen

Plastidenformen bei Algen

Einige Gene, die in allen bekannten Plastidengenomen in derselben Anordnung vorkommen, sind so in keinem bekannten Cyanobakteriengenom zu finden. Von diesem molekulargenetischen Befund ausgehend, sind alle rezenten fotoautotrophen Eukaryoten aus einer einzigen Ausgangsform hervorgegangen sein – Plastiden wären demnach in ihrer Grundform nur einmal im Verlauf der Stammesgeschichte, also monophyletisch, entstanden – vermutlich vor etwa 2 Milliarden Jahren – und nicht mehrfach unabhängig voneinander.

Die Endosymbionten-Theorie erlaubt es, die Entstehung von Plastiden zu erklären, die von einer Doppelmembranhülle umgeben sind. Dies ist bei einer Reihe von Algengruppen der Fall, so bei den Chlorobionta (Grünalgen), aus denen höchstwahrscheinlich vor 450 bis 500 Millionen Jahren die Landpflanzen hervorgegangen sind, den Rhodophyta (Rotalgen) und den Glaucocystophyta. Die Mehrzahl der heute vorkommenden Algenarten besitzt jedoch Plastiden, die von vier Membranen umschlossen sind. Solche Organelle, die auch als »komplexe Plastiden« bezeichnet werden, lassen sich nur durch ein zweites Endosymbioseereignis erklären (»sekundäre Endosymbiose«).

Demnach wurde eine bereits fototrophe Eucyte in einem weiteren Endocytoseschritt von einer noch nicht fototrophen Eucyte phagocytiert und im Anschluss als fotosynthetisch aktiver Endosymbiont in die Zelle eingebaut. Das nun überflüssige Cytoplasma des Symbionten incl. der darin enthaltenen Mitochondrien verschwanden nach dieser Vorstellung ebenso wie dessen Zellkern im Verlauf der Phylogenese – bei den so entstandenen »Superzellen« weist also nur noch die doppelte Doppelmembran auf den zweiten Endosymbioseschritt hin

(s. Abb.). Entsprechende Plastiden findet man heute z. B bei den Braun- und Kieselalgen und den Haptophyta.

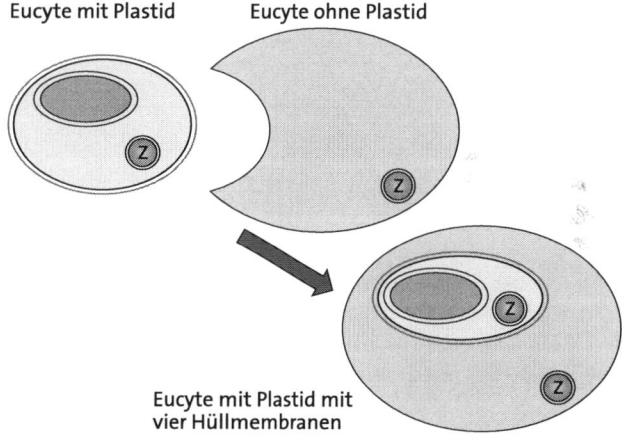

Eucyte mit Plastid
Eucyte ohne Plastid
Eucyte mit Plastid mit
vier Hüllmembranen

Einen Hinweis auf den Ursprung der sekundären Plastiden liefern zwei Algengruppen (Chlorarachniophyta, Cryptophyta), bei denen noch Reste des Cytosols des ursprünglichen freilebenden Symbionten sowie ein nucleinsäurehaltiges, von einer Doppelmembran umschlossenes Organell vorhanden sind, das als rudimentärer Zellkern interpretiert wird.

Höchstwahrscheinlich fand darüber hinaus sogar noch eine tertiäre Endosymbiose statt, aus denen Algenplastiden mit mehr als vier Hüllmembranen hervorgingen (z. B. bei den Dinoflagellaten).

Eine schöne Übersicht über die komplexen Vorgänge bei der Entstehung der Algenplastiden findet man unter: http://www.uni-jena.de/unijenamedia/Downloads/faculties/bio_pharm/allg_bot/Phylogenie_der_Chloroplasten.pdf

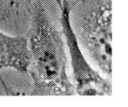

Süße Kartoffeln (S. 15)

Konzeption des Arbeitsblattes

Die Interpretation verschiedener Experimente rund um das Thema Osmose steht im Mittelpunkt dieser Aufgabenseite. Den Beginn bildet eine vergleichsweise einfache Aufgabe zur Auflistung von benötigten Materialien anhand einer Versuchsanleitung; beim Experimentieren stellt diese Tätigkeit oft eine unverzichtbare Vorarbeit dar. In Umkehrung zur üblichen wissenschaftlichen Praxis sollen die Schülerinnen und Schüler anschließend die Fragestellung ermitteln, die dem beschriebenen Versuch zugrunde liegt, und weiterhin auf der Basis ihrer Kenntnisse zu osmotischen Vorgängen in Geweben mögliche Versuchsergebnisse prognostizieren. In den Aufgaben 4 und 5 sollen anhand von Versuchsergebnissen Rückschlüsse auf die osmotischen Werte in einem pflanzlichen Gewebe gezogen werden. Zur Bearbeitung der letzten Teilaufgabe muss ein komplexes Experiment in seiner Konzeption und Durchführung verstanden werden. Insgesamt soll mit den Aufgaben dieser Seite die Experimentierkompetenz der Schülerinnen und Schüler gefördert werden.

Geforderte Kompetenzen: Experimentieren und Beobachten, Argumentieren, Modellbildung.

Einsatz des Arbeitsblattes im Unterricht

Voraussetzung für die Bearbeitung der Aufgaben sind Kenntnisse zum Thema »Osmose«. Dabei wird auch auf Vorkenntnisse zum Bau und zur selektiven Durchlässigkeit der Biomembran sowie zu Transportvorgängen durch Membranen zurückgegriffen. Im Vorfeld sollten die Inhalte von S. 49 im Schülerband behandelt worden sein. Die Schülerinnen und Schüler dürften nun in der Lage sein, die im Lehrbuch modellhaft und in Schemazeichnungen dargestellten Prozesse auf die lebenden Gewebe in Kartoffelknollen zu übertragen.

Die auf dieser Seite vermittelten bzw. eingeübten Lerninhalte werden zum Verständnis des Wasserhaushalts der Pflanzen und von Plasmolysevorgängen benötigt (S. 92 im Schülerband). Daher kann das Arbeitsblatt auch im Vorfeld dieses Unterrichtsthemas zur Wiederholung der grundlegenden zellulären, biophysikalischen und molekularen Aspekte eingesetzt werden.

Die auf der Seite vorgestellten Experimente – insbesondere die in Versuch 1 und 2 beschriebenen – können mit geringem Aufwand in einem Praktikum von den Schülerinnen und Schülern selbst angesetzt und ausgewertet werden. Dazu lassen sich die bei der Bearbeitung von Aufgabe 1 erstellten Materiallisten verwenden.

Lösungen und Anmerkungen

AUFGABE 1
Versuch 1: rohe Kartoffelknolle, Küchenmesser, Lineal o. ä., Analysenwaage, Becherglas, konz. Zuckerlösung (bzw. dest. Wasser, Rohrzucker und Glasstab zum Umrühren), Küchenpapier;
Versuch 2: rohe Kartoffelknolle, Küchenmesser, Lineal, Analysenwaage, vier Petrischalen, konz. Zuckerlösung, Küchenpapier;
Versuch 3: rohe Kartoffelknolle, Küchenmesser, Lineal, drei Reagenzgläser, 0,2-molare Zuckerlösung (bzw. dest. Wasser, Rohrzucker, Analysenwaage und Becherglas oder Erlenmeyerkolben), Methylenblau-Lösung, Injektionsspritze.

AUFGABE 2
Mögliche Fragestellungen [je nach Vorkenntnissen der Schülerinnen und Schüler]:
Was geschieht mit einem Kartoffelstückchen (wie verändern sich Masse und Länge), wenn man es in eine konzentrierte Zuckerlösung legt?
Ist die (Vakuolen-)Flüssigkeit in Zellen des Speichergewebes einer Kartoffelknolle hypertonisch/isotonisch/hypotonisch gegenüber einer konzentrierten Zuckerlösung?
Finden in den Zellen einer Kartoffelknolle Plasmolysevorgänge statt?

AUFGABE 3
Es müsste sich – eine ausreichend hohe Konzentration der Zuckerlösung vorausgesetzt – feststellen lassen, dass das Kartoffelstückchen kürzer und leichter geworden ist.

Die konzentrierte Zuckerlösung verhält sich gegenüber der Vakuolenflüssigkeit der Kartoffelzellen wie eine hypertonische Lösung, d. h. die Konzentration an osmotisch wirksamen Teilchen ist in der Vakuole geringer als im umgebenden Medium. Die Tendenz zum Konzentrationsausgleich bewirkt, dass dem Gewebe Wasser entzogen wird; ein Transport von Zuckermolekülen in die Zellen ist aufgrund der selektiven Permeabilität der Zellmembran nicht möglich. Dagegen können die kleinen Wassermoleküle die Membran über spezielle Membrankanäle (Aquaporine) verlassen [vgl. S. 22, Aufgabe C]. Durch die Wasserabgabe schrumpft das Kartoffelstück, und es wird leichter.

AUFGABE 4
Ansatz 1: schwach hypertonische Zuckerlösung;
Ansatz 2: isotonische Lösung;
Ansatz 3: schwach hypotonische Zuckerlösung;
Ansatz 4: stark hypotonische Zuckerlösung.

Ist die eingesetzte Zuckerlösung hypertonisch gegenüber der Vakuolenflüssigkeit, kommt es zum Wasseraustritt

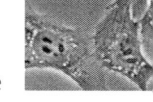

aus dem Kartoffelgewebe, das Kartoffelstück schrumpft und wird leichter (Ansatz 1; [vgl. Antwort zu Aufgabe 3]). Wird das Kartoffelstück dagegen in eine hypotonische Lösung gelegt, nimmt das Gewebe Wasser auf und wird länger und schwerer (Ansätze 3 und 4) – je geringer die Zuckerkonzentration, desto größer die Veränderungen. In einer isotonischen Lösung bleibt die Masse des Gewebestücks im Verlauf des Experiments unverändert (Ansatz 2); es kommt weder zu einem Wassereinstrom noch zu einem Wasserausstrom.

AUFGABE 5

Kennt man die Konzentration der Zuckerlösung aus Ansatz 2, kann man auf die – ebenso große – Konzentration der Vakuolenflüssigkeit rückschließen.

In einer Versuchsreihe können demnach Zuckerlösungen unterschiedlicher Konzentration hergestellt werden; der Ansatz, bei dem beim Einlegen eines Kartoffelstücks keine Veränderungen festzustellen sind, liefert den Konzentrationswert für die Vakuolenflüssigkeit. [Bei geringfügigen Abweichungen vom Ausgangswert kann der gesuchte Wert extra- oder interpoliert werden.]

AUFGABE 6

Es handelt sich um eine hypotonische Lösung.

Begründung: Gibt man das Kartoffelstück in eine hypotonische Lösung, so nimmt das Gewebestück in Richtung des Konzentrationsgefälles so lange osmotisch Wasser auf, bis sich ein Gleichgewicht zwischen Wasseraus- und -einstrom einstellt. Umgekehrt entziehen hypertonische Lösungen den Zellen Wasser. Im ersten Fall erhöht sich die Zuckerkonzentration gegenüber der Ausgangslösung; die Dichte der Lösung steigt. Im zweiten Fall verringert sich die Zuckerkonzentration der Lösung und deren Dichte sinkt.

Gibt man nun einen Tropfen der mit Methylenblau gefärbten Ausgangslösung zu der Lösung aus dem Kartoffelansatz, gibt es drei Möglichkeiten: In gegenüber der Ausgangslösung verdünnten Ansätzen (geringere Dichte) sinkt der Farbstofftropfen, in konzentrierteren Ansätzen (höhere Dichte) steigt der Tropfen, und in Lösungen, in denen keine Konzentrationsänderung zu verzeichnen ist (isotonische Lösung), schwebt der eingebrachte Tropfen. Im beschriebenen Versuch steigt der Tropfen, die Ausgangslösung war also gegenüber dem Kartoffelgewebe hypotonisch.

Weiterführende Aufgaben

AUFGABE A

In einem Chemielabor haben sich die Etiketten zweier Vorratsgefäße abgelöst. Die Laborantin weiß anhand der Etikettenbeschriftung lediglich, dass es sich bei einer der beiden weißen Feststoffe um Glucose, bei dem anderen um Amylose handelt. Entwickeln Sie ein Experiment, mit dem mit Hilfe einer Mohrrübe und eines Küchenmessers die beiden Kohlenhydrate unterschieden werden können. Erläutern Sie das Versuchsergebnis.

Lösung

Mit dem Küchenmesser wird die Mohrrübe der Länge nach halbiert und etwas ausgehöhlt. In die Höhlung gibt man, getrennt durch einen kleinen Zwischenraum, je eine Messerspitze der beiden Substanzen. Amylose (»lösliche Stärke«) ist bei Raumtemperatur kaum wasserlöslich und besitzt keine merkliche osmotische Wirksamkeit. Dagegen wirkt der Zucker osmotisch auf das Rübengewebe: An der Kontaktstelle tritt deutlich sichtbar Wasser aus, das den Zucker löst.

AUFGABE B

Ein wirksamer Hustensaft lässt sich selbst auf einfache Weise herstellen, indem man einen Rettich oben und unten abschneidet, das Innere aushöhlt und in den verbliebenen Boden ein kleines Loch bohrt. Füllt man anschließend die Höhlung mit Zucker und setzt den so präparierten Rettich auf ein Trinkglas, tropft bereits nach kurzer Zeit ein zähflüssiger Saft in das Glas. Erklären Sie die Hustensaft-Bildung auf zellulärer Ebene.

Lösung

Der zugesetzte Zucker bewirkt aufgrund seiner osmotischen Wirkung ein Austreten von Wasser aus den Rettichzellen. Der Zucker löst sich im Zellsaft, und die Lösung tropft in das bereit gestellte Glas.

AUFGABE C

Ein Sprossabschnitt des Fleißigen Lieschens, einer beliebten Zimmerpflanze, wird in ein Reagenzglas gestellt, das zu 2/3 mit gesättigter Kochsalzlösung gefüllt ist. Nach einem Tag beginnt die Pflanze zu welken.
a) Erklären Sie das Versuchsergebnis.
b) Diskutieren Sie den Aussagewert des Versuchs und schlagen Sie ggf. eine Verbesserung vor.

Lösung

a) Die Kochsalzlösung entzieht dem Pflanzengewebe Wasser. Der Wasserverlust führt [zum Verlust des Zellturgors, dies wiederum] zum Welken der Pflanze.
b) Das Welken der Pflanze könnte auch andere Ursachen als der Einfluss des Kochsalzes haben, z. B. die verminderte Wasseraufnahme durch das Abschneiden des Sprosses. Aussagekräftig wäre der Versuch nur durch ein Kontrollexperiment, z. B. in Form eines Parallelversuchs, bei dem die Kochsalzlösung durch Leitungswasser ersetzt wird.

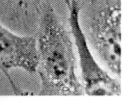

Bausteine der Zelle (S. 16)

Konzeption des Arbeitsblattes

Mit den Multiple-Choice-Aufgaben auf dieser Seite können die Schülerinnen und Schülern wichtige grundlegende Kenntnisse zu ausgewählten Themen der Zellbiologie wiederholen und vertiefen. Insbesondere geht es hier um die korrekte Verwendung von Fachbegriffen. Inhaltlich stehen die Basiskonzepte »System« (Zelle als Grundbaustein aller Lebewesen), »Bau und Funktion« sowie die Kompartimentierung von Zellen im Vordergrund.

Geforderte Kompetenzen: Gebrauch der Fachsprache, Argumentieren.

Einsatz des Arbeitsblattes im Unterricht

Die Seite sollte zur Überprüfung erworbener Kenntnisse nach Abschluss des Unterrichtsthemas »Bau und Funktion von Eucyte und Protocyte« eingesetzt werden. Die Aufgabenstellung kann erweitert werden, indem die Schülerinnen und Schüler die jeweils nicht korrekten Aussagen korrigieren bzw. die zugrunde liegenden inhaltlichen Fehler analysieren.

Lösungen und Anmerkungen

Die korrekten Lösungen zu den neun Multiple-Choice-Aufgaben sind auf der nächsten Seite angekreuzt. Im Folgenden werden die falschen und einige richtige Aussagen kommentiert.

1. a) Zellwände fehlen in Tierzellen; sie kommen außer in Pflanzenzellen auch bei Pilzzellen sowie bei Bakterien vor, wenn auch mit anderen Zellwandmaterialien (Chitin bzw. Murein).
   Die übrigen genannten Elemente sind Bestandteile aller eukaryotischen Zellen.

2. a), b) In Protocyten fehlen innere Membranen; die von einer einfachen Membran umhüllten Dictyosomen ebenso wie die von einer doppelten Membranhülle umgebenen Mitochondrien sind auf Eucyten beschränkt.
   Dictyosomen sind Bausteine des GOLGI-Apparats. Sie setzen sich aus mehreren, meist drei bis acht, Zisternen zusammen; darunter versteht man flache, membranbegrenzte nichtplasmatische Kompartimente. Bei den lange Zeit postulierten intracytoplasmatischen Membraneinstülpungen bei Bakterien, die auch als Mesosomen bezeichnet wurden und äußerlich an Eucyten-Zisternen erinnern, scheint es sich nach neueren Untersuchungen um Artefakte zu handeln, die beim Fixieren der Zellen während der Aufbereitung für die elektronenmikroskopische Untersuchung entstehen können.

3. c) Zellwände stellen aufgrund ihrer normalerweise sehr guten Durchlässigkeit für die meisten Stoffe, insbesondere auch für Wasser, keine geeigneten Barrieren dar, um verschiedene Reaktionsräume gegeneinander abzugrenzen

4. a) Lysosomen sind spezifische Vakuolen, die dem Abbau von Makromolekülen, z. B. Proteinen, aber auch von in die Zelle eingedrungenen Mikroorganismen und defekten Organellen dienen.
   b) In Chloroplasten laufen die fotochemischen Prozesse der Fotosynthese und die anschließende Kohlenstoffdioxidfixierung ab; die Zellatmung findet dagegen in den Mitochondrien statt.
   d) Durch die Kernporen ist ein Stoffaustausch zwischen Cytoplasma und Karyoplasma möglich; auf diesem Weg gelangen beispielsweise mRNA-Moleküle aus dem Kern in das Plasma.

5. Lysosomen sind an Verpackung, Transport und Ausscheidung von zellulären Sekreten nicht beteiligt (b, d), ebensowenig Ribosomen (c).

6. c), d) Lysosomen sind nur von einer einfachen Membran umschlossen; Ribosomen besitzen keine Membran.

7. a) Neben den beiden genannten Membranbausteinen findet man in einer Biomembran, vor allem auf den Oberflächen, zusätzlich Kohlenhydrate. Sie sind entweder an die Proteinbausteine (Glykoproteide) oder an die Membranlipide (Glykolipide) gebunden.
   b) Cellulose ist ein wesentlicher Bestandteil pflanzlicher Zellwände, nicht von Membranen.
   d) Die Carbonsäurebausteine sind langkettig (Fettsäuren).

8. a) Actin ist ein Protein des Cytoskeletts; in Muskelzellen ist es an der Kontraktion der Zellen beteiligt.
   c) Amylose (»lösliche Stärke«) ist ein Reserve-Polysaccharid in pflanzlichen Zellen. Es wird in Chloroplasten gebildet und findet sich in speziellen Speicherplastiden, nicht aber als Zellwandeinlagerung.

9. Alle Aussagen sind korrekt; diese Befunde deuten darauf hin, dass Mitochondrien aus aeroben Prokaryoten hervorgegangen sind, die von Eucytenvorläufern phagocytiert wurden und in der Folge im Zellinneren als Symbionten lebten (s. hierzu auch die Anmerkungen auf S. 24 – 25).

Bausteine der Zelle

Kreuzen Sie die korrekte(n) Lösung(en) an.

1. Welche der folgenden Zellbestandteile finden sich sowohl in pflanzlichen als auch in tierischen Organismen?

- ☐ Zellwände
- ☒ Zellmembranen
- ☒ Mitochondrien
- ☒ Ribosomen

2. Welche der folgenden Zellbestandteile finden sich in Protocyten?

- ☐ Dictyosomen
- ☐ Mitochondrien
- ☒ Ribosomen
- ☒ Cytosol

3. Unter Kompartimentierung versteht man …

- ☐ die Vermehrung von Zellorganellen durch Zweiteilung.
- ☒ die Abgrenzung verschiedener Reaktionsräume durch Membranen.
- ☐ die Abgrenzung von Zellen durch Zellwände.
- ☐ den Abbau von Stoffen in Einzelbestandteile.

4. Welche Zuordnung(en) von Zellorganelle und Funktion ist/sind korrekt?

- ☐ Lysosomen – Aufbau von Makromolekülen
- ☐ Chloroplasten – Zellatmung
- ☒ Vakuole – Stabilität der Zelle
- ☒ Kernporen – Stoffaustausch

JUST KIDDING

WELL… YOU TOLD US TO DRAW WHAT WE SEE UNDER THE MICROSCOPE!

5. Welcher Weg beschreibt die korrekte Reihenfolge der Verpackung und des Transports von Sekreten bis zu deren Ausscheidung aus der Zelle?

- ☐ ER → Lysosomen → Golgi-Apparat → Golgi-Vesikel → Exocytose → Zellmembran
- ☒ ER → Vesikel → Golgi-Apparat → Golgi-Vesikel → Zellmembran → Exocytose
- ☐ Zellmembran → Vesikel → Golgi-Apparat → ER → Ribosomen → Zellmembran → Exocytose
- ☐ Golgi-Apparat → Golgi-Vesikel → Lysosomen → ER → Zellmembran → Exocytose

6. Welche der folgenden Zellorganellen ist/sind von einer Hülle aus zwei Membranen umgeben?

- ☒ Chloroplasten
- ☒ Mitochondrien
- ☐ Lysosomen
- ☐ Ribosomen

7. Welche Aussage(n) zum Bau der Biomembran trifft/treffen zu?

- ☒ Membranen bestehen hauptsächlich aus Lipiden und Proteinen.
- ☐ Membranen bestehen hauptsächlich aus Cellulose.
- ☒ Die polaren Lipide bilden eine Doppelschicht, in der die hydrophoben Anteile der Moleküle einander zugewandt sind.
- ☐ Ein polares Membranlipid enthält als typische Molekülbausteine Glycerin und zwei kurzkettige Carbonsäuren.

8. Welche Stoffe sind Bestandteile der Zellwand?

- ☐ Actin
- ☒ Pectin
- ☐ Amylose
- ☒ Cellulose

9. Welche Indizien stützen die Endosymbionten-Theorie?

- ☒ Die Chloroplastenhülle besteht aus mehr als einer Membran.
- ☒ Mitochondrien vermehren sich durch Zweiteilung.
- ☒ Chloroplasten besitzen eigene DNA.
- ☒ Mitochondrien besitzen eigene Ribosomen.

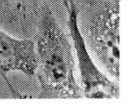
Grünalgen als Solisten und im Verband (S. 17)

Konzeption des Arbeitsblattes

Innerhalb der systematischen Gruppe der Chlorobionta (Grünalgen) unterscheidet man verschiedene Organisationsniveaus – beginnend von einzelligen, begeißelten und unbegeißelten Formen (monadales Niveau) über mehrzellige lockere Zellverbände und einfache »echte Vielzeller« hin zu höher differenzierten makroskopischen Formen mit unterschiedlichen Zelltypen. Die Gruppe ist paraphyletisch; zwar dürften sich alle rezenten Formen, die heute in diesem Tyxon vereinigt werden, von gemeinsamen Vorfahren ableiten, doch werden die Landpflanzen als Nachfahren früherer Grünalgen traditionellerweise nicht zu den Chlorobionta gestellt.

Die Aufgabenseite stellt einige charakteristische Grünalgen des limnischen Phytoplanktons vor, die unterschiedliche Or-

ganisationsstufen repräsentieren. Die Schülerinnen und Schüler sollen, ausgehend von einer Beschreibung des Einzellers *Chlamydomonas*, auf Basiskonzepte und damit Kennzeichen lebender Systeme Bezug nehmen und dabei auf das Problem der Osmoregulation (Anknüpfung an das Thema »Osmose«) und die Fotoautotrophie eingehen. Die umfangreichste Aufgabe bezieht sich auf den modellhaften Nachvollzug der Grünalgenevolution anhand heute lebender Arten.

Geforderte Kompetenzen: Modellbildung (incl. Modellkritik), Argumentieren (Erläutern der Funktion der kontraktilen Vakuolen und der Fototaxis einzelliger Grünalgen, Unterscheidung von proximaten und ultimaten Wirkursachen), Repräsentationswechsel (Beschriftung einer Abbildung).

Einsatz des Arbeitsblattes im Unterricht

Das Arbeitsblatt kann als Einstieg in das Thema »Zelldifferenzierung« eingesetzt werden. Zur Beschriftung der Zelle in Aufgabe 1 ist das Lehrbuch nicht erforderlich; die Textangaben sollten zur Bearbeitung ausreichen. Die Richtigkeit der Lösung kann aber anhand von Abb. 57.1 im Schülerband überprüft werden. Die wichtigsten Kennzeichen lebender Systeme werden in den Aufgaben 2 bis 4 wiederholt. Zur Bearbeitung

von Aufgabe 5 sollten Inhalte des Schülerbandes (S. 57) bekannt sein bzw. das Lehrbuch kann an dieser Stelle von den Schülerinnen und Schülern als Lösungshilfe eingesetzt werden.

Zur Veranschaulichung der Thematik im Unterricht können ohne größeren Auwand limnische Grünalgen mikroskopiert werden (s. »Zusätzliche Informationen«).

Lösungen und Anmerkungen

AUFGABE 1

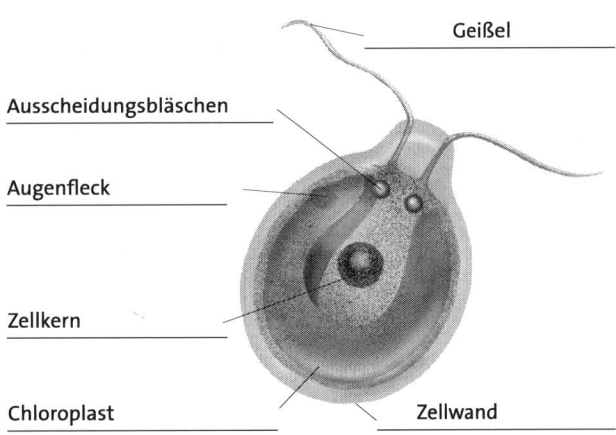

Geißel

Ausscheidungsbläschen

Augenfleck

Zellkern

Chloroplast

Zellwand

AUFGABE 2

[Im Folgenden wird der Informationstext der Aufgabenseite noch einmal wiedergegeben; Textstellen mit Bezügen zu den Basiskonzepten der Biologie sind durch Fettdruck hervorgehoben, in Klammern dahinter sind die zugehörigen Basiskonzepte genannt.]

In Pfützen, kleinen Tümpeln und in Teichen mit hohem Nährsalzgehalt, außerdem in wassergefüllten Baumlöchern und selbst auf feuchter Erde findet man die etwa 15–20 µm

große Hüllen-Geißelalge *Chlamydomonas reinhardtii* (gr. *chlamys* Mantel). Diese häufige und weit verbreitete Grünalge ist **einzellig** *(Systemebene Zelle)*. Ihr einziger, becherförmiger **Chloroplast** *(Struktur und Funktion, Energieumwandlung: Fähigkeit zur Fotosynthese)* nimmt einen großen Teil der Zelle ein; oft kann man in seinem Inneren **Stärkeeinlagerungen** *(Stoffumwandlung)* erkennen. Mit Hilfe zweier langer **Geißeln** *(Struktur und Funktion: Bewegung)* kann der Einzeller aktiv durchs Wasser schwimmen. Dabei ermöglicht ihm ein lichtempfindlicher, rot pigmentierter »Augenfleck« **Hell-Dunkel-Sehen** *(Information: Reizaufnahme und -verarbeitung)*. An der Geißelbasis befinden sich **Vakuolen** *(Regulation: Aufrechterhaltung des inneren Milieus)*, die sich in regelmäßigem Rhythmus **kontrahieren** *(Struktur und Funktion: Bewegung)* und dabei überschüssiges Wasser aus der Zelle pumpen. Der **Zellkern** *(Information: Steuerzentrum der Zelle)* befindet sich in der Vertiefung des Chloroplastenbechers.

Die Hüllen-Geißelalge **vermehrt** *(Reproduktion)* sich vor allem ungeschlechtlich. Durch Längsteilung entstehen dabei zwei neue Tochterzellen. Diese **Fortpflanzungsart** *(Reproduktion)* erlaubt unter günstigen Umweltbedingungen eine sehr rasche Vermehrung der Algen *(Angepasstheit)*, sodass es in nährsalzreichen Gewässern zu **Massenvermehrungen** *(Reproduktion)* kommen kann. Daneben kennt man von *Chlamydomonas* auch **sexuelle Fortpflanzung** *(Reproduktion)*.

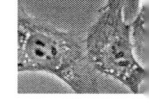
Weitere Grünalgen in stehenden Gewässern, vor allem in flachen Teichen, sind *Pandorina morum*, die Maulbeer-Grünalge, und *Eudorina elegans*, die Geißelkugel. Jedes Exemplar von *Pandorina* umfasst 16 Zellen, die in ihrem Aufbau den Einzelzellen von *Chlamydomonas* sehr **ähnlich** *(evolutionäre Entwicklung/Verwandtschaft)* sind und von einer gemeinsamen Gallerthülle umgeben sind.

AUFGABE 3

Das Innere der *Chlamydomonas*-Zelle enthält zahlreiche osmotisch wirksame Substanzen. Als wasserlebender Organismus hat die Alge das Problem, dass das Zellplasma aus diesem Grund hypertonisch gegenüber dem umgebenden Teichwasser ist. Die Zelle nimmt daher ständig Wasser auf. Ohne entsprechende Gegenmaßnahmen käme es zum Platzen der Zelle. Daher muss das eindringende Wasser kontinuierlich aus der Algenzelle entfernt werden, was durch den Pumpmechanismus der kontraktilen Vakuolen geschieht.

AUFGABE 4

a) *Chlamydomonas* besitzt einen lichtempfindlichen »Augenfleck«; dadurch ist die Alge in der Lage, auf Helligkeitsveränderungen zu reagieren. [proximate Erklärung]

b) Die Alge ist fotoautotroph, d. h. sie betreibt Fotosynthese. Daher ist es biologisch zweckmäßig, dass die Zellen sich zum Licht hin orientieren, damit sie ausreichende Lichtmengen erhalten. [ultimate Erklärung]

AUFGABE 5

Innerhalb der Grünalgen findet man verschiedene Organisationsstufen zwischen einzelligen und echten vielzelligen Organismen. *Chlamydomonas* repräsentiert die einzellige Organisationsstufe. *Spondylomorum* bildet eine Zellkolonie aus 8 – 16 Einzelzellen, die schwach miteinander verklebt sind und keine Gallerthülle besitzen. Lockere, von Gallerte umschlossene Zellkolonien aus jeweils 16 Zellen bilden *Gonium* (flache Kolonie) und *Pandorina* (rundliche Kolonie), aus 32 Zellen besteht *Eudorina*. In allen vier Fällen verbleiben die Tochterzellen, die durch ungeschlechtliche Vermehrung aus einer gemeinsamen Mutterzelle hervorgegangen sind, in einem gemeinsamen Zellverband, der zu synchronisierten Bewegungen fähig ist. Die Einzelzellen der Verbände bleiben nach (künstlicher) Trennung alleine lebensfähig. *Volvox* ist ein echter Vielzeller; die zahlreichen Zellen stehen untereinander über Plasmafäden in Verbindung, und es sind ansatzweise Zelldifferenzierungen zu erkennen.

Die verschiedenen Organisationsstufen deuten darauf hin, wie bei den Grünalgen echte Vielzeller aus einfachen organisierten Vorstufen entstanden sein könnten. Wesentliche evolutive Prozesse wären nach dieser Vorstellung: a) Verbleib von mitotisch gebildeten Tochterzellen im Zellverband; b) Schutz des Zellverbandes durch eine gemeinsame Gallerthülle sowie größere Beweglichkeit durch synchronisierten Geißelschlag; c) Vergrößerung der Zellanzahl pro Kolonie; d) Zelldifferenzierung und Kontakte zwischen den Zellen des Verbands.

Problematisch bei dieser Modellvorstellung ist, dass es sich bei allen betrachteten Formen um heute lebende Organismen handelt; damit kommen also die genannten einzelligen oder wenigzelligen Algen nicht als evolutive Vorfahrenformen für die heutigen vielzelligen Arten in Frage.

Zusätzliche Informationen

Grünalgen unter dem Mikroskop

Viele limnische Grünalgen können insbesondere in der warmen Jahreszeit problemlos beschafft und im Unterricht mikroskopiert werden. Die Anreicherung und anschließende Entnahme der Algen aus der Kultur gelingt am einfachsten auf fototaktischem Weg (s. Aufgabe 4): Bei einseitiger Belichtung des Kulturgefäßes sammeln sie sich auf der lichtzugewandten Seite und können dann abpipettiert werden.

Folgende Arten bieten sich für den unterrichtlichen Einsatz an (Abbildungen s. S. 32):

Chlorella vulgaris: Kugelförmiger Einzeller, unbegeißelt, schüsselförmiger Chloroplast mit großem Pyrenoid (kristalline Anreicherung des Enzyms RuBisCo); Durchmesser bis 10 µm. Weltweit verbreitet, in stehenden und fließenden Süßgewässern; Gewinnung durch Schöpfproben aus Teichen, Tümpeln oder Wasserbecken. Leicht in Kultur zu halten und zu vermehren (am einfachsten in 5- bis 10-fach verdünnten Hydrokultur-Nährlösungen).

In eutrophen Gewässern findet man neben *Chlorella* auch andere häufige Vertreter der Chlorococcales, so z. B. *Chlorococcum*, *Scenedesmus*- und *Ankistrodesmus*-Arten und *Pediastrum*. *Scenedesmus* (Gürtelalgen) bilden bandförmige Verbände aus 2 bis 32 Zellen, besonders häufig sind Vierzellverbände wie bei *Scenedesmus quadricauda* sowie Kolonien aus acht Zellen. Viele Arten besitzen Zellen mit Schwebefortsätzen. *Ankistrodesmus*-Arten (Sichelalgen) bildet vierzellige Verbände; die Einzelzellen sind sichelförmig. Besonders attraktiv sind die sternförmigen Zellverbände von *Pediastrum* (»Zackenrädchen«).

Chlamydomonas sp.: Beschreibung und Vorkommen s. Aufgabenblatt und Schülerband S. 57. Beschaffung durch Entnahme von Wasserproben aus der grünen Oberflächenschicht eutropher stehender Gewässer. Um während der mikroskopischen Betrachtung die Beweglichkeit der sehr mobilen Zellen einzuschränken, empfiehlt sich der Zusatz einer 3%igen Gelatine-Lösung zum Untersuchungsmedium.

Haematococcus pluvialis (»**Blutregenalge**«): Häufiger begeißelter Einzeller, Bau ähnlich *Chlamydomonas*, Zelle von dicker Gallertschicht umhüllt. In austrocknenden Regenpfützen und Süßwassermulden; ältere Zellen durch Ausbildung des Carotinoidpigments Astaxanthin auffallend rot gefärbt. Kultur ist nicht schwierig: Kohlensäurefreies Mineralwasser wird mit etwas Hydrokulturdünger angereichert (2 ml auf einen Liter Wasser); sehr heller Standort, optimale Temperatur

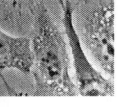

zwischen 20 und 25 °C. Junge Kulturen intensiv grün gefärbt, ältere orangefarben bis rot. Überdauerung in eingetrockneten Kulturen als Sporen.

***Volvox sp.* (Kugelalge, »Wimperkugel«):** Koloniebildende Grünalge im Plankton eutropher Teiche und Wasserbecken; Entnahme von Wasserproben oder mit Hilfe eines feinmaschigen Planktonnetzes. Langzeitkultur nicht einfach, am besten im Wasser aus dem Herkunftsgewässer. Bei der mikroskopischen Untersuchung muss das Deckgläschen zuvor mit Wachs- oder Knetfüßchen versehen werden, um die vergleichsweise großen Organismen nicht zu zerquetschen. In Gewässern mit *Volvox*-Vorkommen findet man oft auch andere koloniebildende Formen wie *Gonium* (Mosaik-Grünalge: s. Abb. 57.2 im Schülerband), *Pandorina* (Maulbeer-Grünalge; s. Aufgabenseite Abb. 2 A und Abb. 62.1 im Schülerband) und *Eudorina* (Geißelkugel-Grünalge, Abb. 2 B).

***Ulothrix sp.* (Kraushaaralge):** Fadenalge sauberer Fließgewässer, andere Arten auch im Meer und Brackwasser verbreitet. Bildet mehrere Millimeter bis wenige Zentimeter lange, unverzweigte Fadenthalli. Einzelzellen unter dem Mikroskop quadratisch erscheinend, mit charakteristischen gürtelförmigen Chloroplasten. Ganzjährig verfügbar.

***Cladophora sp.* (Astalge):** Makroskopisch sichtbare Algen in Teichen und Flüssen, manche Arten auch marin. Bilden verzweigte Fadenthalli, die am Substrat (Boden, Steine) befestigt sind und mit bloßem Auge als im Wasser flottierende Büschel erkennbar sind. Thallus besteht aus vielkernigen Abschnitten, die durch Zellwände gegeneinander abgegrenzt sind. Ganzjährig verfügbar; Langzeitkultur nicht lohnend. Nah verwandt mit *Cladophora* ist *Aegagropila linnaei*; diese Alge bildet kugelförmige Polster, die als »Algenkugel« im Aquaristik-Fachhandel erhältlich sind. Außerdem findet man in Teichwasserproben häufig Jochalgen, insbesondere Zieralgen der Gattungen *Cosmarium*, *Closterium* und *Desmidium*.

Eine sehenswerte Sammlung mikroskopischer Aufnahmen einheimischer Süßwasseralgen hat der Fachbereich Biologie des Städtischen Gymnasiums Gevelsberg auf seiner Website zusammengestellt: http://www.plingfactory.de/Science/GruKlaOeko/Teichleben/Algen/Algen.html.

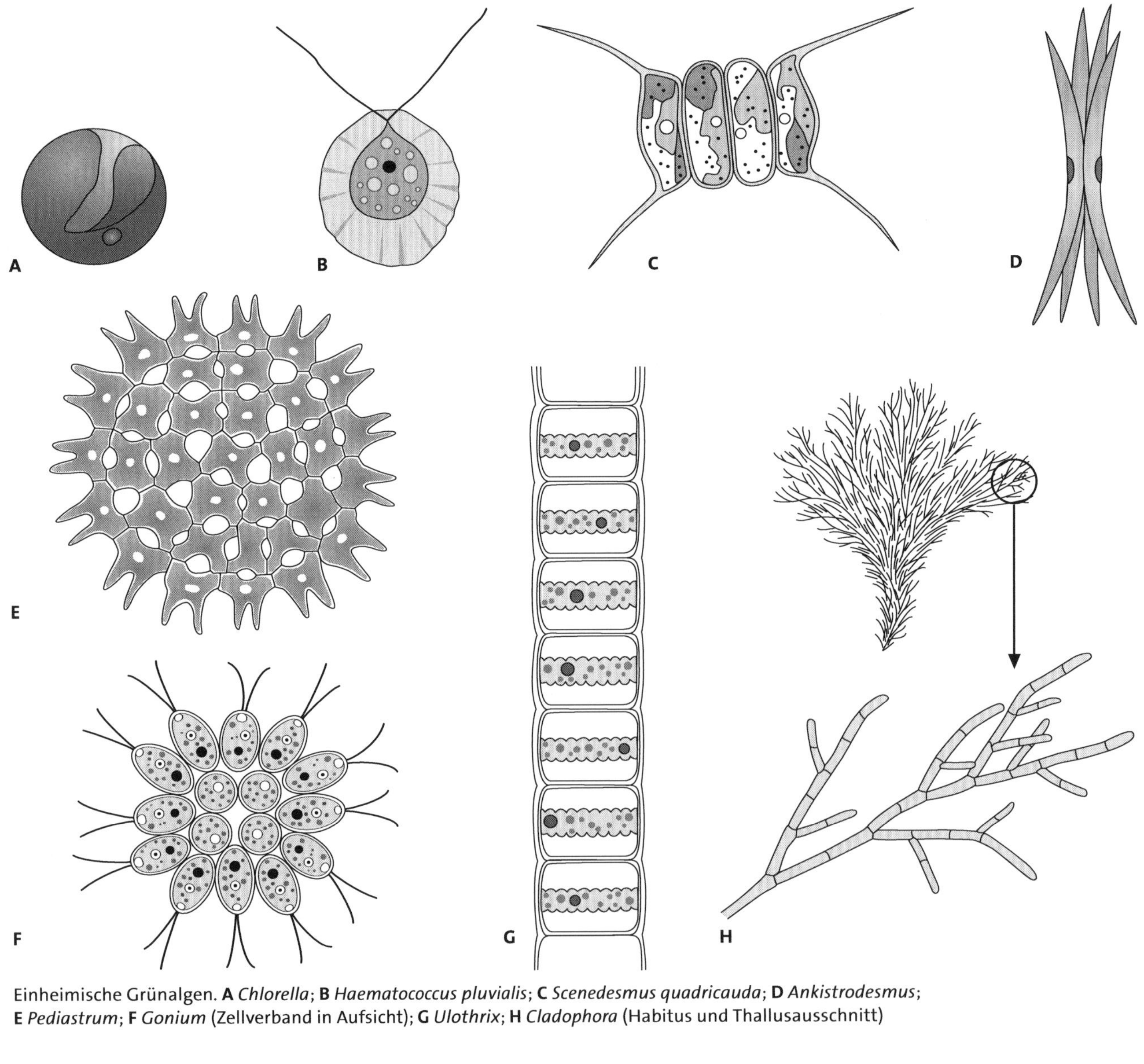

Einheimische Grünalgen. **A** *Chlorella*; **B** *Haematococcus pluvialis*; **C** *Scenedesmus quadricauda*; **D** *Ankistrodesmus*; **E** *Pediastrum*; **F** *Gonium* (Zellverband in Aufsicht); **G** *Ulothrix*; **H** *Cladophora* (Habitus und Thallusausschnitt)

Ein Zellkern teilt sich (S. 18)

Konzeption des Arbeitsblattes

Die Mitose stellt einen der fundamentalen Prozesse bei Lebewesen dar. Kenntnisse zu den hierbei ablaufenden zellulären Vorgängen sind eine wichtige Voraussetzung für das Verständnis von Wachstum und Vermehrung bei Organismen. Die Aufgabenseite fasst grafisch die verschiedenen Phasen im kontinuierlich ablaufenden Geschehen der Kernteilung zusammmen; die Schülerinnen und Schüler sollen die dabei stattfindenden zellulären Abläufe auf der Basis ihres Fachwissens in eigenen Worten wiedergeben.

Geforderte Kompetenzen: Repräsentationswechsel (Umsetzung einer bildlichen Darstellung in einen Text), Gebrauch der Fachsprache.

Einsatz des Arbeitsblattes im Unterricht

Die Aufgabe ist zur Wiederholung der Thematik im Anschluss an die Behandlung des Themas »Kern- und Zellteilung« gedacht (S. 58–59 im Schülerband), ggf. auch zur selbstständigen Wissensüberprüfung vor einer Klassenarbeit.

Sind die notwendigen Fachbegriffe (Chromosom, Chromatid, Nucleolus, Kernhülle) bekannt, kann das Arbeitsblatt alternativ auch zur Erarbeitung der Vorgänge eingesetzt werden, die während der Mitose in einer teilungsaktiven Zelle ablaufen. Die Begriffe »Centriol«, »Spindelfasern« und »Äquatorialplatte« sind hierzu bereits auf dem Arbeitsblatt aufgeführt. Die Beschriftung der Grafiken, die Benennung der Phasen und die Beschreibung der Vorgänge können anschließend mit Hilfe der Lehrbuchabbildungen und -informationen von den Schülerinnen und Schülern selbst überprüft werden.

Als praktische Ergänzung können Mitosestadien mikroskopiert werden. Als besonders geeignetes Objekt haben sich die meristematischen Zellen in den Wurzelspitzen der Küchenzwiebel erwiesen; die Präparate können selbst hergestellt werden oder man greift– mit deutlich geringerem Aufwand – auf im Lehrmittelhandel erhältliche Fertigpräparate zurück (s. hierzu »Praktische Aufgabe« auf S. 63 im Schülerband bzw. Präparationsanleitung unter »Zusätzliche Materialien«).

Lösungen und Anmerkungen

Ablauf der Teilprozesse (Schema)	Wichtige Vorgänge	Phase
Centriolen Nucleolus Kernhülle	Verdoppelung des genetischen Materials (DNA-Replikation), das als Chromatin vorliegt; Zelle wächst Centriolen: Bestandteile des Cytoskeletts, Ausgangspunkte der Spindelfasern (nur in Tierzellen)	**Interphase** *(Phase zwischen zwei Kernteilungen)*
Chromosomen	Beginn der Chromosomenverkürzung; Chromosomen (aus je zwei Chromatiden) werden sichtbar; Kernhülle und Nucleolus lösen sich auf; Bildung der Kernteilungsspindel (Kernspindel) zwischen den beiden Centriolen	**Prophase**
Kernteilungsspindel Äquatorialplatte	Chromosomen maximal verkürzt, lagern sich zur Äquatorialplatte zusammen	**Metaphase**

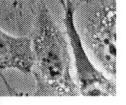

 Chromatide	Auseinanderweichen der Tochterchromatiden, die sich entlang der Kernteilungsspindel zu den beiden Zellpolen bewegen	**Anaphase**
Zellmembran(en)	Chromatiden (Einchromatidchromosomen) sind an den Polen der Zelle angelangt; Bildung der Zellmembranen zwischen den beiden Tochterzellen	**Telophase**

Zusätzliche Materialien

Präparation von Zwiebelwurzeln

MATERIAL Zwiebel einer Küchenzwiebel, Karminessigsäure (Fixier- und Färbelösung; ätzend; C, R 34), verdünnte Essigsäure (reizt Haut und Atemwege; Xi), Weithals-Erlenmeyerkolben (300 ml), 50-ml-Becherglas, Blockschälchen, Objektträger, Deckgläschen, Küchenmesser, Rasierklinge, Pasteurpipette, Filterpapier, Gasbrenner, Pinzette, Schutzbrille, Mikroskop.

DRUCHFÜHRUNG Die »Zwiebelscheibe« einer Küchenzwiebel wird mit einem Küchenmesser kreuzweise eingeschnitten, wodurch die Wurzelbildung gefördert wird. Die Zwiebel wird nun mehrere Tage lang auf den Rand eines fast bis zum Rand mit Wasser gefüllten Weithals-Erlenmeyerkolbens gesetzt (Abb.).

Sobald die neu gebildeten Wurzeln etwa 3 cm lang sind, werden an der Spitze Stücke von etwa 0,5 cm Länge abgeschnitten und mit einer Rasierklinge einmal längs geteilt. Die Wurzelspitzenhälften werden in einem kleinen Becherglas mit 10 ml Karminessigsäure übergossen und die Flüssigkeit über dem Gasbrenner (kleine Flamme) etwa eine halbe Minute lang gekocht (Schutzbrille!). Danach nimmt man die Objekte mit einer spitzen Pinzette aus der Färbelösung und gibt sie in ein mit verdünnter Essigsäure gefülltes Blockschälchen, um überschüssigen Farbstoff zu entfernen. Nun stellt man ein mikroskopisches Quetschpräparat her, indem man die halbierten Wurzelspitzen in einen Tropfen verdünnte Essigsäure auf einen Objektträger gibt, ein Deckgläschen auflegt und vorsichtig (! Filterpapier auflegen) mit dem Daumen auf das Deckgläschen drückt.

AUFGABEN Mikroskopieren Sie das Präparat bei schwacher, mittlerer und stärkster Vergrößerung. Zeichnen Sie verschiedene Mitosestadien und beschriften Sie anschließend Ihre Zeichnungen.

ANMERKUNGEN UND TIPPS

– Manche in Lebensmittelgeschäften erhältliche Küchenzwiebeln wurden im Vorfeld mit Wachstumshemmern behandelt, sodass sie keine Wurzeln austreiben; die Wurzelbildung sollte deshalb rechtzeitig überprüft werden. Diese Probleme treten nicht auf, wenn Brutzwiebeln aus einer Samenhandlung gekauft werden.

– Anstelle des in der Versuchsbeschreibung vorgeschlagenen Weithals-Erlenmeyerkolbens kann auch ein Hyazinthenglas, wie es in Blumenfachgeschäften erhältlich ist, oder ein Becherglas mit passender Öffnung verwendet werden.

– Die Zellen des Wurzelspitzenmeristems teilen sich bei Küchenzwiebeln in einem circadianen Rhythmus vor allem in den Nacht- und frühen Morgenstunden. Die meisten Mitosestadien kann man deshalb finden, wenn die Wurzelspitzen am frühen Morgen abgeschnitten und anschließend sofort in die Färbelösung gegeben werden. Es empfiehlt sich daher, dass das Abschneiden und Fixieren der Wurzelspitzen vom Lehrer selbst vorgenommen werden.

– Das Erhitzen der gefärbten Wurzelspitzen in einem Becherglas (oder einem Reagenzglas) ist dem Aufkochen des Präparats auf dem Objektträger vorzuziehen, wie es in anderen Versuchsbeschreibungen vorgeschlagen wird. Im alternativen Fall

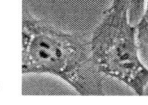

kommt es nicht selten zum Zerspringen des Deckgläschens oder sogar des Objektträgers. Das Aufkochen der fixierten und gefärbten Wurzelspitzen ist notwendig, damit das Gewebe weich genug wird, um es anschließend zu quetschen. Die für das Praktikum benötigten Wurzelspitzen können in einem gemeinsamen Ansatz erhitzt werden. Dabei sollte eine Schutzbrille getragen werden.

– Ein etwas größerer präparativer Aufwand, der aber oft bessere Resultate beim Mikroskopieren liefert, ist das Vierteln der fixierten Wurzelspitzen mit einer Rasierklinge; dadurch kann das Gewebe besser gequetscht werden.

– Um sich teilende Zellen zu finden, muss das Gewebe unmittelbar über der Wurzelhaube betrachtet werden (zum Aufbau der Wurzel vgl. Abb. 94.1 im Schülerband). Das Präparat zeigt neben zahlreichen Zellen, die sich in der Interphase befinden, eine Reihe von Zellen mit Mitosestadien. Einen Eindruck vermittelt Abb. 63.3 im Schülerband; hierbei handelt es sich allerdings nicht um ein Quetschpräparat, sondern um einen gefärbten Längsschnitt durch eine Wurzelspitze.

Glossar wichtiger Begriffe aus der Cytogenetik

Zur detaillierten Beschreibung der Vorgänge, die während einer Zellteilung ablaufen, ist die korrekte Verwendung einiger Fachbegriffe erforderlich. Die wichtigsten davon sind im folgenden Glossar zusammengestellt. Aufgenommen wurden auch Fachtermini, die sich auf die Meiose beziehen (Schülerband S. 166–167). Die Zusammenstellung ergänzt die im Glossar des Schülerbands aufgeführten Begriffe. Sie kann den Schülerinnen und Schülern als Übersicht zur Klausurvorbereitung zur Verfügung gestellt oder als inhaltliche Basis einer »Concept Map« im Unterricht eingesetzt werden.

Anaphase: (dritter) Abschnitt der Mitose, in dem die Chromatiden auf die beiden Zellpole verteilt werden.

Äquatorialebene: (gedachte) Ebene im Zentrum einer sich teilenden Zelle, in der sich die Chromosomen während der Metaphase anordnen.

Äquatorialplatte: aus Metaphase-Chromosomen gebildete Struktur in der Äquatorialebene einer sich teilenden Zelle.

Autosomen: Nicht-Geschlechtschromosomen.

Befruchtung: Verschmelzung der Kerne (und damit der Chromosomensätze) zweier verschiedengeschlechtlicher Keimzellen. [Umgangssprachlich wird unter »Befruchtung« meist (fachlich nicht korrekt) die Verschmelzung von Eizelle und Spermium verstanden.]

Besamung: Verschmelzen zweier verschiedengeschlechtlicher Keimzellen, z. B. Eindringen eines Spermiums in eine Eizelle.

Centriol (das, Pl. Centriolen): aus Mikrotubuli bestehendes Organell, das bei Tierzellen an der Ausbildung der Kernteilungsspindel beteiligt ist (Ausgangspunkt der Spindelfasern).

Centromer (das, Pl. Centromere): Anheftungsstelle für die Fasern der Kernteilungsspindel an einem Chromosom bzw. Chromatid; optisch oft als Knickstelle erkennbar, die das Chromatid in zwei (z. T. verschieden lange) Abschnitte (»Arme«) unterteilt.

Chiasma: mikroskopisch sichtbare Überkreuzung homologer Chromosomen während der Prophase der 1. meiotischen Reifeteilung; hierbei kommt es zu einem Crossover.

Chromatide (die; auch: das Chromatid; Pl. Chromatiden): Spalthälfte eines Chromosoms während der Mitose; die beiden genetisch identischen (Schwester-)Chromatiden werden während der Zellteilung auf die beiden Tochterzellen verteilt. Je nach Phase des Zellzyklus besteht ein Chromosom aus einer oder zwei Chromatiden (»Einchromatid-Chromosom«, »Zweichromatid-Chromosom«).

Chromatin: Baumaterial des Erbguts, anfärbbar (Name!); in diesem Zustand (während der Interphase) sind die einzelnen Chromosomen nicht als distinkte Strukturen erkennbar.

Chromosom: Träger der genetischen Information im Zellkern von Eukaryoten; nur während bestimmter Phasen der Mitose und Meiose als individuelle Struktur lichtmikroskopisch erkennbar; Anzahl und Morphologie sind arttypisch. Manchmal werden auch die zirkulären DNA-Moleküle von Prokaryoten als »Bakterienchromosomen« bezeichnet.

Chromosomensatz: Gesamtheit aller Chromosomen einer Zelle; haploide Zellen enthalten einen einfachen, diploide einen doppelten Chromosomensatz.

Crossover (auch *Crossing-over*): Austausch von Erbanlagen zwischen homologen Chromosomen während der 1. Reifeteilung der Meiose.

Gonosomen: Geschlechtschromosomen; beim Menschen X- und Y-Chromosom.

homologe Chromosomen: Chromosomen eines diploiden Chromosomensatzes, die in Größe, Gestalt und Genorten übereinstimmen.

Interphase: Abschnitt im Zellzyklus zwischen zwei Mitosen.

Karyogramm: bildliche Darstellung der (Metaphase-)Chromosomen einer Zelle, geordnet nach Größe und Form.

Kernteilungsspindel (auch Kernspindel): aus Mikrotubuli gebildetes Fasergerüst, das der Verteilung der Chromatiden (Mitose) bzw. homologen Chromosomen (1. Reifeteilung der Meiose) auf die Tochterzellen dient.

Meiose: Kernteilungsvorgang, bei dem aus diploiden Körperzellen haploide Keimzellen gebildet werden; setzt sich aus Reduktionsteilung (= 1. Reifeteilung) und anschließender Mitose (= 2. Reifeteilung) zusammen.

Metaphase: (zweiter) Abschnitt der Mitose; Chromatiden ordnen sich in der Äquatorialebene an, Kernspindelfasern heften sich an die Centromeren.

Mitose: Kernteilung; Verteilung des doppelt vorliegenden genetischen Materials der Mutterzelle auf zwei (identische) Tochterzellen, gegliedert in verschiedene Phasen.

Prophase: (erster) Abschnitt der Mitose; Chromosomen kondensieren sich, Auflösung der Kernhülle und Entstehung des Spindelapparats.

Rekombination: Neukombination von Erbanlagen, z. B. durch sexuelle Fortpflanzung oder Crossover.

Telophase: (letzter) Abschnitt der Mitose; »Entschrauben« der Chromatiden, Neubildung der Kernhülle und der Membranen zwischen den beiden Tochterzellen.

Enzymirrgarten (S. 20)

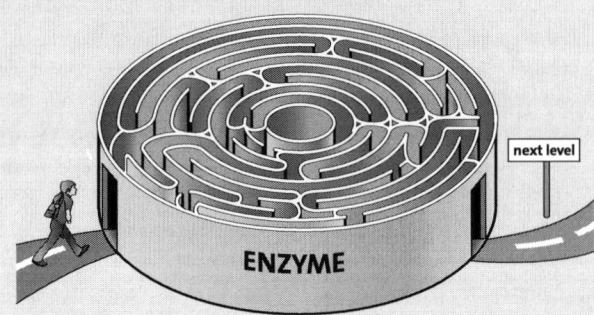

ENZYME

next level

1. In einer einzigen Zelle sind meist tausende verschiedener Enzyme aktiv. Ihre Wirkung als Biokatalysatoren beruht darauf, dass sie
   - die Aktivierungsenergie einer chemischen Reaktion herabsetzen. →**6.**
   - andere Stoffe aktivieren können. → **10.**

2. Richtig! – Das Temperaturoptimum von Enzymen kann erklärt werden durch
   - die RGT-Regel. → **8.**
   - die Proteindenaturierung bei hohen Temperaturen. →**12.**

3. Diese Aussage trifft nicht zu, da auch Ribozyme zu den Biokatalysatoren gehören, daher zurück zu **12.**

4. Bindet ein Effektor an das allosterische Zentrum eines Enzyms, spricht man von allosterischer Hemmung; also zurück zu **7.**

5. Der K_M-Wert bezeichnet die Substratkonzentration bei halbmaximaler Reaktionsgeschwindigkeit, deshalb zurück zu **17.**

6. Richtig! – Enzyme sind für den Stoffwechsel unverzichtbar, indem sie in einer chemischen Reaktion
   - die Lage des Gleichgewichts verändern. → **20.**
   - die Reaktionsgeschwindigkeit erhöhen. →**15.**

7. Richtig. – Bei der kompetitiven Hemmung bindet ein
   - Inhibitor an das aktive Zentrum. →**17.**
   - Effektor an das allosterische Zentrum. → **4.**

8. Leider ist das nicht korrekt. Die RGT-Regel erklärt zwar den Aktivitätsanstieg bei niedrigeren Temperaturen, nicht aber, dass die Aktivität bei höheren Temperaturen wieder abnimmt. Zurück zu **2.**

9. Beide Wege sind richtig, weiter bei **18.**

10. Falsch – zurück zu **1.**

11. Falsch. – Coenzyme können bei der Reaktion chemisch verändert werden, daher zurück zu **15.**

12. Das stimmt! – Enyzme sind
    - meistens Proteine. →**19.**
    - immer Proteine. → **3.**

13. Falsch: Der Begriff »substratspezifisch« bezieht sich darauf, dass ein Enzym nur ein bestimmtes Substrat oder lediglich wenige Substrate umsetzen kann. Deshalb zurück zu **18.**

14. Richtig. – Die Bildung des Enzym-Substrat-Komplexes kann
    - mit Hilfe des Schlüssel-Schloss-Prinzips erklärt werden. →**18.**
    - als »*induced fit*« beschrieben werden. →**9.**

15. Richtig! Ohne Enzyme würden viele chemische Reaktionen in der Zelle extrem langsam ablaufen. – Aus einer enzymkatalysierten Reaktion gehen unverändert hervor:
    - nur das Enzym →**2.**
    - Enzym und Coenzym → **11.**

16. Falsch, daher zurück zu **19.**

17. Richtig! – Der K_M-Wert
    - bezeichnet die Substratkonzentration bei halbmaximaler Reaktionsgeschwindigkeit einer enzymkatalysierten Reaktion. →**21.**
    - bezeichnet die Substratkonzentration, bei der die maximale Reaktionsgeschwindigkeit erreicht ist. → **5.**

18. Beide Modellvorstellungen sind richtig! – Da Enzyme jeweils nur bestimmte Reaktionen katalysieren, bezeichnet man sie als
    - substratspezifisch. → **13.**
    - wirkungsspezifisch. →**7.**

19. Richtig! – Das aktive Zentrum, welches das Substrat bindet, umfasst
    - einen Großteil des Enzyms. → **16.**
    - nur wenige Aminosäuren. →**14.**

20. Enzyme können die Lage des Gleichgewichts einer chemischen Reaktion nicht verändern, daher zurück zu **6.** Allerdings sorgen sie dafür, dass sich das jeweilige Gleichgewicht rascher einstellen kann.

21. Geschafft!

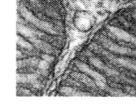

Albtraum Gruppenreise: Jugendliche sterben an Methanolvergiftung (S. 21)

Konzeption des Arbeitsblattes

Die Schülerinnen und Schüler sollen mit Hilfe der Textinformationen, eines Rechercheauftrags und der Aufgaben dieser Seite erklären können, wie eine Methanolvergiftung zustande kommt, welche Symptome bei einer Vergiftung auftreten und wie einem Betroffenen geholfen werden kann. Dabei soll das Arbeitsblatt den Schülern einen kontextbezogenen Zugang zur Substratspezifität von Enzymen ermöglichen. Darüber hinaus sollen die Lernenden fachübergreifend den Reaktionstyp der in Abb. 2 dargestellten Reaktionen und darauf aufbauend die Enzymklasse benennen können. Der inhaltliche Schwerpunkt liegt auf dem Basiskonzept »Stoff- und Energieumwandlungen«.

Der im Arbeitsblatt beschriebene Fall lehnt sich inhaltlich an eine Tragödie an, die sich auf einer Klassenfahrt einer Lübecker Berufsschule im Jahr 2009 ereignet hat. Am 22. März brachen die Schüler mit ihren Lehrern zu einer Klassenreise ins Urlauberparadies Antalya auf. Am Abend des 25. März feierten die Schüler gemeinsam – mit Alkohol, den sie in einem Hinterhof erworben hatten. Am nächsten Morgen lag einer der Schüler tot im Bett, sechs weitere Schüler wurden in eine Klinik in Antalya eingewiesen und später nach Lübeck verlegt. Zwei von ihnen erwachten nicht mehr aus dem Koma und verstarben in den folgenden Tagen. Die Lehrer wurden daraufhin in das Kultusministerium bestellt, und es wurde geprüft, ob sie ihre Dienstpflichten verletzt hatten. Obwohl dies nicht bestätigt werden konnte, klagten Eltern gegen die Lehrer. Nach dem »Methanolpanscher« wurde intensiv gefahndet. Er wurde im Sommer 2009 schließlich gefasst. Vielleicht kann das Arbeitsblatt auch dazu beitragen, den (generell verbotenen) Alkoholkonsum von Schülerinnen und Schülern bei schulischen Veranstaltungen kritisch zu hinterfragen.

Geforderte Kompetenzen: Repräsentationswechsel (Auswerten und Interpretieren eines Diagramms), Argumentieren (Vorschlagen einer symptomatischen Behandlungsmethode auf der Basis der biochemischen Grundlagen der Vergiftung), Gebrauch der Fachsprache.

Einsatz des Arbeitsblattes im Unterricht

Vor Einsatz des Arbeitsblattes sollten den Schülern Enzyme als Biokatalysatoren, die verschiedenen Enzymtypen sowie die Begriffe »Substratspezifität«, »Wirkungsspezifität« und »kompetitive Hemmung« bekannt sein (Schülerband S. 67 – 68). Für die Bearbeitung von Aufgabe 3 sind darüber hinaus Kenntnisse zur MICHAELIS-MENTEN-Kinetik hilfreich, wenn auch nicht unbedingt erforderlich.

Möglich ist auch ein Einstieg in das Thema »Enzyme« anhand von Aufgabe 1, die anschließende Besprechung und Erarbeitung der wichtigsten Eigenschaften von Enzymen im Unterricht und die nachfolgende Weiterbearbeitung der Aufgaben (2 bis 4) zur Vertiefung und Wiederholung. Möglich ist auch eine ethische Diskussion nach der »Schuldfrage« im Hinblick auf den Tod der Jugendlichen.

Lösungen und Anmerkungen

AUFGABE 1
Die Symptome einer Methanolvergiftung werden in drei Phasen sichtbar. Ähnlich wie beim Ethanol kommt es kurz nach der Aufnahme zu einer berauschenden Phase mit Trunkenheitssymptomen. Mit Verzögerung treten Kopfschmerzen, Schwächegefühl, Übelkeit, Erbrechen, Schwindel, beschleunigte Atmung und Sehstörungen auf. In der dritten Phase werden Nervenzellen geschädigt, insbesondere die Sehzellen der Retina und der Sehnerv, und es können heftige Leibschmerzen auftreten. Es kann zur Erblindung und im Extremfall zum Tod durch Atemlähmung führen, z. T. erst zwei bis vier Tage nach der Vergiftung.

Eine Methanoldosis ab 0,1 g Methanol pro kg Körpermasse ist für einen erwachsenen Menschen gefährlich, über 1 g pro kg Körpergewicht lebensbedrohlich.

AUFGABE 2
Es handelt sich jeweils um eine Redoxreaktion, damit gehören die beiden Enzyme Alkoholdehydrogenase und Aldehyddehydrogenase [Fehler im Druck A¹ des Schülerbandes] zur Gruppe der Oxidoreduktasen. Als Coenzym fungiert in beiden Fällen NAD^+. Dabei katalysiert die Alkoholdehydrogenase die Oxidation eines [primären] Alkohols zu einem Aldehyd und die Aldehyddehydrogenase die Oxidation eines Aldehyds zu einer Carbonsäure. Bei allen Reaktionen wird NAD^+ zu $NADH + H^+$ reduziert.

[Nach dem Konsum alkoholischer Getränke wird das enthaltene Ethanol im menschlichen Körper in einem zweistufigen Prozess enzymatisch abgebaut (s. Abb. 2), zunächst in Acetaldehyd und schließlich in Essigsäure; die beiden Reaktionen werden duch Alkoholdehydrogenase bzw. Aldehyddehydrogenase katalysiert. Essigsäure ist ein wichtiger Stoffwechsel-Metabolit und kann relativ leicht abgebaut werden, indem sie zunächst aktiviert (Acetyl-CoA) und anschließend in den Citratzyklus eingeschleust wird.

Dieselben Enzyme sind am Abbau von Methanol im menschlichen Körper beteiligt. Die Alkoholdehydrogenase arbeitet nun aber erheblich langsamer und es entsteht dabei Methanal (Formaldehyd); die folgende Dehydrogenierung hat die Bildung von Methansäure (Ameisensäure) zur Folge. Amei-

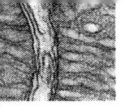

sensäure ist aber im Unterschied zu Essigsäure ein wirksames Zellgift; insbesondere führt sie zu einer Übersäuerung des Blutes (metabolische Acidose), wobei der Blut-pH-Wert auf 7,0 abfallen kann, und hemmt das mitochondriale Enzym Cytochrom-c-Oxidase und so die Zellatmung – beides kann bei der Aufnahme zu großer Mengen an Methanol zum Tod des Patienten führen; in kleinen Mengen (z. B. nach dem Konsum von minderwertigem Schnaps, der »Fuselalkohole« enthält) führt die Ameisensäureanreicherung zu einem »Kater«.]

AUFGABE 3

Abb. 3 zeigt die Abhängigkeit der Reaktionsgeschwindigkeit beim enzymatischen Abbau von Ethanol bzw. Methanol von der aktuellen Alkoholkonzentration. Bei beiden Substraten ist eine Sättigungskurve zu erkennen, also eine Abhängigkeit der Enzymaktivität von der jeweiligen Substratkonzentration festzustellen, wie sie für eine MICHAELIS-MENTEN-Kinetik typisch ist [s. S. 70 – 71 und Abb. 71.1 im Schülerband]. Allerdings wird Ethanol bei gleicher Substratkonzentration von der Alkoholdehydrogenase deutlich besser umgesetzt als Methanol, wie auch an den v_{max}- und K_M-Werten für Ethanol bzw. Methanol erkennbar ist.

Die intravenöse Verabreichung von Ethanol ist bei 0,7 g pro kg Körpermasse für den Körper ungefährlich. Die Ethanolgabe zur Behandlung einer Methanolvergiftung ist deshalb sinnvoll, weil die beiden am Abbau beteiligten Enzyme keine strikte Substratspezifität aufweisen, sondern jeweils beide Alkohole bzw. Aldehyde umzusetzen vermögen. Als Folge der Ethanolgabe konkurrieren Ethanol und Methanol um das aktive Zentrum der Alkoholdehydrogenase. Bezogen auf die Methanolumsetzung ist Ethanol also ein kompetitiver Inhibitor. Als Folge der Ethanolgabe wird Methanol langsamer zu Methanal umgesetzt. Entsprechend konkurrieren Methanal und Ethanal um das aktive Zentrum der Aldehyddehydrogenase. Folglich entstehen die Abbauprodukte des Methanols langsamer, wodurch die Anreicherung der besonders giftigen Methansäure unterbunden wird. Wird nun gleichzeitig eine Blutdialyse durchgeführt, werden die Konzentrationen des Methanols und seiner Abbauprodukte im Blut zusätzlich verringert. Solange noch keine Langzeitschäden aufgetreten sind, kann eine solche Therapie erfolgreich sein.

AUFGABE 4

Eine denkbare Hypothese wäre, dass keine [oder nicht genügen] Enzyme vorhanden sind, die Ameisensäure als Substrat effektiv binden und in ungiftigere Folgeprodukte umsetzen können.

[Geringe Mengen an Ameisensäure können zwar durch im Körper durch Tetrahydrofolsäure (Coenzym F) abgebaut werden, doch verläuft dieser Entgiftungsprozess bei einer akuten Methanolvergiftung nicht in ausreichender Geschwindigkeit. In der Therapie von Methanolvergiftungen werden neuerdings alternativ zur Ethanolgabe auch Folsäurepräparate (intravenös) eingesetzt.]

Zusätzliche Materialien

Im Internet findet man zahlreiche Zeitungsartikel bzw. Fernsehbeiträge zum realen Fall der Lübecker Schulklasse, z. B. unter

http://www.spiegel.de/panorama/gesellschaft/
methanol-vergiftung-zwei-luebecker-schueler-fuer-hirntot-
erklaert-a-617550.html

http://www.welt.de/vermischtes/article3518609/
Schueler-aus-Luebeck-erzaehlt-von-der-Todesnacht.html

Von Schokolinsen und Enzymen (S. 22)

Konzeption des Arbeitsblattes

Mit Hilfe dieses Arbeitsblattes sollen die Schülerinnen und Schüler den Zusammenhang von Reaktionsgeschwindigkeit und Enzymaktivität ohne bzw. mit kompetitivem Inhibitor analysieren, indem sie anhand eines Modellversuchs, den sie im Unterricht in Dreiergruppen selbst durchführen, eine derartige Enzymkinetik simulieren. Ferner sollen sie die Eignung dieses Modells beurteilen. Der inhaltliche Schwerpunkt ist den Basiskonzepten »Struktur und Funktion« sowie »Stoff- und Energieumwandlungen« zuzuordnen.

Geforderte Kompetenzen: Modellbildung (zeichnerisches Modell einer Enzym-Substrat-Interaktion während einer enzymkatalysierten Reaktion; Modellversuch incl. Modellkritik), Experimentieren und Beobachten (Durchführen und Auswerten des Modellexperiments), Repräsentationswechsel (Beschriften einer Schemazeichnung, grafische Darstellung von Versuchsdaten).

Einsatz des Arbeitsblattes im Unterricht

Der Einsatz dieses Arbeitsblattes empfiehlt sich nach der Behandlung der wesentlichen Eigenschaften von Enzymen im Unterricht, jedoch bevor die Kinetik enzymatischer Reaktionen besprochen wurde. Die Konzeption der Aufgaben ermöglicht eine durchweg selbstständige Erarbeitung; der motivierende Ansatz bietet eine zusätzliche Veranschaulichung der komplexen Thematik. Für die praktische Durchführung und die anschließende Auswertung des Modellversuchs sollte eine Doppelstunde eingeplant werden.

Lösungen und Anmerkungen

AUFGABE 1

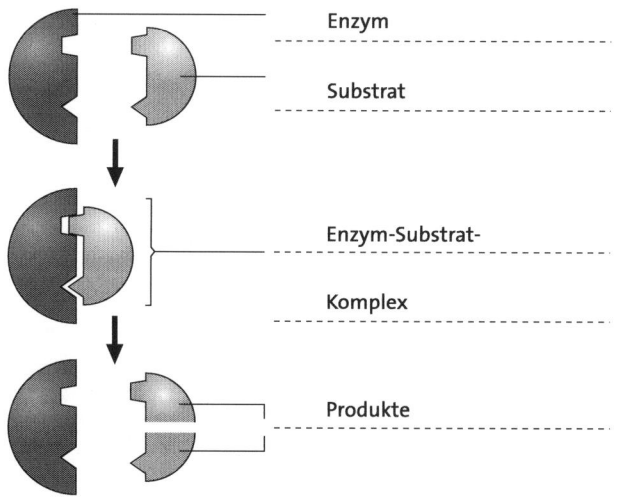

Enzym

Substrat

Enzym-Substrat-

Komplex

Produkte

[Das Enzym ist in Relation zur Größe des Substrats viel zu klein dargestellt. Zentrale Aussage der Grafik ist die Passgenauigkeit von Katalysator und zugehörigem Substrat.]

AUFGABE 2

Benötigtes Material: Schokolinsen, Weingummibonbons, Augenbinde, Stoppuhr, Tisch, Stühle.

[Für die Durchführung sind insbesondere kleine Schokolinsen geeignet (dadurch wird eine zu rasche Sättigung der Versuchsperson vermieden!). Weitere Probleme in der Konzeption des Versuchs wie die möglicherweise nicht konstante Essrate oder die ungleiche Verteilung der Schokolinsen auf der Tischfläche sollten im Anschluss an die Durchführung thematisiert werden und in einer Fehlerdiskussion wieder aufgegriffen werden.]

AUFGABE 3

In dem Modell stehen die Versuchsperson für das Enzym, die Schokolinsen für das Substrat und die Weingummis stellvertretend für Moleküle eines kompetitiven Inhibitors. Die Anzahl der Schokolinsen und Bonbons simuliert die Konzentration der Substrate und Inhibitoren in einem Versuchsansatz.

[Im Modellversuch wird der kompetitive Inhibitor ebenso wie das eigentliche Substrat umgesetzt; es tritt also keine Blockierung des Enzyms ein wie in dem in Abb. 70.1 im Schülerband dargestellten Beispiel. Vielmehr wird der Inhibitor langsamer umgesetzt (in diesem Fall gekaut) als das Substrat. Einen vergleichbaren Fall behandelt die Aufgabenseite 21 (unterschiedlich rasche Umsetzung von Ethanol bzw. Methanol durch Alkoholdehydrogenase).]

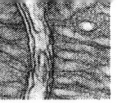
AUFGABE 4

Beispiel für Ergebnisse aus dem Schülerexperiment (s. hierzu auch grafische Darstellung auf der nächsten Seite):

– Ansatz ohne Weingummibonbons:
v_{max} 15 – 16 Schokolinsen pro Minute
K_M 9 Schokolinsen

– Ansatz mit Weingummibonbons:
v_{max} 16 Schokolinsen pro Minute
K_M 25 Schokolinsen

In den beiden Versuchsreihen sind die v_{max}-Werte fast identisch, während der simulierte K_M-Wert in der Reihe mit den Weingummibonbons höher ist als im ersten Durchgang des Versuchs. [Im zweiten Teilversuch wurde K_M näherungsweise anhand des letzten Messwerts ermittelt; hier ist der Maximalwert vermutlich noch nicht ganz erreicht, der zur Berechnung notwendig wäre.]

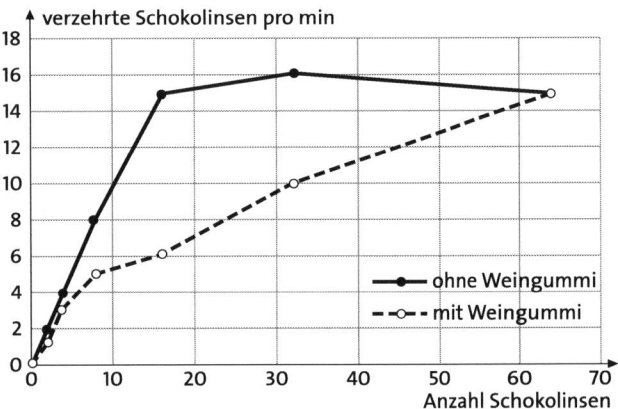

Liegen nur wenige Schokolinsen auf dem Tisch, so kann die Versuchsperson alle oder nahezu alle in einer Minute verspeisen. Bei einer größeren Anzahl von Schokolinsen steigt zunächst die Reaktionsgeschwindigkeit/Essgeschwindigkeit an (mehr »Substrate« sind verfügbar). Ab einer bestimmten Anzahl ist dann keine weitere Steigerung mehr möglich; die Enzyme bzw. die Versuchsperson sind »gesättigt«, weil in der verfügbaren Zeit nicht immer alle Schokolinsen gefunden werden bzw. die Essgeschwindigkeit nicht mehr ausreicht. Das Hinzufügen der Weingummibonbons hindert die Versuchsperson daran, eine größere Menge an Schokolinsen zu essen, da für den Verzehr des deutlich größeren Gummibonbons mehr Zeit benötigt wird. Bei höherer Anzahl der Schokolinsen fällt der Umsatz durch die Gummibonbons immer weniger ins Gewicht, da stichprobenmäßig kaum noch »Inhibitoren« gegriffen werden.

[Falls im Vorfeld die Grundlagen der MICHAELIS-MENTEN-Kinetik noch nicht erarbeitet wurden, kann hier als Lösungshilfe der entsprechende Abschnitt im Schülerband (S. 70 – 71) eingesetzt werden.]

AUFGABE 5

Mit dem Modellversuch lassen sich der Umsatz eines Substrats durch ein Enzym sowie der Einfluss eines kompetitiven Inhibitors auf die Reaktionsgeschwindigkeit dynamisch und anschaulich verdeutlichen. Erkennbar ist, dass die halbmaximale Reaktionsgeschwindigkeit des Enzyms in Gegenwart eines Inhibitors erst bei höheren Substratkonzentrationen erreicht wird als ohne Inhibitor.

Problematisch ist das »Suchen« des Enzyms nach einem Substrat. Dies erfolgt durch das Verbinden der Augen zwar zufällig, jedoch wird so der Eigenbeweglichkeit von Enzym- und Substratmolekülen durch Diffusion nicht Rechnung getragen. Zudem können sich bei den Versuchspersonen Sättigungsprobleme einstellen. Nicht simuliert werden kann zudem die um Größenordnungen höhere Geschwindigkeit enzymkatalysierter Reaktionen.

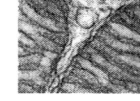

Experimente mit Schwächen (S. 23)

Konzeption des Arbeitsblattes

Katalase ist ein wichtiges Enzym des Zellstoffwechsels. Es dient zum Abbau des Zellgiftes Wasserstoffperoxid, wobei die unschädlichen Zersetzungsprodukte Wasser und Sauerstoff entstehen. Diese Reaktion ist die inhaltliche Grundlage für das vorliegende Arbeitsblatt. Die Schülerinnen und Schüler sollen zunächst drei Experimente rund um den enzymatischen H_2O_2-Abbau gedanklich nachvollziehen und kritisch hinterfragen sowie anschließend ein eigenes Experiment konzipieren und schließlich aus der Darstellung eines Versuchsaufbaus die zugrunde liegende Fragestellung erarbeiten.

Bei den Aufgaben steht weniger der fachliche Hintergrund im Fokus; vielmehr werden grundlegende Fragen des Experimentierens angesprochen. Die Lernenden sollen so ihr Me-

tawissen über Experimente als Mittel zur wissenschaftlichen Erkenntnisgewinnung und über die wesentlichen Schritte des hypothetisch-deduktiven Verfahrens vertiefen. Dabei werden einige im Zusammenhang mit der Planung und Auswertung von Experimenten immer wieder auftretende Fehler thematisiert, z. B. fehlende »Blindproben« und Kontrollansätze, Variablenkonfundierung (unbeabsichtigte Änderung zusätzlicher Versuchsbedingungen beim Ändern einer Versuchsvariablen), Fehlinterpretation von Daten (effektbezogene, unzulässige oder falsche Schlussfolgerungen)

Geforderte Kompetenzen: Experimentieren und Beobachten; Argumentieren.

Einsatz des Arbeitsblattes im Unterricht

Fachliche Voraussetzungen für die Bearbeitung der drei Aufgaben auf dieser Seite sind grundlegende Kenntnisse zur Funktionsweise von Enzymen sowie generelle Vorkenntnisse zur Konzeption, Durchführung und Auswertung von Experimenten. Das Enzym Katalase wird im Schülerband auf S. 69 vorgestellt; dabei wird wie auf der Aufgabenseite die Abhängigkeit der Reaktionsgeschwindigkeit von Temperatur und pH-Wert behandelt. Während im Schülerband die Erklärung

der zu beobachtenden Phänomene im Vordergrund stehen, wird auf dem Arbeitsblatt vorrangig auf die Erhebung und Auswertung der Messwerte Bezug genommen. Die Aufgaben können sowohl vor (zum Einstieg) als auch nach (zur Wiederholung und Vertiefung) dem Lesen der entsprechenden Schülerbandseite bearbeitet werden. Zur Vertiefung der Aufgaben lassen sich die – entsprechend korrigierten – Versuche im Unterricht auch praktisch durchführen.

Lösungen und Anmerkungen

AUFGABE 1
Experiment 1, Fehler und Verbesserungsvorschläge:
a) Zu geringe Datenbasis, um Hypothese zu verifizieren; auch niedrigere und deutlich höhere Temperaturen müssten untersucht werden, um eine allgemeingültige Aussage treffen zu können;
b) Kontrollversuch ohne Enzym fehlt – es könnte sein, dass die Temperaturerhöhung alleine, also ohne Enzym, bereits die verstärkte Gasentwicklung hervorruft).

[Die Schlussfolgerung ist zudem falsch: Wie Abb. 69.1 im Schülerband zeigt, sinkt die Reaktionsgeschwindigkeit ab etwa 40 °C wieder (Hitzeinaktivierung der Proteine).]

Experiment 2, Fehler und Verbesserungsvorschläge:
Der Ansatz ist im Wesentlichen richtig; allerdings könnte das pH-Optimum auch zwischen 6 und 8 oder zwischen 8 und 10 liegen; zur genaueren Eingrenzung wären weitere Versuche erforderlich (s. Schülerband S. 69).

Experiment 3, Fehler und Verbesserungsvorschläge:
a) Das Versuchsergebnis ist nicht eindeutig; es könnte auch sein, dass die Sulfatanionen die Hemmung verursachen. Es müssten Kontrollversuch mit z. B. Natriumsulfat und einer anderen Kupferverbindung durchgeführt werden.

b) Es wurden unterschiedliche Flüssigkeitsvolumina eingesetzt werden; dem 2. Ansatz müsste dementsprechend noch 1 ml Wasser zugesetzt werden, damit nicht zwei Versuchsvariablen verändert werden [Variablenkonfundierung].

AUFGABE 2
In einem Reagenzglas wird ein Ansatz mit Kartoffelpresssaft und verdünnter Wasserstoffperoxid-Lösung hergestellt. Nach Abklingen der Gasentwicklung wird nochmals Wasserstoffperoxid zugeben; das Gemisch schäumt wieder auf.

Alternative: Zweites Reagenzglas mit Wasserstoffperoxid, dazu wird eine kleine Menge des »verbrauchten« Ansatzes aus Reagenzglas 1 gegeben. Auch hier kommt es wieder zu einer Gasentwicklung.

[S. hierzu Versuchsanleitung unter »Zusätzliche Materialien«.]

AUFGABE 3
Wie hängt die Gasentwicklung bei der katalytischen Zersetzung von Wasserstoffperoxid von der Temperatur des Reaktionsgemischs ab?

Alternative: Welcher Zusammenhang besteht zwischen der Reaktionsgeschwindigkeit der Zersetzung von Wasserstoffperoxid und der Temperatur des Reaktionsgemischs?

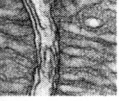

Zusätzliche Materialien

Die folgende Versuchsanleitung kann als Grundlage für ein Schülerpraktikum zum Thema »Katalase« dienen. Die Versuche können mit geringem Materialaufwand in einer Doppelstunde durchgeführt und ausgewertet werden.

Katalytische Zersetzung von Wasserstoffperoxid

AUFGABEN

1. Lesen Sie die folgenden Versuchsanleitungen gründlich durch. Erstellen Sie eine Materialliste für die fünf Versuche.
2. Führen Sie die beschriebenen Experimente durch. Achten Sie dabei darauf, keine Wasserstoffperoxid-Lösung auf die Haut zu bringen (ätzend – bei Hautkontakt sofort gründlich mit Wasser abspülen!). Bei allen Versuchen ist eine Schutzbrille zu tragen. Ansätze, die Braunstein und Kupfersulfat enthalten, müssen im Abfallbehälter für Schwermetalle entsorgt werden.
3. Fertigen Sie zu allen Versuchen ein detailliertes Versuchsprotokoll an (Ergebnisse, Diskussion). Ergänzen Sie das Protokoll durch beschriftete Zeichnungen zur Versuchsdurchführung.

VORBEREITUNG Stellen Sie aus der handelsüblichen 30%igen Wasserstoffperoxid-Lösung und dest. Wasser 50 ml einer 5%igen H_2O_2-Lösung her.

VERSUCH 1 Füllen Sie in drei Reagenzgläser (RG I, II, III) je 2 ml 5%ige Wasserstoffperoxid-Lösung. Geben Sie in RG I eine Spatelspitze Sand, in RG II dieselbe Menge an Braunstein (Mangandioxid, MnO_2) und in RG III ein etwa erbsengroßes Stück einer Kartoffelknolle. Halten Sie über die Ansätze, bei denen eine Wasserstoffperoxid-Zersetzung zu erkennen ist, rasch einen glimmenden Holzspan.

VERSUCH 2 Verteilen Sie den Inhalt von RG III (Lösung und Kartoffelstück), nachdem die Gasentwicklung aufgehört hat, auf zwei leere Reagenzgläser (IV und V); das Kartoffelstück dazu mit einem Küchenmesser halbieren.
a) Geben Sie zu dem Ansatz in RG IV 2 ml Wasserstoffperoxid-Lösung.
b) Fügen Sie dem Ansatz in RG V ein frisches, wiederum etwa erbsengroßes Kartoffelstückchen zu.

VERSUCH 3 Zerreiben Sie ein erbsengroßes Stück einer Kartoffelknolle in einer Reibschale und geben Sie den so entstandenen Brei in ein leeres Reagenzglas (VI), dazu 2 ml Wasserstoffperoxid-Lösung. Vergleichen Sie mit Ansatz III.

VERSUCH 4 Geben Sie in drei Reagenzgläser (VII, VIII, IX) jeweils ein in der Reibschale zerriebenes erbsengroßes Kartoffelstück. Fügen Sie folgende Flüssigkeiten hinzu:
RG VIII: 2 ml dest. Wasser
RG VIII: 2 ml verdünnte Natronlauge (ätzend)
RG IX: 2 ml verdünnte Salzsäure (ätzend)
Geben Sie anschließend zu jedem der drei Ansätze 2 ml Wasserstoffperoxid-Lösung.

VERSUCH 5 Geben Sie in ein Reagenzglas (X) ein erbsengroßes Kartoffelstückchen, dazu 10 Tropfen 10%ige Kupfersulfatlösung. Warten Sie fünf Minuten und geben Sie dann 2 ml Wasserstoffperoxid-Lösung zu dem Ansatz.

ERWARTETE VERSUCHSERGEBNISSE

I: Sand – keine Gasentwicklung; Kontrollversuch.

II: Braunstein – heftige Gasentwicklung; Braunstein wirkt als (anorganischer) Katalysator.

III: Kartoffel – Gasentwicklung; Kartoffelstück enthält Katalase. Aufflammen des glimmenden Holzspans zeigt die Bildung von Sauerstoff an [Der Span muss sehr rasch nach Beginn der Gasentwicklung in das Reagenzglas gehalten werden, damit der Nachweis gelingt.]

IV: heftige Gasentwicklung; die in der Lösung und in dem Kartoffelstück enthaltenen Enzyme wurden nicht verbraucht und stehen zur Spaltung neuer Substrate zur Verfügung.

V: keine Gasentwicklung; es steht kein Substrat mehr zur Verfügung [wichtig: Vor Beginn dieses Versuchs muss unbedingt das Aufhören der Sauerstoffbildung in RG III abgewartet werden.].

VI: heftige Gasentwicklung, stärker als in RG III; Oberflächenvergrößerung durch Zerreiben des Kartoffelstückchens bewirkt raschere Substratumsetzung (die erhöhte Freisetzung von Enzymen trägt ebenfalls zur Beschleunigung der Reaktion bei).

VII: Gasentwicklung; Optimum der Enzymreaktivität bei pH 7 (vgl. Abb. 69.1 im Schülerband).

VIII: keine oder sehr schwache Gasentwicklung; geringe/keine Enzymwirkung bei höheren pH-Werten.

IX: keine oder sehr schwache Gasentwicklung; geringe/keine Enzymwirkung bei niedrigeren pH-Werten.

X: keine Gasentwicklung; (irreversible) Hemmung des Enzyms durch Schwermetallionen (hier Cu^{2+}).

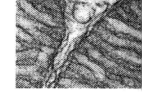

Licht und Schatten (S. 24)

Konzeption des Arbeitsblattes

Die Abhängigkeit der Fotosyntheserate von der Intensität des auf die Pflanze einfallenden Lichts steht im Mittelpunkt dieser Aufgabenseite. Die Schülerinnen und Schüler sollen in der Lage sein, entsprechende auf Versuchsdaten basierende Diagramme zu beschreiben und zu interpretieren. Inhaltlich finden auf der Seite vor allem die Basiskonzepte »Stoff- und Energieumwandlung« sowie »Variabilität und Angepasstheit« (unterschiedliche physiologische »Strategien« von Pflanzen in Anpassung an die Lichtverhältnisse am natürlichen Standort) Berücksichtigung.

Geforderte Kompetenzen: Repräsentationswechsel (Auswertung von Diagrammen), Argumentieren (Zuordnung der Graphen zu bestimmten Pflanzen), Gebrauch der Fachsprache, Experimentieren und Beobachten (experimentelle Erhebung der Messdaten).

Einsatz des Arbeitsblattes im Unterricht

Voraussetzung für die Lösung der Aufgaben sind Kenntnisse zum allgemeinen Ablauf der Fotosynthese. Den Schülerinnen sollte neben der Grundgleichung der Fotosynthese bekannt sein, welche Umweltfaktoren die Fotosyntheserate von Pflanzen beeinflussen (s. Schülerband S. 82–83), zur Bearbeitung der Aufgaben 3 bis 5 sind außerdem Vorkenntnisse zur Physiologie der C_4-Pflanzen erforderlich. Der Einsatz des Arbeitsblattes empfiehlt sich nach der bzw. parallel zur Erarbeitung der »besonderen Fotosyntheseformen« (Schülerband S. 91).

Lösungen und Anmerkungen

AUFGABE 1
Bei zunehmender Lichtstärke steigt die Fotosyntheserate an; diese ist bei geringer Lichtstärke annähernd proportional zur Lichtintensität. Bei Erreichen des Lichtsättigungspunkts [Abb. 83.1 im Schülerband] bewirkt auch ein Ansteigen der Lichtintensität keine weitere Fotosynthesesteigerung mehr; es ahndelt sich um eine typische Sättigungskurve. Die Fotosynthese, messbar als Verbrauch an Kohlenstoffdioxid, setzt erst ab einer bestimmten Lichtstärke ein. Unterhalb dieses Wertes (»Lichtkompensationspunkt«) wird Kohlenstoffdioxid gebildet statt verbraucht.

Erklärung: Am Lichtsättigungspunkt sind die Enzymsysteme der Primärreaktionen »ausgelastet«, die Kapazität der Fotosysteme ist zunehmend erschöpft. Unterhalb des Kompensationspunkts überwiegt die Zellatmung, was an der Bildung von Kohlenstoffdioxid abgelesen werden kann. Am Kompensationspunkt beträgt die Netto-Fotosyntheserate Null; es wird genau so viel Kohlenstoffdioxid verbraucht wie gebildet.

AUFGABE 2
Konstante Temperatur, konstante Luftfeuchte, konstante und ausreichend hohe Kohlenstoffdioxidkonzentration.

AUFGABE 3

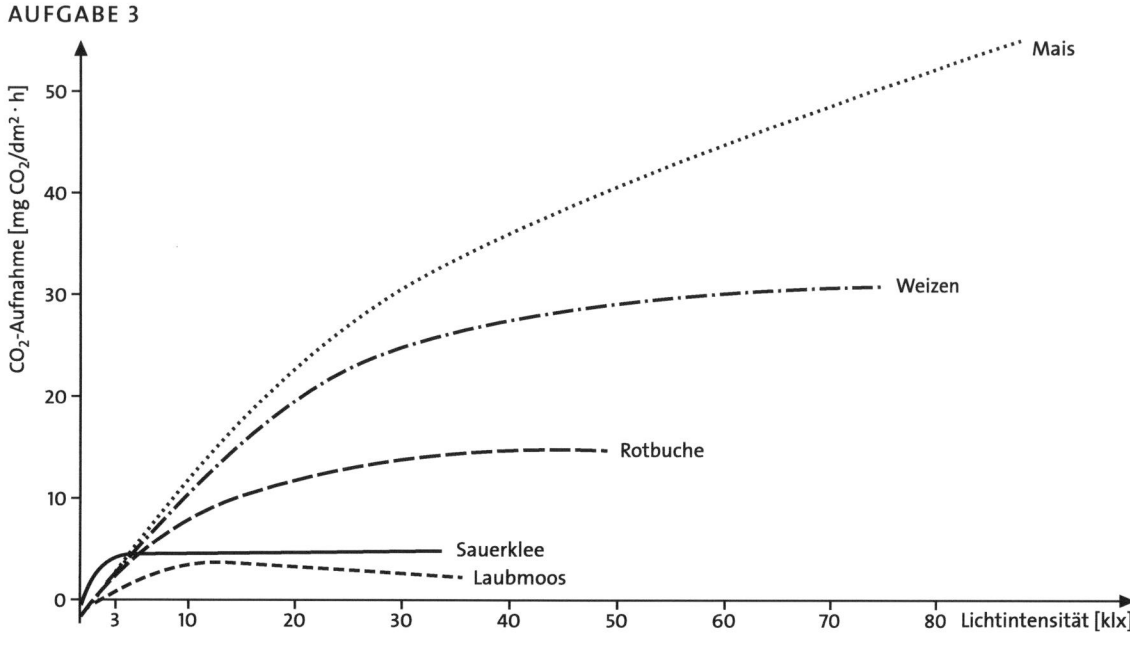

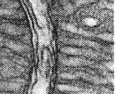

AUFGABE 4

Das über die Spaltöffnungen aufgenommene Kohlenstoffdioxid wird in den Blattzellen der C_4-Pflanzen an Phosphoenolpyruvat gebunden, wobei über ein Zwischenprodukt Malat (Salz der Äpfelsäure) als CO_2-Fixierungsprodukt entsteht. Diese Verbindung enthält vier Kohlenstoffatome, worauf die Bezeichnung »C_4-Pflanzen« zurückzuführen ist. Bei den C_3-Pflanzen dagegen enthält das CO_2-Fixierungsprodukt (Glycerinaldehyd-3-phosphat) nur drei C-Atome.

Bei C_4-Pflanzen erfolgen die primäre CO_2-Fixierung und die Kohlenhydratbildung räumlich getrennt in verschiedenen Zelltypen (Mesophyllzellen bzw. Zellen der Leitbündelscheide). Diese »doppelte CO_2-Fixierung« erlaubt besonders hohe Fotosyntheseleistungen, bedarf aber eines vergleichsweise hohen Energieaufwands.

[Zum Chemismus der C_4-Assimilation s. »Zusätzliche Materialien«.]

AUFGABE 5

Unter Starklichtbedingungen haben C_4-Pflanzen Vorteile, da sie bei hohen Lichtintensitäten eine sehr hohe Fotosyntheserate aufweisen. Unter Schwachlichtbedingungen sind insbesondere die Schwachlichtpflanzen der C_3-Arten im Vorteil, da sie bereits bei sehr niedrigen Lichtintensitäten, bei denen C_4-Pflanzen noch keine Fotosynthese betreiben können, eine positive Nettoassimilationsleistung zeigen.

Zusätzliche Materialien

Biochemie der CO_2-Fixierung bei C_4-Pflanzen

Die Fixierung von Kohlenstoffdioxid in den Mesophyllzellen von C_4-Pflanzen beginnt, indem CO_2-Moleküle mit dem Wasser der Vakuolenflüssigkeit zu Hydrogencarbonat-Ionen reagieren (HCO_3^-). Diese Protolysereaktion wird durch das Enzym Carboanhydrase katalysiert. Nun kann unter der katalytischen Wirkung von Phosphoenolpyruvat-Carboxylase Hydrogencarbonat an das Akzeptormolekül Phosphoenolpyruvat (PEP) gebunden werden. Dabei bildet sich Oxalacetat, ein C_4-Körper. Dieser wiederum wird mit Hilfe von NADPH/ H^+ zu Malat, dem Salz der Äpfelsäure reduziert. Malat gelangt über Plasmodesmen aus den Mesophyll- in die Bündelscheidenzellen (s. Schülerband Abb. 91.1), wo es decarboxyliert und in den CALVIN-BENSON-Zyklus eingeschleust wird.

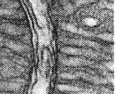

Pyruvat   Phosphoenolpyruvat   Oxalacetat   L-Malat

Weiterführende Aufgaben

AUFGABE A

Bei sehr hoher Lichtintensität, wie sie normalerweise am natürlichen Standort einer Pflanze nicht vorkommt, sinkt die Fotosyntheserate plötzlich rapide ab. Versuchen Sie diese Beobachtung zu erklären.

Lösung

Die Enzymkomplexe der Fotosysteme werden durch zu starke Lichteinstrahlung gehemmt bzw. geschädigt [»Fotoinhibition«].

AUFGABE B

Manche Pflanzenarten wie z. B. die Rotbuche bilden an ein und derselben Pflanze als Anpassung an die Lichtverhältnisse unterschiedlich gestaltete »Sonnenblätter« und »Schattenblätter« aus.
a) Nennen Sie Unterschiede im Bau dieser beiden Blatttypen.
b) Stellen Sie eine begründete Vermutung auf, wie sich die Lichtkompensationspunkte von Sonnen- und Schattenblättern unterscheiden könnten.

Lösung

a) Sonnenblätter sind kleiner und dicker und besitzen eine derbere, oft sogar ledrige Oberfläche. Ihr Palisadenparenchym ist mehrschichtig. Schattenblätter sind dagegen großflächiger und dünner, besitzen eine weniger derbe Oberfläche; ihr Palisadenparenchym ist einschichtig [vgl. Schülerband S. 81].
b) Der Lichtkompensationspunkt eines Schattenblattes liegt niedriger als der eines Sonnenblattes; auf diese Weise sind Schattenblätter in der Lage, bereits bei niedrigen Lichtintensitäten einen Netto-Stoffgewinn zu erzielen. Allerdings ist bei höheren Lichtintensitäten keine wesentliche Steigerung der Fotosyntheserate mehr möglich [ähnliche Verhältnisse bei schattentoleranten Arten (»Schwachlichtpflanzen«) wie dem Sauerklee; vgl. Abb. 2 auf dem Arbeitsblatt].

[Schattenblätter besitzen Chloroplasten mit deutlich mehr Thylakoiden als die Chloroplasten in den Assimilationsgeweben von Sonnenblättern, die Fotosysteme enthalten zudem mehr Antennenpigmente als die der sonnenexponierten Blätter.]

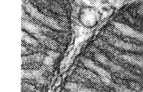

Grundlagen der Fotosynthese (S. 25)

Lösen Sie das Silbenrätsel, indem Sie die fehlenden Begriffe in Druckbuchstaben ergänzen. Die am Ende der Zeile stehende Zahl gibt die Position eines Buchstaben im jeweiligen Lösungswort an. Die Buchstaben aller Lösungsbegriffe ergeben – von oben nach unten gelesen – den Namen einer Gruppe von Fotosynthese betreibenden Prokaryoten (Abb. 1).

A ▪ AU ▪ BAK ▪ BE ▪ CA ▪ CU ▪ CU ▪ CY ▪ DE ▪ DUK ▪ EN ▪ FLU ▪ FO ▪ GE ▪ GEN ▪ GOL ▪ I ▪ LA ▪ LEM ▪ LEY ▪ LÖ ▪ LU ▪ MÄR ▪ ME ▪ NA ▪ NET ▪ NO ▪ NO ▪ NUN ▪ O ▪ ÖFF ▪ ON ▪ PA ▪ PRI ▪ PRIEST ▪ PRO ▪ RES ▪ RI ▪ RO ▪ TE ▪ TER ▪ TI ▪ TI ▪ TI ▪ TO ▪ TO ▪ TO ▪ SCHE ▪ SCHIERT ▪ SCHWAMM ▪ SPALT ▪ SPEK ▪ SUNG ▪ TRAL ▪ TROPH ▪ WE ▪ XY ▪ ZENZ

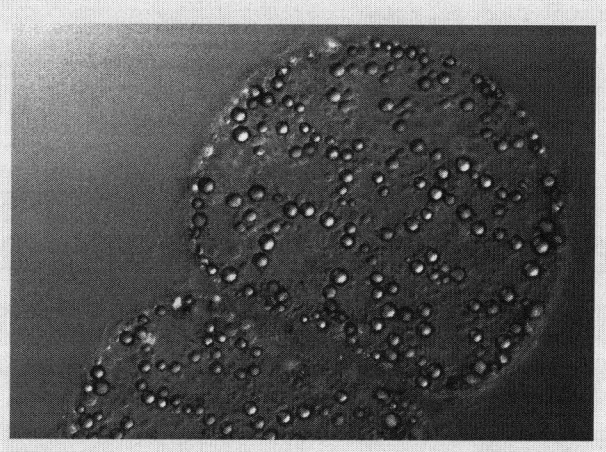

Abb. 1 *Thiomargarita namibiensis*, ein fotoautotropher Prokaryot

Die zum Nachweis von fotosynthetisch gebildeter Stärke eingesetzte Iod-Kaliumiodid-Lösung nennt man auch
LUGOLSCHE LÖSUNG (6, 7)

Organismen, die in der Lage sind, aus energiearmen anorganischen Stoffen energiereiche organische Substanzen herzustellen, bezeichnet man als [Adjektiv]
AUTOTROPH (9)

interzellularenreiches Gewebe in Laubblättern
SCHWAMMGEWEBE (4)

Massenzuwachs einer Pflanze pro Zeiteinheit
NETTOPRIMÄRPRODUKTION (2)

Bei der experimentellen Ermittlung des Absorptionsspektrums von Chlorophyll verwendet man ein
SPEKTRALFOTOMETER (9, 3)

Englischer Naturforscher, der die Bedeutung der Luft für den pflanzlichen Stoffwechsel entdeckte (Nachname)
PRIESTLEY (7)

Die früher als Blaualgen bezeichneten Prokaryoten heißen heute
CYANOBAKTERIEN (6, 3, 8)

Weitgehend wasserundurchlässige Schutzschicht auf der Oberfläche von Landpflanzenblättern
CUTICULA (3)

Gesamtheit der Wasserleitungsbahnen einer Pflanze
XYLEM (4)

Laubblätter mit einem Mosaik aus chlorophyllhaltigen und chlorophyllfreien Zellen bezeichnet man als
PANASCHIERT (10)

Gruppe von rötlichen und gelben Blattfarbstoffen
CAROTINOIDE (6)

Bestrahlt man eine Lösung von Chlorophyll in Aceton mit kurzwelligem Licht, zeigt sich eine rote
FLUORESZENZ (9)

Die Aufnahme des für die Fotosynthese notwendigen Kohlenstoffdioxids in die Laubblätter erfolgt über
SPALTÖFFNUNGEN (9)

Lösungswort: SCHWEFELBAKTERIEN

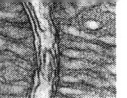
Farbenfrohe Blätter (S. 26)

Konzeption des Arbeitsblattes

Im Mittelpunkt dieser Aufgabenseite stehen die verschiedenen in Laubblättern vorkommenden Farbstoffe. Es wird dargestellt, wie diese Pigmente aus Laubblättern extrahiert, mit einfachen Versuchen auf ihr Löslichkeitsverhalten hin untersucht und schließlich getrennt und identifiziert werden können. Dabei wird auch der Zusammenhang zwischen dem Molekülbau und der Lipophilie bzw. Hydrophilie einer Verbindung thematisiert., der den Schülerinnen und Schülern aus dem Chemieunterricht der Mittelstufe bekannt sein sollte. Die Aufgaben beziehen sich einerseits auf fachinhaltliche Kenntnisse, andererseits auf die Konzeption und Durchführung von Versuchen.

Geforderte Kompetenzen: Experimentieren und Beobachten; Argumentieren, Gebrauch der Fachsprache.

Einsatz des Arbeitsblattes im Unterricht

Inhaltlich beziehen sich die Texte und Aufgaben dieses Arbeitsblattes insbesondere auf die S. 84 und 85 im Schülerband. Über die erforderlichen chemische Vorkenntnisse sollten die Schülerinnen und Schüler verfügen; wenn nötig, können die Begriffe »lipophil« und »hydrophil« sowie der Zusammenhang zwischen der Polarität von Bindungen in Molekülen und der Löslichkeit von Substanzen im Vorfeld der Bearbeitung noch einmal abgeklärt werden. Die auf der Seite vorgestellten Versuche, insbesondere die Extraktion der Blattfarbstoffe und der in Aufgabe 4 von den Schülerinnen und Schülern zu konzipierende Versuch, lassen sich ohne größeren Aufwand auch im Unterricht durchführen. Die Vorgehensweise beim Herstellen einer Rohchlorophylllösung wird im Schülerband auf S. 101 beschrieben.

Lösungen und Anmerkungen

AUFGABE 1

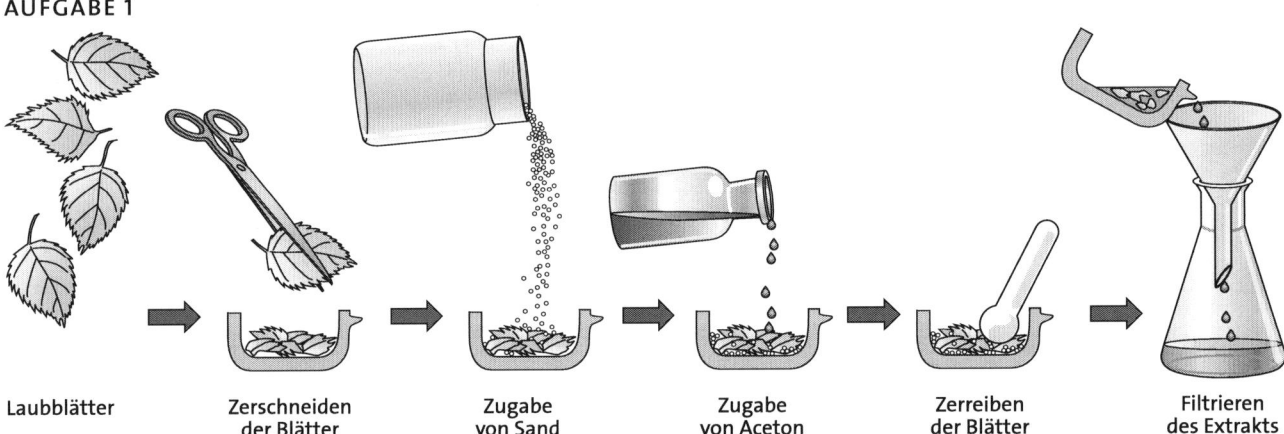

| Laubblätter | Zerschneiden der Blätter | Zugabe von Sand | Zugabe von Aceton | Zerreiben der Blätter | Filtrieren des Extrakts |

Materialliste: Reibschale und Pistill, Schere, Trichter, Rundfilter, Erlenmeyerkolben (alternativ Becherglas oder großes Reagenzglas in Reagenzglasständer), Sand, Aceton.

AUFGABE 2

Der Sand erleichtert beim Zerreiben mit dem Pistill das mechanische Aufbrechen der Zellwände und der Chloroplasten, wodurch die Chloroplastenfarbstoffe freigesetzt werden.

Aceton wird als Extraktionsmittel zugesetzt. Dabei handelt es sich um ein [amphiphiles] Lösungsmittel, das sowohl lipophile als auch hydrophile Farbstoffe lösen kann. Dadurch sind im entstehenden Extrakt alle in den Chloroplasten vorliegenden Pigmente enthalten.

[Alternativ kann auch Ethanol bzw. Brennspiritus (weniger leicht flüchtig als Aceton) zur Herstellung einer »Rohchlorophylllösung« verwendet werden.]

AUFGABE 3

Malvidin besitzt vier Hydroxylgruppen sowie zwei Etherbrücken, die die Bildung von Wasserstoffbrücken in einem polaren (hydrophilen) Lösungsmittel, wie es Wasser darstellt, ermöglichen. Zudem ist das positiv Molekül geladen, also ein Kation; dies sorgt für die Ausbildung einer Hydrathülle um das Molekül und trägt so zur guten Wasserlöslichkeit bei.

[Malvidin ist in den Vakuolen höherer Pflanzen an eine oder mehrere Zuckerkomponenten gebunden, bildet also Glykoside. Werden beispielsweise zwei Glucosebausteine an je eine Hydroxylgruppe des Malvidins gebunden, bildet sich der (in Abhängigkeit vom pH-Wert des umgebenden Mediums) rote oder blaue Farbstoff Malvin. Diese Verbindung ist die wichtigste farbgebende Komponente von Rotwein, der Blüten von Malven, Primeln und Alpenrosen und – in besonders hohen Konzentrationen – der Früchte der Heidelbeere.

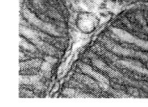

AUFGABE 4

Einige Millilter des Farbstoffextrakts werden in ein Reagenzglas gegeben und mit wenigen Millilitern Benzin sowie einigen Tropfen Wasser versetzt. Nun setzt man einen Stopfen auf das Reagenzglas und schüttelt kräftig. Anschließend lässt man das Gemisch kurze Zeit stehen.

Es bilden sich zwei Phasen aus: eine obere lipophile Schicht (Benzin) und eine untere hydrophile Schicht (Aceton + Wasser). Je nachdem, ob die rote Farbe der Hochblätter auf Carotinoide (fettlöslich) oder Anthocyane (wasserlöslich) zurückzuführen ist, findet sich der rote Farbstoff entweder in der oberen (Carotinoid) oder in der unteren Phase (Anthocyan) [ggf. auch in beiden, wenn sowohl Anthocyane als auch Carotinoide an der Farbgebung beteiligt sind].

[Im Falle der Hochblätter des Weihnachtssterns handelt es sich um Anthocyane. Im Handel sind seit einigen Jahren auch anthocyanfreie Zuchtformen mit weißen Hochblättern.]

AUFGABE 5

Die Farbe von Anthocyanen ist pH-abhängig. Daher kann durch Zugabe einer verdünnten Säure oder einer verdünnten basischen Lösung eine Farbänderung herbeigeführt werden.

AUFGABE 6

Das Prinzip der Stofftrennung durch Chromatographie (gr. *chroma* Farbe, *grapho* schreiben) beruht auf dem unterschiedlichen Löslichkeits- und Adsorptionsverhalten der aufzutrennenden Stoffe. Dabei werden die Gemischkomponenten in einem Lösungsmittel, der mobilen Phase, durch ein festes Trägermaterial, die stationäre Phase, transportiert. Je nach dem, wie gut die Komponenten in der mobilen Phase löslich sind und wie leicht sie an der stationären Phase adsorbiert werden, findet ein mehr oder weniger schneller Transport des Stoffes durch das Trägermaterial statt. Trennkriterien sind demnach das Löslichkeitsverhalten und die Teilchengröße der Komponenten des Gemischs.

[Das in Abb. 84.3 im Schülerband dargestellte Chromatogramm wurde mit einem überwiegend lipophilen Laufmittel hergestellt: Am schnellsten und damit am weitesten wandern die rein lipophilen Carotine, während die auch in hydrophilen Lösungsmitteln löslichen Xanthophylle (Neoxanthin) am langsamsten wandern. Die Strukturformeln der beiden Chlorophylle sind zwar sehr ähnlich (Chlorophyll b unterscheidet sich von Chlorophyll a lediglich durch den Besitz einer Carbonylgruppe am Porphyrinringsystem), aber dieser Unterschied reicht aus, damit die beiden Verbindungen bei der chromatographischen Auftrennung ein anderes Laufverhalten und damit zwei distinkte Banden zeigen: Durch die polare Gruppe besitzt Chlorophyll b stärker hydrophile Eigenschaften und wandert damit in einem apolaren Laufmittel weniger rasch. Ein Blattextrakt, der zusätzlich Anthocyane enthält, liefert mit dem gleichen Laufmittel im unteren (hydrophilen) Bereich des Chromatogramms eine zusätzliche blaue oder rote Bande. Zur praktischen Durchführung einer Dünnschichtchromatographie s. Abschnitt »Zusätzliche Materialien«.]

Zusätzliche Materialien

Chromatographische Trennung von Blattfarbstoffen

Bei einer Dünnschichtchromatographie (DC) wird als stationäre Phase eine Trägerfolie verwendet, die mit einer feinen Schicht aus z. B. Kieselgel oder Cellulose überzogen ist.

MATERIAL Erlenmeyerkolben mit Rohchlorophyll-Lösung [Herstellung s. Aufgabenblatt und S. 101 im Schülerband], beschichtete DC-Folie, Mikropipette (Glaskapillare), Fön, Glasgefäß mit Schraubdeckel (dient als Chromatographiekammer), Becherglas zum Ansetzen des Laufmittels, Lineal, Bleistift, Benzin (Siedebereich 100 – 140 °C), Isopropanol, dest. Wasser.

Vorsicht: Die DC-Platte darf nur am Rand angefasst werden; das Berühren der beschichteten Seite muss unbedingt vermieden werden.

DURCHFÜHRUNG Setzen Sie folgendes Laufmittelgemisch an: 40 ml Benzin + 4 ml Isopropanol + 0,1 ml dest. Wasser

Füllen Sie in das Glasgefäß 1 cm hoch Laufmittelgemisch ein und verschließen Sie das Gefäß. Legen Sie eine DC-Platte auf den Arbeitstisch (hochkant). Zeichnen Sie auf die Platte mit einem Bleistift 2 cm vom unteren Rand der Platte entfernt eine Startlinie; die Trägerschicht der Platte darf dabei nicht beschädigt werden. Tragen Sie auf die Startlinie mit einer Mikropipette nacheinander kleine Portionen des Rohchlorophyllextrakts auf, wobei zwischen jedem Auftragen mit einem Fön (Kaltluft!) getrocknet wird. Stellen Sie die DC-Platte vorsichtig in das mit Laufmittel beschickte Glasgefäß (s. Abb.). Die Startlinie mit der aufgetragenen Rohchlorophyll-Lösung darf dabei nicht in das Laufmittel eintauchen. Verschließen Sie das Gefäß wieder und stellen Sie es an einem erschütterungsfreien, nicht zu hellen Ort auf. Warten Sie, bis das Laufmittel knapp unterhalb des oberen Streifenrandes angekommen ist. Nehmen Sie dann das Chromatogramm aus dem Glasgefäß.

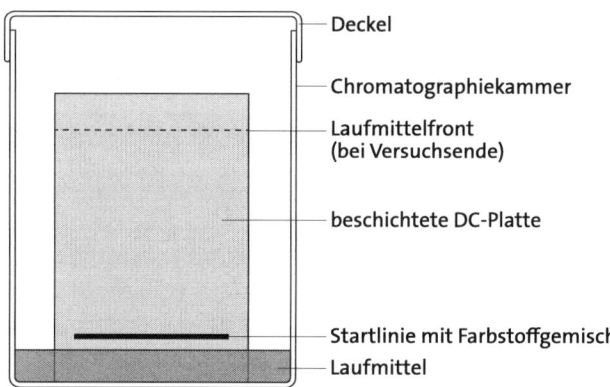

Deckel
Chromatographiekammer
Laufmittelfront (bei Versuchsende)
beschichtete DC-Platte
Startlinie mit Farbstoffgemisch
Laufmittel

AUFGABE Zeichnen Sie ein Schema des fertigen Chromatogramms im Maßstab 2:1 und beschriften Sie die Farbstoffbanden mit Hilfe von Abb. 84.3 im Schülerband.

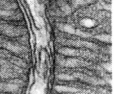

Eine einfache Bilanz (S. 27)

Konzeption des Arbeitsblattes

Anhand dieses Arbeitsblattes sollen die Schülerinnen und Schüler ihre Kenntnisse zu den Primärrekationen der Fotosynthese überprüfen und vertiefen. Dazu wird das im Schülerband abgebildete stark vereinfachte Schema der »Lichtreaktionen« wieder aufgegriffen. In der ersten Aufgabe soll die Beschriftung des Diagramms komplettiert werden. Im Zentrum der zweiten Aufgabe steht die Erstellung einer Nettobilanz anhand des vorgegebenen Schaubilds. Dabei sollte den Lernenden klar werden, dass in dieser Bilanz lediglich die in die Reaktionskette einfließenden sowie die ausgeschleusten Stoffe berücksichtigt werden müssen. Eine Hilfestellung leisten dabei die im ersten Aufgabenschritt eingezeichneten Farbmarkierungen. In der letzten Teilaufgabe soll ein noch stärker vereinfachtes, anschauliches Modell der Primärreaktionen kritisch hinterfragt werden.

Geforderte Kompetenzen: Modellbildung (Interpretieren und Bewerten von Modellen zu einem Stoffwechselprozess); Repräsentationswechsel (Umsetzen eines Schaubilds in eine Reaktionsgleichung); Gebrauch der Fachsprache; Argumentieren

Einsatz des Arbeitsblattes im Unterricht

Voraussetzung für die Bearbeitung der Aufgabenseite sind Vorkenntnisse zu den Primärreaktionen der Fotosynthese (s. Schülerband S. 86 – 87) sowie zu den fotochemischen Prozessen, die bei der Lichtabsorption in den Chloroplasten ablaufen (Schülerband S. 84 – 85). Die dabei ablaufenden Teilprozesse müssen zur Lösung der Aufgaben in ihren Grundzügen verstanden, aber nicht auswendig wiedergegeben werden. Im Vordergrund steht hier also weniger die Wiedergabe gelernten Fachwissens als vielmehr das Auswerten und Interpretieren von Schaubildern, außerdem die Beurteilung von Modellen.

Lösungen und Anmerkungen

AUFGABE 1 und 2

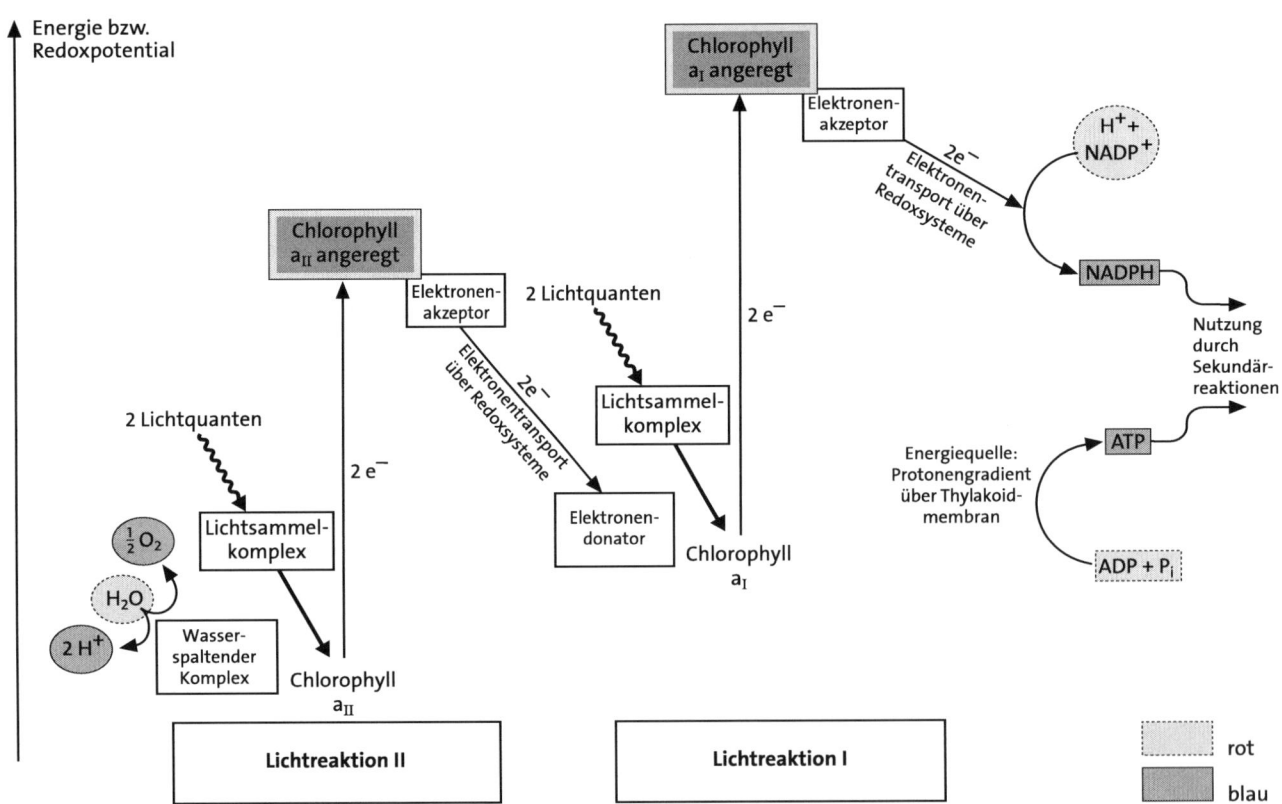

Rote Markierung: H_2O, $ADP + P_i$, $NADP^+ + H^+$
Blaue Markierung: $\frac{1}{2} O_2$, ATP, NADPH, $2 H^+$

[In der Nettobilanz tauchen H^+-Ionen nur noch auf der Produktseite auf.]

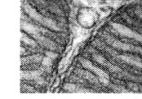

Bilanz der Primärreaktionen:

$$H_2O + ADP + P_i + NADP^+ + H^+ \rightarrow$$
$$\tfrac{1}{2} O_2 + ATP + NADPH + 2 H^+$$

bzw. (nach »Kürzen« der auf beiden Seiten der Reaktionsgleichung auftauchenden H^+-Ionen)

$$H_2O + ADP + P_i + NADP^+ \rightarrow \tfrac{1}{2} O_2 + ATP + NADPH + H^+$$

bzw. (um nichtganzzahlige Koeffizienten in der Reaktionsgleichung zu vermeiden)

$$2 H_2O + 2 ADP + 2 P_i + 2 NADP^+ \rightarrow$$
$$O_2 + 2 ATP + 2 NADPH + 2 H^+$$

AUFGABE 3

ATP dient als energieliefernde Substanz bei der CO_2-Fixierung, NADPH liefert die für die Reduktion des Kohlenstoffdioxids erforderlichen Elektronen und Wasserstoffatome. Der elementare Sauerstoff wird für die Fotosyntheseprozesse nicht unmittelbar benötigt.

AUFGABE 4

Die Grafik in Abb. 2 ist eine stark vereinfachte Darstellung der Primärreaktionen. Unterschiedliche Energiegehalte der beteiligten Substanzen werden durch Analogie mit einem mechanischem Hebelsystem veranschaulicht (hier Energieumwandlung potenzielle Energie → kinetische Energie; bei Fotosynthese Lichtenergie → chemische Energie). Die Bälle stehen modellhaft für die transportierten Elektronen, die Hämmer für die auf die Fotosysteme auftreffenden Photonen/Lichtquanten.

Modellkritik: Die Bezeichnung »ATP-Mühle« erscheint problematisch (hier findet keine Zerkleinerung statt, sondern ATP wird aufgebaut). Die Bezeichnungen »Fotosynthese I« und »Fotosynthese II« sind falsch bzw. ungenau (es finden keine zwei verschiedenen Fotosynthese-Prozesse statt, sondern es handelt sich um unterschiedliche Teilprozesse der Primärreaktionen). Zudem fehlen in der Darstellung die Edukte für die ATP- und NADPH-Bildung (die beiden Stoffe entstehen gleichsam aus dem »Nichts«), außerdem bleibt ungeklärt, wie die Elektronenlücke im Fotosystem II wieder aufgefüllt wird.

Positive Aspekte: Die unterschiedlichen Energieniveaux werden gut veranschaulicht. Außerdem beschränkt sich das Modell auf wesentliche Aspekte (Bildung von ATP und NADPH) des komplexen Vorgangs; die für die Bilanz der Primärreaktionen verzichtbaren Teilprozesse innerhalb der Elektronentransportketten werden sinnvollerweise weggelassen.

Weiterführende Aufgaben

Energiefänger in der Pflanzenzelle

Die folgende Grafik zeigt ein Schema des Lichtsammelkomplexes **LHC2**. Die Abkürzung »LHC« stammt dabei von der englischen Bezeichnung für diese Struktur (*light harvesting complex*).

Bei der Proteinkomponente dieses Lichtsammelkomplexes, einem der häufigsten in Pflanzen vorkommenden Proteine überhaupt, handelt es sich um ein so genanntes Transmembranprotein.

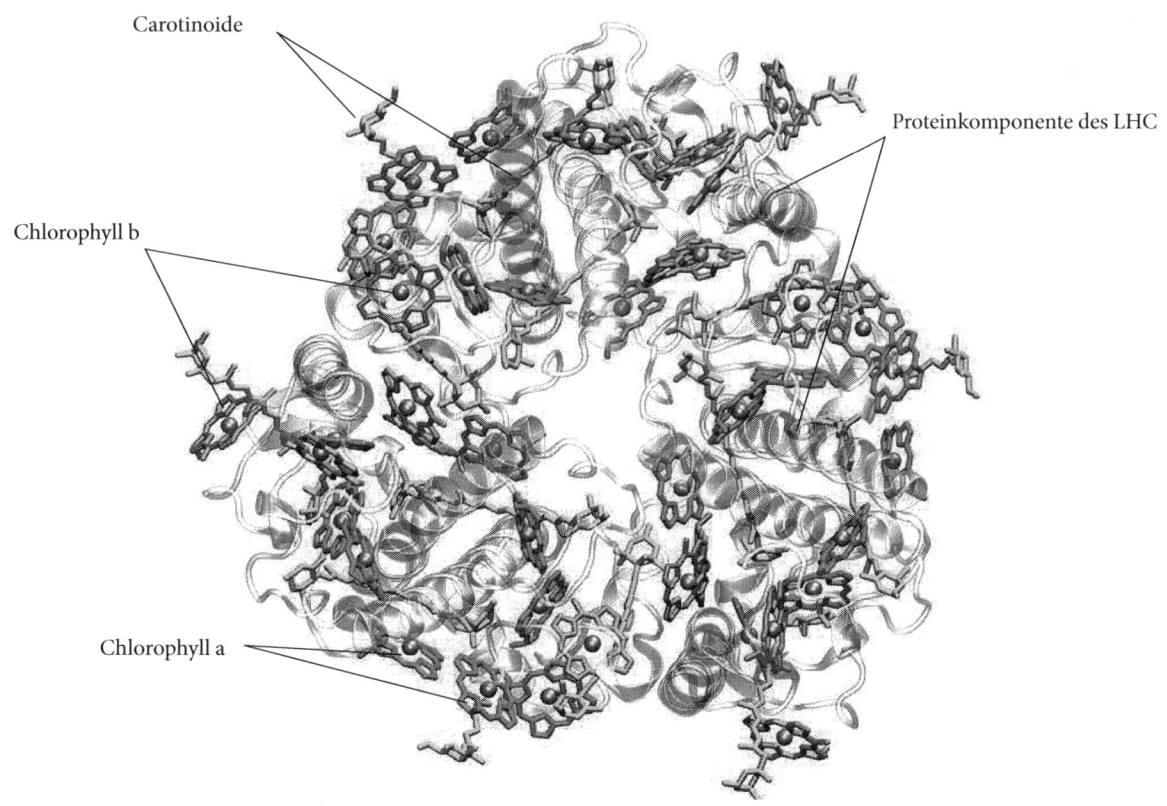

Carotinoide

Proteinkomponente des LHC

Chlorophyll b

Chlorophyll a

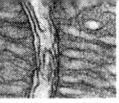

AUFGABE A

Beschreiben Sie anhand der Abbildung den Bau des Lichtsammelkomplexes LHC2. Benennen Sie auch die auffälligen schraubigen Strukturen, die in dem Modell erkennbar sind.

Lösung

LHC2 ist [ein Proteid, also] ein Molekül, das aus Proteinkomponenten und Nichtprotein-Bausteinen zusammengesetzt ist. An das Proteingerüst sind jeweils mehrere Chlorophyll-a- und Chlorophyll-b-Moleküle sowie Carotinoid-Moleküle gebunden. Bei den Schraubenstrukturen handelt es sich um α-Helices, regelmäßige Sekundärstrukturen in den Peptidketten.

AUFGABE B

Außer LHC2 findet man in Pflanzenzellen auch noch Lichtsammelkomplexe des Typus LHC1. Versuchen Sie eine Erklärung für den jeweiligen Zahlenzusatz in den Bezeichnungen der Lichtsammelkomplexe zu finden.

Lösung

Die Zahlen hinter der Abkürzung »LHC« beziehen sich auf die beiden Fotosysteme, die in pflanzlichen Chloroplasten vorkommen: LHC1 findet man im Fotosystem I, LHC2 im Fotosystem II.

AUFGABE C

Erläutern Sie, an welchen Stellen der Pflanzenzelle diese Komplexe zu finden sind.

Lösung

Die Lichtsammelkomplexe findet man in den Thylakoidmembranen der Chloroplasten. Mehrere solcher LHC umschließen ein Chlorophyll a enthaltendes Reaktionszentrum, mit dem zusammen sie ein Fotosystem aufbauen.

AUFGABE D

Um die Funktionsweise eines Lichtsammelkomplexes verständlich zu machen, wird er mitunter mit einer Parabolantenne für Satellitenempfang (»Satellitenschüssel«) verglichen. Benutzen Sie diese Modellvorstellung, um die Funktionsweise eines Lichtsammelkomplexes zu erläutern.

Lösung

Bei einer Parabolantenne werden Rundfunksignale (vergleichbar mit der Lichtaufnahme durch die LHC) aufgenommen; hier werden die aufgenommenen Wellen gebündelt (im Brennpunkt des Parabolspiegels; bei Fotosystemen im Reaktionszentrum) und dann dem Empfangskopf der Antenne (vergleichbar dem Chlorophyll-a-Molekül im Reaktionszentrum) zugeleitet, wo eine Verstärkung der Signale stattfindet; von dort findet eine Weiterleitung zu einem Receiver oder einer Verteileranlage statt (bzw. Weiterleitung der Elektronen in der Elektronentransportkette des Fotosystems).

AUFGABE E

Erläutern Sie den Begriff »Transmembranprotein«. Erklären Sie, wie ein solches Proteins in einer Membran liegt; berücksichtigen Sie dabei den molekularen Bau einer Biomembran. Finden Sie ein anderes Beispiel für solche Proteine im Zusammenhang mit den Primärvorgängen der Fotosynthese.

Lösung

Bei einem Transmembranprotein [lat. *trans* durch] handelt es sich um ein [integrales] Membranprotein, das komplett durch die Membran reicht und somit sowohl in das plasmatische als auch in das nichtplasmatische Kompartiment ragt, die durch die Membran voneinander getrennt werden [vgl. Abb. 47.1 im Schülerband]. Damit eine Einlagerung in die lipophile Innenschicht der Membran möglich ist, müssen an der Außenseite des Proteins vor allem apolare Seitenketten der beteiligten Aminosäuren angeordnet sein.

Ein anderes Membranprotein, das quer durch die gesamte Membran verläuft, ist das ATP-Synthesesystem [s. Schülerband Abb. 87.1].

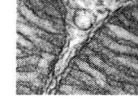

Algen produzieren Kohlenhydrate (S. 28)

Konzeption des Arbeitsblattes

Nach dem Übungsblatt zum Ablauf der Primärreaktionen (S. 27) stehen auf diesem Arbeitsblatt die Vorgänge bei der Kohlenstoffdioxidfixierung, die Sekundärreaktionen der Fotosynthese, im Vordergrund. Die mit einem Nobelpreis gewürdigte Leistung der Aufklärung dieser Prozesse durch MELVIN CALVIN und seine Arbeitsgruppe bildet den Einstieg in die Thematik. In den beiden ersten Aufgaben beschäftigen sich die Schülerinnen und Schüler mit dem Ablauf dieser Versuche, die mit einzelligen Grünalgen durchgeführt wurden. Anknüpfend an die Erstellung der Bilanz der Primärreaktionen soll anschließend auch für den CALVIN-BENSON-Zyklus eine Bilanz in Fom einer Reaktionsgleichung aufgestellt werden.

Geforderte Kompetenzen: Repräsentationswechsel (Umsetzen des Reaktionsschemas in eine Reaktionsgleichung); Experimentieren und Beobachten; Gebrauch der Fachsprache (Erläuterung von Fachtermini).

Einsatz des Arbeitsblattes im Unterricht

Das Arbeitsblatt kann zur Vertiefung und Wiederholung eingesetzt werden, nachdem die Sekundärreaktionen im Unterricht behandelt wurden. Alternativ ist aber auch ein Einstieg in die Thematik mit Hilfe der Aufgaben auf dieser Seite möglich. Die Schülerinnen und Schüler erarbeiten dann die Bilanz der »Dunkelreaktion« selbstständig anhand der Vorgaben in Abb. 1 sowie dem Exkurs »Aufklärung der Sekundärvorgänge« im Schülerband (S. 89).

Der CALVIN-BENSON-Zyklus ist detaillierter dargestellt als im Schülerband (vgl. Abb. 88.1), insbesondere sind hier die Summenformeln der wichtigsten Zwischenprodukte des Zyklus aufgeführt. Dadurch wird für Schülerinnen und Schüler mit gefestigten biochemischen Vorkenntnissen ersichtlich, dass es sich bei den Reaktionsschritten im Wesentlichen um Redoxvorgänge und Phosphorylierungsreaktionen handelt. Auch auf dieser Seite wird aber auf die Darstellung des komplizierten, verzweigten Prozesses verzichtet, der zur Regeneration von Ribulose-1,5-bisphosphat führt.

Nach Erstellung der Nettobilanz der Sekundärreaktionen kann aus den Bilanzen der beiden Teilprozesse die Gesamtreaktionsgleichung ermittelt werden (s. »Weiterführende Aufgaben«).

Lösungen und Anmerkungen

AUFGABE 1

Die Untersuchungen zur Aufklärung der Sekundärreaktionen wurden an Kulturen der einzelligen Grünalge *Chlorella* durchgeführt. Die Algensuspension wurde belichtet und mit Luft durchströmt, die mit Kohlenstoffdioxid als Kohlenstoffquelle angereichert wurde. Ein Teil der Kultur wurde durch einen langen, gewundenen und lichtdurchlässigen Kunststoffschlauch aus dem Vorratsgefäß abgezogen. An einer bestimmten Stelle setzte man der Suspension mit Hilfe einer Injektionsspritze, die durch den Schlauch gestochen wurde, radioaktiv markiertes Natriumhydrogencarbonat (in wässriger Lösung) zu. Am Ende des Schlauchs tropfte die Flüssigkeit in ein Gefäß mit heißem Alkohol. Die Algenzellen wurden dadurch abgetötet. Nun extrahierte man aus der Lösung die bis zum Zeitpunkt der Abtötung gebildeten Produkte, die anschließend chromatographisch aufgetrennt wurden (zweidimensionale Papierchromatographie). Die Produkte wurden autoradiografisch auf einer Röntgenplatte sichtbar gemacht.

[CALVIN und seine Arbeitsgruppe verwendeten zur Aufklärung des Zyklus zwei Grünalgenarten (neben *Chlorella pyrenoidosa* auch *Scenedesmus obliquus*).]

AUFGABE 2

Die Versuchsapparatur ermöglicht den Zusatz der radioaktiv markierten Lösung an unterschiedlichen Stellen des Kunststoffschlauchs: Je näher die Einstichstelle an der Austropfstelle lag, desto kürzer war die Verweildauer der radioaktiven Kohlenstoffatome in der Suspension. Dementsprechend konnten dann nur die Substanzen nachgewiesen werden, die als erste im Anschluss an die CO_2-Fixierung gebildet wurden. So ließ sich nach einer sehr kurzen Einwirkungsdauer der markierten Isotope lediglich 3-Phosphoglycerat (Glycerinsäure-3-phosphat) anhand seiner radioaktive Strahlung nachweisen. Demgegenüber traten bei Injektionsstellen im oberen Bereich des Schlauchs zahlreiche verschiedene Zwischenprodukte des CALVIN-BENSON-Zyklus auf [s. Abb. 89.1 im Schülerband].

[Bisweilen wird in der Literatur der Versuch (nicht korrekt) so dargestellt, dass die Reihenfolge der Entstehung der Fixierungs-Zwischenprodukte ermittelt wurde, indem man die radioaktiv markierte Algensuspension unterschiedlich lange belichtete. Tatsächlich wurde nicht die Belichtungszeit variiert (dies ist wenig sinnvoll bei einer nicht lichtabhängigen Reaktion!), sondern vielmehr die Einwirkungsdauer der radioaktiv markierten Kohlenstoffquelle.

Eine korrekte und ausführliche Darstellung des Versuchsaufbaus findet man bei RICHTER, Stoffwechselphysiologie der Pflanzen (Thieme Verlag, Stuttgart 1981). Einen guten Überblick über die Forschungen CALVINs vermittelt dessen Nobelpreisvortrag vom Dezember 1961 (verfügbar in der englischsprachigen Originalfassung unter http://www.nobelprize.org/nobel_prizes/chemistry/laureates/1961/calvin-lecture.pdf).]

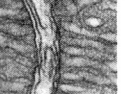

AUFGABE 3

Bei der Kohlenstoffdioxidfixierung dient Ribulose-1,5-bis-phosphat als CO_2-Akzeptormolekül. Bei gleichzeitiger Einlagerung von Wasser entsteht unter der katalytischen Wirkung des Enzyms »Rubisco« [eigentlich RuBisCo = Ribulose-1,5-bisphosphat-carboxylase/oxygenase] der C_3-Körper Glycerinsäure-3-phosphat. Dieses wird durch Übertragung eines Phosphatrests, wobei ATP zu ADP dephosphoryliert wird, zu Glycerinsäure-1,3-bisphosphat umgebaut. Anschließend erfolgt die Übertragung von Wasserstoff – Überträgerstoff ist das in den Primärreaktionen gebildete NADPH –; dabei bildet sich Glycerinaldehydphosphat, außerdem wird ein (anorganisches) Phosphation freigesetzt [sowie ein H_2O-Molekül (s. Lösung zu Aufgabe 4)]. Ein Teil der so in der Reaktionskette gebildeten Glycerinaldehydphosphat-Moleküle (eines von sechs) wird aus dem Zyklus ausgeschleust und zur Bildung von Kohlenhydraten verwendet (Bildung von Glucose über das Zwischenprodukt Fructose-6-phosphat). Die übrigen Moleküle Glycerinaldehydphosphat verbleiben im Kreislauf und werden [über zahlreiche Zwischenstufen] wieder zu Ribulose-1,5-bisphosphat regeneriert; als Zwischenprodukt tritt dabei Ribulose-5-phosphat auf, das unter Spaltung von ATP in das Akzeptormolekül umgebaut wird.

»Fixierung«: Das in der Luft verfügbare Gas Kohlenstoffdioxid wird im Verlauf des Zyklus in ein organisches Molekül (Ribulose-1,5-bisphosphat) eingebaut und auf diese Weise fixiert, d. h. für den Stoffwechsel der Pflanze verfügbar gemacht.

»Phosphorylierung«: Übertragung einer Phosphatgruppe von ATP auf ein organisches Molekül; dabei kommt es zur Aktivierung der Verbindung.

»Reduktion«: Durch Übertragung von Wasserstoffatomen und Elektronen reduziert NADPH das Glycerinsäurederivat zum entsprechenden Aldehyd.

»Regeneration«: Der Kreislaufprozess sorgt dafür, dass das Akzeptormolekül Ribulose-1,5-bisphosphat für weitere Fixierungsprozesse zur Verfügung steht.

AUFGABE 4

[Zur Lösung dieser Aufgabe muss im Druck A[1] des Arbeitsheftes das Reaktionsschema in Abb. 1 C zuvor noch korrigiert werden. Als Hilfestellung kann Abb. 88.1 im Schülerband dienen:

Beim Reaktionsschritt zwischen Glycerinaldehydphosphat und Ribulose-5-phosphat werden vier Wassermoleküle ein- und vier anorganische Phosphatanionen ausgeschleust, die bei der Bilanz zusätzlich berücksichtigt werden müssen, sodass insgesamt 18 Phosphationen pro Zyklus freigesetzt werden. Außerdem wird bei der Reaktion von Glycerinaldehydphosphat zu Fructose-6-phosphat und bei der Folgereaktion zu Glucose je ein Wassermolekül eingeschleust.]

Daraus ergibt sich folgende Nettobilanz der Sekundärreaktionen:

$$12\ H_2O + 6\ CO_2 + 18\ ATP + 12\ NADPH + 12\ H^+ \rightarrow$$
$$C_6H_{12}O_6 + 18\ ADP + 18\ P_i + 12\ NADP^+$$

Zusätzliche Materialien

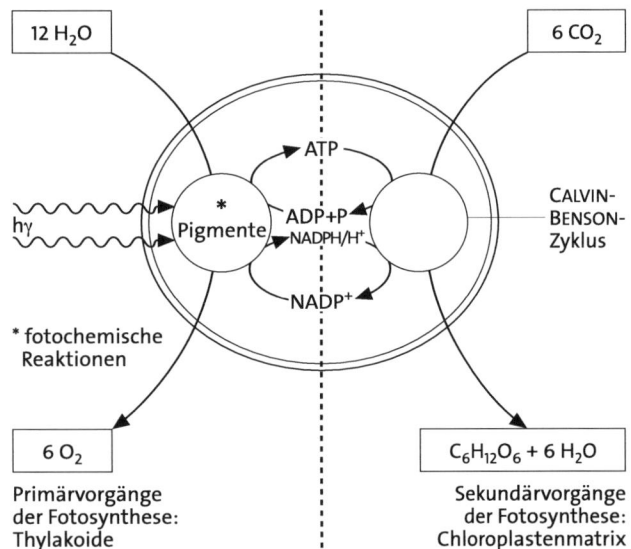

Überblick über die biochemischen Prozesse in einem Chlorolasten

MELVIN CALVIN mit Versuchsapparatur zur Aufklärung der Sekundärreaktionen der Fotosynthese

Weiterführende Aufgaben

AUFGABE A
Kombinieren Sie die Nettobilanzen der Primärreaktionen und der Sekundärreaktionen der Fotosynthese in geeigneter Weise und erstellen Sie so die Gesamtbilanz der Fotosynthese, die zur Synthese eines Moleküls Glucose führt.

Lösung

Nettobilanz der Primärreaktionen (s. Lösung zu Aufgabe 2 auf S. 27, ohne Berücksichtigung der ATP-Synthese):

$$2\ H_2O + 2\ NADP^+ \rightarrow O_2 + 2\ NADPH + 2\ H^+$$

Nettobilanz der Sekundärreaktionen (s. Lösung zu Aufgabe 4):

$$12\ H_2O + 6\ CO_2 + 18\ ATP + 12\ NADPH + 14\ H^+ \rightarrow$$
$$C_6H_{12}O_6 + 18\ ADP + 18\ P_i + 12\ NADP^+$$

Um die beiden Bilanzen miteinander verknüpfen zu können, muss die Gleichung der Primärreaktionen erweitert werden (Multiplikation der Koeffizienten mit 6):

$$12\ H_2O + 12\ NADP^+ \rightarrow 6\ O_2 + 12\ NADPH + 12\ H^+$$

Damit ergibt sich durch Addition der beiden Gleichungen:

$$24\ H_2O + 12\ NADP^+ + 6\ CO_2 + 18\ ATP + 12\ NADPH + 12\ H^+ \rightarrow$$
$$6\ O_2 + 12\ NADPH + 12\ H^+ + C_6H_{12}O_6 + 18\ ADP + 18\ P_i + 12\ NADP^+$$

bzw. (eliminiert um die auf beiden Seiten der Gleichung auftauchenden Reaktionsteilnehmer)

$$24\ H_2O + 6\ CO_2 + 18\ ATP \rightarrow 6\ O_2 + C_6H_{12}O_6 + 18\ ADP + 18\ P_i$$

Nun muss noch die Synthese der 18 für die Glucosesynthese benötigten ATP-Moleküle berücksichtigt werden:

$$18\ ADP + 18\ P_i \rightarrow 18\ ATP + 18\ H_2O$$

In der Nettobilanz erhält man auf diese Weise letztlich die bekannte Bilanzgleichung der Fotosynthese:

$$6\ H_2O + 6\ CO_2 \rightarrow 6\ O_2 + C_6H_{12}O_6$$

AUFGABE B
Die Abbildung unten zeigt die elektronenmikroskopische Aufnahme eines Chloroplasten. Benennen Sie die mit Zahlen bezeichneten Strukturen.

Lösung

1 Zellwand
2 Zellplasma
3 Vakuole
4 Chloroplastenhülle
5 Tonoplast (Vakuolenmembran)
6 Zellmembran
7 Granum (Thylakoidstapel, Granathylakoide)
8 Stromathylakoid(e)
9 Stärkekorn
10 Chloroplastenmatrix (Stroma)

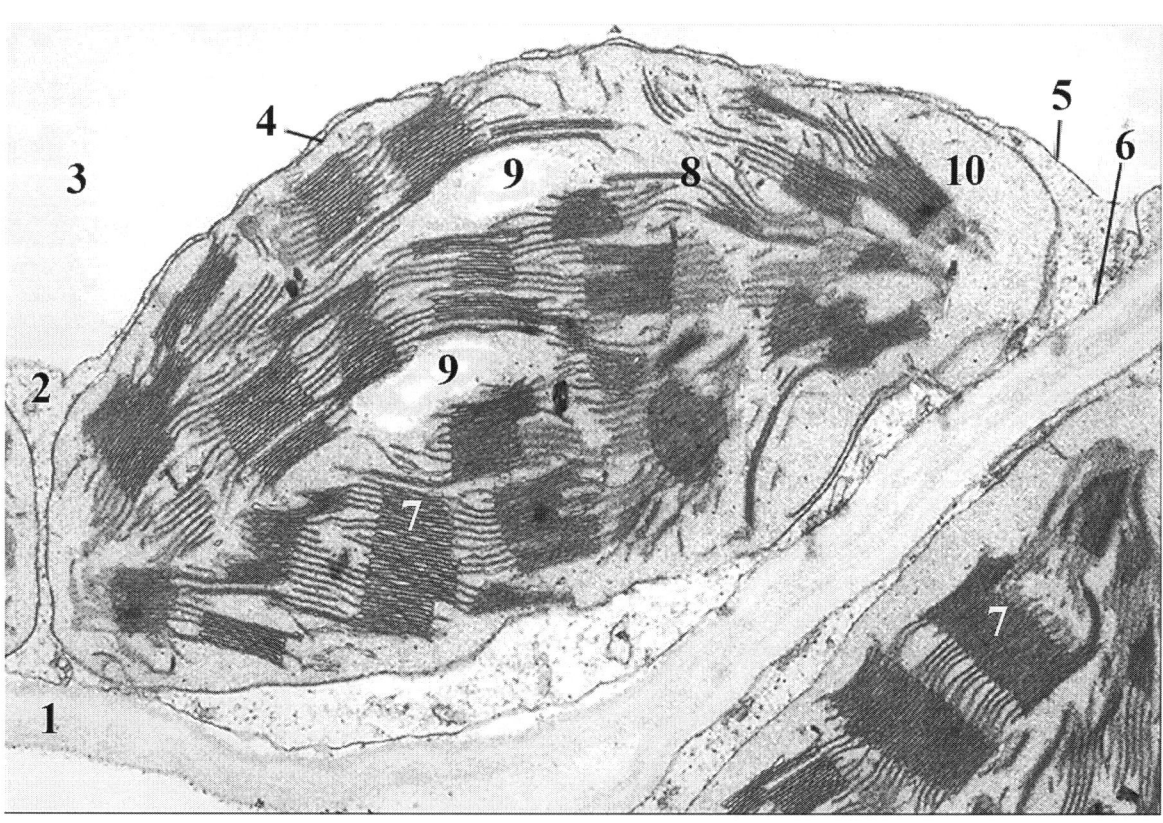

Elektronenmikroskopische Aufnahme eines Chloroplasten (Transmissions-Elektronenmikroskop)

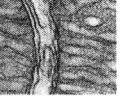

Pflanzen transpirieren (S. 29)

Konzeption des Arbeitsblattes

Diese Aufgabenseite befasst sich mit der Wasserabgabe von Pflanzen über ihre Laubblätter. Der überwiegende Teil dieses Vorgangs, der von entscheidender Bedeutung für die Wasserversorgung des pflanzlichen Organismus ist, läuft über die Spaltöffnungen auf der Blattunterseite ab, nur ein kleiner Teil über die restliche Epidermisoberfläche.

Über die Beschreibung eines Experiments und die daraus resultierenden Ergebnisse sollen die Schülerinnen und Schüler die Fragestellung des Versuchs ermitteln und anhand ihrer Vorkenntnisse zur pflanzlichen Transpiration und zum Bau eines typischen Laubblattes die Messdaten den einzelnen Versuchsansätzen zuordnen. Zudem sollen Details der Versuchsdurchführung erläutert und begründet werden. Im Zentrum der Aufgaben steht die Schulung der Experimentierkompetenzen.

Geforderte Kompetenzen: Experimentieren und Beobachten, Repräsentationswechsel (Beschreiben der Verläufe von Messkurven), Argumentieren (Zuordnung der Kurven, Versuchsbedingungen, Bedeutung der Transpiration für Pflanzen).

Einsatz des Arbeitsblattes im Unterricht

Die Aufgaben können von den Schülerinnen und Schülern bearbeitet werden, nachdem sie grundlegende Kenntnisse zur Wasserabgabe von Pflanzen über die Laubblätter erworben haben (s. Schülerband S. 92–93), anknüpfend an den Bau eines typischen Laubblattes (Schülerband S. 81). Nicht erforderlich sind für die Bearbeitung detaillierte Kenntnisse zum Öffnungsmechanismus der Schließzellen und vom Zusammenhang zwischen der Transpiration und der Fotosynthese.

Möglich wäre auch der Einsatz des Arbeitsblattes im Anschluss an eine offene Aufgabe. Hier stünde die auf der Seite eingangs formulierte Fragestellung am Beginn; die Schülerinnen und Schüler überlegen sich dann ein geeignetes Experiment und liefern begründete Vorhersagen zu den möglichen Resultaten bzw. Kurvenverläufen. Parallel dazu könnte das entworfene Experiment als Langzeitversuch praktisch durchgeführt werden.

Lösungen und Anmerkungen

AUFGABE 1
Das Experiment soll zeigen, an welchen Stellen eines Blattes die Transpiration bei Pflanzen stattfindet. Versuch A dient als Kontrolle; er soll zeigen, ob eine Wasserabgabe auch ohne Laubblätter möglich ist. Ein zweiter Kontrollversuch ist E; hier werden die Blätter nicht manipuliert. Durch Bestreichen der Ober- und/oder der Unterseite des Blattes soll herausgefunden werden, ob sich die Wasserabgabe von Blattoberseite und Blattunterseite unterscheidet.

AUFGABE 2
Die Zugabe von Paraffinöl dient dazu, das Verdunsten von Wasser über die Wasseroberfläche zu verhindern. Die Schnittstelle wird in Versuch A abgedichtet, damit kein Wasser über die Sprossachse und insbesondere über die Stellen, an denen die Blätter entfernt wurden, verdunsten kann.

[Hier könnte bei der Besprechung der Aufgabe darauf eingegangen werden, dass der Versuchsansatz eine Variablenkonfundierung aufweist: Es wurden einerseits die Blätter entfernt, andererseits die Schnittstelle verschlossen; damit wurden eigentlich zwei Variablen gegenüber den anderen Ansätzen verändert. Korrekter wäre ein Verschließen der Abbruchstellen der Blätter mit Knetmasse.]

AUFGABE 3
Die Wasserabgabe könnte auch durch Ablesen des Wasserstands im Versuchsgefäß ermittelt werden. [Die Methode wäre allerdings wesentlich ungenauer. Exaktere Werte erhielte man bei Verwendung eines geeichten Messzylinders anstelle eines Erlenmeyerkolbens.]

AUFGABE 4
[Beschreibung der Kurven von oben nach unten, ausgehend von den Startwerten]
Kurve 1 (gestrichelt): steiler Kurvenverlauf, der einen raschen Wasserverlust dokumentiert, zunächst starke, im weiteren Verlauf nachlassende Wasserabgabe von 590 auf ca. 510 g; niedrigster Wert am Ende des Versuchs.
Kurve 2 (punktiert): flacher Kurvenverlauf, geringer Wasserverlust von etwa 590 g auf 575 g.
Kurve 3 (durchgezogen): sehr flach verlaufende Kurve, nur sehr geringer Wasserverlust (von 585 auf 578 g).
Kurve 4 (gestrichelt/doppelt punktiert): steiler Kurvenverlauf, aber weniger deutlich abfallend als bei Kurve 1, wie dort zunächst starker, später geringerer Wasserverlust von 578 auf 525 g.
Kurve 5 (gestrichelt/punktiert): Kurve annähernd waagerecht; Wassermenge bleibt über die gesamte Versuchsdauer hin konstant.

AUFGABE 5

Kurve 1: E; Kurve 2: B; Kurve 3: D; Kurve 4: C; Kurve 5: A.

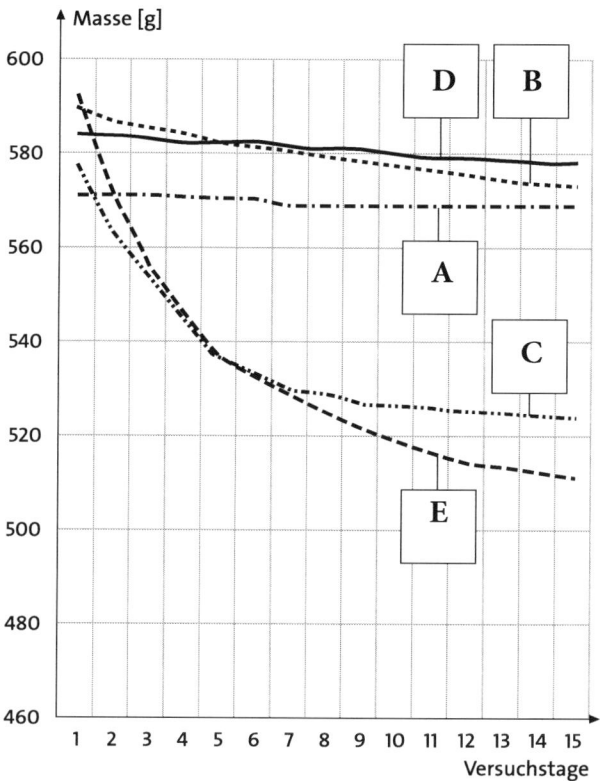

Begründung der Zuordnung:

Kurve 1: Kontrollansatz; die Transpiration erfolgt ungehindert über die Oberfläche der unbehandelten Laubblätter. Die geringere Transpiration gegen Ende der Versuchsdauer ist auf das zunehmende Welken der Blätter zurückzuführen.

Kurve 5: Kontrollansatz; die Transpiration ist durch das Entfernen der Blätter auf ein Minimum beschränkt; über die Sprossachse wird so gut wie kein Wasser abgegeben.

Kurve 3: sehr geringe Transpiration; Wasserabgabe wird durch beidseitiges Bestreichen der Blattflächen mit Vaseline deutlich verringert, wenn auch nicht komplett unterbunden.

Kurve 2: vergleichsweise geringe Transpiration; die Wassermenge nimmt aber deutlich stärker ab als bei Kurve 3. Hier wurde lediglich die Blattunterseite mit den Spaltöffnungen mit Vaseline bestrichen. Die messbare Wasserabgabe ist im Wesentlichen auf die Verdunstung über die Blattoberseite zurückzuführen.

Kurve 4: deutliche Abnahme der Wassermenge; hier erfolgte die Wasserabgabe im Wesentlichen über die Spaltöffnungen auf der Blattunterseite, ein (wenn auch kleiner) Teil der Verdunstung erfolgte über die präparierte Blattoberseite.

AUFGABE 6

Die Wasserabgabe hängt in hohem Maß von der Außentemperatur und der Luftfeuchte in der Umgebung der Pflanze sowie vom Wasserangebot ab. Demnach sollten diese Faktoren während des Versuchs möglichst konstant gehalten werden. Die gleichbleibende Wasserversorgung ist durch den Versuchsaufbau gewährleistet

[Die Luftfeuchte der Umgebung beeinflusst die Transpiration besonders stark. Je geringer die Luftfeuchte, desto größer ist die Differenz des Wasserpotenzials zwischen Pflanze und Umgebung und desto größer ist die Transpiration. Auch bei steigenden Temperaturen erhöht sich die Transpirationsrate; die Pflanze nutzt dabei die entstehende Verdunstungskält, um eine Überhitzung des Pflanzenkörpers zu vermeiden. Besonders hoch ist demnach die Wasserabgabe in trocken-heißer Luft. Weitere Faktoren, welche die pflanzliche Transpiration beeinflussen, sind die Windgeschwindigkeit (vermehrte Wasserabgabe unter Windeinfluss), die Lichtintensität (bei hoher Lichtintensität steigt der Bedarf der Pflanze an Kohlenstoffdioxid, wodurch sich die Stomata öffnen und dabei auch Wasserdampf an die Umgebung abgegeben wird) und natürlich auch die Verfügbarkeit von Wasser (s. Antwort zu Aufgabe 7). Zudem wird die Transpiration durch Kaliummangel beeinflusst, da Kaliumionen für den Öffnungsmechanismus der Schließzellen benötigt werden.]

AUFGABE 7

Aufgrund der Transpiration wird der Wasserstrom aufrecht erhalten, der die kontinuierliche Versorgung der Pflanze, insbesondere der oberirdischen Teile, mit Wasser und Mineralsalzen gewährleistet; außerdem sorgt die Wasserabgabe an der Blattoberfläche für Kühlung bei starker Sonneneinstrahlung.

Weiterführende Aufgaben

AUFGABE A

In einem englischsprachigen Zeitschriftenartikel findet sich der Satz: *The sun is the driving force for transpiration.*
Erläutern Sie diese Aussage.

Lösung

Übersetzung: Die Sonne ist die treibende Kraft der (pflanzlichen) Transpiration. Wenn Sonnenlicht auf die Pflanze auftrifft, erwärmen sich deren Gewebe. In den Blättern wird durch die so absorbierte thermische Energie das in den Interzellularen vorhandene Wasser verdampft. Der Wasserdampf verteilt sich nun im Blattinneren und löst an den Spaltöffnungsapparaten das Öffnen der Spalten und damit die Transpiration von Wasser an der Blattoberfläche aus.

AUFGABE B

Beschreiben Sie in Stichworten den Weg des Wassers in einer Landpflanze.

Lösung

Aufnahme von Wasser aus dem Boden über die Wurzel mit Hilfe feiner Wurzelhärchen – Transport des Wassers von der Wurzelepidermis über das Rindengewebe in den Zentralzylinder – Transport über die Wasserleitungsbahnen der Wurzel in die Tracheen des Sprossachsenxylems – Weitertransport in alle Pflanzenorgane bis zu den Laubblättern – Bildung von Wasserdampf in den Zwischenzellbereichen der Blattgewebe, (vor allem Schwammparenchym) – Abgabe von Wasserdampf über die Spaltöffnungen oder Guttation von flüssigem Wasser.

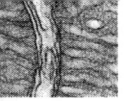

Spezialisten am Meeresgrund (S. 30)

Konzeption des Arbeitsblattes

Eine bis vor wenigen Jahren weithin unbekannte Tiergruppe steht im Fokus dieser Aufgabenseite. Erst mit der intensiven Erforschung der hydrothermalen Quellen am Meeresgrund (»Schwarze Raucher, »*black smoker*«) rückten die Bartwürmer (Pogonophora) in den Mittelpunkt des Interesses der Meeresbiologen. Sie zeigen zahlreiche morphologische und physiologische Angepasstheiten an ihren auf den ersten Blick extrem unwirtlichen Lebensraum. Diese können von den Schülerinnen und Schülern anhand des einleitenden Informationstextes und der beiden Illustrationen herausgearbeitet werden.

Im Anschluss wird die Symbiose zwischen den Tiefseewürmern und den in einem spezifischen Organ lebenden chemoautotrophen Bakterien thematisiert. Die Aufgaben 2 und 3 verknüpfen physiologische mit biochemischen bzw. ökologischen Fragestellungen. Zentrale Basiskonzepte des Aufgabenblattes sind der Zusammenhang zwischen Struktur und Funktion und die Angepasstheit an den Lebensraum.

Geforderte Kompetenzen: Repräsentationswechsel (Umsetzung von Textinformationen in ein Schaubild), Argumentieren, Gebrauch der Fachsprache.

Einsatz des Arbeitsblattes im Unterricht

Die Aufgabenseite knüpft an die Informationen auf S. 96 des Schülerbandes an. Während dort die chemoautotrophen Schwefelbakterien im Vordergrund stehen, liegt das Hauptaugenmerk der Aufgabenseite auf den Riesenbartwürmern, die die Bakterien als Symbiosewirte beherbergen. Aufgabe 1 kann ohne Vorkenntnisse zur Chemosynthese bearbeitet werden, zur Lösung von Aufgabe 2 müssen die chemischen Prozesse bekannt sein, die bei der Oxidation von Schwefelwasserstoff ablaufen. Das Arbeitsblatt könnte demnach als Einstieg in die

Thematik eingesetzt werden (Lesen des Textes und Bearbeiten von Aufgabe 1), die Aufgaben 2 und 3 können im Anschluss unter Zuhilfenahme des Lehrbuchtextes oder nach Erarbeitung des Themas zu Hilfe gelöst werden.

Alternativ kann die Seite auch im Zusammenhang mit ökologischen Themen eingesetzt werden, wobei die physiologischen Aspekte wiederholt werden (Anknüpfungspunkte: Lebensgemeinschaften der Tiefsee [S. 399 im Schülerband], Symbiose [S. 367 im Schülerband])

Lösungen und Anmerkungen

AUFGABE 1

Tentakel → Aufnahme von Sauerstoff, Kohlenstoffdioxid und Schwefelwasserstoff;

Fehlen eines funktionstüchtigen Darmtrakts incl. After und Mundöffnung und Ausbildung eines spezifischen Gewebes als »Bakterienbehälter« → Angepasstheit an symbiotische Lebensweise;

Ausbildung einer spezifischen Hämoglobin-Modifikation → gleichzeitiger Transport von Sauerstoff und Schwefelwasserstoff;

Rückbildung von Lichtsinnesorganen → Leben in der lichtlosen Tiefsee;

Bau von Wohnröhren → Schutz gegen Fressfeinde und Strömung;

Ausbildung von Borsten und Muskelwülsten → Verankerung des Körpers in der Wohnröhre;

Vor allem die starke Oberflächenvergrößerung im Bereich der Tentakel (begünstigt Gasaustausch), die Ausbildung des Trophosoms (voluminöser Lebensraum für die symbiotisch lebenden Bakterien) und das Vorhandensein von Verankerungsstrukturen am hinteren Körperabschnitt (sessiles Leben in Wohnröhren) sind Beispiele für den Struktur-Funktions-Zusammenhang bei *Riftia*.

AUFGABE 2

Die chemoautotrophen Bakterien sind in der Lage, Schwefelwasserstoff als Elektronen- und Wasserstoffdonator zu nutzen. Dabei oxidieren sie das giftige Gas zu elementarem Schwefel, dieser wiederum kann weiter zu Sulfat oxidiert werden.

[Um den Schülerinnen und Schülern zu vermitteln, dass es sich bei der Umsetzung von Schwefelwasserstoff zu Sulfat um Redoxprozesse handelt, können die entsprechenden Oxidationszahlen des Schwefels für die drei Verbindungen ermittelt werden: −II (Schwefelwasserstoff bzw. Suldid), 0 (elementarer Schwefel), +VI (Sulfat). Bei beiden Teilprozessen wird gleichzeitig elementarer Sauerstoff (Oxidationszahl 0) zu Oxidanionen reduziert (−II)

Die bei den beiden Oxidationsprozessen frei werdende Energie wird zum Aufbau von ATP eingesetzt. Der aus H_2S stammende Wasserstoff wird auf Sauerstoff übertragen, wobei Wasser entsteht. Die entstandenen ATP-Moleküle werden dazu verwendet, im Calvin-benson-Zyklus Kohlenstoffdioxid zu Kohlenhydraten zu reduzieren.

Das entstehende ATP kann dazu genutzt werden, endergonischen Prozessen die nötige Energie zuzuführen. Insbesondere wird die in ATP chemisch gespeicherte Energie für die Bildung von Kohlenhydraten aus anorganischen Edukten eingesetzt. Dies bedeutete, dass hier exergonische Vorgänge und endergonische Prozesse gekoppelt ablaufen (»energetische Kopplung«).

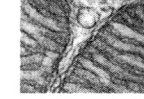

Mögliches Schema:

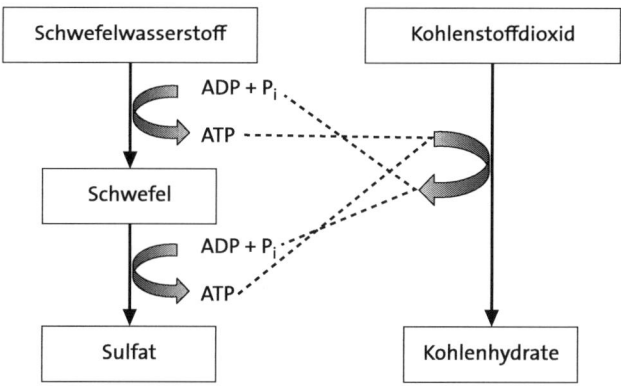

AUFGABE 3

Symbiose: Zusammenleben verschiedener Organismenarten in engem Kontakt zu beiderseitigem Vorteil [vgl. Schülerband S. 366 und Glossar).

Die Bakterien versorgen den Wurm, der selbst kein Verdauungssystem besitzt, mit organischen Nährstoffen, insbesondere mit Kohlenhydraten. Außerdem wird ein Teil der Bakterien von den Würmern als Nahrung genutzt. Im Gegenzug versorgen die Bartwürmer die Schwefelbakterien mit den Ausgangsstoffen für die chemosynthetischen Vorgänge: Sauerstoff und Schwefelwasserstoff aus dem Meerwasser sowie Kohlenstoffdioxid aus der Zellatmung.

Zusätzliche Materialien

Bartwürmer

Die etwa 150 bis heute bekannten Arten der Bartwürmer (Pogonophora; gr. *pogon* Bart, *phorein* tragen) bilden eine hochspezialisierte Verwandtschaftsgruppe, die höchstwahrscheinlich monophyletisch entstanden ist. Die nahe Verwandtschaft mit Ringelwürmern, die heute gut belegt ist, wurde erst vergleichsweise spät erkannt; mitunter werden die Bartwürmer heute als Familie innerhalb der sessilen Annelida aufgefasst, die ebenfalls Wohnröhren bauen. Wichtige Indizien für die heutige systematische Einordnung sind das segmentierte Rumpfende und die freischwimmende Trochophora-Larve; diese Befunde werden durch DNA-Sequenzvergleiche gestützt. Früher wurden die Bartwürmer entweder als eigener, isolierter Tierstamm aufgefasst oder in die Nähe primitiver Neumundtiere und damit in die Verwandtschaft der Stachelhäuter und Chordatiere gestellt. Möglicherweise entwickelten sich die fast durchweg symbiotisch lebenden, riffbewohnenden Tiere aus frei lebenden, aasfressenden Formen, worauf der neue Fund einer in Walkadavern lebenden Art hindeutet.

Die meisten Bartwurmarten kennt man aus dem Pazifik, die erste Art wurde 1914 entdeckt, der Riesenbartwurm *Riftia* erst 1977. Die kleinsten Formen erreichen gerade einmal eine Länge von wenigen Zentimetern, während *Riftia* bis zu 3 m lang werden kann. Namengebendes Merkmal sind die rückenständigen Tentakel, die bei den verschiedenen Arten recht unterschiedlich aussehen können, bisweilen gefiedert sind und auch in der Anzahl stark differieren – von wenigen, lappigen Fortsätzen bis zu über 200 000 fühlerartigen, dünnen Fäden. Die Tiere entziehen sich durch ihre Lebensweise in der Tiefsee, meist zwischen 1000 und 10 000 m Tiefe, bislang einer intensiveren Erforschung; so weiß man beispielsweise bisher kaum etwas über Fortpflanzung und Larvalentwicklung dieser Tiere.

Inzwischen weiß man auch, wie die Bakterien in die Bartwürmer gelangen. Zunächst nahm man an, dass die Mikroorganismen bereits im Larvenstadium von den Würmern aufgenommen werden, solange sie noch eine Mundöffnung haben. Nun stellte sich heraus, dass die Larven vermutlich gar keine Nahrung aufnehmen und sich von den in den Eiern gespeicherten Nährstoffen ernähren. Die Bakterien dringen dagegen durch die Körperwand der bereits sessilen Jungwürmer ein und führen so eine Art Infektion durch.

Kohlenstoffdioxidfixierung bei endosymbiontischen Schwefelbakterien

Den Schwefelbakterien im Trophosom der Riesenbartwürmer stehen zwei verschiedene Stoffwechselwege zur Verfügung, um anorganisches Kohlenstoffdioxid in organische Verbindungen umzusetzen. Neben dem von fotoautotrophen Organismen bekannten CALVIN-BENSON-Zyklus fand man bei diesen Bakterien den sogenannten **reduktiven Tricarbonsäure-Zyklus** (s. Abb. unten). Als CO_2-Akzeptoren dienen bei diesem alternativen Stoffwechselweg drei verschiedene Moleküle (Acetyl-CoA, Succinyl-CoA und 2-Oxoglutarat).

Reduktiver Tricarbonsäure-Zyklus bei endosymbiontischen Schwefelbakterien

Dieser Vorgang erfordert weniger Energie als der CALVIN-BENSON-Zyklus, arbeitet aber nur in einem Milieu mit geringem Sauerstoffgehalt. Auf diese Weise können die Bakterien sowohl bei reduziertem Sauerstoffangebot als auch bei günstiger Sauerstoffversorgung überleben. Die Entdeckung die-ses doppelten Stoffwechselweges gelang 2007 dem deutschen Meeresbiologen STEFAN SIEVERT (Woods Hole Oceanographic Institution).
Quelle: http://www.whoi.edu

Weiterführende Aufgaben

AUFGABE

Fassen Sie die Indizien zusammen, die für die nahe Verwandtschaft der Bartwürmer mit den Ringelwürmern sprechen.

Lösung

Chitin als »Baumaterial« für die Wohnröhre (typisches Baumaterial des Exoskeletts bei Gliedertieren), Nervensystem auf der Bauchseite (»Bauchmark«), geschlossenes Blutgefäßsystem mit Bauch- und Rückengefäß sowie Herz auf der Rückenseite, Übereinstimmungen in molekulargenetischen Befunden [DNA-Sequenzvergleich], [ähnliche Larvenform (Trochophora-Larve), Segmentierung des Rumpfendes (s. Abb.)].

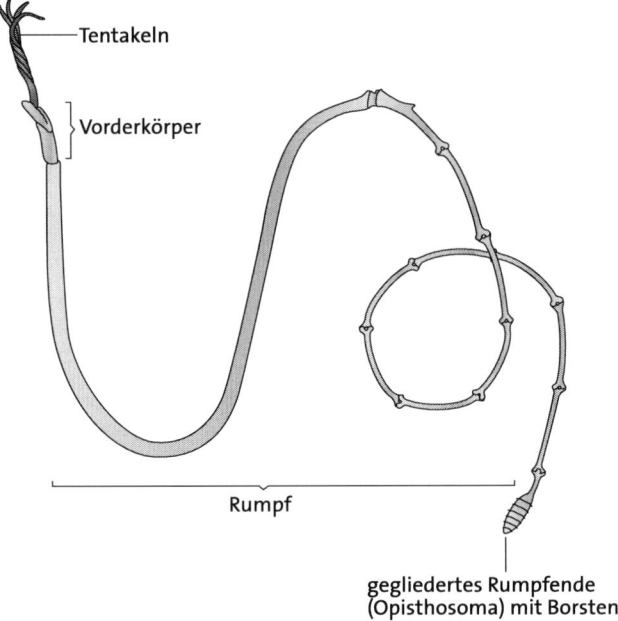

Tentakeln

Vorderkörper

Rumpf

gegliedertes Rumpfende (Opisthosoma) mit Borsten

Körperbau eines Bartwurms (Schema). Die Wohnröhre ist nicht dargestellt. Nur das Rumpfende (Opisthosoma) ist gegliedert und weist wie bei den Ringelwürmern Chitinborsten auf.

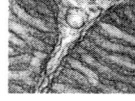

Neue Wege (S. 31)

Konzeption des Arbeitsblattes

Die Schülerinnen und Schüler sollen anhand der Auswertung ausgewählter Experimente mit künstlichen Vesikeln erklären, wie die Bildung von Adenosintriphosphat (ATP) an der ATP-Synthase abläuft. Das auf dem Arbeitsblatt vorgestellte Experiment lieferte 1974 den Beleg für die bereits Jahre zuvor formulierte chemiosmotische Hypothese von MITCHELL. Der inhaltliche Schwerpunkt der Aufgabenseite liegt auf dem Basiskonzept »Stoff- und Energieumwandlungen«. Formal knüpft sie an die Themenseiten »Wie Wissen entsteht« im Schülerband an. Wie dort wird auf dem Arbeitsblatt das typische hypothetisch-deduktive Verfahren der wissenschaftlichen Erkenntnisgewinnung durch Experimente nachvollzogen.

Geforderte Kompetenzen: Experimentieren und Beobachten (Erklären des Versuchsansatzes und Interpretieren der erzielten Resultate), Argumentieren.

Einsatz des Arbeitsblattes im Unterricht

Der Einsatz dieses Arbeitsblattes bietet sich an, nachdem die Schülerinnen und Schüler im Rahmen der Glykolyse die Bildung von ATP mit Hilfe energiehaltiger Substrate kennen gelernt haben (Substratkettenphosphorylierung; Schülerband S. 104). Nun wird den Lernenden durch die Auswertung der Versuchsdaten eine weitere Möglichkeit der ATP-Bildung vermittelt. Dieser Vorgang an einer protonengetriebenen ATP-Synthase sollte den Schülerinnen und Schülern bereits aus der Beschäftigung mit den Primärreaktionen der Fotosynthese bekannt sein (Schülerband S. 87) und kann nun anhand der Aufgaben vertieft werden. Dabei stehen weniger Fachkenntnisse zur chemiosmotischen Hypothese im Vordergrund als vielmehr die Experimentierkompetenz im Sinne der Interpretation von Versuchsdaten.

Lösungen und Anmerkungen

AUFGABE 1

In der Abbildung sind die Veränderungen des pH-Werts in der von RACKER und STOECKENIUS hergestellten vesikelhaltigen Lösung bei Belichtung dargestellt. Unter Belichtung stieg der pH-Wert in der Lösung rasch an, sank jedoch auch sehr schnell wieder auf seinen Ursprungswert, wenn die Lichtquelle entfernt wurde. In Gegenwart eines Entkopplers konnte dagegen nur ein geringer Anstieg des pH-Werts verzeichnet werden, der ebenfalls schnell wieder auf den Ausgangswert zurückging, sobald nicht mehr belichtet wurde.

Eine ATP-Bildung konnte nur dann gemessen werden, wenn in den Vesikeln beide Komponenten, ATP-Synthase aus Rinderherzmitochondrien und Bacteriorhodopsin, vorhanden waren, wenn zudem belichtet wurde und darüber hinaus kein Entkoppler eingesetzt wurde.

AUFGABE 2

Die Lösung muss Vesikel enthalten, in deren Membran sowohl ATP-Synthasen als auch Bacteriorhodopsin eingebaut sind, außerdem ADP und anorganisches Phosphat (P_i) als Ausgangsstoffe für die ATP-Synthese.

AUFGABE 3

Die Ergebnisse sind folgendermaßen zu deuten: Unter Belichtung wurden Protonen in die Vesikel gepumpt, daher stieg außen, d. h. in der Lösung, der pH-Wert an. Gleichzeitig wurde eine ATP-Bildung gemessen. Ohne Licht brach der Protonengradient wieder zusammen, und es wurde auch kein ATP mehr gebildet. Dies sind Indizien für die Kopplung eines Protonengradienten mit der ATP-Bildung. Diese konnte in Gegenwart des Entkopplers nicht erfolgen, da unter dieser Bedingung nur ein sehr kleiner, offensichtlich nicht ausreichender Protonengradient aufgebaut wurde. Auch das Ausbleiben jeglicher ATP-Bildung in Vesikeln ohne Bacteriorhodopsin deutet auf einen Protonengradienten als Voraussetzung für die ATP-Bildung hin. Zusammen stellen die Experimente eindrucksvolle Indizien zur Bestätigung der Hypothese MITCHELLS dar.

[MITCHELL stand seinerzeit kein experimentelles System zur Verfügung, um seine Hypothese zu testen. Tatsächlich ging man zuvor davon aus, dass auch in der Atmungskette ATP mittels energiereicher Substrate gebildet wird.

Im Experiment von RACKER und STOECKENIUS wurde ein Protonentransport in die künstlichen Vesikel herbeigeführt (s. Abbildung unten); bei Zellen von *Halobacterium* erfolgt ein Transport aus den Zellen heraus.

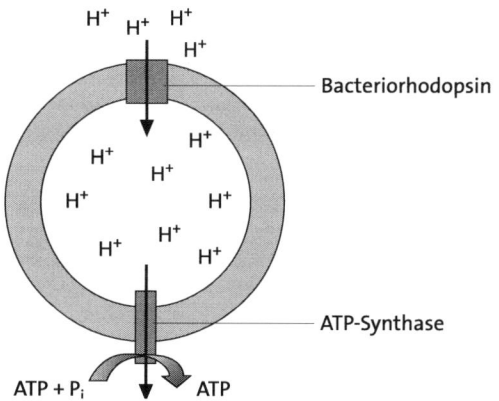

59

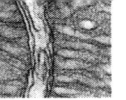

Zusätzliche Materialien

ATP-Synthese an der inneren Mitochondrienmembran

Anschauliche Simulationen der ATP-Synthese mit Erläuterungen in englischer Sprache findet man unter anderem auf

http://www.youtube.com

[ATP, das »energetische Kleingeld« der Zelle, wurde 1888 von ALBRECHT KOSSEL (1853 – 1927), Professor für Physiologie an der Universität Heidelberg entdeckt. Er erhielt 1910 in Stockholm den Nobelpreis für Medizin.]

Experiment von RACKER und STOECKENIUS

Der Originalartikel zu dem auf der Aufgabenseite vorgestellten Experiment wurde veröffentlicht unter

RACKER, E. & STOECKENIUS, W.: *Reconstitution of purple membrane vesicles catalyzing light-driven proton uptake and adenosine triphosphate formation.* J. Biol. Chem. **249** (2) 1974: 662 – 663.

Im Internet findet man den kompletten Artikel unter

http://www.jbc.org/content/249/2/662.long

Bacteriorhodopsin

Bacteriorhodopsin ist ein integrales Membranproteid des in Salzseen lebenden, extrem halophilen Bakteriums *Halobacterium salinarum*. Das Molekül ist in der Lage, bei Lichteinfall Protonen durch die Zellembran aus dem Inneren der Bakterienzelle nach außen zu pumpen, sodass ein Protonengradient zwischen dem Cytoplasma und dem Außenmedium erzeugt wird. Dieser wiederum kann zur ATP-Synthese an der ebenfalls membranständigen ATP-Synthase genutzt werden. Der Proteinanteil des Bacteriorhodpsins besteht aus 248 Aminosäuren; diese Kette bildet sieben annähernd parallel verlaufende α-Helixstrukturen, die eine Pore einschließen, durch die der Protonentransport abläuft. Außerdem enthält das Molekül einen Nichtproteinanteil, bestehend aus Retinal, wie es auch im Rhodopsin des Wirbeltierauges vorkommt (s. Schülerband S. 278 – 279). Dieser Farbstoff isomerisiert bei Belichtung und löst so den Protonentransport aus.]

Entkoppler

Ein bereits geraume Zeit in der biochemischen Forschung gebräuchlicher Entkoppler ist **2,4-Dinitrophenol** (DNP, s. Abb.). Die apolaren Moleküle dieser Verbindung sind in der Lage, durch das lipophile Innere von Membranen zu wandern. Dabei geben sie an der Membraninnenseite ein Proton ab und nehmen an der Außenseite wieder ein H^+-Ion auf; anschließend diffundieren sie wieder durch die Membran zurück. Dies führt zum kontinuierlichen Abbau eines vorhandenen Protonengradienten an dieser Membran. In Mitochondrien von Organismen wird so durch den Zusatz von DNP der Protonengradient zwischen dem Intermembranraum und der Mitochondrienmatrix abgebaut. Die Energie, die in diesem Gradienten gespeichert war, geht der Zelle in Form von nicht nutzbarer Wärme verloren.

DNP wurde zwischen dem 1. Weltkrieg und 1938 als Medikament gegen Fettleibigkeit eingesetzt; die deutliche Gewichtsreduktion, die bei Einnahme der Verbindung zu verzeichnen ist, beruht auf der drastischen Erhöhung des Grundumsatzes. Wegen der schweren Nebenwirkungen und der Giftigkeit wurde der therapeutische Einsatz jedoch verboten. Seit den 1980er Jahren ist DNP wieder illegal in Bodybuilderkreisen im Umlauf, da es einen raschen Abbau von Körperfett verursacht – Nebenwirkungen sind u. a. eine drastische Erhöhung der Körpertemperatur und eine lebensbedrohliche Absenkung des Blut-pH-Werts (metabolische Acidose).

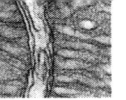

2,4-Dinitrophenol

Physiologisch wird der Entkopplereffekt unter natürlichen Bedingungen im sogenannten »braunen Fettgewebe« genutzt. In diesem Gewebstyp, der u. a. bei Säuglingen und bei winterschlafenden Säugern vorkommt, übernimmt **Thermogenin** die entkoppelnde Funktion. Es handelt sich dabei um ein protonendurchlässiges Tunnelprotein. Der Abbau des Protonengradienten in den Mitochondrien sorgt dafür, dass keine oxidative Phosphorylierung stattfindet und stattdessen Wärme produziert wird (»zitterfreie Wärme«; vgl. auch Aufgabe 5 auf S. 119 im Schülerband).

Weiterführende Aufgaben

AUFGABE

Erklären Sie, wie der Protonengradient an der »Purpurmembran« von *Halobacterium* bzw. in der Atmungskette zustandekommt.

Lösung

Halobacterium: Bei Belichtung ändert sich die räumliche Struktur der Farbstoffkomponente des Bacteriorhodopsin-Moleküls; dies ermöglicht den Transport von Protonen gegen das Konzentrationsgefälle aus dem Cytoplasma in das umgebende Medium durch die Pore des »Tunnelproteins«.

Atmungskette: In der Mitochondrienmatrix im Zuge der Glykolyse und des Citratzyklus gebildete Wasserstoff/Elektronen-Überträgermoleküle (NADH) binden an der Innenseite der inneren Mitochondrienmembran an einen Proteinkomplex der Atmungskette [NADH-Q-Oxidoreductase]. Dabei wird der Überträger oxidiert und die freigesetzten Protonen gelangen über den Proteinkomplex auf die andere Membranseite. Auch an zwei weiteren Stellen der Elektronentransportkette [Cytochrom-c-Oxidoreductase, Cytochrom-c-Oxidase] werden Protonen nach außen gepumpt. Auf diese Weise verringert sich der pH-Wert im Intermembranraum der Mitochondrien.

Fußball und Fitness: Lactattest (S. 32)

Konzeption des Arbeitsblattes

Die Schülerinnen und Schüler können erklären, unter welchen Bedingungen im Körper Lactat (das Anion der Milchsäure) gebildet wird. Darauf aufbauend sollen sie die Eignung des Lactattests für die Fitness von Spitzensportern beurteilen. Der inhaltliche Schwerpunkt des Arbeitsblattes liegt auf dem Basiskonzept »Stoff- und Energieumwandlungen«. Die Schüler werden durch das Auswerten des Textes und der Lactattestergebnisse (Tab. 1) sowie durch das Vervollständigen des Übersichtsschaubildes (Abb. 2) in den Kompetenzbereichen »Kommunikation« und »Fachwissen« gefördert.

Geforderte Kompetenzen: Repräsentationswechsel (Darstellen von experimentellen Messwerten in einem Diagramm, Auswerten von Text und Umsetzen in ein Schaubild), Modellbildung (vereinfachtes Schema der Energieversorgung in Muskeln), Argumentieren (Beurteilen der Lactattest-Eignung).

Einsatz des Arbeitsblattes im Unterricht

Der Einsatz des Arbeitsblattes im Unterricht empfielt sich, nachdem die Schülerinnen und Schüler die Atmungskette sowie die Milchsäuregärung im Unterricht behandelt haben (S. 106 – 110 im Schülerband). Der insbesondere für Fußball-begeisterte motivierende Kontext bietet eine Möglichkeit, erworbene Fachkenntnisse und methodische Kompetenzen anzuwenden..

Lösungen und Anmerkungen

AUFGABE 1

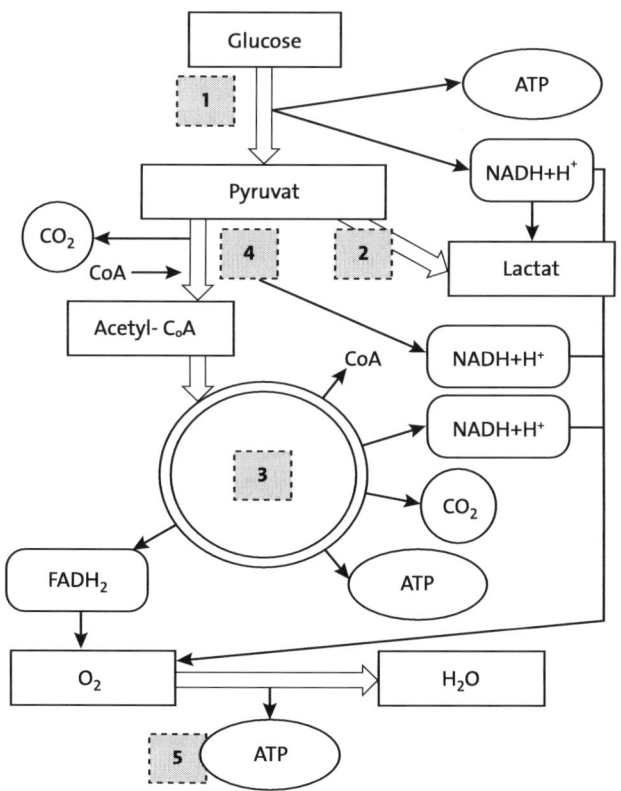

1: Glykolyse
2: Milchsäuregärung
3: Citratzyklus
4: Umwandlung zu Acetyl-CoA
[Pyruvatabbau, oxidative Decarboxylierung]
5: Atmungskette (Endoxidation)

Glykolyse und Milchsäuregärung laufen im Cytosol ab, Pyruvatabbau und Citratzyklus in der Mitochondrienmatrix und die Endoxidation in und an der inneren Mitochondrienmembran.

Unter aeroben Bedingungen wird Glucose durch die Zellatmung abgebaut, bestehend aus Glykolyse, Pyruvatabbau, Citratzyklus und Atmungskette. Reicht die Sauerstoffversorgung in den Muskelzellen nicht zum vollständigen aeroben Abbau aus, so kann Pyruvat zusätzlich anaerob durch Milchsäuregärung zu Lactat umgewandelt werden.

AUFGABE 2

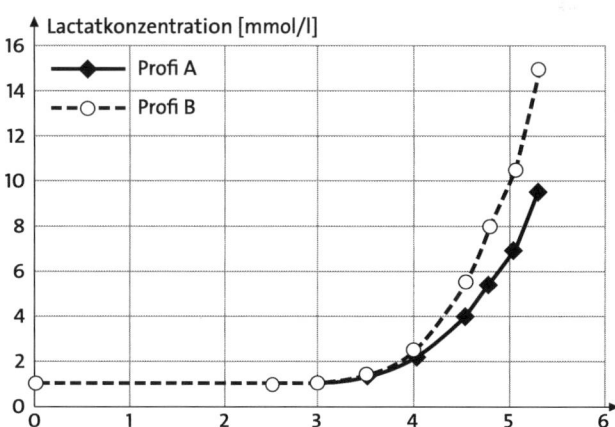

Die individuellen Lactat-Schwellenwerte betragen:
Profi A: 4,5 m/s [Wert lässt sich aus der Tabelle oder aus dem Schaubild ablesen]; Profi B: 4,25 m/s [Wert kann aus dem Schaubild interpoliert werden].

Bis zu einer Laufgeschwindigkeit von 3 m/s steigt die Lactatkonzentration bei beiden Sportlern kaum, danach jedoch

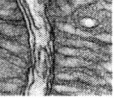

exponentiell bis zu der maximal in der Untersuchung gemessenen Laufgeschwindigkeit von 5,25 m/s an. Bei dieser Belastung betragen die gemessenen Lactatkonzentrationen 9,5 mmol/l bei Sportler A bzw. 15 mmol/l bei Sportler B.

AUFGABE 3

Sportler mit einem guten Ausdauerleistungsvermögen können mehr Sauerstoff pro Minute aufnehmen, da sie ein größeres Luftvolumen ein- und ausatmen können und das Herz über ein größeres Herzminutenvolumen verfügt. Außerdem haben sie eine höhere Anzahl von Roten Blutzellen sowie mehr Kapillaren, mehr Mitochondrien und Myoglobin in den Muskelzellen. Dadurch laufen in den Muskelzellen bei körperlicher Belastung größtenteils aerobe Abbauprozesse in Form der Zellatmung ab. Bei einem weniger guten Trainingszustand wird bei gleicher Belastung schon frühzeitiger Lactat gebildet. Dies kann man anhand der Ergebnisse des Lactattests erkennen. Damit ist der Lactattest ein geeignetes Verfahren, um die Ausdauerfähigkeit von Sportlern festzustellen. Jedoch sollte dieser Test noch durch weitere Tests ergänzt werden, die z. B. die Herzfrequenz erfassen.

[In der Praxis wird parallel zur Bestimmung der Lactatkonzentration auch die Herzfrequenz gemessen. Der in Tab. 1 dargestellte Test zeigt, dass bei Profi B bereits früher, d. h. bei einer geringeren Laufgeschwindigkeit, eine kritische Lactatkonzentration im Blut gemessen wird, er demnach also eine geringere Fitness als Profi A besitzt.

Während man früher davon ausging, dass bei einer bestimmten Lactatkonzentration im Blut (4 mmol/l) die sogenannte »anaerobe Schwelle« erreicht wird, ist heute bekannt, dass dieser Grenzwert individuell sehr unterschiedlich sein kann und je nach Sportler zwischen 2,5 und 6,5 mmol/l liegt. Darüber hinaus muss bei der Interpretation der Lactatwerte berücksichtigt werden, welche Art von körperlicher Belastung auf den Organismus einwirkt.]

AUFGABE 4

Tennisspieler müssen wie Fußballer immer kurzzeitig schnell laufen, haben aber auch Pausen. Daher dürfte der Schwellenwert hier in einem ähnlichen Wertebereich liegen. Dagegen dürfte der Schwellenwert bei Langstreckenläufern deutlich höher liegen [Werte ca. 6 – 6,5 m/s], da diese über einen längeren Zeitraum eine außerordentliche Ausdauerleistung erbringen müssen. Bei Untrainierten wird der Schwellenwert bereits sehr früh, also bei niedrigen Laufgeschwindigkeiten, erreicht. Dementsprechend müsste die Lactatkurve bei einem Langstreckenläufer flacher, bei einem Untrainierten deutlich steiler verlaufen als bei den beiden getesteten Fußballspielern – durch Ausdauertraining verschiebt sich die Lactat-Leistungskurve nach rechts. Der Ausgangswert von 1,0 mmol/l Lactat wird bei einem Läufer länger aufrechterhalten; bei einem Untrainierten steigt die Lactatkonzentration schon bei niedrigen Laufgeschwindigkeiten an.

Zusätzliche Materialien

Zusätzliche Informationen zum Thema »Leistungsdiagnostik bei Sportlern« unter besonderer Berücksichtigung des Profifußballs findet man im Internet unter

http://www.aerzteblatt.de/archiv/5167/Gesundheit-und-Leistung-im-Profifussball

(KINDERMANN, W.: Gesundheit und Leistung im Profifußball, Dt. Ärzteblatt **103** (23) 2006: A1605 – A1610.

Einige Firmen bieten Lactattests kombiniert mit Herzfrequenzmessungen an. Ein Beispiel findet man unter
http://leistungstest.info/Laktattest.html
Diese Internetseite bietet auch eine Animation zum Ablauf des kombinierten Tests an sowie Informationen zu weiteren Diagnosemöglichkeiten bie Leistungstests.

Weiterführende Aufgaben

Als Hausaufgabe könnte man zur Vertiefung die Schülerinnen und Schüler recherchieren lassen, mit welchen Tests ein Lactattest in der Praxis kombiniert wird (s. »Zusätzliche Materialien«).

Alternativ oder ergänzend könnte man auch zu folgenden Aufgaben Recherchen (Literatur, Internet) durchführen lassen:

AUFGABE A

Beschreibe, was mit den Lactationen geschieht, die von den Muskeln ans Blut abgegeben werden.
Lösung
Lactat wird bereits während der körperlichen Belastung in den Skelettmuskeln und im Herzmuskel zu Pyruvat oxidiert und somit weiter abgebaut; die Muskeln decken so im belasteten Zustand einen Großteil ihres Energiebedarfs. In der Leber wird überschüssiges Lactat nach Oxidation zu Pyruvat

gluconeogenetisch unter beträchtlichem Energieaufwand zu Glucose umgewandelt.

AUFGABE B

Erläutere, welche Folgen eine zu starke Lactatbildung im Blut haben kann.
Lösung
Normalerweise wird ein Lactatüberschuss im Blut durch Abbau zu Pyruvat rasch wieder entfernt (s. Antwort zu Aufgabe A). Allerdings kennt man einige Krankheiten, bei denen die Lactatregulation gestört ist und es dauerhaft zu einer erhöhten Milchsäurekonzentration im Blut (über 5 mmol/l) und damit verbunden einem erniedrigten Blut-pH-Wert kommt (unter pH 7,36). Man spricht dann von einer Lactatacidose oder Lactacidose; dieses Krankheitsbild wird beispielsweise durch eine Leber- oder Niereninsuffizienz oder durch die Einnahme bestimmter Medikamente hervorgerufen.

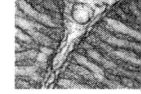

Wenn die Luft dünner wird (S. 33)

Konzeption des Arbeitsblattes

Die Schülerinnen und Schüler können nach Bearbeitung dieser Aufgabenseite den Zusammenhang zwischen körperlicher Leistungsfähigkeit bzw. Höhenkrankheit und der Sauerstoffsättigung des Hämoglobins erklären. Als motivierender Einstieg dient die historische Erstbesteigung des Mount Everest ohne Sauerstoffgerät durch den Südtiroler Bergsteiger Reinhold Messner; wie auf der vorangegangenen Seite werden physiologische Vorgänge im Zusammenhang mit sportlichen Leistungen thematisiert. Der inhaltliche Schwerpunkt liegt auf dem Basiskonzept »Stoff- und Energieumwandlungen«.

Geforderte Kompetenzen: Gebrauch der Fachsprache, Argumentieren, Repräsentationswechsel (Auswerten und Versprachlichen von Diagrammen).

Einsatz des Arbeitsblattes im Unterricht

Die Aufgaben des Arbeitsblattes bieten sich zur Vertiefung an, nachdem die Schülerinnen und Schüler die Themen »äußere Atmung« und »Gasaustausch im Blut« bearbeitet haben. Lernvoraussetzungen sind Kenntnisse zum Feinbau der Lunge, zum Gasaustausch in den Lungenbläschen sowie zu Bau und Aufgaben des Hämoglobins. Entsprechende Inhalte findet man im Schülerband auf S. 33 und 34 (Bau des Hämoglobins) und insbesondere auf S. 113 – 116. Der sigmoide Verlauf der Sauerstoff-Bindungskurve des Hämoglobins wird im Schülerband auf S. 115 ausführlich erklärt (kooperativer Effekt der vier Untereinheiten des Moleküls).

Lösungen und Anmerkungen

AUFGABE 1

Die Höhenkrankheit tritt bei vielen Menschen oberhalb von [2000 bis] 3000 m ü. NN auf. Bei dieser Meereshöhe herrscht in der Atemluft ein Sauerstoffpartialdruck von lediglich 12 kPa, d. h. in den Lungenalveolen beträgt er dann nur noch etwa 7 kPa. Unter diesen Druckverhältnissen beträgt die maximale Sauerstoffsättigung des Hämoglobins etwa 90 %. Bei den Betroffenen reicht dies offensichtlich nicht mehr aus, um den Sauerstoffbedarf der Zellen zu decken. Oberhalb von 7000 m liegt der Sauerstoffpartialdruck der Luft bei 7 kPa und in den Alveolen bei ca. 4 kPa. Hier kann Hämoglobin nur noch zu ca. 50 % mit Sauerstoff gesättigt werden, was für viele Menschen anscheinend tödlich ist.

Die beiden Extrembergsteiger könnten ein besonders langes und intensives Training mit der damit verbundenen Akklimatisierung in großen Höhen absolviert haben und/oder sie trainierten über Monate in einer Unterdruckkammer. [Beide Methoden dienten Messner und Habeler zur Vorbereitung auf die ungewöhnlichen und extremen Verhältnisse in den Hochgebirgsregionen des Himalaya.]

AUFGABE 2

Die Vermehrung der Roten Blutzellen, wie sie bei der Akklimatisierung zu beobachten ist, ist bei Spitzensportlern von Vorteil. Die größere Konzentration an Erythrocyten im Blut bewirkt eine Vermehrung der Hämoglobinmoleküle und so eine erhöhte Sauerstofftransportkapazität, wodurch die Muskulatur unter Belastungsbedingungen besser mit Sauerstoff versorgt wird. Dies wiederum erhöht die Leistungsfähigkeit des Körpers.

[Unter Höhentraining (»Hypoxietraining« versteht man allgemein den Versuch, im Spitzensport durch Training in höheren Gebirgsregionen einen leistungsfördernden Trainingseffekt zu erzielen. In niedriger gelegenen Regionen kann der Effekt auch durch Training in Unterdruckkammern oder in speziellen Trainingskammern mit einem hypoxischen Gasgemisch angestrebt werden.

Der Sauerstoffmangel (Hypoxie) im Hochgebirge führt dazu, dass vermehrt das körpereigene Hormon Erythropoetin (EPO) in den Nieren synthetisiert und freigesetzt wird. Dieses Hormon fördert die Neubildung Roter Blutzellen und verringert das Verhältnis Blutplasma-/Erythrocytenmasse. Zudem wird – neben anderen Effekten – durch das Höhentraining die Zahl der Gefäße im Gewebe vermehrt und deren Querschnitt vergrößert. Allerdings ist Höhentraining als leistungsfördernde Maßnahme nicht unumstritten.]

AUFGABE 3

Der geringere Luftdruck bedeutet auch einen geringeren Luftwiderstand. Dies wäre von Vorteil bei Sprint- und Weitsprungsportarten. Dagegen wirkt sich bei Ausdauersportarten vermutlich die geringere Sauerstoffsättigung des Hämoglobins negativ aus, wie die Sauerstoffbindungskurve der Verbindung zeigt.

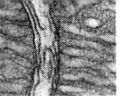

Zusätzliche Materialien

Die Besteigung des Mount Everest 1978 durch Messner und Habeler wurde als Dokumentation unter dem Titel »Mount Everest – Todeszone« verfilmt. Außerdem thematisiert der Film die teilweise tragische Geschichte der Everestbesteigungen. Auch heute stirbt noch jeder vierte Bergsteiger, der sich auf den Weg zum höchsten Berggipfel der Welt aufmacht.

Weiterführende Aufgaben

AUFGABE A

Interessanterweise zeigen die Bewohner des Hochlands von Tibet im Vergleich zu den spanischstämmigen Bewohnern der Anden bzw. der hoch gelegenen Städte Lateinamerikas bei gleicher Meereshöhe nicht so starke Symptome der Höhenkrankheit. Stellen Sie eine Hypothese auf, woran dies liegen könnte.

Lösung

Die Ursache muss genetischer Natur sein. Tatsächlich haben Tibeter genetisch bedingt eine erhöhte Atemfrequenz.

AUFGABE B

Sie fliegen mit einem Passagierflugzeug in 12 000 m Höhe und müssen aufgrund eines Defektes der Triebwerke mit dem Fallschirm abspringen. Diskutieren Sie, in welcher Höhe Sie den Fallschirm ziehen sollten. Näherungsweise Angaben zu Fallgeschwindigkeiten mit und ohne Fallschirm finden Sie in der folgenden Abbildung Die Entfaltungszeit des Fallschirms beträgt nur wenige Sekunden.

Lösung

Zur Berechnung, wann der Fallschirm geöffnet werden sollte, muss man zwei Parameter beachten. Erstens muss genug Zeit zum Öffnen des Schirms und zum Abbremsen zur Verfügung stehen, andererseits darf man in zu großen Höhen nicht zu lange schweben, um dort wegen des geringen Sauerstoffgehalts nicht zu ersticken. Daher wäre es sinnvoll, sich auf eine Höhe fallen zu lassen, ab der man wieder einigermaßen atmen kann. Wenn man es schafft, sollte man erst ab 5000 – 6000 m Höhe den Fallschirm öffnen, idealerweise erst ab 3000 m Höhe.

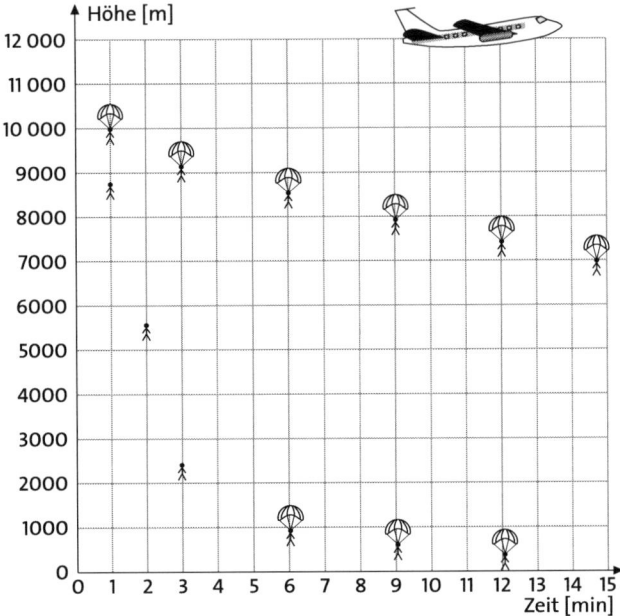

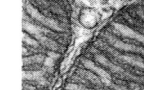

Rätsel

Was das Leben am Laufen hält (S. 34)

Sie haben im Kapitel »Stoffabbau und Energiebereitstellung« erfahren, wie Menschen und andere Organismen durch den Abbau organischer Stoffe Energie für ihre Lebensprozesse bereitstellen können. Mit Hilfe des Kreuzworträtsels können Sie nun ihr Wissen testen. Die markierten Felder ergeben – in der richtigen Reihenfolge angeordnet – die Buchstaben des Lösungswortes. Dabei müssen Sie Ä als AE eintragen; Bindestriche werden weggelassen.

Waagerecht:

2 findet in der Mitochondrienmatrix statt
3 alternativer Begriff für Atmungskette
4 Enzym, das Protonengradient zur Bildung von ATP nutzt
5 bindet Sauerstoff im Blut
7 wird bei der äußeren Atmung aufgenommen
8 Energiefreisetzung mit Sauerstoff
11 bindet Sauerstoff im Muskelgewebe
12 Endprodukt der Glykolyse
13 Coenzym zur Aktivierung des Acetylrestes (Abk.)
15 Gärungsendprodukt
16 in der Atmungskette gebildetes Produkt
19 alkoholisches Getränk
21 energiereiches Produkt der Zellatmung (Abk.)
22 schnellstes Landsäugetier (s. Foto)

Senkrecht:

1 läuft in der inneren Mitochondrienmembran ab
6 Lebensmittel, das durch Milchsäuregärung entsteht
9 Folge von enzymatischen Reaktionen, durch die Glucose abgebaut wird
10 Organismen, die alkoholische Gärung betreiben
13 Kompartiment, in dem Glucose abgebaut wird
14 unter Sauerstoffabschluss
17 wird z. B. in den Muskeln bei Sauerstoffmangel gebildet
18 in Anwesenheit von Sauerstoff
20 Wasserstoff- und Elektronenakzeptor (Abk.)

Lösungswort: G L U C O S E

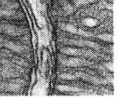

Wissen strukturieren (S. 35)

Konzeption des Arbeitsblattes

Concept Maps dienen dazu komplexe Sachverhalte strukturiert und übersichtlich darzustellen. Dabei werden im Gegensatz zu einer Mind Map auch Beziehungsgeflechte deutlich. Die Schülerinnen und Schüler lernen im Einführungstext und anhand eines Beispiel-Schaubilds auf dieser Aufgabenseite zunächst die Methode näher kennen. Anschließend sollen sie selbst Begriffe und Prozesse der Glykolyse als Concept Map darstellen, wobei sie in den einzelnen Aufgaben Schritt für Schritt durch die Methodik geführt werden. Der inhaltliche Schwerpunkt liegt auf dem Basiskonzept »Stoff- und Energieumwandlungen«.

Geforderte Kompetenzen: Repräsentationswechsel (Darstellung schriftlicher Informationen in einem übersichtlichen Schaubild, Veranschaulichen von inhaltlichen Bezügen zwischen Fachbegriffen), Gebrauch der Fachsprache.

Einsatz des Arbeitsblattes im Unterricht

Concept Maps können zu Diagnosezwecken und/oder zur Vorbereitung von Tests/Klausuren eingesetzt werden. Sie ermöglichen wie auf der vorliegenden Seite, den Umgang mit Fachvokabular einzuüben und Zusammenhänge auf übersichtliche Weise zu visualisieren. Die schrittweise Anleitung erleichtert das Erstellen des Schaubilds. Das Arbeitsblatt sollte nach der unterrichtlichen Behandlung des Themas »Zellatmung« eingesetzt werden (Schülerband S. 103–106). Damit das Grundprinzip der Methode verstanden wird, sollte auch das Übungsbeispiel (alkoholische Gärung) bekannt sein (Schülerband S. 107 und 110).

Kommen die Schülerinnen und Schüler mit der Aufgabe zunächst nicht zurecht oder werden sie zum ersten Mal mit diesem Verfahren konfrontiert, so könnte man zunächst alle thematisch wichtigen Begriffe oder zumindest einen Teil davon vorgeben, ggf. auf Legekärtchen – die Aufgabe bestünde dann darin, diese Fachbegriffe zueinander in Beziehung zu setzen und die gefundenen Beziehungen durch Pfeile und entsprechende Beschriftungen zu veranschaulichen. Diese Vorgabe kann auch als binnendifferenzierende Maßnahme eingesetzt werden. Eine noch weiterreichende Einstiegshilfe wäre, auch die Beziehungsaussagen auf Kärtchen vorzugeben; die Lernenden erstellen dann aus den vorgegebenen Elementen ein Legebild.

Alternativ können als gestufte Hilfen auch Hilfekärtchen mit weiterführenden Fragen oder Anweisungen angeboten werden. Mögliche Beispiele für solche Hilfestellungen wären:

Nennen Sie wichtige Edukte und Produkte der Glykolyse.
Nennen Sie Stoffwechselwege, die auf die Glykolyse folgen.
Nennen Sie eine Möglichkeit, die Vorgänge der Glykolyse zu gliedern.

Im Folgenden können auch an anderen geeigneten Stellen des Kursstufenunterrichts Concept Maps eingesetzt werden. Insbesondere bietet sich dies bei den Themen »Primär- und Sekundärreaktionen der Fotosynthese«, »humorale und zelluläre Immunantwort«, »Proteinbiosynthese«, »Gewinnung transgener Organismen«, »Stress«, »Beziehungen in Ökosystemen« und »synthetische Evolutionstheorie« an. Auch die Einstiegsseiten der einzelnen Großkapitel mit ihren zahlreichen Fachtermini können als Grundlage für eine Concept Map genutzt werden. Im Falle der Glykolyse könnten beispielsweise die zum Teilkapitel »Stoffabbau und Energiebereitstellung« auf S. 19 des Arbeitshefts zusammengestellten Begriffe eingesetzt werden.

Lösungen und Anmerkungen

AUFGABEN 1, 3
Folgende zentralen Begriffe im Zusammenhang mit der Glykolyse könnten in der Concept Map erscheinen – sie können ggf., wie oben beschrieben, den Schülerinnen und Schülern auf Legekärtchen vorgegeben werden:
Glykolyse
Citratzyklus
Pyruvatabbau [oxidative Decarboxylierung]
Endoxidation (Atmungskette)
Gärung (alkoholische Gärung, Milchsäuregärung)
Glucose
Pyruvat
aerober Abbau(weg)
anaerober Abbau(weg)
Energieinvestitionsphase
Energiebereitstellungsphase
ATP, ADP (+ P_i)
NAD^+, $NADH/H^+$

AUFGABE 4
Es gibt zahlreiche verschiedene Darstellungsmöglichkeiten. Auf der folgenden Seite ist eine mögliche Lösung abgebildet.

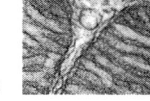

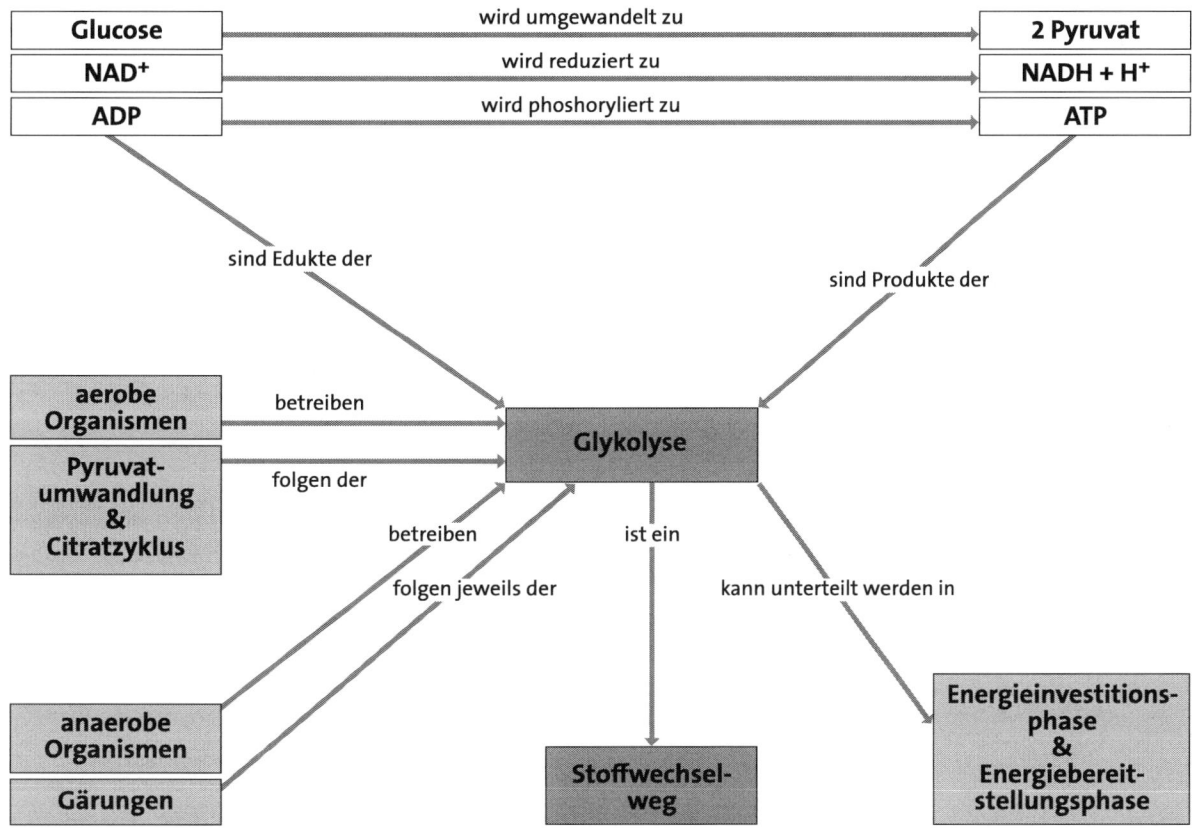

Concept Map zum Thema »Glykolyse

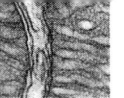

Stoffwechselprozesse in der Zelle (S. 36)

Konzeption des Arbeitsblattes

Die Multiple-Choice-Aufgaben auf diesem Arbeitsblatt überprüfen grundlegende Kenntnisse zu Stoffwechselprozessen in tirischen und pflanzlichen Zellen. Der inhaltliche Schwerpunkt liegt dabei auf Fragen der Energieumwandlung und -bereitstellung in der Zelle. Die Schülerinnen und Schüler sollen hier unter Beweis stellen, dass sie die wichtigsten Fachtermini beherrschen und zentrale Zusammenhänge des zellulären Stoffwechselgeschehens verstanden haben. Inhaltlich stehen die Basiskonzepte »Stoff- und Energieumwandlungen,« sowie »System« (Zelle, Kompartimentierung) im Vordergrund.

Geforderte Kompetenzen: Gebrauch der Fachsprache, Argumentieren.

Einsatz des Arbeitsblattes im Unterricht

Die Aufgaben dienen der Überprüfung von fachlichen Kenntnissen zum Thema »Stoffwechsel« im Anschluss an die Bearbeitung des Themas im Unterricht. Ergänzend zum Ankreuzen der korrekten Antworten können die falschen Aussagen kommentiert und korrigiert werden (s. folgende Anmerkungen).

Lösungen und Anmerkungen

Die korrekten Lösungen zu den acht Multiple-Choice-Aufgaben sind auf der folgenden Seite gekennzeichnet. Im Folgenden werden die falschen Aussagen kommentiert.

1. a) Die meisten Energieformen können zwar ineinander überführt werden, doch lässt sich Kernenergie nicht aus elektrischer oder thermischer Energie »gewinnen«.
[Zu Beispielen für Energieumwandlungen gibt es eine schöne Übersicht unter:
http://de.wikipedia.org/wiki/Energiewandler.]
b) Energie kann nach dem 1. Hauptsatz der Thermodynamik (»Energieerhaltungssatz«) weder erzeugt noch vernichtet werden. Wenn man umgangssprachlich von »Energieverlust« spricht, meint man die Entwertung von nutzbaren in nicht nutzbare Energieformen

2. a) Die höchste Chloroplastendichte findet man in einem typischen Laubblatt im Palisadengewebe.
b) Nur die Sekundärreaktionen finden in der Chloroplastenmatrix statt; die Primärreaktionen laufen in den Thylakoidmembranen ab.
c) Auch andere Pigmente, insbesondere Carotinoide, sind als Antennenpigmente an der Lichtabsorption beteiligt.

3. b) Es ist genau umgekehrt – bei C_4-Pflanzen findet eine räumliche, bei CAM-Pflanzen eine zeitliche Trennung der beiden Prozesse statt.
d) CAM-Pflanzen zeigen aufgrund des hohen Energiebedarfs bei der CO_2-Fixierung eine vergleichsweise geringe Stoffproduktion und wachsen daher langsam.

4. a) Fotosynthese ist zwar ein aufbauender Prozess, bezeichnet aber nur einen Teil dieser Vorgänge, der im Zusammenhang mit dem Aufbau von Kohlenhydraten mit Hilfe von Lichtenergie steht.

c) Dissimilation ist die Gesamtheit aller abbauenden Vorgänge in einem Organismus.
d) Chemosynthese bezeichnet einen Teil der Assimilationsvorgänge in chemoautotrophen Prokaryoten.

5. (a) Enzyme können unter Zuhilfenahme von ATP oder anderen Energielieferanten auch endergonische Vorgänge katalysieren.
Die beiden anderen Aussagen sind korrekt, sodass sowohl Antwort c) als auch Antwort d) richtig sind.

6. a) Der Aufbau von ATP aus ADP und anorganischem Phosphat ist stets ein endergonischer Vorgang.
b) Neben dem nichtzyklischen Elektronentransport kommt es bei den Primärreaktionen der Fotosynthese auch zu einem zyklischen Elektronentransport (zyklische Fotophosphorylierung), der der ATP-Synthese dient.

7. (b) Zwar findet die Glykolyse im Cytosol und der Citratzyklus in der Mitochondrienmatrix statt, aber die Prozesse der Atmungskette laufen in und an der inneren Mitochondrienmembran ab.
(d) Ein Teil der Milchsäurebakterien ist empfindlich gegenüber höheren Säurekonzentrationen (einem niedrigen pH-Wert) und stirbt bei zunehmendem Milchsäuregehalt in der Kultur ab.
Die beiden anderen Aussagen sind korrekt; demnach ist Antwort c) richtig.

8. a) Endergonische Reaktionen haben positive ΔG-Werte.
b) Die Wärmeabgabe/-freisetzung charakterisiert eine exotherme Reaktion.
d) Die Glucosebildung ist ein endergonischer Vorgang; dementsprechend ist ΔG positiv (s. a.).

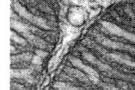

Multiple Choice

Stoffwechselprozesse in der Zelle

Als Rückblick auf das Kapitel »Stoffwechselbiologie« können Sie nun Ihr Wissen prüfen. Beachten Sie, dass bei manchen Aufgaben mehrere Antworten zutreffen können.

1. Welche Aussage(n) zu Energieumwandlungen trifft/ treffen zu?

☐ Alle Energieformen können ineinander überführt werden.

☐ Ein Teil der Energie wird immer vernichtet.

☒ Bei jeder Energieumwandlung wird Wärme frei.

☒ Bei der Fotosynthese wird Lichtenergie in chemische Energie umgewandelt.

2. Geben Sie an, welche der Aussagen zur Fotosynthese zutrifft/zutreffen:
a) Chloroplasten befinden sich überwiegend im Schwammgewebe der Blätter.
b) Die Primär- und die Sekundärreaktionen der Fotosynthese finden in der Chloroplastenmatrix statt.
c) In den Fotosystemen der Chloroplasten absorbieren nur Chlorophylle Licht.
d) Kohlenstoffdioxid gelangt über die Spaltöffnungen ins Blatt, zugleich entweicht Wasserdampf.

☐ Alle Aussagen sind richtig.

☐ Nur die Aussagen a, b und d sind richtig.

☒ Nur Aussage d ist richtig.

☐ Nur Aussage b ist falsch.

3. Welche Aussage(n) zu den verschiedenen Fotosyntheseformen ist bzw. sind falsch?

☐ Kohlenstoffdioxid wird immer in den CALVIN-BENSON-Zyklus eingeschleust.

☒ Bei C_4-Pflanzen sind CO_2-Fixierung und Kohlenhydrataufbau zeitlich, bei CAM-Pflanzen räumlich voneinander getrennt.

☐ C4-Pflanzen und CAM-Pflanzen sind an sonnenreiche Standorte angepasst.

☒ CAM-Pflanzen sind durch eine besonders hohe Stoffproduktion gekennzeichnet.

4. Die Gesamtheit aller aufbauenden Prozesse in einem Organismus wird bezeichnet als

☐ Fotosynthese.

☒ Assimilation.

☐ Dissimilation.

☐ Chemosynthese.

5. Ein Schüler macht drei Aussagen zu biochemischen Reaktionen in Zellen. Beurteilen Sie die Aussagen.
a) Enzyme können nur exergonische Reaktionen katalysieren.
b) Die Verknüpfung einer endergonischen mit einer exergonischen Reaktion bezeichnet man als energetische Kopplung.
c) Für derartige Kopplungsreaktionen wird in Zellen oft ATP verwendet.

☐ Nur a und c treffen zu.

☐ Alle Aussagen sind richtig.

☒ Nur Aussage a ist falsch.

☒ Die Aussagen b und c sind richtig.

6. Welche der Aussagen zur Atmungskette und zu den Primärvorgängen der Fotosynthese trifft/treffen zu?

☐ Die Bildung von ATP ist in beiden Prozessen ein exergonischer Vorgang.

☐ Es findet stets ein nichtzyklischer Elektronentransport statt.

☒ Es wird in beiden Fällen mit Hilfe eines Protonengradienten ATP gebildet.

☒ Die Protonen gelangen jeweils zurück in die Matrix der Organelle.

7. Analysieren Sie die folgenden Aussagen:
a) In Muskelzellen kann der Abbau von Glucose sowohl aerob als auch anaerob erfolgen.
b) Die Glykolyse findet im Cytosol statt, Citratzyklus und Atmungskette laufen hingegen in der Mitochondrienmatrix ab.
c) Nur unter aeroben Bedingungen wird Glucose vollständig abgebaut, unter anaeroben Bedingungen jedoch nicht.
d) Organismen, die Milchsäuregärung betreiben, sind gegen die gebildete Säure resistent.

☐ Alle Aussagen treffen zu.

☐ Keine der Aussagen trifft zu.

☒ Nur die Aussagen a und c treffen zu.

☐ Nur die Aussagen a und d sind richtig.

8. Die Freie Energie ΔG ist …

☐ negativ bei endergonischen Reaktionen.

☐ anhand der Wärmefreisetzung einer chemischen Reaktion messbar.

☒ die Gesamtheit der umgesetzten Energie in einer chemischen Reaktion.

☐ für die Bildung von Glucose negativ.

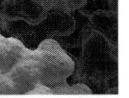

Bau der DNA (S. 38), DNA-Puzzle (S. 39 – 40)

Konzeption des Arbeitsblattes

Begriffe wie »DNA« oder »Gene« sind den Schülerinnen und Schülern nicht nur aus dem Unterricht bekannt, sondern haben inzwischen auch Einzug in die alltagssprachliche Verwendung gefunden, etwa wenn von gentechnisch veränderten Lebensmitteln die Rede ist, von einer am Tatort aufgefundeneng und später ausgewerteten DNA-Spur oder einem molekulargenetischen Vaterschaftstest. Vor diesem Hintergrund mag es für Jugendliche erstaunlich sein, dass die Entdeckung der DNA nicht einmal 150 Jahre zurückreicht, die Bedeutung als Träger der Erbsubstanz erst 1944 Jahren nachgewiesen wurde und der strukturelle Aufbau der Desoxyribonucleinsäure erst seit den 1950er Jahren bekannt ist. Mit Hilfe des Arbeitsblattes sollen die Schülerinnen und Schüler auf eine »Zeitreise« mitgenommen werden – von der Entdeckung des »Nucleins« durch FRIEDRICH MIESCHER über die Aufklärung der Bausteine der DNA bis hin zu den Untersuchungen der zahlenmäßigen Basenanteile durch ERWIN CHARGAFF und den Röntgenstrukturanalysen von ROSALIND FRANKLIN und MAURICE WIKINS. Unter Berücksichtigung der so vorgelegten Daten stehen den Lernenden ausgewählte Indizien zur Verfügung, die auch WATSON und CRICK bekannt waren, als sie mittels maßstabsgeteuer Molekülmodelle die Struktur der DNA aufklärten. Das Modell und die Konzeption des Arbeitsblattes orientieren sich an dem von J. W. GARVIN an der Queen´s University of Belfast entwickelten DNA-Modell.

Geforderte Kompetenzen: Modellbildung (incl. Modellkritik), Experimentieren und Beobachten (Erkenntnisgewinnung auf der Basis experimenteller Daten).

Einsatz des Arbeitsblattes im Unterricht

Das Arbeitsblatt zeichnet einen historischen Erkenntnisprozess nach und dient damit dem Einstieg in das Thema »Bau der DNA«, ggf. auch einer Vertiefung der Kenntnisse aus der Sekundarstufe I. Mit Hilfe der Arbeitsanweisungen auf dem Arbeitsblatt und anhand des zugehörigen Bastelbogens »DNA-Puzzle« (Arbeitsheft S. 39 – 40) können die Schülerinnen und Schüler einzeln oder in Gruppen die Schritte von der Zusammensetzung des DNA-Moleküls bis hin zur räumlichen Struktur weitgehend selbstständig erarbeiten. Neben einer Einführung oder Wiederholung des strukturellen Aufbaus der DNA kann ein besonderer Schwerpunkt bei der Erarbeitung auch auf die Modellbildung gelegt werden. Da das Arbeitsblatt die Schüler schrittweise anleitet, sich den Bau der DNA mit Hilfe des Puzzle-Modells zu erschließen, sollte darauf geachtet werden, dass der Schülerband erst zur Lösung von Aufgabe 6 und 8 eingesetzt wird.

Nach dem Anfärben der Basen in Aufgabe 1, wäre es auch möglich, die Blätter zu laminieren, bevor die Bausteine mittels Tesafilm verbunden werden.

Alternativ könnte das Arbeitsblatt auch im Anschluss an die unterrichtliche Behandlung der DNA-Struktur zur Vertiefung und zur Veranschaulichung eingesetzt werden.

Lösungen und Anmerkungen

AUFGABEN 1 UND 2
[Die Bausteine tragen auf der Vorderseite die Bezeichnungen für die Zucker- und Phosphatbausteine sowie für die vier DNA-Basen (Adenin, Guanin, Cytosin, Thymin). Auf der Rückseite sind die jeweiligen Strukturformeln der Moleküle abgebildet, es handelt sich dabei bereits um die Strukturen, die sich nach der Polymerisierungsreaktion zu DNA-Polynucleotiden ergeben (Aufgabe 5). Es ist zu diesem Zeitpunkt nicht erforderlich, dass die Schülerinnen und Schüler sich einen genauen Überblick über die auf der Rückseite abgebildeten Strukturformeln verschaffen, eine Zuordnung nach Benennung der Moleküle auf der Vorderseite reicht hier aus.

Die Anzahl der Moleküle orientiert sich an der für einen Menschen höheren Anzahl an Adenin- und Thyminbasen. Sie dient den Schülern in erster Linie dazu, eine erste zahlenmäßige Auffälligkeit wahrzunehmen, die sich durch die Ergebnisse von Aufgabe 4 bestätigen lassen.

Eine weitere Auffälligkeit ist die unterschiedliche Größe der Purinbasen (aus zwei heterocyclischen Ringsystemen) und Pyrimidinbasen (aus einem Heterocyclus). Es ist für die Erarbeitung der Aufgaben nicht notwendig, diese Begriffe im Unterricht einzuführen.]

Nach dem Zusammenfügen der Bausteine liegen folgende unterschiedlichen Nucleotide vor:
2'-Desoxyadenosin-5'-monophosphat (dAMP)
2'-Desoxyguanosin-5'-monophosphat (dGMP)
2'-Desoxycytidin-5'-monophosphat (dCMP)
2'-Desoythymidin-5'-monophosphat (dTMP)

[Es kann zu einem späteren Zeitpunkt besprochen werden, dass ein Polynucleotid normalerweise durch Kondensation aus Nucleotidtriphosphateinheiten hervorgeht. Zur Vereinfachung des Bastelbogens und der Verbindung zu DNA-Polynucleotiden in Aufgabe 5 wurden im vorliegenden Modell die β- und γ-Phosphatgruppen bereits »abgetrennt« (die Hydroxylgruppe am 3'-Kohlenstoffatom ist daher ebenfalls bereits weggelassen).]

Molekül	Zucker	Phosphat	Adenin	Guanin	Cytosin	Thymin
Anzahl	14	14	4	3	3	4

AUFGABE 3

[Die vorliegenden Daten sind einer Veröffentlichung CHARGAFFS aus dem Jahre 1952 entnommen.]

Es ergeben sich für die Basenverhältnisse A/T und G/C folgende Werte:

Organismus	Adenin	Guanin	Cytosin	Thymin	A/T	G/C
Krake	33,2	17,6	17,6	31,6	1,05	1,00
Huhn	28,0	22,0	21,6	28,4	0,99	1,02
Ratte	28,6	21,4	20,5	28,4	1,01	1,04
Mensch	29,3	20,7	20,0	30,0	0,98	1,04
Mais	26,8	22,8	23,2	27,2	0,99	0,98
E. coli	24,7	26,0	25,7	23,6	1,05	1,01

Ein Vergleich mit der Bestandsaufnahme der Moleküle aus Aufgabe 1 zeigt, dass sich auch hier die von CHARGAFF ermittelten Basenverhältnisse zeigen (A/T 1 : 1 und G/C 1 : 1) und somit die Gesamtmenge der Purine genauso groß ist wie die der Pyrimidine [bzw. die »größeren« und »kleineren« Basen].

Eine weitere Auffälligkeit, die den Untersuchungsergebnissen CHARGAFFS entnommen werden kann: Das Verhältnis von A/T und G/C ist zwar in allen Organismen nahezu identisch, der AT- und GC-Gehalt variiert jedoch je nach untersuchter Spezies mehr oder weniger deutlich.

AUFGABEN 4 UND 5

Aus den Textinformationen geht hervor, dass die selbst zusammengeklebten Nucleotidbausteine zu unverzweigten Polymeren zusammentreten und das »Rückgrat« des Polymers aus Phosphat-Zucker-Bausteinen besteht. Dies legt nahe, dass im »Rückgrat« abwechselnd Zucker- und Phosphatbausteine aufeinander folgen. Es ist durchaus beabsichtigt, dass die Schülerinnen und Schüler mit den Nucleotidbausteinen »spielen«, bis sie ein passendes Modell entwickelt haben, welches sich mit den in Aufgabe 3 ermittelten Ergebnissen sowie den Texthinweisen zur Struktur des Moleküls deckt.

Da der folgende Arbeitschritt, der die räumliche Struktur der DNA betrifft, im Wesentlichen der interpretativen Arbeit von WATSON und CRICK nachempfunden ist (und damit nobelpreiswürdig!), kann es je nach Vorwissen der Schülerinnen und Schüler sinnvoll und notwendig sein, gestufte Hilfen anzubieten:

1. Basenverhältnisse im DNA-Molekül

a) Kontrollieren Sie Ihre Ergebnisse aus Aufgabe 3.
b) Vergleichen Sie diese Gesetzmäßigkeiten mit der im DNA-Puzzle-Modell vorliegenden Anzahl der Moleküle.
c) Verwenden Sie zur Lösung des »DNA-Puzzles« die beiden ausliegenden Informationskärtchen, die sich auf die Forschungsergebnisse von ERWIN CHARGAFF beziehen [s. u.].

> Die Anzahl der Adeninbausteine (A) entspricht der Anzahl der Thyminbausteine (T).
> Die Anzahl der Guaninbausteine (G) entspricht der Anzahl der Cytosinbausteine (C).

> In allen DNA-Molekülen gilt für die Häufigkeit der Basen: A = T, C = G und A + G = T + C.
> Der GC- und AT- Gehalt eines Organismus variiert von einer Art zur anderen.

2. Größe der Basen

Berücksichtigen Sie neben den Ergebnissen CHARGAFFS auch die unterschiedliche Größe der Basen. Überlegen Sie, wie die Basen zusammenpassen könnten.

3. Räumliche Struktur der DNA

a) Lesen Sie noch einmal den mittleren Abschnitt auf der rechten Spalte des Arbeitsblattes und notieren Sie, aus wie vielen Polynucleotidsträngen ein DNA-Molekül besteht.
b) Berücksichtigen Sie ROSALIND FRANKLINS Hypothese zur dreidimensionalen Struktur der DNA.
c) Verwenden Sie zur Lösung das ausliegende Informationskärtchen.

> Die Ergebnisse lassen auf eine Helixstruktur (Schraubenstruktur) schließen.
>
> Das Phosphatrückgrat liegt auf der Außenseite.

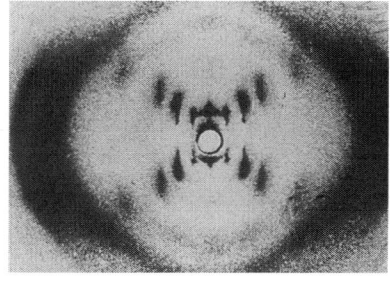

Von ROSALIND FRANKLIN hergestelltes Röntgenbeugungsbild eines DNA-Kristalls

Das fertige zweidimensionale Modell (s. folgende Seite) ergibt eine leiterähnliche Struktur. Außen befindet sich das Phosphat-Zucker-Rückgrat der beiden Stränge, innen stehen sich jeweils zwei Basen gegenüber (A und T, G und C). Hierbei handelt es sich immer um eine Paarung aus einer »größeren« Base (A, G) und einer kleineren Base (C, T)[,also einer Purin- und einer Pyrimidinbase]. Nachdem das DNA-Modell korrekt zusammengebaut ist, sollte den Schülerinnen und Schülern bei der Beschreibung auffallen, dass die beiden Stränge antiparallel verlaufen (im Modell wird dies durch die auf dem Kopf stehende Beschriftung eines der Stränge repräsentiert). Des Weiteren ist zu erkennen, dass sich die Enden der Stränge unterscheiden: An jeweils einem Ende ist noch ein Phosphatbaustein angehängt (P-Terminus), während der gegenüber liegende Strang mit einem Zuckerbaustein (OH-Terminus) endet.]

Die folgende Abbildung zeigt eine von vielen möglichen Lösungen des »DNA-Puzzles«, in der sämtliche 14 Nucleotide »verbaut« wurden, von der Vorder- und der Rückseite betrachtet.

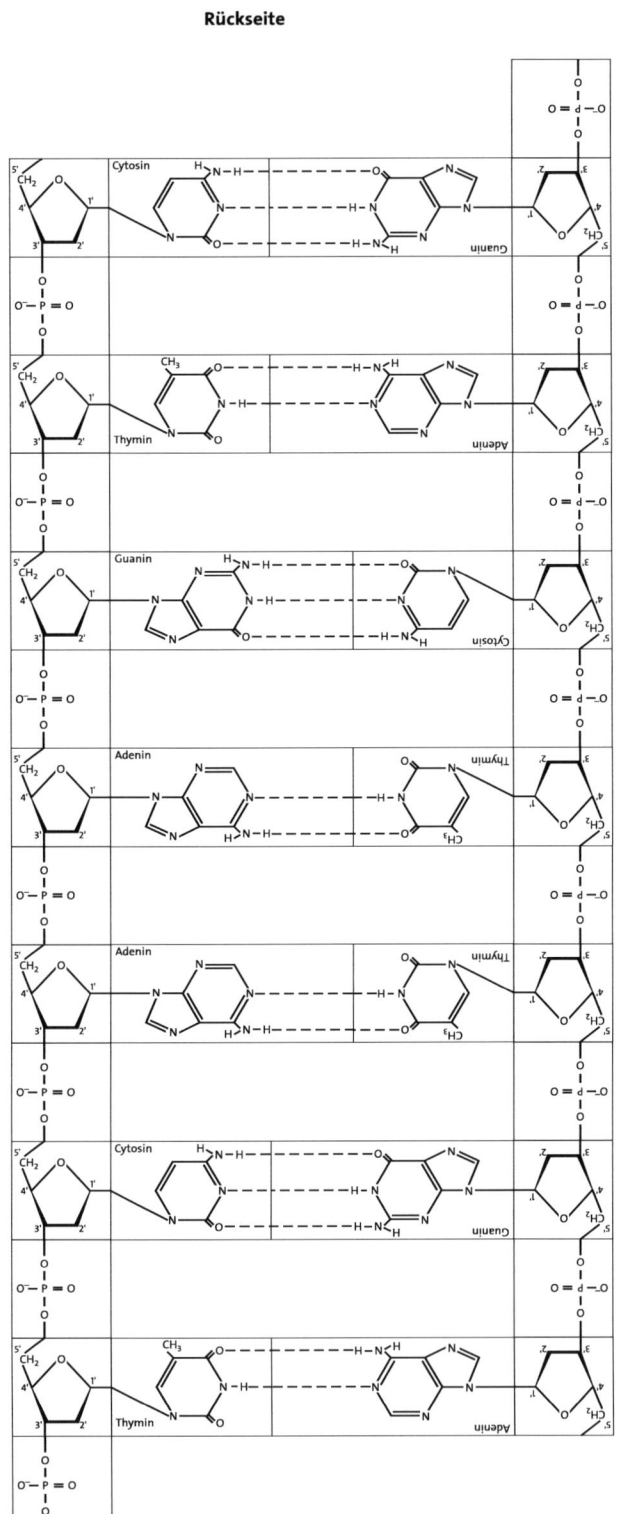

Vorderseite

Rückseite

Adenin — rot
Cytosin — gelb
Guanin — blau
Thymin — grün
Phosphat — grau
Zucker — weiß

AUFGABE 6

Das Polynucleotid besteht aus zahlreichen Nucleotidbausteinen, die wiederum jeweils aus einem Zucker, einer Phosphatgruppe und einer [organischen] Base bestehen.

Jeweils zwei Polynucleotidstränge bilden ein DNA-Molekül. Innerhalb der Nucleotide ist das erste Kohlenstoffatom des Zuckers, das als C 1' bezeichnet wird, mit der Base, und das fünfte C-Atom (C 5') des Zuckers mit dem Phosphatrest verknüpft. Die Nucleotide untereinander sind jeweils über das dritte C-Atom (C 3') eines Zuckers mit dem Phosphatrest des daraufolgenden Nucleotids verknüpft. So entsteht eine Kette aus Nucleotiden mit unterschiedlichen Kettenenden: An dem Ende, an dem kein weiteres Nucleotid mehr folgt, befindet sich am C-3'-Atom eine Hydroxylgruppe (»3'-Ende«), am anderen Ende liegt ein Phosphatrest vor, und zwar am fünften C-Atom des Zuckermoleküls (»5'-Ende«).

Die beiden Polynucleotidstränge sind über spezifische Basenpaarungen miteinander verbunden, indem zwischen den Basen Guanin und Cytosin drei, zwischen Adenin und Thymin zwei Wasserstoffbrückenbindungen ausgebildet werden.

AUFGABE 7

Im Bau des »Rückgrats« aus abwechselnd angeordneten Zucker- und Phosphatbausteinen sind alle DNA-Moleküle gleich. Weitere Gemeinsamkeiten:
- Aufbau der DNA aus Nucleotiden
- Basenpaarungen zwischen Guanin und Cytosin sowie zwischen Adenin und Thymin
- zwei Stränge jeweils mit 3'- und 5'-Ende, die antiparallel verlaufen
- Größe des Moleküls (sieben Basenpaarungen)

Die DNA-Modelle unterscheiden sich aber insofern voneinander, als es viele unterschiedliche Anordnungsfolgen von Basen gibt. Die Moleküle ähneln sich also in ihrem Grundaufbau, sind aber nicht identisch. Schon bei Molekülen mit sieben Basenpaaren ergeben sich bis zu 4480 Möglichkeiten einer DNA-Doppelhelix.

AUFGABE 8

Das selbst angefertigte Modell beschränkt sich auf eine zweidimensionale Darstellung des DNA-Moleküls und ähnelt damit dem einfachen Modell aus Abb. 127.1. B im Schülerband. Im Unterschied zu diesem ist das Legemodell detaillierter (auf der Rückseite), indem es die Strukturformeln der beteiligten Bausteine und die intramolekularen Bindungen darstellt. Die Formeln sind insofern vereinfacht dargestellt, als die Ecken der ringförmigen Molekülbausteine (Zucker, Base) wie allgemein üblich nicht als C-Atome gekennzeichnet sind und die tatsächlichen Bindungswinkel nur näherungsweise berücksichtigt werden.

Abb. 127.1. C zeigt im unteren Bereich ein räumliches DNA-Modell, das in Bezug auf die Raumstruktur (Doppelhelix-Struktur) mehr Informationen liefert als das selbst gebaute Modell, bezüglich der chemischen Zusammensetzung aber wiederum weniger detailliert ist. Im oberen Bildbereich geht das Modell in ein Kalottenmodell über; dieses verdeutlicht die Raumerfüllung der Atome im DNA-Molekül besser als die übrigen Modelle, ist aber weniger übersichtlich und lässt den Grundaufbau nicht auf den ersten Blick erkennen.

Das DNA-Puzzle-Modell besteht aus 14 Nucleotiden und hat damit eine Größe von lediglich 7 bp. Die Modelle im Schülerband bilden ein DNA-Molekül von mehr als 7 Basenpaaren ab, sind aber ebenfalls bezüglich ihrer Nucleotidanzahl stark vereinfacht gegenüber realen DNA-Molekülen.

Im Modell A werden die Molekülstrukturen maßstabsgetreu nachgebildet, so wie auch im Kalottenmodell, in dem Kugelausschnitte als Repräsentation von Atomen dienen. Die Relationen von Atomgrößen, Bindungswinkeln und Bindungslängen werden nachgebildet. Im Modell B werden stark vereinfachte, farbige Symbole verwendet. Die Bindungswinkel im Rückgrat der DNA werden dargestellt, nicht jedoch die Position der Basen im Nucleotid. Das Strukturmodell C ist stark vereinfacht: das Rückgrat wird mittels Bändern dargestellt, die Moleküle und deren Bindungen lediglich über Buchstabensymbole.

Zusätzliche Materialien

Eine nobelpreiswürdige Veröffentlichung

Zur Kontrolle der Ergebnisse und zur Vertiefung kann WATSONs und CRICKs Originalveröffentlichung aus dem Jahre 1953 verwendet werden:

> WATSON, J. D. & CRICK, F.: *Molecular structure of nucleic acids. A structure for deoxyribose nucleic acid.* Nature **171** 1953: 737–738.

Die Entdeckung der DNA-Raumstruktur ist auch Inhalt des US-Spielfilms »Wettlauf zum Ruhm« von 1987 (mit Jeff Goldblum, Tim Piggott-Smith, Juliet Stevenson u. a.); nähere Informationen zu den Filmdaten findet man unter http://www.imdb.de/title/tt0093815/

DNA-Cartoons

Es gibt Cartoons, die WATSON und CRICK in einem Pub zeigen, als sie beim Bestellen eines »Doubles« auf die zündende Idee kommen, wie die experimentellen Daten in ein DNA-Modell übertragen werden könnten (s. nächsten Seite). Diese Darstellungen sind darauf zurückzuführen, dass FRANCIS CRICK am 28. Februar 1953 in einem Pub in Cambridge (*The Eagle*) verkündet hatte, WATSON und er hätten das Geheimnis des Lebens entdeckt, woran noch heute eine Plakette (»*Blue Plaque*«; Abb.) in der Nähe des Eingangs erinnert (s. nächste Seite).

»It`s no use, Crick, we`ll never discover the structure of DNA. Better make that a double, Felix.«

»Blue Plaque«
am Pub »The Eagle«
in Cambridge

Weiterführende Aufgaben

AUFGABE A

Eine vertiefende Aufgabe für Schülerinnen und Schüler kann darin bestehen, selbst ein dreidimensionales Modell der DNA zu fertigen. Je nach Material ist es schwierig, ein aufrecht stehendes Modell zu bauen, was jedoch für das Nachbilden einer Doppelhelix auch nicht zwingend erforderlich ist.

Die nachstehende Abbildung zeigt ein Modell aus Süßigkeiten und Draht.

AUFGABE B

Der litauisch-amerikanische Arzt und Biochemiker PHOEBUS LEVENE (1869 – 1940) entdeckte 1909 die Ribose und 20 Jahre später die Desoxyribose. Er verwendete erstmals den Begriff »Nucleotid« für die Bausteine der Nucleinsäuren. LEVENE entwickelte darüber hinaus eine Modellvorstellung zur räumlichen Struktur der DNA (s. Abbildung).

a) Erläutern Sie, welche von LEVENES Annahmen sich als richtig erwiesen und welche sich als falsch herausstellten.

b) Zeigen Sie, welche Forschungsergebnisse LEVENE noch nicht bekannt waren, die seine Hypothese hätten falsifizieren können?

Lösung

a) Korrekt war die Annahme, dass sich ein Nucleotid aus einem Zuckerbaustein, einer Phosphatgruppe und einer stickstoffhaltigen Base zusammensetzt. Auch die Verknüpfung zwischen den einzelnen Nucleotidbausteinen gab LEVENE richtig an. Nicht bestätigt werden konnte die ringförmige Anordnung zu »Tetranucleotiden« und die Vorstellung, jedes dieser Oligomere bestünde aus je einer der vier möglichen Nucleotide.

b) Noch nicht bekannt waren die CHARGAFF-Untersuchungen zu den Zahlenverhältnissen der Basen in der DNA, ebensowenig die Röntgenstrukturanalysen von FRANKLIN und WILKINS, die Hinweise zur Raumstruktur lieferten.

dGMP · dCMP · dTMP · dAMP

»Tetranucleotid«-Modell von LEVENE

AUFGABE C

Es gibt interessante Fragen in verschiedenen Internetforen, die unterschiedliche Verständnisprobleme in Bezug auf die Struktur der DNA aufzeigen und den Schülerinnen und Schülern im Unterricht die Möglichkeit geben, ihr neu erworbenes Wissen unter Beweis zu stellen, indem sie Antworten formulieren und versuchen, die in den Texten auftretenden Fehlvorstellungen zu analysieren und zu korrigieren.

Beispiele für originale Forumsbeiträge (hier ohne Korrektur der orthographischen Fehler u. ä.):

DNA

Hallo!

hab mich grad mal hingesetzt um bio zulernen. ich bin in der 12. klasse und hab bio als profilfach gewählt. Wir haben gerade die DNA und haben aufgeschrieben, dass die stränge antiparallel oder eine gegenläufige Polarität besitzen. Was bedeutet das? hat es was mit dem 5' oder 3' ende zutun? und dann haben wir noch aufgeschrieben, dass die DNA 2 Nucleotidstränge hat und 4 verschiedene Nucleotide. Wie soll das gehen. Kann mir da bitte jemand weiterhelfen.

Lösung

Ein Nucleinsäurestrang besitzt eine Polarität, weil sich an einem Ende eine freie Phosphatgruppe, am anderen Strangende ein freier Zuckerbaustein befinden. Die beiden gepaarten Stränge in einer DNA-Doppelhelix sind so angeordnet, dass an jedem Ende das freie »Zuckerende« des einen Strangs dem freien »Phosphatende« des anderen Strangs gegenüberliegt - die beiden Stränge verlaufen »antiparallel«. Unter »Nucleotidstrang« ist hier ein Teilstrang der DNA gemeint, der sich aus vier verschiedenen Arten von Nucleotid-Bausteinen zusammensetzt; zwei dieser Teilstränge bilden eine Doppelschraube.

DNA: 3'-Ende, 5'-Ende

Hallo!

Die beiden Stränge der DNA sind komplementär und antiparallel. Soweit – so klar. Einmal verläuft die Bindung zwischen der Desoxyribose und der Phosphatgruppe vom 3'- zum 5'-Ende, und im komplementären Strang andersherum.

Aber wieso „Ende"? Diese Enden sind doch mitten im DNA-Strang!? und danach knüpft ein neues Stück an, dass wieder in sich antiparallel ist? oder wieder das selbe?

Lösung

Jeder Teilstrang besitzt nur <u>ein</u> 3'- und <u>ein</u> 5'-Ende. Zeichnet man jedoch nur einen Ausschnitt aus einem Doppelstrang, kann die Polarität auch an einem Teilbereich des Moleküls gezeigt werden [vgl. Abb. 126.2 und Abb. 127.1 B im Schülerband]. Die Aussage »die Bindung zwischen der Desoxyribose und der Phosphatgruppe verläuft vom 3'- zum 5'-Ende« ist nicht korrekt – die Bezeichnung rührt daher, dass sich die Phosphatgruppe eines Nucleotids entweder am 3'- oder am 5'-C-Atom des Zuckerbausteins anlagern kann. Bleibt das jeweils andere C-Atom frei, spricht man vom entsprechenden »Ende« des Nucleinsäurestrangs.

Replikation der DNA (S. 41)

Konzeption des Arbeitsblattes

Die Desoxyribonucleinsäure ist Träger der genetischen Information und kann aufgrund ihrer Struktur Informationen speichern. Wenn eine Zelle sich teilt, muss eine vollständige Kopie der DNA hergestellt werden, sodass die Tochterzellen die gesamte biologische Information der Ausgangszelle erhalten.

Die Schülerinnen und Schüler sollen zunächst die drei in der Wissenschaft zunächst diskutierten Hypothesen zum Mechanismus der Replikation anhand eines Textes kennenlernen und mit Hilfe von Schemazeichnungen grafisch darstellen. Im Mittelpunkt des Arbeitsblattes steht das historische Experiment von MESELSON und STAHL, das entscheidend zur Klärung der Frage beitrug, welcher Mechanismus der Replikation zugrunde liegt. Das experimentelle Vorgehens soll anhand der

Beschreibung im Schülerband (S. 129) von den Lernenden selbstständig erarbeitet werden. Die dort aufgeführten Informationen aus dem Text und Abb. 129.1 sollen verstanden und in Abb. 2 des Arbeitsblattes übertragen werden. Abschließend sollen die Schülerinnen und Schüler ihr Verständnis der besprochenen Replikationsmodelle mittels eines Transfers überprüfen, indem sie erläutern, welche Bandenmuster jeweils die anderen Replikationsmodelle hätten bestätigen können.

Geforderte Kompetenzen: Modellbildung, Repräsentationswechsel (Umsetzung der Textinformationen in ein Schaubild), Experimentieren und Beobachten (gedankliches Nachvollziehen eines historischen Experiments).

Einsatz des Arbeitsblattes im Unterricht

Das Arbeitsblatt kann eingesetzt werden, um mit Hilfe des Schülerbandes den Mechanismus der Replikation zu erarbeiten. Ein weitgehend selbstständiges Arbeiten der Schülerinnen und Schüler (in Einzel-, Gruppen- oder Partnerarbeit) ist hierbei intendiert. Zur Besprechung der Aufgaben können die Musterlösungen zu Aufgabe 1 und Aufgabe 2 auf Folie kopiert werden.

Es ist auch denkbar, das Arbeitsblatt unabhängig vom Schülerband zu verwenden, um den Schülern noch nicht den tatsächlichen Replikationsmechanismus vorzugeben. Hierbei müsste die Lehrkraft die Versuchsdurchführung erläutern und dann das Ergebnis in Form der Banden für Abb. 2 vorgeben. Die Schüler könnten dann erarbeiten, welches Replikationsmodell sich durch das Experiment bestätigen ließ.

Lösungen und Anmerkungen

AUFGABE 1

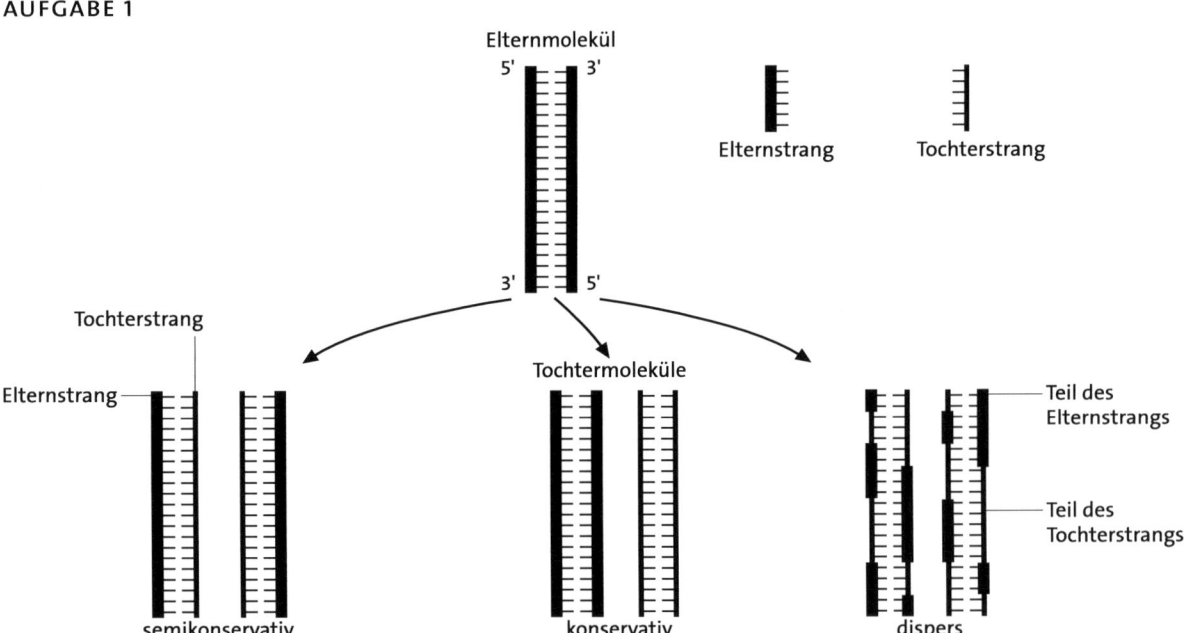

[In der Literatur findet man für den dritten hypothetischen Mechanismus neben der hier verwendeten Bezeichnung »dispers« auch die Bezeichnung »dispersiv«.]

AUFGABE 2

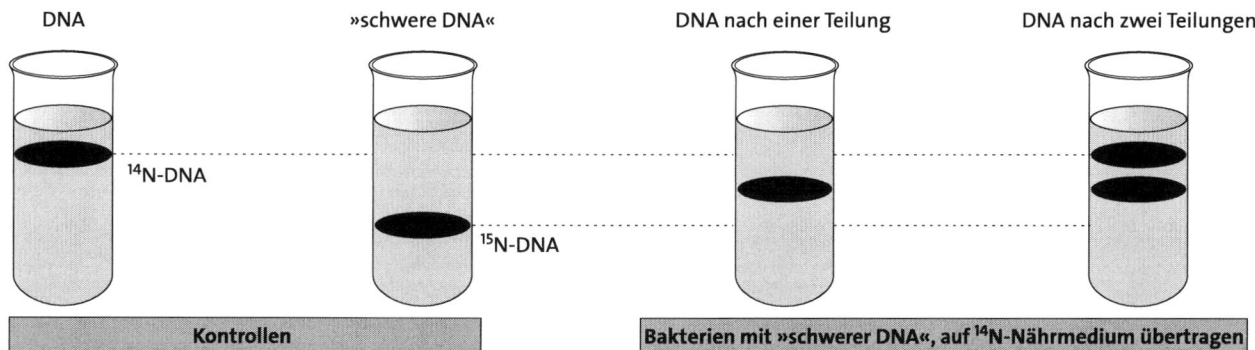

DNA   »schwere DNA«   DNA nach einer Teilung   DNA nach zwei Teilungen

^{14}N-DNA

^{15}N-DNA

Kontrollen   **Bakterien mit »schwerer DNA«, auf ^{14}N-Nährmedium übertragen**

AUFGABE 3

Konservatives Replikationsmodell:

Nach einer Teilung: zwei Banden aufgrund zweierlei Arten von Doppelhelices (eine Bande aufgrund der neuen DNA mit ^{14}N und eine Bande aufgrund der Ausgangs-DNA mit ^{15}N); nach zwei Teilungen: gleiches Bandenmuster wie nach einer Teilung.

[Bereits nach einem Teilungsdurchgang wird damit dieser Mechanismus aufgrund der experimentellen Befunde von MESELSON und STAHL falsifiziert.]

Disperses Replikationsmodell:

Nach einer Teilung: eine Bande zwischen den in den Kontrollen auftretenden ^{14}N- und ^{15}N-Banden (DNA bestehend aus Teilen der neuen ^{14}N- und der ^{15}N-Ausgangs-DNA; nach zwei Teilungen: gleiches Bandenmuster wie nach einer Teilung (es würde – im Unterschied zum MESELSON-STAHL-Experiment –weiterhin ^{14}N/^{15}N-Moleküle geben).

[Der disperse Mechanismus erweist sich erst nach Auswertung des zweiten Teilungsdurchgangs des MESELSON-STAHL-Experiments als unzutreffend.]

Zusätzliche Materialien

Hinführend zum Thema »Replikation« kann der berühmte Satz aus der Arbeit von WATSON und CRICK zum Bau der DNA (1953) zitiert werden:

> *»It has not escaped our notice that the specific pairing we have postulated immediately suggests a possible copying mechanism for the genetic material.«*
>
> WATSON, J. D. & CRICK, F. H.: *A structure for deoxyribose nucleic acid.* Nature **171** 1953: 737 – 738.

Die thematische Weiterführung kann unterstützt werden durch ein Zitat aus der Originalarbeit von MATTHEW MESELSON und FRANKLIN STAHL (1958):

> *»Studies of bacterial transformation and bacteriophage infection strongly indicate that deoxyribonucleid acid (DNA) can carry and transmit hereditary information and can direct its own replication. Hypotheses for the mechanism of DNA replication differ in the predictions they make concerning the distribution among progeny molecules of atoms derived from parental molecules.«*
>
> MESELSON, M. & STAHL, F.: *The replication of DNA in Escherichia coli.* Proc. Natl. Acad. Sci. USA **44** (7) 1958: 671 – 682.

Den Artikel von MESELSON und STAHL findet man im Internet unter

http://www.ncbi.nlm.nih.gov/pmc/articles/PMC528642/pdf/pnas00686-0041.pdf.

Beide Texte können von den Schülerinnen und Schülern übersetzt und anschließend ausgewertet werden, wobei wesentliche Aspekte des DNA-Baus wiederholt werden können.

Als Einstieg in die Thematik kann alternativ auch ein Cartoon zur Zellteilung eingesetzt werden:

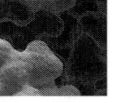
Weiterführende Aufgaben

Wie auf S. 75 im Zusammenhang mit dem Bau der DNA dargestellt, können auch im Zusammenhang mit der DNA-Replikation Blog-Beiträge aus dem Internet kommentiert und ggf. korrigiert werden; als Variante bietet sich an, eine Antwort zu einem solchen Beitrag zu verfassen.

AUFGABE

Neben Wikipedia erfreuen sich auch zahlreiche Internetforen immer größerer Beliebtheit beim Austausch von Wissen. Viele Schülerinnen und Schüler suchen zum Lösen von Hausarbeiten oder bei der Vorbereitung auf Arbeiten und Referate Rat und Hilfe bei vermeintlichen »Leidensgenossen« und hoffen auf erhellende Antworten. Hier zwei Auszüge aus Forumsbeiträgen zum Ablauf und zur biologischen Bedeutung der semikonservativen DNA-Replikation.

> »Nachdem ich mir das MESELSON-STAHL-Experiment ausgiebig angesehen habe, gibt es doch noch ein paar Unklarheiten, dies sich bei mir zeigen:
> Nach der ersten Teilung sehe ich die Parentalgeneration nicht mehr! Ich sehe ja nur die Bande zwischen ^{14}N und ^{15}N.
> Woran liegt das? Denn die P-Generation kann sich ja nicht einfach in Luft auflösen, oder missverstehe ich hier etwas?«

> »Also, ich weiß zwar, was eine semikonservative Replikation ist, aber irgendwie weiß ich nicht, wie ich herausfinden soll, welche Bedeutung sie hat.
> Hat es etwas damit zu tun, dass damit beide DNA-Stränge identisch sind? Im Internet stand irgendwo, dass sie leichter sind, aber ist damit wirklich vom Gewicht her leichter gemeint? Ich bin echt überfragt!«

Lösung

Beitrag 1: Im Zusammenhang mit mitotischen Zellteilungsprozessen spricht man nicht von einer »Elterngeneration« oder »P-Generation«. Dieser Ausdruck wird bei sexuellen Fortpflanzungsvorgängen verwendet. Der Denkfehler des Autors, der wohl auf der Verwendung der Bezeichnungen »Elternstrang« und »Tochterstrang« im Zusammenhang mit der Replikation beruht, besteht darin, dass er die im MESELSON-STAHL-Experiment auftretenden Banden der Kontrollexperimente bestimmten DNA-Molekülen zuordnet, die bei der Zell- oder Kernteilung kombiniert werden. Bei der Replikation werden aber keine DNA-Moleküle kombiniert, sondern es entstehen auf der Basis eines Ausgangsmoleküls zwei identische (Tochter-)Kopien, deren »Material« je zur Hälfte neu synthetisiert wurde bzw. dem ursprünglichen Mutter-Doppelstrang entstammt.

Beitrag 2: Die erste Aussage ist missverständlich. Die beiden im Zuge der DNA-Replikation entstehenden Doppelstränge sind in ihrer Nucleotidsequenz identisch, nicht aber die beiden Einzelstränge einer Doppelhelix (diese sind komplementär zueinander). In der zweiten Aussage werden Fakten zum Ablauf der Replikation und zum Experiment von MESELSON und STAHL vermischt. Bei einer normalen Replikation ändert sich das Gewicht (die Masse) der Tochtermoleküle im Vergleich zum Ausgangsmolekül nicht, sehr wohl aber (wenn auch nur geringfügig) im Experiment, bei dem »schwerer Stickstoff« eingesetzt wurde. Die geringen Masseunterschiede der unterschiedlichen DNA-Moleküle lassen sich mit Hilfe der Dichtegradientenzentrifugation nachweisen.

Kleine Ursachen mit tragischen Auswirkungen (S. 42)

Konzeption des Arbeitsblattes

Der Weg vom Gen zum Merkmal führt über die Transkription eines bestimmten DNA-Abschnitts und die anschließende Translation des Primärprodukts mRNA zu einer Polypeptidkette und damit zu einem bestimmten Protein. Anhand eines ausgewählten Beispiels für einen Gendefekt (X-ALD) sollen die Schülerinnen und Schüler auf dieser Aufgabenseite einen Einblick in Struktur- und Funktionszusammenhänge auf molekularer Ebene erhalten. Diese zeigen sich hier zum einen in der Informationsübertragung der Struktur eines Gens in die Struktur einer mRNA und schließlich nach Umcodierung in eine bestimmte Aminosäuresequenz, zum anderen in den phänotypischen Auswirkungen infolge einer eingeschränkten Funktion des Genproduktes.

Im Hinblick auf die phänotypische Ausprägung genetischer Informationen sollen die Schülerinnen und Schüler den Zusammenhang zwischen Genprodukt und Funktion auf der Grundlage des Texts grafisch darstellen. Anschließend soll anhand verschiedener Nucleotidsequenzen der Zusammenhang zwischen einer strukturellen Veränderung der Erbsubstanz und dem zugehörigen Genprodukt erarbeitet werden.

Geforderte Kompetenzen: Argumentieren (Umsetzung einer Nucleotidsequenz in eine Aminosäuresequenz, Ableiten von phänotypischen Veränderungen bei Genmutationen), Repräsentationswechsel (Erstellen eines Schaubilds aus Textinformationen).

Einsatz des Arbeitsblattes im Unterricht

Als Beispiel für ein Erbleiden wird das Schicksal Lorenzo Odones (1978–2008) dargestellt, welches von George Miller verfilmt wurde und 1992 unter dem Titel »Lorenzos Öl« in die Kinos kam. Der gesamte Film oder Ausschnitte daraus können als motivierender Einstieg in das Thema »Genmutationen« dienen und bieten zahlreiche Anknüpfungsmöglichkeiten auch für weiterführende Themen (weitere Erbkrankheiten, Fettstoffwechsel im menschlichen Körper, bioethische Fragestellungen).

Notwendige Lernvoraussetzungen zum Bearbeiten der vier Aufgaben sind Kenntnisse zum Bau der DNA und zum Ablauf der Proteinbiosynthese. Insbesondere muss den Schülerinnen und Schülern der Grundablauf vom Gen zum Merkmal bzw. Protein bekannt sein und der genetische Code (»Codesonne«) sollte gelesen und auf unbekannte Nucleotidsequenzen angewendet werden können, außerdem sollte ihnen die Bedeutung von Rastermutationen geläufig sein (Schülerband S. 134 –137). Eine weitere Aufgabe zur Auswirkung von Punktmutationen findet sich im Schülerband auf S. 159 (Aufg. 4).

Lösungen und Anmerkungen

AUFGABE 1
DNA ohne Mutation:

Nicht mutierte
DNA   3' T A C G C T T T C C T G A T T … 5'
mRNA   A U G C G A A A G G A C U A A
AS   Met   Arg   Lys   Asp   Stop

[Hier sollte ggf. darauf hingewiesen werden, dass die vorgegebene DNA-Nucleotidsequenz den codogenen Strang darstellt, der bei der Transkription abgelesen wird. Demnach ergibt sich die mRNA als komplementär zur angegebenen DNA-Sequenz.]

AUFGABE 2
DNA mit Mutationen:

DNA I   3' T A C T C T T T C C T G A T T … 5'
mRNA   A U G A G A A A G G A C U A A
AS   Met   Arg   Lys   Asp   Stop

DNA II 3' T A C G C T T T C A T G A T T … 5'
mRNA   A U G C G A A A G U A C U A A
AS   Met   Arg   Lys   Tyr   Stop

DNA III 3' T A C G C T A T T C C T G A T T … 5'
mRNA   A U G C G A U A A G G A C U A A
AS   Met   Arg   Stop   (Asp)   (Stop)

AUFGABE 3
I. Der Austausch eines Nucleotids führt nicht dazu, dass die Sequenz für eine andere Aminosäure codiert, sodass keine strukturellen Veränderungen des Transportproteins zu erwarten sind (»stumme Mutation«).

[Neuere Erkenntnisse haben gezeigt, dass stumme Mutation durchaus Auswirkungen haben können, vgl. Spektrum der Wissenschaft (9) 2010, S. 40–47. Der Artikel »Die Macht der stummen Mutationen« von J. V. CHAMARY & L. D. HURST ist im Internet verfügbar unter:
https://www.spektrum.de/magazin/die-macht-der-stummen-mutationen/1040554 (Zugangsberechtigung erforderlich)]

II. Der Austausch eines Nucleotids führt dazu, dass die DNA-Sequenz für eine andere Aminosäure codiert (Tyrosin anstelle von Asparaginsäure). Es ist daher möglich, dass es infolgedessen auch zu strukturellen Veränderungen im Transportprotein kommt (»Missense-Mutation«).

Eine andere Aminosäuresequenz kann zu veränderten Wechselwirkungen zwischen dem Protein und den zu transportierenden Molekülen führen und damit einen Funktionsverlust des Transportproteins bewirken.

[Je nachdem, an welcher Stelle diese Veränderung stattfindet, können die Folgen tolerierbar sein und ggf. nur zu einer geringen Abschwächung der Funktion führen, es ist aber auch denkbar, dass es zu einem vollständigen Funktionsverlust des Transportproteins kommt, insbesondere dann, wenn eine funktionell wichtige Stelle des Proteins betroffen ist.]

III. Der Einschub eines Nucleotids [Insertion] bewirkt, dass sich das »Leseraster« insofern verschiebt, als die veränderte Sequenz die Information für ein Stop-Codon enthält (Rasterschub und Abbruch). Dies führt zu einem vorzeitigen Abbruch der Translation und damit zu einer verkürzten Polypetidkette (»Nonsense-Mutation«). Es ist daher von einem vollständigen Funktionsverlust des Transportproteins auszugehen.

[Auch bei einem Rasterschub hängt der Funktionsverlust davon ab, an welcher Stelle des Gens und damit des codierten Proteins die Veränderung lokalisiert ist. Geht man jedoch gemäß der Abbildung auf dem Arbeitsblatt davon aus, dass es bereits nach zwei Aminosäuren zu einem Abbruch der Translation kommt, so kann in diesem Fall kein funktionsfähiges Genprodukt hergestellt werden.]

AUFGABE 4

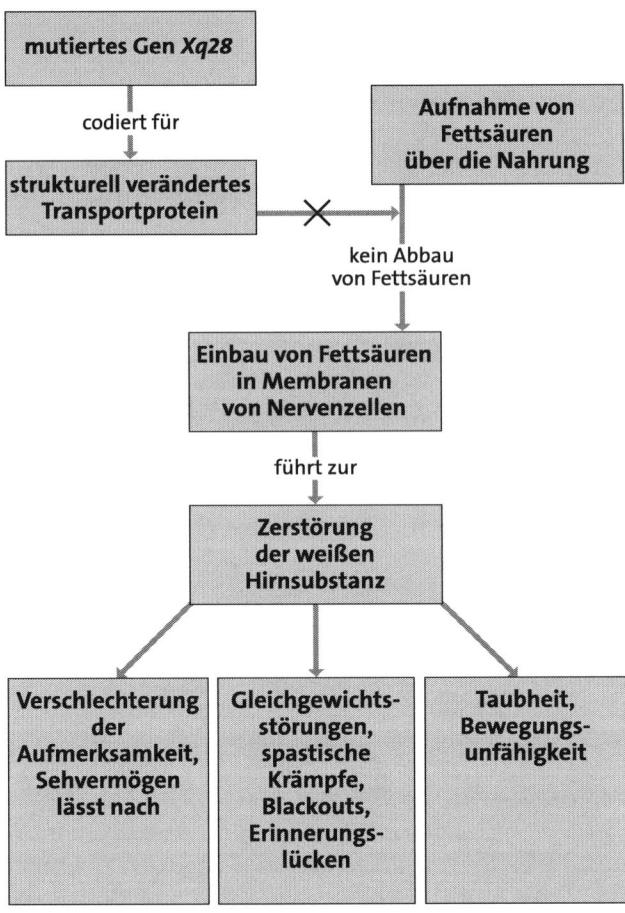

Weiterführende Aufgaben

[Zum Kennenlernen weiterer Mutationstypen können zudem folgende Sequenzen analysiert werden und unter Rekurs auf Aufgabe 3 (evtl. als Hausaufgabe) analysiert werden:]

AUFGABE
Sie haben im Zusammenhang mit der X-ALD bereits einige Mutationstypen kennengelernt. Im Folgenden sind zwei weitere Mutationstypen dargestellt, die Sie hinsichtlich des Struktur- und Funktionszusammenhangs untersuchen sollen (vgl. Arbeitsheft 1, S. 42, Aufgabe 4).

a) Markieren Sie bei den Mutationen IV und V die im Vergleich zur »normalen DNA« veränderten Nucleotide und ermitteln Sie die jeweils daraus resultierenden Aminosäuresequenzen.

b) Erläutern Sie, welche Auswirkungen diese strukturellen Veränderungen auf DNA-Ebene auf die Funktion der gebildeten Proteine haben könnten.

IV.
DNA   3' T A C G C T C C T G A T T … … …5'
mRNA   _____ 3'
AS   _____ _____ _____ _____

V.
DNA   3' T A C T T C C T G A T T … 5'
mRNA   _____ 3'
AS   _____ _____ _____ _____

Lösung
a)
IV.
DNA   3' T A C G C T C C T G A T T … … …5'
mRNA   <u>A U G C G A G G A C U A A</u> … … …3'
AS   <u>Met</u> <u>Arg</u> <u>Gly</u> <u>Leu</u>

V.
DNA   3' T A C T T C C T G A T T … 5'
mRNA   <u>A U G A A G G A C U A A</u> …3'
AS   <u>Met</u> <u>Lys</u> <u>Asp</u> <u>Stop</u>

b) IV.: Deletion eines einzelnen Nucleotids; Rasterschub führt zu massiven Fehlern in der Aminosäuresequenz und in der Folge zum Funktionsverlust des gebildeten Proteins.

V.: Deletion von drei Nucleotiden; eine Aminosäure fällt aus, Folgen für die Funktion des Proteins oft tolerierbar.

Proteinbiosynthese (S. 43)

Konzeption des Arbeitsblattes

Genaue Kenntnisse der bei der Proteinbiosynthese ablaufenden Prozesse sind essentiell für das Verständnis biologischer Zusammenhänge. Anhand zweier Antworten auf eine Klausurfrage sollen die Schülerinnen und Schüler ihr Wissen über die Abläufe prüfen. Es gilt hierbei sowohl auf die sachliche Richtigkeit als auch auf die sprachliche Umsetzung zu achten. Eine kritische Reflexion kann die Lernenden zudem motivieren, mehr Sorgfalt auf eigene Darstellungen komplexer Sachverhalte zu legen.

Geforderte Kompetenzen: Argumentieren, Gebrauch der Fachsprache.

Einsatz des Arbeitsblattes im Unterricht

Das Arbeitsblatt dient den Schülerinnen und Schülern zur Überprüfung ihrer Kenntnisse nach der Behandlung des Themas »Proteinbiosynthese« im Unterricht. Zudem kann es zur Vorbereitung auf schriftliche Klausuren verwendet werden, da die Schüler einen Einblick in verschiedene Bewertungskriterien erhalten, indem sie diese selbst anwenden. Die Korrektur der falschen oder ungenauen Antworten dient zur Schärfung der Genauigkeit in der Anwendung der Fachsprache und zur vertieften Beschäftigung mit der Thematik.

Lösungen und Anmerkungen

AUFGABEN 1–3

[Im Folgenden werden die Antworten für die Aufgaben 1 bis 3 zusammengefasst, indem zunächst die entsprechende Textstelle zitiert, anschließend kommentiert und dann den Fehlertypen zugeordnet wird. Die Korrektur am Textrand sollte anhand der üblichen Korrekturzeichen vorgenommen werden: f = falsch, uv = unvollständig, uk = unklar, I = Inhalt, Fsp = Fachsprache, Th = Themenstellung verfehlt, Bg = Begründung, R = Rechtschreibfehler, Z = Zeichensetzungsfehler, Gr = Grammatikfehler, Sb = Satzbau, A = Ausdruck.

Die Zuordnung zu den verschiedenen Fehlertypen ist nicht immer ganz eindeutig zu treffen und mag beispielsweise davon abhängen, inwieweit die Schüler einen Fehler als Inhalts- oder als Ausdrucksfehler bewerten.]

Korrekturvorschlag Text 1:
Z. 1: »… *beginnt die Transkription an der DNA*«
Kommentar: Den Prozess, bei dem ein mRNA-Strang gebildet wird, bezeichnet man als Transkription.
Fehlertyp: inhaltliche Ungenauigkeit (ug)
Z. 2: »… *umgewandelt*«
Kommentar: Es wird ein Transskript erstellt, aber nicht DNA in RNA umgewandelt.
Fehlertyp: inhaltliche Ungenauigkeit (ug) und Fehler (f), ggf. unkorrekte Verwendung von Fachsprache (Fsp)
Z. 4: »… *lagern sich Basen an.*«
Kommentar: Es lagern sich Nucleotide an.
Fehlertyp: inhaltliche Ungenauigkeit (ug, I)
Z. 4: »*Die DNA-Polymerase …*«
Kommentar: Es handelt sich um eine RNA-Polymerase.
Fehlertyp: inhaltlicher Fehler (f)
Z. 4/5: »„… *verbindet nun einzelne Basenelemente …*«
Kommentar: Der Ausdruck »nun« ist unklar, denn die Polymerase verbindet die Nucleotide nicht erst, nachdem diese sich »angelagert« (vgl. Z. 3 f.) haben, sondern sukzessive.
Fehlertyp: inhaltliche Ungenauigkeit (ug, I)
Z. 4/5: »… *verbindet nun einzelne Basenelemente …*«
Kommentar: Es werden Nucleotide miteinander verbunden, keine Basen.
Fehlertyp: unkorrekte Verwendung von Fachsprache (Fsp), inhaltlicher Fehler (f)
Z. 6: »*Dort wird mit Hilfe von t-RNA die Basensequenz der DNA in die Aminosäuresequenz eines Proteins umgewandelt.*«
Kommentar: Die Bedeutung der tRNAs wird in dieser Ausführung nicht deutlich. Die Basensequenz wird nicht umgewandelt, sondern daraus wird die Aminosäuresequenz abgeleitet; diesen Prozess bezeichnet man als Translation. Die Schreibweise »t-RNA« ist nicht gebräuchlich.
Fehlertyp: Unvollständigkeit in der Darstellung (uv), inhaltliche Ungenauigkeit (ug) und Fehler (f), fachsprachliche Ungenauigkeit (Fsp)
Z. 8/9: »*Dabei bringt es immer eine bestimmte Aminosäure mit sich.*«
Kommentar: An die tRNA-Moleküle ist jeweils eine spezifische Aminosäure gebunden.
Fehlertyp: inhaltliche Ungenauigkeit (ug), Ausdrucksfehler (A)
Z. 9: »*Im Ribosom werden so …*«
Kommentar: Am Ribosom befinden sich Bindungsstellen.
Fehlertyp: inhaltliche Ungenauigkeit (ug), Ausdrucksfehler (A)
Z. 10: »… *an Codons Anticodons (tRNA-Moleküle) angelagert, …*«
Kommentar: Das Anticodon ist ein bestimmter Abschnitt der tRNA.
Fehlertyp: inhaltliche Ungenauigkeit (ug); Unvollständigkeit in der Darstellung (uv)

Z. 10 »…, *deren Aminosäuren sich verbinden (durch Peptidbindung).*«

Kommentar: Der Bezug von »deren« ist unklar: Die Aminosäuren, die an der tRNA angeheftet sind, verbinden sich, wenn sich ein beladenes tRNA-Molekül an der A-Bindungsstelle anlagert.

Fehlertyp: Unvollständigkeit in der Darstellung (uv)

Z. 11/12: »… *und die Aminosäuresequenz bildet das entstandene Protein.*«

Kommentar: Die Aminosäuresequenz entspricht der Primärstruktur eines Proteins. Erst nach Vollendung der Raumstruktur ist ein Protein funktionsfähig.

Fehlertyp: Unvollständigkeit in der Darstellung (uv), Ausdruck bzw. fachsprachliche Ungenauigkeit (A, Fsp)

Korrekturvorschlag Text 2:

Z. 13: »*Diese wird gespalten …*«

Kommentar: Die DNA-Doppelhelix wird entwunden.

Fehlertyp: unkorrekte Verwendung von Fachsprache (Fsp), inhaltliche Ungenauigkeit (ug)

Z. 13–15: »… *und die mRNA (messenger) gleitet an dem Matrizenstrang entlang und bildet Gegenbasen zum DNA-Strang.*«

Kommentar: Die mRNA (*messenger*-RNA) gleitet nicht am Matrizenstrang entlang, sondern die mRNA wird durch die Transkription gebildet; die mRNA bildet keine »Gegenbasen«, sondern die RNA enthält komplementäre Basen zur DNA.

Fehlertyp: inhaltliche Fehler (f), Ausdrucksfehler (A)

Z. 14/15: »… *(es gibt immer nur einen DNA-Strang, der codiert wird)…*«

Kommentar: Ein DNA-Strang wird nicht codiert; vielmehr bezeichnet man den Matrizenstrang auch als codogenen Strang im Vergleich zum (komplementären) Code-Strang.

Fehlertyp: unkorrekte Verwendung von Fachsprache (Fsp), inhaltliche Ungenauigkeit (ug)

Z. 17: »*Außerdem besitzt die RNA eine Ribose …*«

Kommentar: Die RNA enthält Ribose, die RNA-Nucleotide enthalten jeweils einen Ribosebaustein.

Fehlertyp: Ausdrucksfehler (A)

Z. 17/18: »*Den Schritt des Umschreibens nennt man Translation.*«

Kommentar: Man bezeichnet diesen Prozess als Transkription.

Fehlertyp: unkorrekte Verwendung von Fachsprache (Fsp), inhaltlich falsch (f)

Z. 18/19: »… *die Translation läuft in einer bestimmten Richtung ab.*«

Kommentar: Inhaltlich handelt es sich in diesem Kontext noch immer um die Transkription.

Fehlertyp: unkorrekte Verwendung von Fachsprache (Fsp), Folgefehler (Ff)

Z. 19: „*Diese wird durch den Promotor angegeben.*"

Kommentar: Ein Promotor ist ein DNA-Abschnitt, der vor dem zu transkribierenden Gen liegt und der Regulation der Genaktivität dient; die Richtung der Transkription ergibt sich aus der Orientierung bei der Verknüpfung der Nucleotide in 5`-3`-Richtung.

Fehlertyp: inhaltliche Ungenauigkeit (ug)

Z. 19–21: »*Der Vorgänger der mRNA, die prä-mRNA, besteht aus Exons und Introns. Durch das Spleißen werden die …*»

Kommentar: In der Regel enthält die DNA von Prokaryoten keine Introns und Exons, sodass diese Aussage im Grunde nur für Eukaryoten zutrifft.

Fehlertyp: Unvollständigkeit in der Darstellung (uv) bzw. fehlender Bezug zur Aufgabenstellung (Bz)

Z. 22: »… *wird die mRNA zu den freien Ribosomen geschickt.*«

Kommentar: Die mRNA verlässt den Zellkern und gelangt zu den Ribosomen. [Dies können die membrangebundenen Ribosomen an der Cytosolseite des ER sein. Hier werden diejenigen Proteine synthetisiert, die sofort ins ER weitertransportiert werden. Die anderen Proteine werden an den freien Ribosomen synthetisiert.]

Fehlertyp: inhaltliche Ungenauigkeit (ug), Ausdrucksfehler (A)

Z. 24/25: »*Dann tritt die tRNA ein, welche die Anticodons transportiert.*«

Kommentar: Ein spezifisches Triplett der tRNA wird als Anticodon bezeichnet.

Fehlertyp: inhaltlicher Fehler (f)

Z. 25/26: »*Es werden immer 3 Basen (Codons) zu einer Aminosäure codiert.*«

Kommentar: Jeweils drei Basen codieren für eine Aminosäure.

Fehlertyp: inhaltliche Ungenauigkeit (ug), Ausdrucksfehler (A)

Z. 26/27: »*Es gibt 20 verschiedene Aminosäuren, die je nach Basensequenz gebildet werden.*«

Kommentar: Die Aminosäuren liegen bereits vor; sie werden nicht erst als Folge der Nucleotidsequenz gebildet.

Fehlertyp: inhaltlicher Fehler (f)

Z. 27: »*Die entstandenen Aminosäuren …*«

Kommentar: Die Aminosäuren lagen bereits vor. Es entsteht eine Polypeptidkette.

Fehlertyp: inhaltlicher Fehler (Folgefehler; Ff)

Z. 27/28: »… *verbinden sich und trennen sich ab.*«

Kommentar: Die Aminosäuren werden durch Peptidbindungen verknüpft, die an der P-Bindungsstelle befindliche Aminosäure wird von ihrer tRNA getrennt. [Die nun unbeladene tRNA löst sich von der P-Stelle, und das Ribosom wandert auf der mRNA ein Codon weiter.]

Fehlertyp: inhaltliche Ungenauigkeit (ug), Unvollständigkeit in der Darstellung (uv)

Z. 28: »*So entsteht eine Aminosäuresequenz.*«

Kommentar: Es handelt sich hierbei noch nicht um ein funktionsfähiges Protein. Erst nach Vollendung der Raumstruktur ist ein Protein funktionsfähig.

Fehlertyp: Unvollständigkeit in der Darstellung (uv)

AUFGABE 4

Im Zuge der Translation wird die in der Struktur des mRNA-Moleküls gespeicherte Information in die Information für den Bau eines Proteins umgesetzt. Die Struktur dieses Proteins wiederum bestimmt seine Funktion.

Genetische Information (S. 44)

Konzeption des Arbeitsblattes

Ein »Umspringbild«, in dem zwei verschiedene Abbildungen verborgen sind, bildet den Einstieg in dieses Arbeitsblatt. Das Bild besitzt je nach Wahrnehmung für den Betrachter einen unterschiedlichen Informationsgehalt; dieser kann darüber hinaus von Zeit zu Zeit wechseln. Anschließend leitet der Begleittext über zu allgemeinen Begriffen der Informationsverarbeitung: Die Schülerinnen und Schüler sollen die syntaktische und die semantische Informationsebene kennen und unterscheiden lernen. Im zweiten Teil des Informationstextes werden diese beiden Informationsebenen auf die genetische Information angewendet, die den Lernenden aus dem Unterricht bereits bekannt ist. Die Aufgaben beschäftigen sich mit theoretischen Überlegungen zu Varianten in der Codierung genetischer Information auf der Basis von Nucleotidsequenzen. Die Resultate der einfachen Berechnungen zeigen, dass das in der Natur existierende Codierungsverfahren besonders ökonomisch in Bezug auf die Anzahl der verschiedenen Buchstaben ist und zudem besonders geeignet ist, um die Information rasch und fehlerfrei zu kopieren.

Inhaltlich steht auf dieser Seite insbesondere das Basiskonzept »Information und Kommunikation« im Vordergrund.

Geforderte Kompetenzen: Argumentieren (Berechnungen zu möglichen Nucleotidcodes, Beurteilung der Effizienz dieser hypothetischen Codes), Modellbildung.

Einsatz des Arbeitsblattes im Unterricht

Um die Aufgaben dieser Seite lösen zu können, sollten die Schülerinnen und Schüler über ein Grundwissen zum genetischen Code und zur Informationsspeicherung in der DNA verfügen. Nur so ist ein Vergleich zwischen den verschiedenen theoretischen Szenarien und den tatsächlichen Verhältnissen in der Natur möglich. Die Begrifflichkeiten des semantischen und syntaktischen Aspekts von Information werden im Schülerband auf S. 322 im Zusammenhang mit sprachähnlichen Kommunikationsformen bei Tieren nochmals aufgegriffen und vertieft.

Lösungen und Anmerkungen

AUFGABE 1
Die Abfolge der Buchstaben, Satzzeichen und Leerzeichen, letztlich die Anordnung der dunklen Druckfarbe auf dem Papier, stellt die syntaktische Information des Textes dar, die Bedeutung der Wörter und Sätze die semantische Information.

AUFGABE 2

Art der Kombination	Kombinationsmöglichkeiten	Anzahl der möglichen Codons
keine Kombination	A, B	$2 = 2^1$
Kombination von zwei Nucleotiden	AA, AB, BA, BB	$4 = 2^2$
Kombination von drei Nucleotiden	AAA, AAB, ABA, ABB, BAA, BAB, BBA, BBB	$8 = 2^3$

[In den beiden Fällen, in denen für die Berechnung eine Kombination von Nucleotiden vorausgesetzt wird, muss angenommen werden, dass die Leserichtung für die Anzahl der möglichen Codons von Bedeutung ist. Ansonsten enthielten beispielsweise in Zeile 2 die Kombinationsmöglichkeiten AB und BA dieselbe Information.]

AUFGABE 3
Zweier- und Dreiergruppen der beiden Nucleotide A und B ergeben, wie Tab. 1 zeigt, nur 4 bzw. 8 mögliche Codons; dies genügt bei weitem nicht zur Codierung von 20 Aminosäuren. Die Kombination von A und B zu Vierergruppen (AAAA, AAAB, AABA, ABAA, BAAA, AABB usw.) ergibt insgesamt $2^4 = 16$ Codons. Mit Vierergruppen der zwei Nucleotide lassen sich also auch nur 16 verschiedene Aminosäuren codieren. Erst die Kombination zu Fünfergruppen (AAAAA, AAAAB, AAABA, AABAA, ABAAA, BAAAA usw.) ermöglicht mit $2^5 = 32$ Kombinationen die Codierung von 20 Aminosäuren. [Dabei würden einige Aminosäuren von mehreren verschiedenen Nucleotidkombinationen codiert (»degenerierter Code«).]

AUFGABE 4
Eine mRNA, deren Codons aus fünf Nucleotiden bestünden, wäre fast doppelt so lang wie eine mRNA, deren Codons aus Trinucleotiden bestehen. Für die Bildung einer solchen mRNA wären also ein höherer Material- und Energieaufwand erforderlich. Vergleichbares gilt für die DNA.

AUFGABE 5
Die Kombination der vier Nucleotide A, B, C und D zu Zweiergruppen (AA, AB, AC, AD, BB, BA, BC, BD, CC, CA usw. ergibt insgesamt $4^2 = 16$ Codons. Die Kombination zu Dreiergruppen (Trinucleotiden), wie sie in der Natur vorkommt (AAA, AAB, AAC, AAD, ABA usw.), ermöglicht $4^3 = 64$ Codons. Werden die vier Nucleotide nicht kombiniert, so bildet jedes einzelne Nucleotid ein Codon ($4^1 = 4$ Codons).

[Wie in der Lösung zu Aufgabe 2 erwähnt, liegt auch dieser Berechnung die (korrekte) Annahme zugrunde, dass die Leserichtung bei der Codierung in der DNA berücksichtigt werden muss.]

AUFGABE 6

Kombiniert man drei Arten von Nucleotiden zu Zweiergruppen, so erhält man $3^2 = 9$ Codons. Für die Codierung von 20 Aminosäuren wären demnach mindestens Trinucleotide erforderlich ($3^3 = 27$). Eine Doppelsträngigkeit der DNA wäre allerdings ausgeschlossen, da die ungerade Zahl der Nucleotidarten eine spezifische Basenpaarung nicht erlaubte.

Weiterführende Aufgaben

AUFGABE A

Die genetische Information ist in der DNA als Sequenz von vier verschiedenen Nucleotidbasen verschlüsselt.

a) Erläutern Sie, welche Rolle die spezifischen Basenpaarungen bei der Verdoppelung des genetischen Materials spielen.

b) Berechnen Sie die Zahl der verschiedenen Sequenzvarianten, die bei einem DNA-Molekül aus 10, 100 bzw. 100 000 Nucleotiden möglich sind.

Lösung

a) Die Basenpaare sind Voraussetzung für eine konstante Weitergabe des genetischen Materials bei einer Zellteilung. Jeder Teilstrang der DNA trägt dadurch, dass jede Base nur mit einer einzigen anderen Basenart paaren kann, die Information für den Gegenstrang in sich. So entstehen durch Anlagerung passender Nucleotide an die beiden Teilstränge während der semikonservativen Replikation zwei identische DNA-Moleküle, die anschließend im Zuge der mitotischen Teilung auf die beiden Tochterzellen verteilt werden.

b) 10 Nucleotide: $4^{10} = 1\,048\,576$;

100 Nucleotide: $4^{100} = 1{,}6 \cdot 10^{60}$;

100 000 Nucleotide: $4^{100\,000}$.

AUFGABE B

Man bezeichnet den genetischen Code als »kommafrei«. Zeigen Sie auf, welche Konsequenzen dies im Hinblick auf mögliche Genmutationen hat.

Lösung

Durch Einfügen eines einzigen Nucleotids bzw. Basenpaars in die DNA kommt es zu einer Rasterverschiebung [s. Aufgaben auf S. 42 des Arbeitshefts]; sämtliche folgenden Tripletts sind verschoben, sodass es zur Synthese eines völlig anderen Proteins kommt oder – falls durch die Verschiebung ein Stop-Codon gebildet wird – es erfolgt ein frühzeitiger Kettenabbruch. Analoges gilt für den Ausfall eines Nucleotid- bzw. Basenpaars. Nur durch den Ausfall oder das Einfügen von drei, sechs, … Nucleotiden in die DNA-Sequenz wird das Raster nicht verändert; das Produkt enthält dann eine, zwei, … mehr oder weniger Aminosäuren als das Syntheseprodukt des ursprünglichen DNA-Moleküls. Auch in diesem Fall kann es sein, dass das Genprodukt nicht mehr funktionstüchtig ist, insbesondere wenn eine funktionell wichtige Position (z. B. das aktive Zentrum eines Enzyms) betroffen ist.

Auf der Jagd nach einem Phantom (S. 45)

Konzeption des Arbeitsblattes

Die Suche nach dem Heilbronner »Phantom« ist eine der spektakulärsten kriminalpolizeilichen Ermittlungspannen und eignet sich in mehrfacher Hinsicht für eine Thematisierung im Unterricht. Aufgrund des skurrilen und furchteinflößenden Täterprofils hat dieser Fall über mehrere Jahre immer wieder Schlagzeilen gemacht; ganz Deutschland schien auf der Suche nach der »Frau ohne Gesicht«zu sein und niemand wollte verstehen, was diese Verbrecherin wohl antreiben möge. Erst im Nachhinein lässt sich diese Frage beantworten: Die von der Polizei zur Aufnahme von DNA-Spuren verwendeten Wattestäbchen waren versehentlich von einer Mitarbeiterin der Verpackungsfirma verunreinigt worden.

Vor dem heute bekannten Hintergrund erscheint es fast unvorstellbar, dass nicht schon viel früher Zweifel an der Existenz des »Phantoms« aufgekommen sind. An diesem Fall werden daher auch die Gefahren eines allzu unkritischen Umgangs mit den Ergebnissen moderner Analyseverfahren sichtbar. Nichts wollte zusammenpassen: das männliche Aussehen einer genetisch weiblichen Person, das Leugnen einer Tatbeteiligung durch die inhaftieren »Komplizen« sowie die atypische Deliktbreite vom Einbruch in Gartenhäuser bis hin zum Dreifachmord. Und doch ließen die Daten des genetischen Fingerabdrucks scheinbar keinen anderen Schluss zu, als dass es diese Person geben müsse.

Es soll allerdings mit der Bearbeitung dieses Aufgabenblattes nicht das Ziel verfolgt werden, moderne Ermittlungsmethoden in Frage zu stellen. Vielmehr sollen die Schülerinnen und Schüler für die molekularbiologischen Abläufe sensibilisiert werden, die solchen Analysen zugrunde liegen. Außerdem stellen sich im Hinblick auf den vorgestellten Fall Fragen, die über biologische Sachverhalte hinausgehen, wenn etwa Forderungen nach genetischen Datenbanken als Instrumentarium zur Verbrechensaufklärung und -bekämpfung diskutiert werden.

Geforderte Kompetenzen: Argumentieren (Analysieren und Interpretieren von Nucleotidsequenzen), Experimentieren (Rekonstruktion der Sequenz eines für eine PCR benötigten DNA-Primers), Bewerten.

Einsatz des Arbeitsblattes im Unterricht

Das Arbeitsblatt dient der Erarbeitung und Vertiefung des Verfahrens der Polymerase-Kettenreaktion. Außerdem werden die fachlichen und methodischen Grundlagen zur Ermittlung eines genetischen Fingerabdrucks mit Hilfe von *Short tandem repeats* thematisiert. Beide Verfahren können anhand der Informationen aus dem Schülerband erschlossen werden. Was im Hinblick auf die Erarbeitung von Aufgabe 2 berücksichtigt werden sollte, ist das Vorgehen bei der Sicherung von DNA-Spuren mit Hilfe von Wattestäbchen.

Es sollte hinsichtlich der Motivation im Unterricht nicht vorweg genommen werden, wie der Fall ausgegangen ist. Schülerinnen und Schüler, die den Fall aus der Presse kennen, sollten gebeten werden, ihr Wissen noch nicht kundzutun.

Für einen Einstieg in den vorliegenden Fall bieten sich verschiedene Medien an. Neben zahlreichen auch im Internet verfügbaren Zeitungsartikeln sind auch Auszüge von Beiträgen der Sendung »Aktenzeichen XY« sowie der Dokumentarfilm von Ulriche Eichin und Kristia Kayatz über die »Frau ohne Gesicht« zugänglich (s. »Zusätzliche Materialien«).

Ergänzend zum Arbeitsblatt könnte im Unterricht die Frage nach der Einführung genetischer Datenbanken mit den Schülerinnen und Schülern besprochen werden. Entsprechende Materialien (Beiträge aus Internetforen s. »Zusätzliche Materialien«).

Lösungen und Anmerkungen

AUFGABE 1

Im Labor müsste folgendes Primerpaar bestellt werden:

5' AGTTCCGC 3' – 3' TGGTAAAG 5'

Skizze der DNA nach Anlagerung der Primer:

> 5' ....AGTTCCGCTATC ... TATCACCATTTC ...3'
>   3' TGGTAAAG 5'
> 5' AGTTCCGC 3'
> 3'... TCAAGGCGATAG ... ATAGTGGTAAAG 5'

[Für eine einfachere Erarbeitung der Aufgabe wurde ein Primer von nur jeweils acht Nucleotiden gewählt. Ein »echter« Primer ist in der Regel deutlich länger.]

AUFGABE 2

Auswertung von Tab. 1: Bei den Wiederholungssequenzen handelt es sich um STR aus Vierertandems der Nucleotidsequenz 5' TATC 3'. Person A besitzt 26 und 34, Person B 30 und 36 Wiederholungen dieser STR auf den beiden homologen Chromosomen.

Auswertung von Tab. 2: Die Auswertung der Tabelle ergibt, dass an allen Tatorten DNA-Funde von Person B gesichert wurden (STR-Anzahlen von 30/36 Wiederholungen).

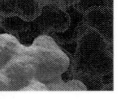

[Tab. 2 enthält fiktive STR-Zahlen, die Delikte und DNA-Funde jedoch stehen im Zusammenhang mit den tatsächlichen Ermittlungen zur Tatbeteiligung der »UWP«.]

Dies wiederum könnte den Schluss zulassen, dass die Mitarbeiterin in der Verpackungsfirma die gesuchte Verbrecherin ist. Es sollten bei genauerer Betrachtung des Phantombilds, der Delikte sowie der jeweiligen DNA-Funde jedoch einige Zweifel an der Existenz der »UWP« aufkommen, vor allem unter Berücksichtigung der Tatsache, dass Wattestäbchen zur Sicherung von DNA-Spuren am Tatort verwendet werden. Bei der UWP handelte es sich also tatsächlich um ein »Phantom«; die DNA-Spuren stammten von verunreinigten Wattestäbchen, die zur Probennahme am Tatort eingesetzt wurden.

Zusätzliche Materialien

Dokumentarfilm

Ulrike Eichin, Kristina Kayatz: Der Fall: Die Frau ohne Gesicht (Dokumentarfilm), www.zdf.de, 26. August 2008

Zeitungsberichte

http://www.stern.de/panorama/polizistenmord-von-heilbronn-das-phantom-eine-tickende-zeitbombe-649629.html (Artikel vom 19.12.2008; hier auch mehrere Links zu weiteren Artikeln zum Thema)
https://faznet/aktuell/gesellschaft/kriminalitaet/polizistenmord-nicht-zu-fassen-1753037.html (Artikel vom 1.2.2009; hier wird u. a. die Frage aufgeworfen, ob die DNA-Spuren womöglich auf Verunreinigungen im Zuge der Probennahme zurückzuführen seien)
http://www.spiegel.de/panorama/justiz/0,1518,543842,00.html (Artikel vom 27.3.2008)

Fahndungsfoto der »UWP«

Das Bild, das auf dem Arbeitsblatt zu sehen ist (Abb. 1), wurde aufgrund von Zeugenaussagen nach einem Wohnhauseinbruch erstellt. Im Laufe der Ermittlungen gewann man allerdings den Eindruck, es handele sich dabei nicht um die gesuchte Person selbst, sondern um einen Komplizen.

Gen-Datenbanken

Der folgende Beitrag aus einem Internetforum kann als Diskussionsgrundlage zum Thema »Gen-Datenbanken« dienen.

Erfolg nur eine Gendatenbank

Die Polizei hat alles Erdenkliche getan. Spuren gesichert. Ein Täterprofil herausgearbeitet. Den genetischen Fingerabdruck festgehalten. Doch ohne Vergleichsprobe wird sich kein Fahndungserfolg einstellen. Eine Vergleichsprobe würde zur Verfügung stehen, wenn es eine genetische Datenbank von allen Menschen gebe. Umsetzbar wäre es schon. Aber von der Mehrheit zur Zeit nicht gewollt. Somit besteht weiterhin die Chance auf einen perfekten Mord, wenn ich als Täter/in bisher nie auffällig war. Keinen festen Wohnsitz habe. Und kein Augenzeuge/Mittäter zur Hand ist, der mich beschreiben könnte/wollte. Hier hilft wohl nur noch Kommissar »Zufall«!
(www.focus.de vom 28.8.2008)

KARY MULLIS

Der US-amerikanische Biochemiker (geb. 1944; Abb. unten) entwickelte 1983 das heute zum Standardrepertoire der modernen Molekularbiologie zählende Verfahren der Polymerasekettenreaktion (PCR). 1993 erhielt er für seine bahnbrechenden Forschungsergebnisse den Nobelpreis für Chemie.

MULLIS berichtete später in einer Anekdote, wie ihm die Idee für dieses Verfahren kam. Er arbeitete in den 1980er Jahren an Oligonucleotiden zur Sequenzbestimmung, und es schwebte ihm eine Abwandlung von SANGERS Sequenzierungsverfahren für Nucleinsäuren vor. An einem Freitagabend im April 1983 war MULLIS mit einer Freundin auf dem Weg zu seinem Ferienhaus – eine Autofahrt von drei Stunden. Der Straßenverkehr erforderte so wenig Aufmerksamkeit, dass er über sein Experiment nachdenken konnte, als ihn schließlich der »Geistesblitz« ereilte, dass einer seiner Versuchsansätze eine Möglichkeit bieten könnte, die DNA exponentiell zu vermehren. MULLIS ging im Kopf die Zweierpotenzen durch und berechnete, dass 2^{10} bereits rund 1000 und 2^{20} rund eine Million ist. MULLIS hielt an, holte Stift und Zettel heraus, um seine Berechnungen festzuhalten. Wieder auf der Fahrt, ging MULLIS die Denaturierungs- und Hybridisierungsreaktion für die »Starter« durch und hielt knapp eine Meile später erneut an – ungeachtet des Protests seiner Begleiterin –, um die sich verlängernden DNA-Moleküle in Form von Strichen auf Papier zu bringen. Die Ausgangsprodukte des einen Zyklus wurden zu Matrizen für den nächsten und so weiter. Wieder protestierte seine Begleiterin im Halbschlaf, und MULLIS jubelte über seine »Sternstunde«.

Vaterschaftsanalyse nach »Verbotener Liebe« (S. 46)

Konzeption des Arbeitsblattes

Einen »genetischen Fingerabdruck« anhand des Vergleichs von RFLP (Restriktionsfragmentlängenpolymorphismen) durchzuführen ist nicht mehr die aktuell gängigste Methode für einen genetischen Abgleich. Sie bietet jedoch in mehrfacher Hinsicht Vorteile für eine Thematisierung im Unterricht. Zum einen lernen die Schülerinnen und Schüler die Verwendung von Restriktionsenzymen (auch außerhalb der Gentechnik) kennen, zum anderen können sie ihre Ergebnisse hier weitestgehend selbstständig auswerten. Das Arbeitsblatt ist zudem so konzipiert, dass die Methode der Auftrennung von DNA-Fragmenten durch eine Gelelektrophorese sowie die Sichtbarmachung bestimmter Nucleotidsequenzen mit Hilfe von Sonden besprochen werden kann. Inhaltlich decken die Texte,

Abbildungen und Aufgaben insbesondere das biologische Basiskonzept »Variabilität« ab.

Als zur Bearbeitung motivierender Anreiz wurde ein Beispiel zur Untersuchung der Vaterschaftsfrage gewählt, welches auf einer Fernseh-Vorabendserie beruht (Ausstrahlung seit 1995, inzwischen über 3900 Folgen), die wahrscheinlich einem Teil der Schülerinnen und Schülern bekannt sein dürfte.

Geforderte Kompetenzen: Experimentieren (modellhaftes Nachvollziehen eines Laborexperiments), Repräsentationswechsel (Ergänzen einer Grafik anhand von Textinformationen). Argumentieren (Analysieren und Interpretieren von Nucleotidsequenzen, Vergleichen verschiedener Untersuchungsverfahren).

Einsatz des Arbeitsblattes im Unterricht

Das Arbeitsblatt kann verwendet werden, um die Methode der Gelelektrophorese sowie die Wirkungsweise und Anwendung von Restriktionsenzymen vorzustellen. Es bietet sich auch an, in diesem Zusammenhang das Verfahren des *Southern Blot* zu behandeln; dies ist jedoch keine Voraussetzung für die Bearbeitung der Aufgaben.

Inhaltlich kann der Fokus zudem auf die Variabilität nicht-codierender DNA-Bereiche gelegt werden. Zur Vereinfachung beschränkt sich die »Analyse« hier auf die Untersuchung einer kurzen Sequenz eines homologen Chromosomenpaares; in der Praxis würden mehr und längere Sequenzen untersucht. Dieses »Problem« kann als Ausgangspunkt für die Besprechung der Vorteile eines Nachweises dienen, der über die Ermittlung von STRs geführt wird (vgl. Schülerband S. 147).

Lösungen und Anmerkungen

AUFGABE 1
In nicht-codierenden DNA-Bereichen sind Mutationen [meist] tolerierbar, da diese nicht exprimiert werden. Vervielfachungen einzelner DNA-Abschnitte in solchen Bereichen haben daher i. d. R. keine Auswirkungen auf lebenswichtige Funktionen des Organismus, werden durch natürliche Selektion nicht eliminiert und können so im Verlauf der Evolution an die Nachkommen weitergegeben werden.

AUFGABE 2
Die Stellen, an denen das Restriktionsenzym nucleotidspezifisch schneidet, sind markiert:

(Homologes) Chromosom I
5'TACG|AATTCGGTGG|AATTCATGAGGAGG|AATTCATC 3'
3'ATGCTTAA|GCCACCTTAA|GTACTCCTCCTTAA|GTAG 5'

(Homologes) Chromosom II
5'TACG|AATTCTGAGGACTTCATGAGGAGG|AATTCATC 3'
3'ATGCTTAA|GACTCCTGAAGTACTCCTCCTTAA|GTAG 5'

AUFGABE 3
Homologes Chromosom I
5'TACG   AATTCGGTGG   AATTCATGAGGAGG   AATTCATC 3'
3'ATGCTTAA   GCCACCTTAA   GTACTCCTCCTTAA   GTAG 5'

Bei der untersuchten Sequenz des Chromosoms I ergeben sich nach der Behandlung mit EcoR1 vier Fragmente:
- zwei Fragmente mit je 12 Nucleotiden,
- ein Fragment mit 20 Nucleotiden,
- ein Fragment mit 28 Nucleotiden.

[Hier müssen jeweils die Anzahlen der Nucleotide auf den beiden gepaarten Teilsträngen addiert werden.]

Homologes Chromosom II
5'TACG   AATTCTGAGGACTTCATGAGGAGG   AATTCATC 3'
3'ATGCTTAA   GACTCCTGAAGTACTCCTCCTTAA   GTAG 5'

Bei der untersuchten Sequenz des Chromosoms II erhält man nach der Behandlung mit EcoR1 drei Fragmente:
- zwei Fragmente mit jeweils 12 Nucleotiden,
- ein Fragment mit 48 Nucleotiden.

[Beim Einzeichnen der Banden ist darauf zu achten, dass die Anzahl der Nucleotide in Basenpaaren (Bp) einzutragen ist, wie dies bei DNA-Fragmenten üblich ist – ggf. sollten die Schülerinnen und Schüler vor/während der Bearbeitung der

Aufgaben auf diese Tatsache hingewiesen werden. Dementsprechend müssen die Zahlenwerte für die Restriktionsfragmente, die sich aus der Auswertung der DNA-Sequenzen ergeben, vor dem Eintragen in das Gelschema halbiert werden. Zu beachten ist weiterhin, dass nicht so viele Banden wie Fragmente vorhanden sind, da ja vier Fragmente dieselbe Länge haben und daher im Gel gleich weit wandern.]

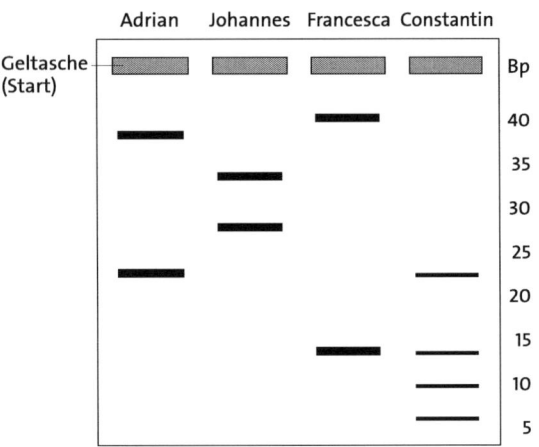

Gel nach Einzeichnen der Banden

AUFGABE 4

:

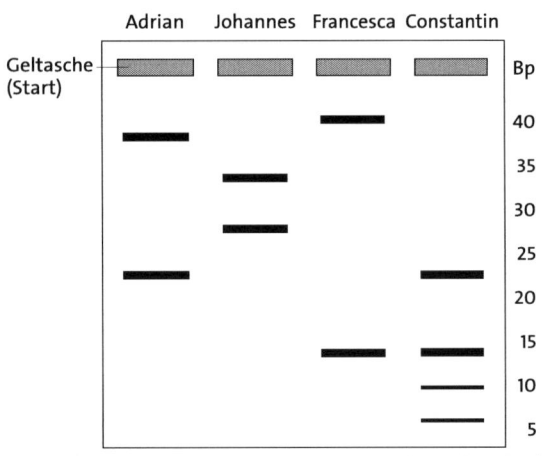

Gel nach Einfärben der Banden, an die Sonden gebunden haben

AUFGABE 5

Adrian Degenhardt ist der Vater von Constantin: Eine Bande der bei Constantin untersuchten Allele stimmt mit der Mutter (Francesca) überein (13 Bp), die andere mit Adrian (24 Bp). Johannes kann als Vater ausgeschlossen werden, da keine der Banden mit denen Constantins übereinstimmt.

[Den Stammbaum zu den Verwandtschaftsverhältnissen der Familie Lahnstein in der ARD-Serie »Verbotene Liebe« findet man im Internet unter

http://www.daserste.de/verboteneliebe/stammbaum/].

AUFGABE 6

Die beiden Verfahren unterscheiden sich vor allem in zweierlei Hinsicht, nämlich in der Anzahl der untersuchten Sequenzen und in der Methodik der Auswertung.

Anzahl der Vergleichssequenzen:

- Bei einem Vaterschaftsnachweis mittels STR untersucht man eine Kombination von mehr als zehn Vergleichssequenzen, sodass ein sehr spezifisches STR-Profil entsteht.
- Bei einem »Fingerprint« mittels Restriktionsenzymen untersucht man eine geringere Anzahl homologer Sequenzen. [Oftmals reicht zudem eine Analyse über nur ein Restriktionsenzym nicht aus, sodass eine Behandlung mit einem weiteren Restriktionsenzym mit anderer Erkennungssequenz erfolgen muss.]

  → Die Auswertung erfolgt über die Anzahl an Nucleotiden in den untersuchten Sequenzen, nicht über bestimmte Erkennungssequenzen im analysierten DNA-Abschnitt.

Auswertung:

- Eine Auswertung der STR erfolgt mittels einer Kapillarelektrophorese, wodurch sogar DNA-Stränge, die sich längenmäßig nur um ein Nucleotid unterscheiden, aufgetrennt und unterschieden werden können.
- Eine Auswertung über Restriktionsschnittstellen erfolgt meist über eine Gelelektrophorese, welche insgesamt weniger genau ist als eine Kapillarelektrophorese. Zudem müssen die Banden anschließend sichtbar gemacht werden.

  → Die Auswertung bei der Untersuchung von STR ist präziser und in der Durchführung weniger aufwendig.

Weiterführende Aufgabe

AUFGABE

Begründen Sie, worauf der Polymorphismus in den beiden Sequenzen in Constantins Genom beruht und wie sich dieser auf die gelelektrophoretische Trennung auswirkt.

Lösung

Es lassen sich drei Punktmutationen ausmachen [in den folgenden Sequenzen grau unterlegt], die jeweils zu einem Basenaustausch führten:

5'TACGAATTCGGTGGAATTCATGAGGAGGAATTCATC 3'
3'ATGCTTAAGCCACCTTAAGTACTCCTCCTTAAGTAG 5'

5'TACGAATTCTGAGGACTTCATGAGGAGGAATTCATC 3'
3'ATGCTTAAGACTCCTGAAGTACTCCTCCTTAAGTAG 5'

Eine dieser Mutationen befindet sich inerhalb einer Erkennungssequenz des Restriktionsenzyms EcoRI. Dadurch ergeben sich beim Behandeln der beiden Sequenzen mit diesem Enzym unterschiedlich viele Fragmente (vier bzw. drei).

[Der Umstand, dass von den drei Mutationen nur eine einzige Auswirkungen auf das entstehende Bandenmuster bei der RFLP-Analyse hat, kann als Ausgangspunkt für die Bearbeitung von Aufgabe 6 dienen.]

Tödliche Schlaflosigkeit (S. 47)

Konzeption des Arbeitsblattes

Die DNA-Sequenzierung stellt ein wichtiges modernes Analyseverfahren zur Erforschung von Genomen dar. Am Beispiel der Letalen Familiären Schlafkrankheit (FFI, *Fatal Damilial Insomnia*) sollen die Schüler die Bedeutung einer Sequenzierung zur Diagnostik eines Erbleidens kennenlernen. Zudem wird der Zusammenhang zwischen der Nucleotidabfolge und der Information eines DNA-Abschnitts am Beispiel der FFI besonders deutlich, da bereits der Austausch eines einzigen Nucleotids und der damit verbundene Einbau von Asparagin anstelle von Asparaginsäure in die Peptidkette zu einer Funktionsveränderung des Proteins führt.

Molekulare Ursache der FFI sind Prion-Proteine, deren Konformation sich von der zellulären Form (PrP^c, c für engl. *cellular*) zur krankmachenden PrP^{sc}-Form verändert (sc = *scrapie*; abgeleitet von der englischen Bezeichnung für die Traberkrankheit der Schafe, die ebenfalls von Prionen verursacht wird). Den Schülerinnen und Schülern sind Prionen als Auslöser für Krankheiten bislang aus dem Unterricht vermutlich noch nicht bekannt, der Zusammenhang mit der FFI kann eine vertiefende Auseinandersetzung mit dieser Thematik anregen (s. hierzu auch Anmerkungen zum molekularen Mechanismus der Krankheit unter »Zusätzliche Materi-

alien«), doch ist dies für die Beantwortung der Aufgaben des Schülerarbeitsblattes keine notwendige Voraussetzung. Der Fokus der Aufgabenseite liegt vielmehr auf der vertiefenden Beschäftigung mit dem Sequenzanalyse-Verfahren nach FREDERICK SANGER. Während im Schülerband das modernere Auswertungsverfahren mittels einer Kapillarelektrophorese dargestellt ist, bietet das ältere Verfahren mit vier getrennten Ansätzen und der Auswertung über eine Gelelektrophorese den Vorteil, dass die Schülerinnen und Schüler ihr Wissen zu den Grundlagen der Molekulargenetik vertiefen und überprüfen können. Dies geschieht mit Hilfe der Fragen, was in den Ansätzen enthalten ist und wieso der zufällige Einbau von Nucleotiden ein zuverlässiges Sequenzierungsergebnis liefert. Dabei muss zudem auf Vorwissen zur semantischen und syntaktischen Ebene der DNA-Information (s. Arbeitsheft S. 44) sowie auf den Struktur-Funktions-Zusammenhang zwischen einer Nucleotidsequenz und den codierten Proteinen zurückgegriffen werden.

Geforderte Kompetenzen: Experimentieren (Durchführung und Auswertung einer DNA-Sequenzanalyse), Argumentieren, Gebrauch der Fachsprache.

Einsatz des Arbeitsblattes im Unterricht

Das Arbeitsblatt dient zur Vertiefung des Verständnisses einer DNA-Sequenzierung nach FREDERICK SANGER. Das Vorgehen bei der Analyse kann anhand der Darstellung im Schülerband (S. 146) erarbeitet und am Beispiel der tödlichen familiären Schlaflosigkeit für einen konkreten Anwendungsfall besprochen und vertieft werden.

Lösungen und Anmerkungen

AUFGABE 1

Gefäß 1: DNA-Matrizenstrang mit *PRNP*-Gen, Primer, DNA-Polymerase, Adenin-, Guanin, Cytosin- und Thyminnucleotide, Abbruchnucleotid T* [ddTTP]

Gefäß 2: DNA-Matrizenstrang mit *PRNP*-Gen, Primer, DNA-Polymerase, Adenin-, Guanin, Cytosin- und Thyminnucleotide, Abbruchnucleotid G* [ddGTP]

Gefäß 3: DNA-Matrizenstrang mit *PRNP*-Gen, Primer, DNA-Polymerase, Adenin-, Guanin, Cytosin- und Thyminnucleotide, Abbruchnucleotid C* [ddCTP]

Gefäß 4: DNA-Matrizenstrang mit *PRNP*-Gen, Primer, DNA-Polymerase, Adenin-, Guanin, Cytosin- und Thyminnucleotide, Abbruchnucleotid A* [ddATP]

AUFGABE 2

[Das auf dem Arbeitsblatt abgebildete »Leseraster« soll die Schülerinnen und Schüler darin unterstützen, die einzelnen zur Auswertung erforderlichen Schritte nachvollziehen zu können.]

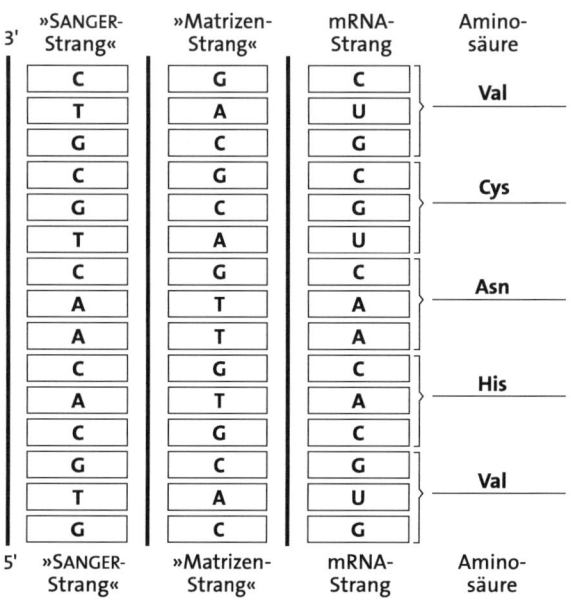

	»SANGER-Strang«	»Matrizen-Strang«	mRNA-Strang	Aminosäure
3'	C	G	C	Val
	T	A	U	
	G	C	G	
	C	G	C	Cys
	G	C	G	
	T	A	U	
	C	G	C	Asn
	A	T	A	
	A	T	A	
	C	G	C	His
	A	T	A	
	C	G	C	Val
	G	C	G	
	T	A	U	
5'	G	C	G	Aminosäure
	»SANGER-Strang«	»Matrizen-Strang«	mRNA-Strang	

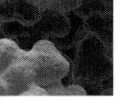

[Zur Lösung der Aufgabe müssen die Schülerinnen und Schüler das SANGER-Verfahren verstanden haben. Dazu müssen sie wissen, dass in der Darstellung des Sequenzierungsgels oben die längsten, unten die kürzesten DNA-Fragmente sichtbar werden (vgl. Abb. 146.1 im Schülerband). Dann wird auch klar, dass die »SANGER-Sequenz« auf einfache Weise dadurch ermittelt werden kann, dass entsprechend der Reihenfolge der im Sequenzierungsgel auftretenden Banden die zugehörigen Nucleotidsymbole von oben nach unten in das Schema eingetragen werden. Die Nucleotide des Matrizenstrangs ergeben sich dann aufgrund der komplementären Basenpaarungen, die mRNA-Sequenz komplementär zur Sequenz des Matrizenstrangs bzw. aus dem »SANGER-Strang« durch Austausch von T durch U. Mit Hilfe der Codesonne lässt sich schließlich die Aminosäuresequenz des Genabschnitts ermitteln, wobei die Leserichtung zu berücksichtigen ist: Das mRNA-Molekül wird in 5'-3'-Richtung abgelesen, also beginnend beim Codon GUG).]

AUFGABE 3

Das Codogen 178 eines mutierten Alles weist die SANGER-Sequenz AAC [im Sequenzierungsdiagramm von unten nach oben zu lesen] und damit die komplementäre Matrizen-Sequenz TTG auf. Die davon abgeleitete mRNA (AAC) codiert für Asparagin. Die Codesonne [Abb. 136.3 im Schülerband]

zeigt, dass für Asparaginsäure (Asp) nur die Codons GAC und GAU in Frage kommen und damit die Ausgangs-DNA-Sequenzen CTG und CTA. Geht man von der Veränderung nur eines Nucleotids aus, so muss diese den Austausch von Cytosin mit Thymin an der ersten Stelle des Codogens 178 betreffen (von CTG zu TTG).

[Wurde die Orientierung der Nucleotidstränge korrekt eingetragen, so kann aus der 5'-3'-Orientierung der mRNA die zugehörige Aminosäuresequenz abgeleitet werden (s. o.). Falls nicht die richtige Orientierung erkannt wurde, so sollte der Hinweis im Aufgabentext, dass Asparaginsäure (Asp) am Codon 178 durch Asparagin (Asn) ersetzt wird, einen Hinweis auf diesen Fehler geben.]

AUFGABE 4

Das »gesunde« *PRNP*-Gen weist am Codogen 178 (also auf dem Matrizenstrang) die DNA-Sequenz 3'-CTG-5' auf. Da in dieser Aufgabe die Banden eingezeichnet werden soll, die nach der Sequenzierung zu erwarten sind, muss die zugehörige SANGER-Sequenz ermittelt werden. In der Abbildung unten ist die der Matrizen-Sequenz 3'-CTG-5' analoge SANGER-Sequenz (5'-GAC-3') wie die Vergleichssequenz auf dem Arbeitsblatt mit Pfeilen gekennzeichnet.

[In der rechten Abbildung sind die zu erwartenden Banden zur Verdeutlichung nachgezeichnet.]

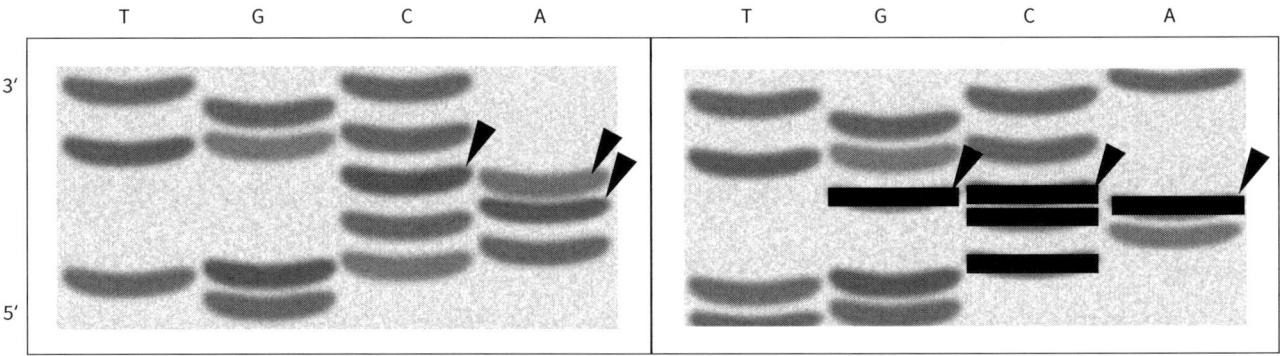

Zusätzliche Materialien

Film

In einer englischsprachigen Dokumentationssendung (*Fatal Familial Insomnia*) werden der »Ursprung« der Krankheit in Venedig, der Krankheitsverlauf sowie das Schicksal zweier Frauen dargestellt, deren Mutter an FFI gestorben ist und die sich nun auf ihre erbliche Belastung testen lassen könnten. Der Film kann als Einstieg in die Thematik eingesetzt werden und zugleich Anlass zu einer anschließenden Diskussion geben, ob sich die Schülerinnen und Schüler in einer vergleichbaren Situation testen lassen würden.

Prionen

Bei Prionen handelt es sich um Proteine, die natürlicherweise in Organismen vorkommen und deren Funktion offensichtlich im Schutz der Zellen vor verschiedenen Zellgiften besteht (z. B. Cu^{2+}-Ionen, Wasserstoffperoxid). Der Name ist abgeleitet von der englischen Bezeichnung *Proteinaceous infecttous particle*.

Ein Prion-Molekül hat umfangreiche Domänen mit α-Helix-Struktur, die insgesamt etwa 43 % der Peptidkette ausmachen. Bei bestimmten Gehirnerkrankungen wie dem »Rinderwahnsinn« (BSE), der CREUTZFELDT-JAKOB-Erkrankung des Menschen oder der Traberkrankheit (Scrapie) bei Schafen fand man Prionen, die sich in ihrer räumlichen Struktur von den normal gebauten unterscheiden (s. Abb.

rechts): Ihr α-Helix-Anteil sinkt, während Bereiche der Kette in die β-Faltblattstruktur übergehen. Wahrscheinlich bewirkt diese Konformationsänderung den Ausbruch der genannten Krankheiten. Offensichtlich sind pathogene Prionen in der Lage, korrekt gebaute Moleküle »umzufalten«, so dass sich in einer Kettenreaktion die Anzahl der falsch gefalteten Prionen mit der Zeit erhöht.

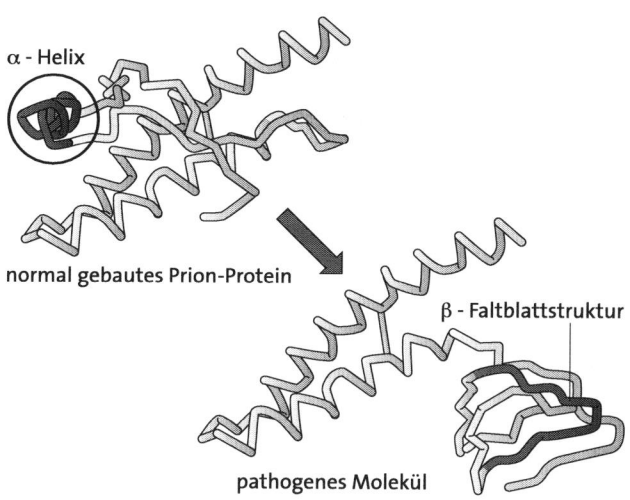

α - Helix

normal gebautes Prion-Protein

β - Faltblattstruktur

pathogenes Molekül

Molekulare Ursachen der FFI

Verschiedene Untersuchungen zu den molekularen Grundlagen der FFI deuten darauf hin, dass das Prion-Protein PrP^c eine Rolle bei der Kupferbindung an Synapsen spielt. Vermutlich ist das Protein über einen sogenannten GPI-Anker an der präsynaptischen Membran verankert (GPI = Glycosylphosphatidylinositol; dient der Bindung von Glykoproteinen an die Plasmamembran von Zellen). Das Protein scheint Kupferionen zu binden, welche bei der synaptischen Vesikelverschmelzung in den synaptischen Spalt gelangen. Die Ionen werden am N-terminalen Anteil des Proteins gebunden und mit der Endocytose des Prion-Proteins in die Präsynapse aufgenommen. Während viele Prion-Krankheiten infektiös sind (z. B. Scrapie) oder gar spontan entstehen können (v. a. sCJD = sporadische CREUTZFELDT-JAKOB-Erkrankung), handelt es sich bei der FFI um eine erblich bedingte Prion-Erkrankung, deren molekulargenetische Ursachen inzwischen aufgeklärt sind. Eine Analyse, ob eine Person an FFI erkrankt ist oder erkranken wird, kann im Falle der FFI nur über eine DNA-Sequenzierung erfolgen. Anders als bei anderen Prion-Erkrankungen kann im Gehirn der Betroffenen kein immunhistochemischer Nachweis durchgeführt werden. Da es sich bei der Ursache der FFI um eine Punktmutation am Codogen 178 in Verbindung mit einem Polymorphismus am Codogen 129 handelt, kann über die Auswertung eines Sequenzierungsgels die erbliche Belastung ermittelt werden.

Weiterführende Aufgaben

AUFGABE A
Erläutern Sie anhand der folgenden Strukturformel eines »Abbruchnucleotids«, worauf die DNA-Sequenzierungsmethode nach SANGER auf molekularer Ebene beruht.

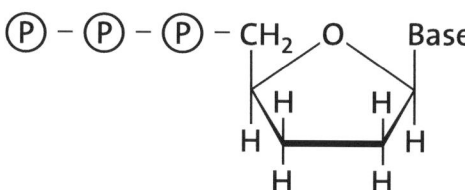

Lösung
Wird anstelle eines normalen Nucleotids ein Abbruchnucleotid in die wachsende Nucleotidkette eingebaut, kommt es zum Abbruch der DNA-Synthese. Grund dafür ist das Fehlen der Hydroxylgruppe am C_3-Atom der Desoxyribose bei den modifizierten Nucleotiden. Dadurch kann an dieser Stelle keine Esterbindung mit einem Phosphatrest eines weiteren Nucleotids ausgebildet werden.

AUFGABE B
Der folgende Genabschnitt eines mutierten FFI-Allels wurde durch eine DNA-Sequenzierung ermittelt:
3'………CACGTGTTGACGCAG ………5'
Stellen Sie dar, welche Abbruchstränge für einen Ansatz mit dem Abbruchnucleotid C* zu erwarten sind.

Lösung
Genabschnitt:
3'……… CACGTGTTGACGCAG ……….5'
Mögliche Abbruchstränge:
5' Primer GTGC* 3'
5' Primer GTGCAC* 3'
5' Primer GTGCACAAC* 3'
5' Primer GTGCACAACTGC* 3'
5' Primer GTGCACAACTGCGTC* 3'
[Ggf. kann die Aufgabe noch erweitert werden um die übrigen Ansätze mit den drei anderen möglichen Abbruchnucleotiden sowie um die grafische Darstellung des zugehörigen Sequenzierungsgels.

Prinzipiell kann von den Schülerinnen und Schülern zu Übungszwecken ein beliebiges in Form einer DNA-Sequenz präsentiertes »Gen« auf diese Weise (theoretisch) sequenziert werden.]

AUFGABE C
Vor einigen Jahren sorgte der sogenannte »Rinderwahnsinn« (BSE, Bovine spongiforme Enzephalopathie = »schwammartige Gehirnkrankheit bei Rindern«) europaweit für Schlagzeilen. Suchen Sie mit Hilfe einer Internetrecherche nach Informationen zu dieser Krankheit (Auftreten, Symptome, Ursachen, mögliche Infektionsquellen) und stellen Sie heraus, welche Gefahren für den Menschen von dieser Tierkrankheit ausgehen könnten.

Lösung

[In der Literatur und im Internet sind umfangreiche Informationen zu BSE zu finden. Hier einige geeignete Recherchequellen:

Anon.: Die bovine spongiforme Enzephalopathie (BSE) des Rindes und ihre Übertragbarkeit auf den Menschen. Bundesgesundheitsblatt **44** 2001: 1–11.

Aktuelle Daten zu BSE-Fällen sind erhältlich unter

http://www.rki.de/DE/Content/InfAZ/C/CJK/CJK.html
(Website des Robert-Koch-Instituts)

und auf der Website des Bundesministeriums für Ernährung und Landwirtschaft: https://www.bmel.de]

AUFGABE D

Der folgende Stammbaum dokumentiert das Vorliegen von FFI in der auf dem Arbeitsblatt erwähnten französischen Familie. Erläutern Sie, welcher Vererbungsmodus der Krankheit zugrunde liegt und begründen Sie Ihre Aussage anhand von Genotypen.

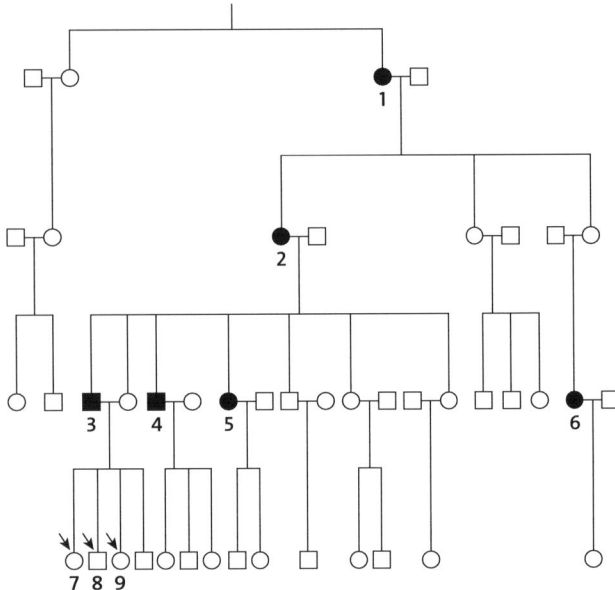

↘ bislang nicht erkrankte Träger des mutierten *PSPN*-Gens

Lösung

Der Stammbaum zeigt, dass die Krankheit dominant vererbt wird: Person 6 hat zwei gesunde Eltern; dies schließt einen rezessiven Vererbungsmodus aus. Die ungefähr gleiche Verteilung von kranken Frauen und Männern legt eine autosomale Vererbung nahe. Dies wird dadurch belegt, dass Person 3 mit einer gesunden Frau bei gonosomaler Vererbung keine kranken weiblichen Nachkommen haben dürfte.

AUFGABE E

Die FFI wird autosomal-dominant vererbt [s. Aufgabe D]. Nehmen Sie einmal folgenden Fall an: Sie sind 18 Jahre alt, ihre Mutter ist 46 Jahre, ihr Vater 48 Jahre alt. Beide Elternteile sind augenscheinlich gesund, doch in der Familie ihres Vaters sind bereits Fälle von FFI aufgetreten. Ihr Großvater ist im Alter von 65 Jahren an FFI gestorben, ihr Onkel (55 Jahre) ist inzwischen nachweislich an FFI erkrankt.

Erläutern Sie, ob Sie sich mittels einer DNA-Sequenzierung testen lassen würden. Stellen Sie Überlegungen an, welche Auswirkungen das Testergebnis auch für ihre Familienangehörigen haben könnte.

Lösung

Zunächst kann ein Stammbaum anhand der Angaben im Aufgabentext erstellt werden (s. Abb.): Die Genotypen der Großeltern väterlicherseits und des Onkels können angegeben werden: Die beiden betroffenen Männer müssen heterozygot in Bezug auf das Gen gewesen sein *(Ff)*, die Großmutter homozygot gesund *(ff)*. Der Genotyp beider Eltern kann nicht mit Sicherheit angegeben werden: Möglicherweise ist bei beiden Personen das mutierte Allel zwar vorhanden, aber die Krankheit noch nicht ausgebrochen. Allerdings kann zur Vereinfachung angenommen werden, dass das mutierte Gen bei der Mutter nicht vorliegt (im Text ist nicht erwähnt, dass die extrem seltene Krankheit auch in der Familie der Mutter aufgetreten ist). Die Wahrscheinlichkeit, dass der Vater Träger des mutierten Allels ist, liegt bei 50 %, dementsprechend besteht die Gefahr, selbst Träger dieses Allels zu sein, mit einer Wahrscheinlichkeit von 25 %.

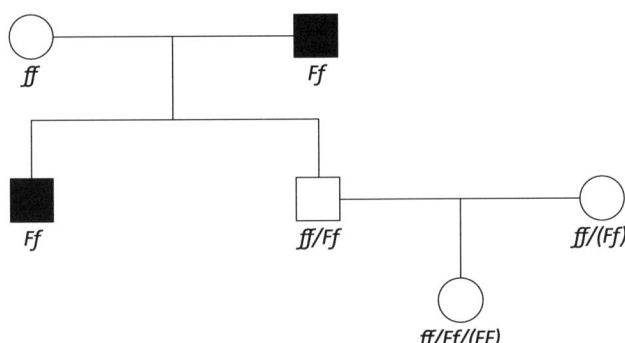

Im Mittelpunkt der Überlegungen, ob ein DNA-Test angesichts dieser Wahrscheinlichkeit sinnvoll ist, könnte die Frage stehen, ob es überhaupt wünschenswert ist, Sicherheit über eine möglicherweise eintretende und dann tödlich verlaufende Erkrankung zu gewinnen, angesichts der psychischen Belastungen, die dieses Wissen bzw. Nichtwissen für die kommenden Lebensjahre mit sich bringt. Darüber hinaus könnte ein solcher Test auch für Familienangehörige Konsequenzen haben: Ein positiver Nachweis würde beispielsweise auch den Vater als Träger identifizieren, mögliche Geschwister kämen dann ebenfalls als Allelträger in Frage. Ein negativer Nachweis (d. h. kein mutiertes Allel vorhanden) schließt dagegen beides nicht aus.

Regulation der Genaktivität (S. 48)

Konzeption des Arbeitsblattes

Anhand des Arbeitsblattes kann das Fachwissen der Schülerinnen und Schüler über die Kontrolle der Genaktivität vertieft werden. Ein vergleichsweise einfaches Modellschema soll hierbei helfen, die Abhängigkeit der Genexpression von herrschenden Umweltfaktoren zu erkennen. Mit Hilfe der auf dem Arbeitsblatt vorgegebenen Fakten und der Darstellungen im Schülerband (S. 150) sollen die Schülerinnen und Schüler einen Repräsentationswechsel leisten (Aufgaben 1 und 2). Auf der Basis der Lösungen dieser Aufgaben sollen in Aufgabe 3 Kompetenzen im Bereich der Interpretation von Schaubildern und der Hypothesenbildung gestärkt werden. Inhaltlich wird auf diesem Arbeitsblatt vorrangig das Basiskonzept »Regulation« thematisiert.

Geforderte Kompetenzen: Argumentieren (insbesondere Analysieren von Diagrammen), Modellbildung, Repräsentationswechsel, Gebrauch der Fachsprache.

Einsatz des Arbeitsblattes im Unterricht

Das Arbeitsblatt sollte im Unterricht nach der Thematisierung der Genregulation der Prokaryoten eingesetzt werden, um insbesondere auch leistungsschwächeren Schülerinnen und Schülern die Möglichkeit zu geben, ihr Wissen zu überprüfen. Es ergänzt die Seiten im Schülerband insofern, als ein einfacheres Schema gewählt wurde, welches die Zusammenhänge im Kontext eines eindrücklichen Beispiels didaktisch reduziert darstellt.

Das Arbeitsblatt kann auch gut als Hausaufgabe (ggf. nur mit einem Teil der Aufgaben) eingesetzt werden.

Lösungen und Anmerkungen

AUFGABE 1
Es handelt es sich hierbei um die Transkription.

[Die Initiation der Transkription ist diejenige Phase der Proteinbiosynthese, in der die entscheidenden Kontrollmechanismen der Genexpression einsetzen.]

AUFGABE 2
[Lösung s. Abbildung unten. Zusätzlich kann in den Grafiken auch noch die RNA-Polymerase beschriftet werden. Anstelle von »Tryptophan« kann in Abb. B auch die allgemeine Bezeichnung »Corepressor« eingesetzt werden.]

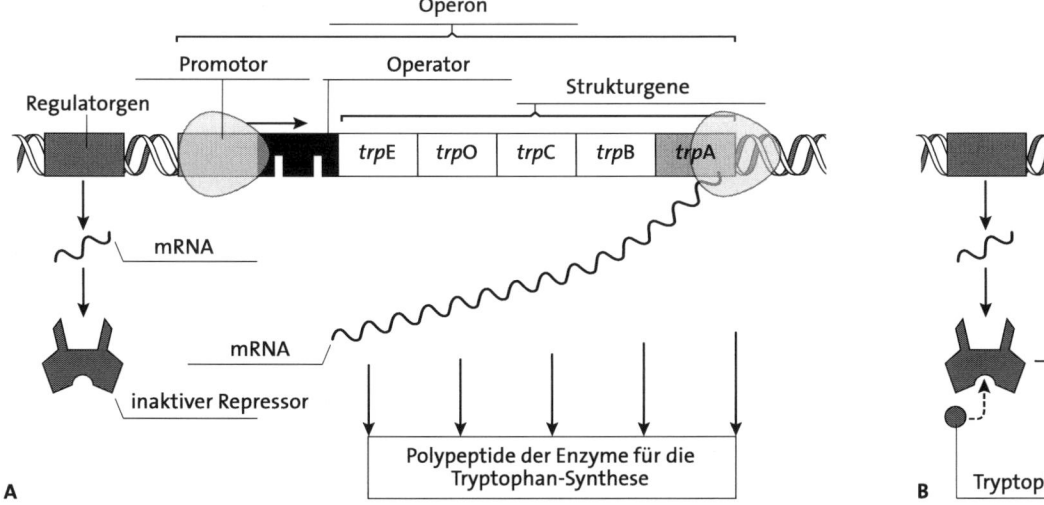
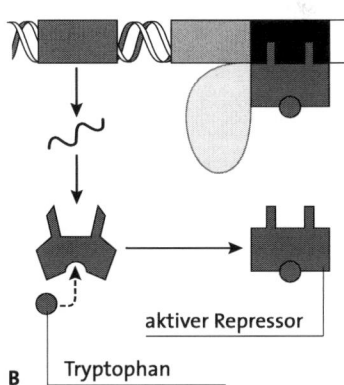

AUFGABE 3
[Kurvenverlauf s. nächste Seite]
Das Enzym der Synthesekette, dessen Konzentration experimentell bestimmt wurde, ist aktiv, das Operon ist »angeschaltet« → Der Repressor bindet nicht an den Operator, die RNA-Polymerase kann daher an den Promotor binden. Nach Zufuhr von Tryptophan über die Nahrung kommt es zum allmählichen Abschalten des Operons: Tryptophan bindet als Corepressor an den zuvor inaktiven Repressor → Der nun aktive Repressor-Tryptophan-Komplex bindet an den Operator des Tryptophan-Operons → Die RNA-Polymerase kann nicht mehr an den Promotor binden und löst sich von der DNA → keine weitere Transkription der Gene → langsamer Rückgang der Enzymkonzentration.

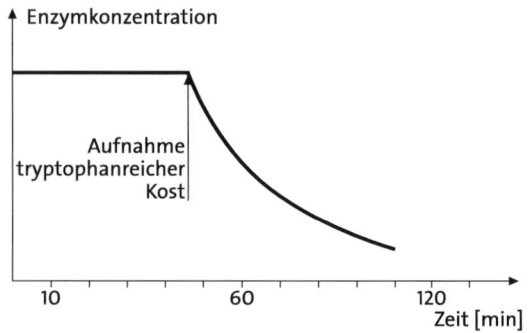

Enzymkonzentration

Aufnahme tryptophanreicher Kost

10   60   120

Zeit [min]

AUFGABE 4

Befindet sich ein Bakterium in einem Umgebungsmilieu, welches kein oder nur wenig Tryptophan enthält, so synthetisiert es diese Aminosäure über eine Stoffwechselkette selbst. Ist ausreichend Tryptophan hergestellt oder wird dieses von außen zugeführt, so sorgt das Endprodukt Tryptophan dafür, dass der Syntheseweg abgeschaltet wird.

Die Endproduktrepression stellt damit eine Form der negativen Rückkopplung dar, die zur Selbststeuerung eines Systems beiträgt.

Weiterführende Aufgaben

AUFGABE A

Übertragen Sie das Modellschema des Arbeitsblatts auf die Substratinduktion beim Lactose-Operon von *Escherichia coli.*

Lösung

Schema wie auf dem Arbeitsblatt, enthält folgende Elemente: Bakterien-DNA mit (von links nach rechts) Promotor des Regulatorgens, Regulatorgen, Promotor der Strukturgene, Operator mit Repressor-Bindungsstelle und angelagertem Repressormolekül, drei Strukturgene. Die Synthese des Repressors (über mRNA-Molekül) kann genauso dargestellt werden wie im Falle des Tryptophan-Operons, die Synthese der drei für den Lactoseabbau notwendigen Enzyme ist wegen der Repressoranlagerung unterbunden. Auf dem zweiten Teilbild wird zusätzlich der Induktor Lactose eingezeichnet (statt des Corepressors); bei Bindung des Induktors an das aktive Repressormolekül wird dieses inaktiviert und löst sich vom Operator ab; dann kann die RNA-Polymerase an den Promotor binden und die Strukturgene können transkribiert werden. Über die mRNA-Moleküle kommt es zur Synthese der drei Enzyme.

[Die Aufgabe kann den Schülerinnen und Schülern erleichtert werden, indem sie die Informationen und Abbildungen auf S. 150 im Schülerband verwenden dürfen, ggf. auch erst zur Kontrolle ihrer Lösung.]

AUFGABE B

Informieren Sie sich über den Aufbau, die Funktion und die Regulation des Arabinose-Operons bei *Escherichia coli.*

Lösung

Das Bakterium *Escherichia coli* ist in der Lage, verschiedene Zucker als Energiequelle zu nutzen, darunter neben der Lactose auch das Monosaccharid Arabinose, eine Pentose. Die Verwertung dieses Zuckers ist möglich, weil *E. coli* verschiedene Enzyme bilden kann, die den schrittweisen Abbau der Verbindung katalysieren. Die diese Enzyme codierenden Strukturgene liegen unmittelbar hintereinander auf der Bakterien-DNA im sogenannten Arabinose-Operon und werden mit *ara A, ara B* und *ara D* bezeichnet. Die Regulation der Gene erfolgt durch einen Promotor. Wie beim Lactose-Operon, findet man auch beim Arabinose-Operon eine Substratinduktion: Der Promotor ist nur dann besonders aktiv, wenn das Nährmedium, in dem die Bakterien kultiviert werden, Arabinose enthält. Eine Schlüsselrolle spielt dabei ein Aktivatorprotein (Ara C). In Abwesenheit von Arabinose ist dieses Protein inaktiv. Liegt Arabinose im Nährmedium vor, bindet der Zucker an das inaktive Ara-C-Protein. Dies wiederum führt dazu, dass das Aktivatorprotein an eine spezifische Erkennungssequenz im Operatorbereich des Operons bindet und dadurch die ansonsten sehr schwache Transkriptionsaktivität an den Arabinose-Strukturgenen durch Kontakt mit der RNA-Polymerase deutlich erhöht. Daraus resultiert eine verstärkte Synthese der drei Enzyme.

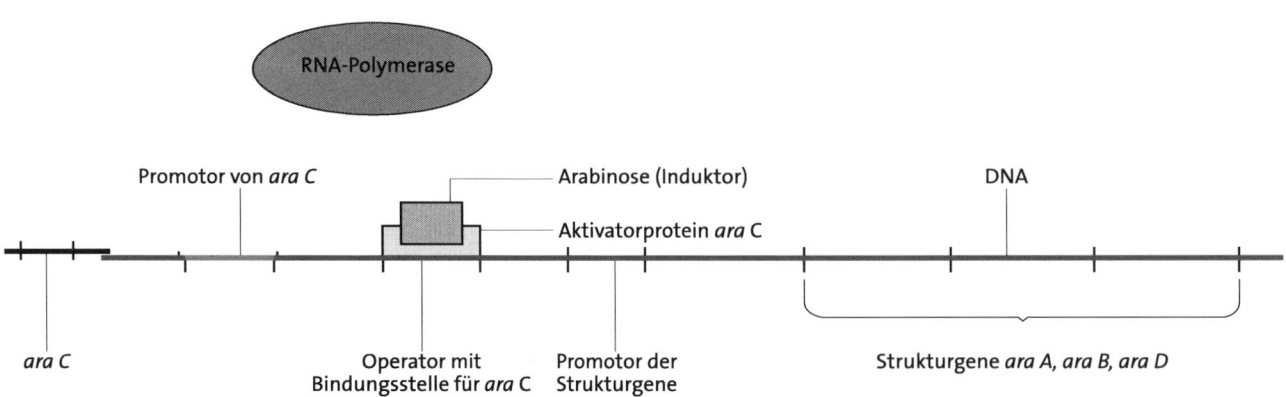

Arabinose-Operon von Escherichia coli (vereinfachtes Modell)

Rätsel

Grundlagen der Molekulargenetik (S. 49)

Sie haben in diesem Kapitel wesentliche Grundlagen und Anwendungen der Molekulargenetik kennen gelernt. Anhand dieses Kreuzworträtsels können Sie nun Ihr Wissen um die zentralen Begrifflichkeiten und Definitionen unter Beweis stellen. Die markierten Felder ergeben – in der richtigen Reihenfolge hintereinander gestellt – das Lösungswort.

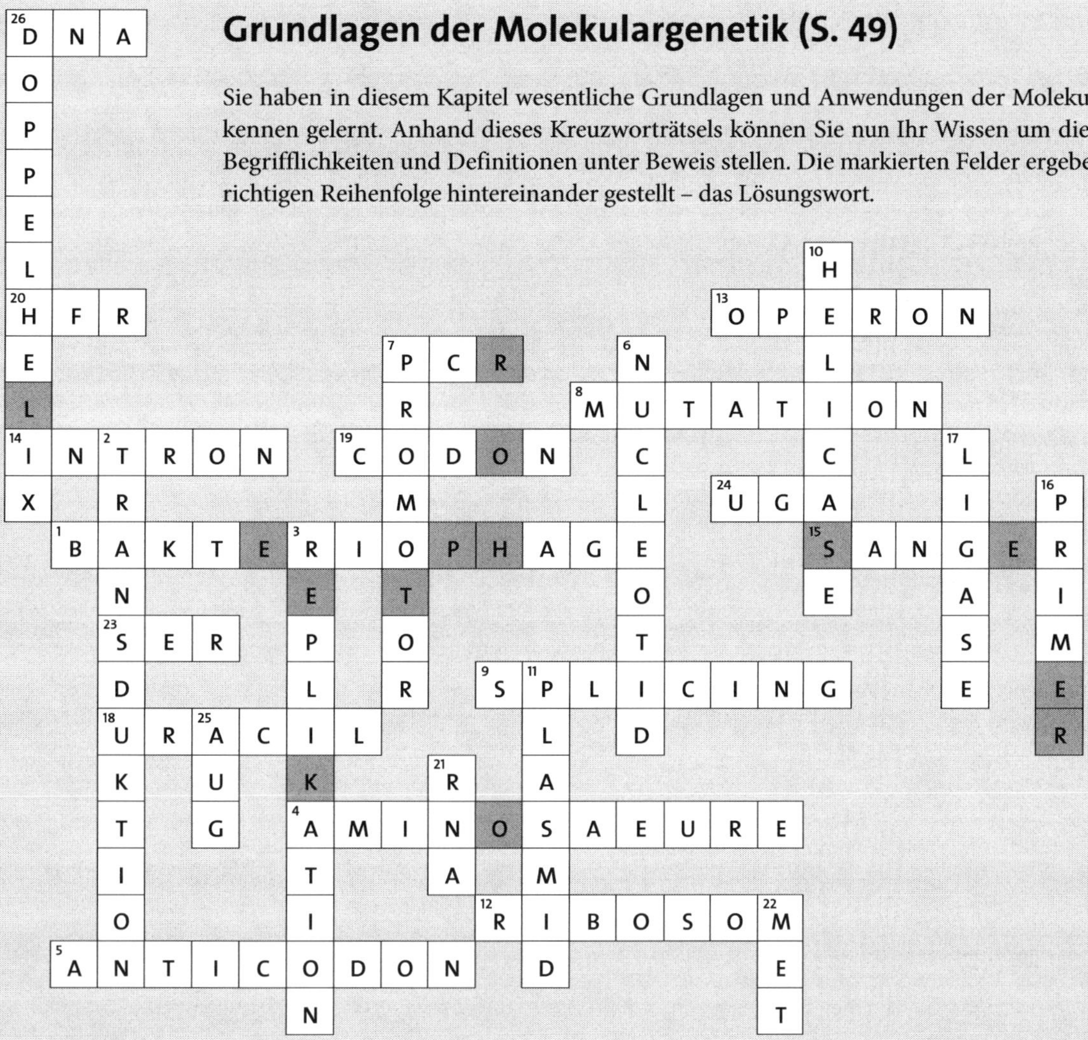

Lösungswort:

E L E K T R O P H O R E S E

Waagerecht:

1 T4 ist ein …
4 Baustein eines Proteins
5 Basentriplett auf der tRNA
7 Verfahren zur künstlichen DNA-Vermehrung (Abkürzung)
8 Veränderung der Erbsubstanz
9 Herausschneiden der Introns aus einer Vorläufer-mRNA (engl. Bezeichnung)
12 Ort der Translation
13 funktionelle Einheit auf der DNA
14 nichtcodierender DNA-Abschnitt eines Eukaryotengens
15 Verfahren der Sequenzierung (Namensgeber)
18 ersetzt Thymin in der RNA
19 Triplett der mRNA
20 hochrekombinantes Konjugationsverfahren (Abkürzung)

23 Abkürzung für die Aminosäure Serin
24 Nucleotidsequenz eines mRNA-Stopcodons
26 Träger der genetischen Information (Abkürzung)

Senkrecht:

2 Übertragung von genetischem Material mittels Phagen
3 Prozess der DNA-Verdoppelung
6 Grundbaustein einer Nucleinsäure
7 Teil eines Operons
10 Enzym zur Entwindung der DNA-Helix
11 DNA-Ring
16 Startmolekül der PCR
17 verknüpft DNA-Fragmente bei der Replikation
21 einzelsträngige Nucleinsäure
22 Aminosäure des Startcodons (Abkürzung)
25 Nucleotidsequenz eines mRNA-Startcodons
26 dreidimensionale Struktur der DNA

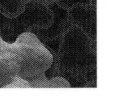

Molekulargenetik (S. 50)

Konzeption des Arbeitsblattes

Zur Lösung des Multiple-Choice-Tests auf diesem Arbeitsblatt sollten sich die Schülerinnen und Schüler zuvor einen guten Überblick über die Grundlagen der molekularen Genetik verschafft haben. Inhaltliche Schwerpunkte sind Bau und Repli- kation der DNA, die Prozesse der Proteinbiosynthese sowie wichtige Labormethoden der Molekulargenetik.

Geforderte Kompetenzen: Argumentieren, Experimentieren, Gebrauch der Fachsprache.

Einsatz des Arbeitsblattes im Unterricht

Das Arbeitsblatt kann als Hausaufgabe oder im Unterricht zur Selbstkontrolle der erworbenen Fachkenntnisse eingesetzt werden, vorzugsweise am Ende der Unterrichtseinheit. Als Ergänzung und Vertiefung bzw. zur Binnendifferenzierung kön- nen die Schülerinnen und Schüler zusätzlich Kommentare zu den falschen Antworten formulieren und dabei erläutern, worin die jeweiligen Fehler und Ungenauigkeiten der Aussagen bestehen.

Lösungen und Anmerkungen

Die korrekten Lösungen zu den acht Multiple-Choice-Aufgaben sind auf der nächsten Seite angekreuzt. In den nachfolgenden Anmerkungen sind erläuternde Hinweise und Korrekturen zu den Aussagen zusammengestellt.

1. a) Peptidbindungen sind Bindungen zwischen je zwei Aminosäuren; sie kommen als Bindungen in Proteinmolekülen vor.
b) Esterbindungen entstehen formal aus einer Säuregruppe und einer Hydroxylgruppe. Jeder Phosphorsäurebaustein eines Nucleotids kann zwei Bindungen zu je einem weiteren Nucleotid (jeweils zu einer Hydroxylgruppe des Zuckerbausteins) eingehen; daher spricht man in Nucleinsäuren von Diesterbindungen.
c) Wasserstoffbrückenbindungen kommen ebenfalls in der DNA vor, allerdings nicht als Bindungstyp im »Rückgrat« der Nucleinsäure, sondern als Wechselwirkung zwischen den Basen komplementärer Stränge.
d) Disulfidbrücken kommen in Proteinen vor (zwischen zwei Cysteinbausteinen einer oder mehrerer Polypeptidketten).

2. Der klassische Weg der Genexpression verläuft von der DNA über die transkribierte RNA zum Protein.

3. a) Transkription = Synthese von mRNA; dabei wird die Nucleotidsequenz eines DNA-Abschnitts in die Nucleotidsequenz einer RNA »übersetzt«.
c) Transformation = genetische Veränderung von Zellen durch Übertragung isolierter DNA [z. B. bei den Experimenten von GRIFFITH]
d) Translation: Proteinsynthese an den Ribosomen; dabei wird die Nucleotidsequenz der mRNA in die Aminosäuresequenz eines Polypeptids umgesetzt.

4. c) Amylase ist ein Stärke abbauendes Enzym.

5. b) Introns sind nicht-codierende Sequenzen einer eukaryotischen Transkriptionseinheit; diese Abschnitte werden zwar während der Transkription von der RNA-Polymerase abgelesen, doch werden sie posttranskriptional »ausgeschnitten« und die codierenden Sequenzen (Exons) anschließend wieder zur »reifen mRNA« zusammengesetzt.
c) Exons sind codierende Sequenzen, sind also die Informationsgrundlage für die Proteine der Zelle.
d) Chemisch sind Exons und Introns gleich aufgebaut; es handelt sich in beiden Fällen um verknüpfte Nucleotide.

6. Zur Identifizierung der richtigen Primer muss das zu den beiden Sequenzenden komplementäre Paar ausfindig gemacht werden. Dabei ist auch die Leserichtung der Oligonucleotide zu beachten. Nur Lösung c) zeigt die erforderliche komplementäre Nucleotidsequenz.

7. a), b) Gelelektrophoresen finden sowohl bei der Auftrennung von Proteingemischen als auch bei der Trennung von Nucleinsäuren Anwendung. Voraussetzung für die Trennung ist zum einen, dass die zu trennenden Komponenten der Gemische geladen sind, damit sie im elektrischen Feld »wandern« können (das ist unter geeigneten Versuchsbedingungen bei allen Proteinen und Nucleinsäuren der Fall), zum anderen, dass sich die Gemischbestandteile in ihrer Größe unterscheiden und so unterschiedlich schnell im Gel transportiert werden.
c) Zur Vermehrung von DNA setzt man die PCR (Polymerase-Kettenreaktion) ein.
d) Die räumliche Struktur der DNA kann nicht unmittelbar beobachtet werden; indirekte Hinweise liefern Röntgenbeugungsmuster und die Kernspinresonanzspektroskopie].

8. Reverse Transkriptase und Helicasen werden für eine DNA-Sequenzierung nicht benötigt.

Molekulargenetik

Markieren Sie die korrekten Lösungen mit einem Kreuz. Bei einigen Aufgaben sind mehrere Antworten anzukreuzen.

1. Welche Bindungen treten im Rückgrat der DNA zwischen den Nucleotiden auf?

- ☐ Peptidbindungen
- ☒ Phosphorsäurediesterbindungen
- ☐ Wasserstoffbrückenbindungen
- ☐ Disulfidbrücken

2. Wie verläuft der Weg der genetischen Information in der Zelle?

- ☐ RNA wird in DNA transkribiert, anschließend in die Primärstruktur eines Proteins übersetzt.
- ☒ DNA wird in RNA transkribiert, anschließend in die Primärstruktur eines Proteins übersetzt.
- ☐ Aus der Primärstruktur eines Proteins wird die RNA transkribiert und anschließend in DNA übersetzt.
- ☐ DNA wird in RNA transkribiert, aus der sich dann die Primärstruktur eines Proteins bildet.

3. Welcher Begriff beschreibt die Übertragung von DNA zwischen verschiedenen Bakterien mit Hilfe von Bakteriophagen?

- ☐ Transkription
- ☒ Transduktion
- ☐ Transformation
- ☐ Translation

Abb. 1 *1953: The structure of the DNA molecule is first described*

4. Welche Enzyme spielen eine Rolle bei der Replikation?

- ☒ Helicase
- ☒ Ligase
- ☐ Amylase
- ☒ DNA-Polymerase

5. Welche Aussage(n) zur prä-mRNA und zum Spleißen trifft/treffen zu?

- ☒ Die Exons der prä-mRNA werden zur mRNA verbunden.
- ☐ Die Introns der prä-mRNA werden zur mRNA verbunden.
- ☐ Die Exons der prä-mRNA liefern keine Information für die Polypeptidkette.
- ☒ Die Introns der prä-mRNA bestehen aus Nucleotiden.

6. Der folgende DNA-Ausschnitt soll mit einer PCR vervielfältigt werden.

3'GTGATTGATATTAGCTGATGCCATA 5'

5'CACTAACTATAATCGACTACGGTAT 3'

Welches Primer-Paar müssten Sie dazu im Labor bestellen?

- ☐ 3'GTGAT 5' und 5'GGTAT 3'
- ☐ 5'GTGAT 3' und 3'GGTAT 5'
- ☒ 5'CACTA 3' und 3'CCATA5'
- ☐ 5'CACTA 3' und 5'GGTAT 3'

7. Eine Gelelektrophorese kann genutzt werden zur

- ☒ Auftrennung von Proteingemischen.
- ☒ Auftrennung von DNA-Fragmenten.
- ☐ Vermehrung von DNA.
- ☐ Sichtbarmachung der DNA-Doppelhelix.

8. Welche Bestandteile sind nicht in einem Ansatz zur DNA-Sequenzierung nach SANGER enthalten?

- ☐ DNA-Nucleotide
- ☐ Primer
- ☒ Reverse Transkriptase
- ☒ Helicase

Meiose – Fragen über Fragen (S. 52)

Konzeption des Arbeitsblattes

Das Arbeitsblatt soll den Schülerinnen und Schülern helfen, ihr Verständnis der bei der Meiose ablaufenden Prozesse zu überprüfen. Die beiden Beiträge aus Schülerforen stellen hierbei Varianten von Fehlertexten dar, die es auf ihre fachinhaltliche Richtigkeit hin zu überprüfen gilt. Die Schülerinnen und Schüler werden zum einen dafür sensibilisiert, auf eine präzise Verwendung von Fachtermini zu achten und zum anderen dazu angehalten, die Verständnisprobleme der Forumsteilnehmer zu hinterfragen. Die vorliegenden Texte sind eine leicht veränderte Zusammenschau mehrerer realer Internet-

beiträge; es ist durchaus denkbar, dass bei den Kursteilnehmer/innen ähnliche Verständnisschwierigkeiten und Fehlvorstellungen zum Vorschein kommen.

Das besondere Augenmerk der über den Text hinausgehenden Fragen (Aufgaben 2 und 3) liegt auf der Bedeutung der Variabilität des Erbguts und damit der zentralen Bedeutung der Meiose für die intrachromosomale Rekombination.

Geforderte Kompetenzen: Argumentieren, Gebrauch der Fachsprache.

Einsatz des Arbeitsblattes im Unterricht

Das Arbeitsblatt dient zur Vertiefung des Verständnisses der Meiose – auch in Abgrenzung zur Mitose. Möglich wäre auch eine auf den Unterricht in der Mittelstufe aufbauende Verwendung der Aufgaben zur weitgehend selbständigen Erarbeitung mit Hilfe der Informationen aus dem Schülerband

(S. 166–167), z. B. in Partnerarbeit. Die Schülerinnen und Schüler können dadurch zur Diskussion über richtige und falsche Antworten, sprachliche Ungenauigkeiten und unklare Darstellungen von Zusamenhängen angeregt werden.

Lösungen und Anmerkungen

AUFGABE 1
[Die fehlerhaften und ungenauen Textstellen sind auf der Abbildung auf der folgenden Seite grau hinterlegt.]

Karins Text
Z. 7 » … und die Meiose in den Keimzellen stattfindet.«
Die Keimzellen entstehen durch die Meiose.

Z. 13 ff. »Aber müssten es durch die Mitose nicht immer mehr Zellen und damit auch immer mehr Chromoomen werden?«
Im Grunde stellt eine Frage keinen Fehler dar. Betrachtet man diese Frage jedoch als rhetorische Frage, so könnten die Schüler/innen diese als fehlerhaft werten und kommentieren:
– Es werden nicht immer mehr Zellen, da viele keine lange Lebensdauer haben und neue Zellen als »Nachschub« gebildet werden müssen.
– Es müssen nicht mehr Chromosomen werden, da der Zellteilung eine Kernteilung vorausgeht.

Z. 18 ff. »Es ist doch so, dass zu Beginn der Meiose ein doppelter Chromosomensatz vorliegt, also ein Chromosom von der Mutter und eines vom Vater.«
Vor der Meiose liegt ein doppelter Chromosomensatz vor, doch die Formulierung »ein Chromosom von der Mutter und eines vom Vater« (Z. 21 f.) ist falsch.
[Oft scheint den Schülern auch aufgrund der reduzierten Anzahl der homologen Chromosomenpaare in den schematischen Darstellungen nicht ganz klar zu sein, dass dies immer alle 23 Paare betrifft. Bei Fragen zu Verteilungsfehlern in der Meiose, die zu Genommutationen wie Trisomie 21, TURNER- oder KLINEFELTER-Syndrom führen, for-

mulieren viele Schüler, dass in einer Zelle ein Chromosom mehr ist (»drei«) und in der anderen gar keines.]

Z. 20 ff. »Jetzt werden diese nach der ersten Reifeteilung getrennt und ich habe noch 23, also einen haploiden Chromosomensatz. Wofür braucht man denn dann aber überhaupt noch eine zweite Reifeteilung, wenn man doch nur eine Halbierung benötigt?«
23 Chromosomen sind ein haploider Chromosomensatz beim Menschen, sie bestehen aus Zwei-Chromatid-Chromosomen.
[Die zweite Frage von Karin mag zunächst in den Ohren der Schüler/innen etwas naiv klingen, ist jedoch absolut berechtigt und führt zur zentralen Bedeutung der Meiose hin, nach der Karin in ihrer Einleitung fragte (Z. 4 f.). Hier bietet sich – unter Rekurs auf Johannas Antwort (Z. 24 ff.) – eine Überleitung zur Frage 2 an (vgl. Antwort zu Aufgabe 2)]

Z. 25 ff. »Wenn bei der Fortpflanzung nun von der Frau 22+X oder 22+X und beim Mann 22+Y oder 22+X vererbt werden, dann müssten die Eltern doch 23 Chromosomen weniger haben. Wie können sie dann überhaupt noch ein zweites Kind zur Welt bringen?«
Der Zusammenhang zwischen dem Ablauf der Meiose und der Vererbung ist der Schülerin offensichtlich völlig unklar Von beiden Elternteilen wird jeweils eine Vielzahl von Keimzellen bereitgestellt.

Johannas Text
Z. 3 f. In den Keimzellen hat er nur einen halben Chromosomensatz und damit nur 23 Chromosomen.«
Die Antwort ist nicht falsch, kann aber als unpräzise an-

gesehen werden. Vermutlich würde es Karin weiterhelfen, wenn man erwähnt, dass es sich um 23 Ein-Chromatid-Chromosomen handelt.

Z. 6 ff. »*In den Keimzellen kann er nicht 46 Chromosomen haben, weil die Kinder dann ja 92 Chromosomen hätten.*«

Evtl. Kommentar, warum dies nicht möglich ist. [Polyploidie bei manchen Pflanzen und Tieren ist dagegen z. T. möglich]

Z. 12 ff. »*Die Zygote hat dann wieder 46 Chromosomen und durch mitotische Teilungen entstehen diploide Körperzellen.*«

Es handelt sich um 46 Ein-Chromatid-Chromosomen; es muss also zunächst eine Verdoppelung stattfinden, dann erst die mitotischen Teilungen (vgl. Zellzyklus).

Z. 16 f. »*…wie bei der Meiose, auf einen haploiden Chromosomensatz reduzieren und dann wieder durch Replikation verdoppeln.*«

Nicht wie bei der Reduktionsteilung der Meiose, da hier zunächst die homologen Zwei-Chromatid-Chromosomen verteilt werden; erst die 2. Reifeteilung gleicht einer Mitose.

Z. 21 ff. »*Bei der ersten Reifeteilung, der Reduktionsteilung, paaren sich die homologen Chromosomen und werden dann auf zwei Zellen verteilt und man hat einen haploiden Chromosomensatz.*«

Formulierung und inhaltliche Bedeutungsebene sind unklar im Bezug darauf, was es heißt, dass sie sich »paaren« (Chromatidentetraden: Chiasmata und Crossover).

Z. 24 ff. »*Da bestehen die Chromosomen noch aus jeweils zwei Chromatiden und deshalb muss noch die zweite Reifeteilung durchgeführt werden.*«

Begründung falsch; Bedeutung der Rekombination des Erbgutes steht im Vordergrund (vgl. Aufgabe 3 [Karins Verständnisfrage war ja sehr berechtigt]).

Z. 29 f. »*Beim Mann entstehen dabei vier, bei der Frau aber nur eine Keimzelle.*«

Antwort kann als ungenau angesehen werden: Auch bei der Frau entstehen vier Zellen, doch gehen drei als Polkörperchen zugunsten der großen Eizelle zugrunde.

Hallo Leute,

ich habe eine Frage zur Mitose und zur Meiose und brauche dringend Hilfe. Ich verstehe nicht so ganz, woraus eigentlich was entsteht und welche Bedeutung die Mitose und die
5 Meiose für das Leben haben.
Ich habe in der Schule gelernt, dass die Mitose in den Körperzellen und die Meiose in den Keimzellen stattfindet. Beides sind Zellteilungsverfahren, aber ich verstehe nicht, wann die Mitose und wann die Meiose durchgeführt wird. Wird die Meiose vielleicht bei
10 der Geburt durchgeführt?
Auch das mit den Chromosomen verstehe ich nicht so ganz. In meinem Biologiebuch steht, dass der Mensch 46 Chromosomen hat. Aber müssten es durch die Mitose nicht immer mehr Zellen und damit auch immer mehr Chromosomen werden? Außerdem
15 haben doch die haploiden Keimzellen nur 23 Chromosomen. Wie viele sind es denn nun? Ich glaube, ich habe da den Durchblick verloren!
Es ist doch so, dass zu Beginn der Meiose ein doppelter Chromosomensatz vorliegt, also ein Chromosom von der Mutter und eines
20 vom Vater. Jetzt werden diese nach der ersten Reifeteilung getrennt und ich habe noch 23, also einen haploiden Chromosomensatz. Wofür braucht man denn dann aber überhaupt noch eine zweite Reifeteilung, wenn man doch nur eine Halbierung benötigt? Irgendwie komme ich da nicht ganz mit.
25 Wenn bei der Fortpflanzung nun von der Frau 22+X oder 22+X und beim Mann 22+Y oder 22+X vererbt werden, dann müssten die Eltern doch 23 Chromosomen weniger haben. Wie können sie dann überhaupt noch ein zweites Kind zur Welt bringen?

Die Artikel im Internet haben mir für meine Fragen leider
30 nicht sehr viel gebracht, daher hoffe ich, ihr könnt mir das in euren eigenen Worten erklären.

Viele Grüße,
Karin

Hallo Karin!

Der Mensch hat 46 Chromosomen in den normalen Körperzellen. Das ist der diploide Chromosomensatz. In den Keimzellen hat er nur einen halben Chromosomensatz und damit nur 23 Chromo-
5 somen. Die normalen Zellen vermehren sich durch eine Zellteilung, aber in den Keimzellen kann er nicht 46 Chromosomen haben, weil die Kinder dann ja 92 Chromosomen hätten. Es ist auch nicht so, dass der Mensch Chromosomen aus seinen Zellen verliert, wenn er Kinder bekommt, denn das sind ja besondere Zel-
10 len, aus denen die Kinder hervorgehen. Aus einer Keimzelle der Mutter, der Eizelle, und einem Spermium entsteht bei der Befruchtung eine Zygote. Die Zygote hat dann wieder 46 Chromosomen und durch mitotische Teilungen entstehen diploide Körperzellen. Das werden bei der Mitose aber nicht mehr Chromomen als 46,
15 weil die sich vorher auch immer, wie bei der Meiose, auf einen haploiden Chromosomensatz reduzieren und dann wieder durch Replikation verdoppeln.

Du hast Recht, dass bei der Meiose vorher also ein doppelter Chromosomensatz vorliegt, davon sind wegen der Befruchtung jeweils
20 eines von der Mutter und eines vom Vater, also eigentlich 23 von der Mutter und 23 vom Vater. Bei der ersten Reifeteilung, der Reduktionsteilung, paaren sich die homologen Chromosomen und werden dann auf zwei Zellen verteilt und man hat einen haploiden Chromosomensatz. Da bestehen die Chromosomen noch aus je-
25 weils zwei Chromatiden und deshalb muss noch die zweite Reifeteilung durchgeführt werden. Die zweite Reifeteilung läuft ab wie eine Mitose: Die Schwesterchromatiden der Chromosomen werden voneinander getrennt und auf die Tochterzellen verteilt. Beim Mann entstehen dabei vier, bei der Frau aber nur eine Keimzel-
30 le. Nach der Befruchtung liegt dann wieder ein vollständiger Chromosomensatz vor.

Viele Grüße,
Johanna

AUFGABE 2

»Die Meiose ist nicht nur eine Reduktionsteilung, sondern vor allem auch eine Rekombinationsteilung.« (Strasburger)

Der diploide Chromosomenbestand wird von 2n auf 1n reduziert. Dies könnte man jedoch in einem einzigen Teilungsschritt erreichen. In der Antwort Johannas (Z. 24) erkennt man, dass auch diese die Bedeutung des zweiten Teilungsschrittes nicht richtig beurteilt.

Die Bedeutung liegt also in der Rekombination des Erbguts während der Meiose und damit in der Erzeugung genetischer Variabilität.

AUFGABE 3

- Die homologen Chromosomen ordnen sich zu Chromatidentetraden an; dabei kommt es zur Bildung von Chiasmata und zu Crossover-Vorgängen, was zur Rekombination von Allelen führen kann.
- In der Anaphase I kommt es zur zufälligen Verteilung der homologen Chromosomen.

- In der Anaphase II kommt es zur zufälligen Verteilung der »rekombinanten« Chromatiden.

  [Ursachen der genetischen Variabilität sind demnach zum einen die intrachromosomale Rekombination, zum anderen die interchromosomale Rekombination und die anschließende Gametenverschmelzung; Meiose und Syngamie bilden somit die Basis sexueller Vorgänge in der Natur.]

Weiterführende Aufgaben

AUFGABE A

Nennen Sie stichwortartig die wichtigsten Unterschiede zwischen Mitose und Meiose.

Lösung

- Mitose besteht aus einem Kernteilungsschritt, Meiose aus zwei Schritten
- Mitose: Verteilung von Chromatiden; Meiose: im ersten Schritt Verteilung von (homologen) Chromosomen, im zweiten ebenfalls von Chromatiden
- Mitose führt zur Bildung identischer Tochterkerne bzw. Tochterzellen; Meiose führt zur Bildung haploider Gametenkerne bzw. Gameten

AUFGABE B

Während der ersten Reifeteilung der Meiose kann man im Lichtmikroskop Chromatidentetraden beobachten.

a) Sind die vier Chromatiden einer Tetrade genetisch identisch? Begründen Sie Ihre Meinung.

b) Treffen Sie eine Aussage zur genetischen Identität der beiden Schwesterchromatiden eines Chromosoms nach der 1. Reifeteilung.

Lösung

a) Die Chromatiden einer Tetrade sind genetisch nicht alle identisch; sie stammen jeweils hälftig vom mütterlichen bzw. väterlichen Chromosom eines homologen Chromosomenpaares, sodass (zumindest zu Beginn der Tetradenbildung) nur je zwei Chromatiden dieselbe Erbinformation besitzen.

b) Während des Tetradenstadiums kann es durch Crossover zu einem Teilstückaustausch bei den Chromatiden kommen, welcher dazu führt, dass auch die Schwesterchromatiden eines Chromosoms nach der 1. Reifeteilung genetische Unterschiede aufweisen.

AUFGABE C

Bei Organismen mit geschlechtlicher Fortpflanzung, also auch beim Menschen, spielt die Meiose eine große Rolle bei der Entstehung innerartlicher Variabilität. Besonders wichtig ist die zufallsgemäße Verteilung der homologen Chromosomen während der 1. Reifeteilung.

a) Berechnen Sie, mit welcher Wahrscheinlichkeit zwei Keimzellen derselben Person absolut identische genetische Informationen besitzen (unter Vernachlässigung von Crossover-Vorgängen) und mit welcher Wahrscheinlichkeit zwei Geschwister genetisch identisch sind.

b) Begründen Sie, weshalb dennoch beim Menschen nicht selten Geschwister mit völlig identischem Erbgut vorkommen.

Lösung

a) Beim Menschen mit 23 Chromosomenpaaren sind $2^{23} =$ 8 388 608 unterschiedliche Eizellen bzw. Spermien möglich. [Dabei sind intrachromosomale Rekombinationsprozesse nicht berücksichtigt.] Die Wahrscheinlichkeit, das es zu einer zweiten identischen Gametenkombination kommt, beträgt $1/2^{23} \cdot 1/2^{23} = 1$ zu 2^{46} und ist demnach extrem unwahrscheinlich!

b) Völlig erbgleiche Individuen (Klone) kommen beim Menschen in Form eineiiger Zwillinge (Drillinge, ...) vor. Solche Mehrlinge entstehen durch nachträgliche Teilung einer befruchteten Eizelle, gehen also nicht auf dieselben elterlichen Keimzellen zurück.

AUFGABE D

Erläutern Sie anhand der folgenden Schemazeichnung, wie es zu einer Trisomie kommen kann.

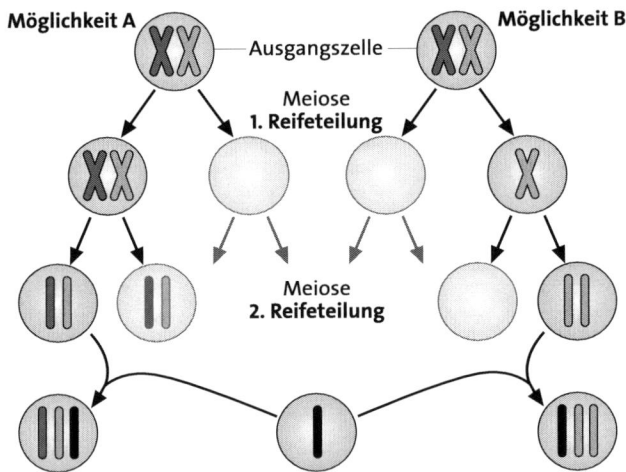

Lösung

Ursache einer Trisomie (z. B. Trisomie 21) sind Fehler im Verlauf der Meiose. Prinzipiell gibt es zwei Möglichkeiten:

A In der 1. Reifeteilung werden die homologen Chromosomen eines Chromosomenpaars nicht gleichmäßig auf die beiden Tochterzellen verteilt, sondern eine Zelle erhält beide, die andere keines der beiden Chromosomen.

B Der Fehler findet während der 2. Reifeteilung statt; hier werden die Chromatiden eines Chromosoms nicht korrekt verteilt.

In beiden Fällen enthält die Keimzelle (Eizelle oder Spermium) ein Chromosom zu viel, sodass nach der Befruchtung eine Zygote entsteht, die ein Chromosom in dreifacher Ausfertigung besitzt.

»Versuche über Pflanzenhybriden« (S. 53)

Konzeption des Arbeitsblattes

Das Vorgehen von Gregor MENDEL bei seinen berühmten und bahnbrechenden Kreuzungsversuchen an Erbsen wird in der Wissenschaftstheorie als innovativ bezeichnet, da es nicht auf vagen Beschreibungen und Hypothesen beruht, sondern auf systematischen Untersuchungen fußt. Das Hauptaugenmerk des Arbeitsblattes liegt daher auf der Erkenntnisgewinnung in der Biologie (vgl. Schülerband S. 19 ff.). Die Schülerinnen und Schüler erhalten einen Einblick in MENDELS origi-

nale Beobachtungen und Versuche. Die Fragen zum Text sind so konzipiert, dass sie schrittweise durch die Versuche leiten (Vorüberlegungen und Fragestellungen, Planung der Experimente, Ergebnisse, Auswertung der Resultate, Schlussfolgerungen) und so der Weg des Erkenntnisprozesses nachvollzogen werden kann.

Geforderte Kompetenzen: Experimentieren und Beobachten, Argumentieren.

Einsatz des Arbeitsblattes im Unterricht

Die Aufgabenseite bietet einen vertiefenden Einblick in die MENDEL-Genetik und den Prozess der Erkenntnisgewinnung. Es bietet sich daher an, es nach der Thematisierung der MENDEL'schen Regeln einzusetzen. Neben dem Aspekt der Übung und Anwendung der ersten und zweiten MENDEL'schen Regel kann der Schwerpunkt auf die Erkenntnisgewinnung gelegt werden. Insbesondere in Bundesländern, in denen die klassische Genetik nicht mehr im Bildungsplan der Kursstufe

verankert ist, kann das Arbeitsblatt verwendet werden, um den Prozess der wissenschaftlichen Erkenntnisgewinnung zu thematisieren und der Lehrerin oder dem Lehrer zugleich eine Rückmeldung darüber zu geben, inwieweit die Schülerinnen und Schüler die in den früheren Klassenstufen behandelten Vererbungsregeln noch anwenden können.

Zur Vertiefung der dargestellten Inhalte können die Seiten 19 – 21 sowie 169 – 171 im Schülerband herangezogen werden.

Lösungen und Anmerkungen

AUFGABE 1

Die Versuchspflanzen müssen nach MENDEL drei Kriterien genügen:

I. Die Pflanzen müssen konstante und leicht zu unterscheidende Merkmale aufweisen.

→ Bei der Erbse sind viele reine Sorten mit gut unterscheidbaren Merkmalen verfügbar. [MENDEL erwarb in Samenhandlungen 34 Erbsensorten, von denen sich zwei als identisch erwiesen. Es lagen ihm also 33 Sorten vor. Für die Befruchtungen wählte er nach zweijährigen Vorversuchen dann 22 Sorten für seine Versuche aus.]

II. Die Pflanzen müssen vor Fremdbestäubung geschützt werden können, [sonst kommt es zu Verfälschungen, die nicht erkannt werden und zu »irrigen Ansichten führen« (MENDEL)].

→ Erbsen sind Selbstbestäuber, sodass man schnell reine Linien erhalten kann.

[Bei Schmetterlingsblütlern (Fabaceae), zu denen die Erbse zählt, »kann eine Störung durch fremden Pollen nicht leicht eintreten, da die Befruchtungsorgane vom Schiffchen enge umschlossen sind und die Antheren schon in der Knospe platzen, wodurch die Narbe noch vor dem Aufblühen mit Pollen überdeckt wird. Dieser Umstand ist von besonderer Wichtigkeit« (MENDEL). Allerdings kann der Erbsenkäfer (*Bruchus pisorum*), ein bis 5 mm langer Blattkäfer, dessen Weibchen sich von Erbsenpollen ernähren, diesen verschleppen und damit eine Fremdbestäubung herbeiführen. In späteren Versuchen wurde dieser Käfer MENDEL oftmals zur Plage, da seine Larven, die in Erbsensamen leben und sich von diesen ernähren, ganze Bestände von Versuchspflanzen vernichteten.]

III. Hybriden und ihre Nachkommen in den folgenden Generationen müssen fruchtbar sein, [denn »verminderte Fruchtbarkeit oder gänzliche Sterilität [...] würden die Versuche sehr erschweren oder ganz vereiteln. Um die Beziehungen zu erkennen, in welchen die Hybridformen zueinander selbst und zu ihren Stammarten stehen, erscheint es als notwendig, daß die Glieder der Entwicklungsreihe in jeder einzelnen Generation vollzählig der Beobachtung unterzogen werden« (MENDEL).]

Weitere Vorzüge der Saaterbse:

• leichte Kultur der Pflanzen (im Freiland und in Töpfen), [können in großer Zahl und ganzjährig kultiviert werden]
• verhältnismäßig kurze Vegetationsdauer
• künstliche Bestäubung möglich, wenn auch etwas umständlich [vgl. Abb. 171.1 im Schülerband]

[»Zu diesem Zwecke wird die noch nicht vollkommen entwickelte Knospe geöffnet, das Schiffchen entfernt und jeder Staubfaden mittels einer Pinzette behutsam herausgenommen, worauf dann die Narbe sogleich mit dem fremden Pollen belegt werden kann.« (MENDEL)]

AUFGABE 2

Um zu überprüfen, ob die ausgewählten Versuchspflanzen den angeführten Kriterien genügten, führte MENDEL Vorversuche durch. Hier zeigte sich, ob die verschiedenen Sorten über die Generationen hinweg die gleichen Merkmale aufwiesen (Konstanz) und es möglich war, Fremdbestäubung zu vermeiden. Nach Kreuzungen der verschiedenen Sorten wählte MENDEL für seine Untersuchungen nur solche Sorten aus, die klar unterscheidbare Merkmale aufwiesen (z. B. Farbe, Gestalt

oder Blütenstellung) und deren Baumerkmale man über mehrere Generationen hinweg zuverlässig »verfolgen« konnte.

Aus den aufgrund ihrer Merkmale ausgewählten Erbsensorten wurden durch Selbstbestäubung reine Linien hervorgebracht. Durch Kreuzung reiner Linien erhielt MENDEL in seinen Versuchen dann Hybridformen und er konnte dann die Merkmale dieser Kreuzungsprodukte sicher den vorherigen Generationen zuweisen.

[MENDELS Vorgehen unterscheidet sich hier in besonderem Maße von dem anderer Wissenschaftler, die meist Individuen nach ihrem Gesamteindruck abschätzten. Dem Botaniker CARL FRIEDRICH GÄRTNER (1772–1850) zufolge konnte man nur das »unbestimmte Wogen« wahrnehmen, dass einige Individuen eher der mütterlichen, andere eher dem väterlichen Typus ähnelten, oder »mehr zum Typus der Stammmutter zurückgekehrt« waren. (Bastarderzeugung im Pflanzenreich, 1849). MENDEL sah diese Aussagen als zu allgemein gehalten und zu unbestimmt an, um daraus sichere Urteile zur Vererbung ableiten zu können: »Eine Entscheidung lässt sich wohl nur von Versuchen erwarten, bei denen der Grad der Verwandtschaft zwischen den Hybridformen und ihren Stammarten diagnostisch begründet, und nicht bloß nach dem Gesamteindrucke abgeschätzt wird«.]

AUFGABE 3

Merkmal	Anzahl in F_2-Generation	Anzahl Merkmal 1	Anzahl Merkmal 2	Zahlenverhältnis
1	7324 Samen	5474 rund oder rundlich	1850 kantig runzlig	2,96 : 1
2	8023 Samen	6022 gelb	2001 grün	3,01 : 1
3	929 Pflanzen	705 mit roten Blüten und graubrauner Samenschale	224 mit weißen Blüten und weißer Samenschale	3,15 : 1
4	1181 Pflanzen	882 mit einfachen Hülsen	299 mit eingeschnürten Hülsen	2,95 : 1
5	580 Pflanzen	428 mit grünen Hülsen	152 mit gelben Hülsen	2,82 : 1
6	858 Pflanzen	651 mit achselständigen Blüten	207 mit endständigen Blüten	3,14 : 1
7	1064 Pflanzen	787 mit langer Sprossachse	277 mit kurzer Sprossachse	2,84 : 1

Spaltungsregel (vgl. Schülerband S. 170)

Kreuzt man die Mischlinge der F_1-Generation unter sich, so spalten in der Enkelgeneration F_2 die Merkmale im durchschnittlichen Zahlenverhältnis 3 : 1 auf. Dieses Zahlenverhältnis gilt für einen dominant-rezessiven Erbgang (zweite MENDEL'sche Regel, Spaltungsregel).

[Der Durchschnitt aus den Verhältniszahlen in der letzten Spalte der Tabelle beträgt 2,98 : 1. Die Auswertung der Tabelle zeigt den Schülerinnen und Schülern, wie wichtig eine ausreichend große Stichprobenzahl bei der Auswertung von Kreuzungsexperimenten ist; sie soll damit Fehlvorstellungen entgegenwirken, die die Vorhersagbarkeit von Zahlenverhältnissen bei Kreuzungsansätzen betreffen.]

AUFGABE 4

Kreuzungsschema wie im Schülerband (Abb. 169.2) von der Parentalgeneration über die F_1-Generation bis zur F_2-Generation; anschließend Erläuterung der Resultate über die Uniformitätsregel und die Spaltungsregel entsprechend des ausgewählten Merkmals. Beispiel: Samenfarbe (Allelbezeichnungen: G = gelb, g = grün)

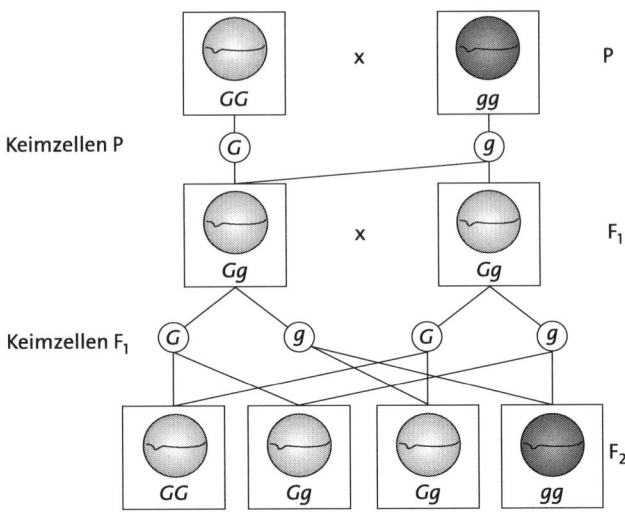

[Bei Wahl von Merkmal 5 (Hülsenfarbe) liegt das Verhältnis in der F_2-Generation bei 2,82 : 1. Hier wurden weniger Versuchspflanzen betrachtet (580) als dies etwa bei der Unterscheidung von Samen der Fall war (vgl. Anzahl der Samen und Zahlenverhältnis bei Merkmal 1 und 2). Man kann daraus ableiten, dass man sich mit einer höheren Anzahl an »Betrachtungsobjekten« die Wahrscheinlichkeit steigt, sich dem theoretisch ermittelten Zahlenverhältnis von 3 : 1 anzunähern.]

AUFGABE 5

[Mögliche Lösung zur Aufgabe 5 auf dem Arbeitsblatt (aus MENDELS Arbeit 1866 abgeleitet):]

Schritte der Erkenntnisgewinnung:

Beobachtung: Es ist das Phänomen bekannt, dass künstliche Befruchtungen an Zierpflanzen neue Farbvarianten erzielen können.

Forschungsfrage: Welche Gesetzmäßigkeiten gelten für die Bildung und Entwicklung der Hybriden?

Hypothesenbildung: Die Vererbung folgt bestimmten Gesetzmäßigkeiten. Es gibt Erbfaktoren, die [unabhängig vom Geschlecht der Eltern] an die Nachkommen vererbt werden [Anmerkungen zur Hypothesenbildung s. unter »Zusätzliche Materialien«].

Ableitung eines Experiments: Nur über »Detailversuche« (MENDEL) können numerische Verhältnisse festgestellt werden. Dazu müssen zunächst geeignete Versuchspflanzen ausgewählt werden, insbesondere benötigt man »reine Linien« dieses Modellorganismus, die sich in bestimmten Merkmalen klar unterscheiden. Individuen dieser erbreinenSorten müssen anschließend miteinander gekreuzt werden, um Rückschlüsse über die Gesetzmäßigkeiten der Vererbung der Merkmalen ziehen zu können. Die Kreuzungsexperimente

müssen in ausreichend großer Zahl durchgeführt werden, damit statistisch relevante Aussagen möglich sind.

Durchführung des Experiments: Auswahl einer geeigneten Pflanzenart nach bestimmten Kriterien [Saaterbse; zu den Kriterien s. Lösung zu Aufgabe 1], danach Züchtung reiner Linien und Auswahl von Sorten mit klar unterscheidbaren Merkmalen. Kreuzung der reinen Linien zu Hybridformen sowie im Anschluss Kreuzung der Hybridformen. Numerische Auswertung der in den Folgegenerationen auftretenden Merkmale.

Beschreibung des Ergebnisses: Ermittlung der Zahlen und Zahlenverhältnisse der Kreuzungsversuche.

Diskussion: Die Zahlenverhältnisse der Kreuzungen bestätigen die aufgestellte Hypothese. Die Auswahl der Pflanzen und der betrachteten Merkmale scheint zur Beantwortung der Forschungsfrage sinnvoll gewesen zu sein. An weiteren Arten müssten weitere »Detailversuche« durchgeführt werden, um ein allgemeingültiges Gesetz aufzustellen.

MENDELS »Experimentalsystem« als wissenschaftliche Innovation

Verschiedene Gesichtspunkte werden als innovativ betrachtet:
- genaues Auszählen anstelle groben Abschätzens
- Reduktion auf wenige unterscheidbare Merkmale
- Vorversuche zum Ausgangsmaterial (zwei Jahre), dadurch kontrollierte Bedingungen bei der Versuchsdurchführung
- Versuchspflanzen als Modellorganismen
- systematischer Versuchsaufbau
- gezielte »Manipulation« [die Spur dieser Manipulationen ließ sich über die Generationen der Verscuhspflanzen hinweg verfolgen]

Zusätzliche Materialien

Die Gartenerbse als Versuchspflanze

»Eine besondere Aufmerksamkeit wurde gleich Anfangs den Leguminosen wegen ihres eigentümlichen Blüthenbaues zugewendet. Versuche, welche mit mehreren Gliedern dieser Familie angestellt wurden, führten zu dem Resultate, dass das Genus Pisum den gestellten Anforderungen hinreichend entspreche. Einige ganz selbständige Formen aus diesem Geschlechte besitzen konstante, leicht und sicher zu unterscheidende Merkmale, und geben bei gegenseitiger Kreuzung in ihren Hybriden vollkommen fruchtbare Nachkommen. Auch kann eine Störung durch fremde Pollen nicht leicht eintreten, da die Befruchtungsorgane vom Schiffchen enge umschlossen sind und die Antheren schon in der Knospe platzen, wodurch die Narbe noch vor dem Aufblühen mit Pollen überdeckt wird. Dieser Umstand ist von besonderer Wichtigkeit. Als weitere Vorzüge verdienen noch Erwähnung die leichte Kultur dieser Pflanze im freien Lande und in Töpfen, sowie die verhältnismäßig kurze Vegetationsdauer derselben. Die künstliche Befruchtung ist allerdings etwas umständlich, gelingt jedoch fast immer. Zu diesem Zwecke wird die noch nicht vollkommen entwickelte Knospe geöffnet, das Schiffchen entfernt und jeder Staubfaden mittelst einer Pinzette behutsam herausgenommen, worauf dann die Narbe sogleich mit den fremden Pollen belegt werden kann.«

QUELLE: MENDEL, G.: Versuche über Pflanzenhydriden. Zwei Abhandlungen 1866 und 1870. Oswalds Klassiker der exakten Wissenschaften, Band 121, Hrsg. Erich von Tschmermag-Seysenegg, Frankfurt: Harri Deutsch, S. 3.

Anmerkungen zur Hypothesenbildung bei MENDELS Versuchen

Die Frage, was MENDELS Ausgangshypothese war, ist nicht einfach zu beantworten, zumal die Motivation, die MENDEL zu seinen Untersuchungen veranlasst hat, vermutlich recht vielschichtig war. MENDEL kannte die Fachliteratur (GÄRTNER, KÖLREUTER, HERBERT, LECOCQ, WICHURA) und nach dem (eher finanziell motivierten) Eintritt in das Kloster in Altbrünn wollte er, nachdem er bereits Hilfslehrer war, gerne die Prüfung für das Gymnasiallehramt in Naturgeschichte (d. i. im Wesentlichen Biologie und Geologie) sowie Physik ablegen. Nach einem viersemestrigen Studium (v. a. Physik, Zoologie, Botanik, Chemie) trat er eine Hilfslehrerstelle in einer Oberrealschule an, die er insgesamt 14 Jahre innehatte. Vier Jahre nach seinem Studium in Wien trat er erneut zur Prüfung an. Was in dieser Prüfung genau geschah, ist nicht bekannt, zumal die Protokolle aus unerklärlichen Gründen nicht mehr existieren. Es wird in der Fachliteratur die Vermutung geäußert, dass MENDEL mit einem der Prüfer (FENZL) große inhaltliche Differenzen hatte. MENDEL könnte das Opfer eines Schulenstreits geworden sein, der in der ersten Hälfte des 19. Jahrhunderts entbrannt war. Es ging darum, welche Rolle der Pollen bei der Erzeugung eines Embryos spielt. Während SCHLEIDEN die Vorstellung hegte, dass der Pollenschlauch in die Samenanlage hineinwachse, diese aber nur zu dessen Ernährung diene und sich der Embryo allein aus dem Pollenschlauch entwickle, gab es auch die Ansicht, dass der Embryo aus dem Verschmelzungsprodukt von Pollenschlauch und Eizelle entstünde (AMICI, HOFMEISTER). MENDEL wurde vermutlich von FENZL geprüft, der Anhänger der erstgenannte (und aus heutiger Sicht falschen) Theorie war. Man vermutet, dass es über diesen Sachverhalt zu einem Streit kam, da MENDEL Anhänger der Theorie AMICIS und HOFMEISTERS war. FENZL könnte eventuell »in seiner bekannt heftigen Weise« (WUNDERLICH 1982) reagiert und MENDEL durchfallen lassen oder zum Rücktritt bewogen haben. Es wird daher die Vermutung

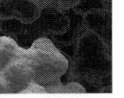

geäußert, dass MENDEL diese Streitfrage durch Kreuzungsversuche habe lösen wollen (eventuell vom Physiologen UNGER angeregt). MENDELS Konzeption der Versuche, reziproke Kreuzungen durchzuführen, könnte diese Überlegungen stützen, zumal er in seiner Abhandlung 1866 recht ausführlich auf diesen Punkt eingeht.

S. hierzu folgende Quellen:

TANNER, W. in: Von GREGOR MENDEL bis zur Gentechnik. Vortragsreihe der Universität Regensburg zum 100. Todestag von GREGOR MENDEL, Hrsg. von GÜNTER HAUSKA, Mittelbayerische Druckerei- und Verlags-Gesellschaft. Regensburg, 1984, S. 9 – 22.

WUNDERLICH, R.: Der wissenschaftliche Streit über die Entstehung des Embryos der Blütenpflanzen im zweiten Viertel des 19. Jahrhunderts (bis 1856) und MENDELS »Versuche über Pflanzen-Hybriden«. Folia Mendel **17** 1984: 225 – 242.

Auszug aus MENDELS Arbeit 1866: »Einleitende Bemerkungen« (a. a. O.)
[Der Textausschnitt könnte bei Bedarf als Hilfestellung zur Bearbeitung von Aufgabe 5 ausgegeben werden.]

Einleitende Bemerkungen

Künstliche Befruchtungen, welche an Zierpflanzen deshalb vorgenommen wurden, um neue Farben-Varianten zu erzielen, waren die Veranlassung zu den Versuchen, die hier besprochen werden sollen. Die auffallende Regelmäßigkeit, mit welcher dieselben Hybridformen immer wiederkehrten, so oft die Befruchtung zwischen gleichen Arten geschah, gab die Anregung zu weiteren Experimenten, deren Aufgabe es war, die Entwicklung der Hybriden in ihren Nachkommen zu verfolgen.

Dieser Aufgabe haben sorgfältige Beobachter, wie KÖLREUTER, GÄRTNER, HERBERT, LECOCQ, WICHURA u. a. einen Teil ihres Lebens mit unermüdlicher Ausdauer geopfert. Namentlich hat Gärtner in seinem Werke »Die Bastarderzeugung im Pflanzenreiche« sehr schätzbare Beobachtungen niedergelegt, und in neuester Zeit wurden von WICHURA gründliche Untersuchungen über die Bastarde der Weiden veröffentlicht. Wenn es noch nicht gelungen ist, ein allgemein gültiges Gesetz für die Bildung und Entwicklung der Hybriden aufzustellen, so kann das niemanden wundernehmen, der den Umfang der Aufgabe kennt und die Schwierigkeiten zu würdigen weiß, mit denen Versuche dieser Art zu kämpfen haben. Eine endgültige Entscheidung kann erst dann erfolgen, bis Detailversuche aus den verschiedensten Pflanzenfamilien vorliegen. Wer die Arbeiten auf diesem Gebiete überblickt, wird zu der Überzeugung gelangen, dass unter den zahlreichen Versuchen keiner in dem Umfange und in der Weise durchgeführt ist, daß es möglich wäre, die Anzahl der verschiedenen Formen zu bestimmen, unter welchen die Nachkommen der Hybriden auftreten, daß man diese Formen mit Sicherheit in den einzelnen Generationen ordnen und die gegenseitigen numerischen Verhältnisse feststellen könnte. Es gehört allerdings einiger Mut dazu, sich einer so weit reichenden Arbeit zu unterziehen; indessen scheint es der einzig, richtige Weg zu sein, auf dem endlich die Lösung einer Frage erreicht werden kann, welche für die Entwicklungsgeschichte der organischen Formen von nicht zu unterschätzender Bedeutung ist.

Die vorliegende Abhandlung bespricht die Probe eines solchen Detailversuches. Derselbe wurde sachgemäß auf eine kleinere Pflanzengruppe beschränkt und ist nur nach Verlauf von acht Jahren im wesentlichen abgeschlossen. Ob der Plan, nach welchem die einzelnen Experimente geordnet und durchgeführt wurden, der gestellten Aufgabe entspricht, darüber möge eine wohlwollende Beurteilung entscheiden.

Weiterführende Aufgaben

AUFGABE A

Erläutern Sie, wie man bei Gartenerbsen reziproke Kreuzungen durchführen kann.

Lösung

An der Blüte einer Erbsenpflanze der Sorte A werden die noch unreifen Staubblätter abgeschnitten (vor dem Öffnen der Pollensäcke). Nun wird Pollen einer Blüte der Sorte B mit einem Pinsel auf die Narbe dieser präparierten Blüte gestrichen. Um die reziproke Kreuzung durchzuführen, wird Pollen von A auf eine zuvor präparierte Blüte von B (Staubblätter entfernt) gebracht.

AUFGABE B

Bei einem Kreuzungsexperiment mit Gartenerbsen entsteht in der F_2-Generation eine Pflanze mit rotvioletten Kronblättern. Erklären Sie, wie man überprüfen könnte, ob es sich bei dieser Pflanze um ein reinerbiges oder um ein mischerbiges Individuum handelt.

Lösung

Man führt eine Testkreuzung durch. Dazu wird die Pflanze mit einer weißblütigen, also sicher reinerbig rezessiven Elternpflanze gekreuzt. Weisen alle Nachkommen das dominant vererbte Merkmal auf, sind also alle Pflanzen rotblütig, ist die Pflanze reinerbig, im anderen Fall zeigt statistisch jeweils die Hälfte der Nachkommen das rezessive bzw. das dominante Merkmal. Da bei dieser Kreuzung eine »Tochterpflanze« mit einer »Elternpflanze« gekreuzt wird, spricht man von einer Rückkreuzung.

Sichelzellenanämie (S. 54)

Konzeption des Arbeitsblattes

Im Mittelpunkt dieser Aufgabenseite steht die Sichelzellenanämie, eine vor allem im tropischen Afrika verbreitete Erbkrankheit des Menschen. Die Schülerinnen und Schüler sollen die Ursache der Erkrankung, nämlich den genetisch bedingten Austausch einer Aminosäure im Hämoglobin-Molekül, mit Hilfe ihrer Kennnisse über die Proteinbiosynthese analysieren. Sie gelangen dabei zu der Erkenntnis, dass der Änderung in der Primärstruktur des Peptids eine Punktmutation in dem betreffenden Gen zugrunde liegt. Zudem haben die Schüle-

rinnen und Schüler die Aufgabe, einen vorgegebenen Stammbaum zur Sichelzellenanämie auf der Grundlage ihres Wissens über Kennzeichen verschiedener Vererbungsmodi zu analysieren. Der inhaltliche Schwerpunkt liegt auf den Basiskonzepten »Struktur und Funktion« und »Information«.

Geforderte Kompetenzen: Argumentieren (Interpretation einer Nucleotidsequenz und eines Stammbaums), Gebrauch der Fachsprache (Definition des Fachterminus »unvollständige Dominanz«).

Einsatz des Arbeitsblattes im Unterricht

Die Schülerinnen und Schüler sollten zur Bearbeitung der Aufgaben auf dieser Seite die Prozesse der Proteinbiosynthese kennen und die Codesonne (Schülerband Abb. 136.3) zur Ableitung von Aminosäuresequenzen aus Nucleotidsequenzen nutzen können.

Den Schülerinnen und Schüler sollten darüber hinaus die im Schülerband behandelten Vererbungsmodi bekannt sein

(autosomal-dominant, autosomal-rezessiv, gonosomal-rezessiv, unvollständig dominant). Auch sollten sie die Analyse von Stammbäumen und die entsprechenden Symbole (s. Schülerband S. 184) bereits kennen gelernt haben. Der Einsatz des Arbeitsblattes bietet sich daher zur Vertiefung von Kap. 2.14 im Schülerband an (Analyse menschlicher Erbgänge).

Lösungen und Anmerkungen

AUFGABE 1

Ursache der Sichelzellenanämie ist der Austausch einer Base bzw. eines Nucleotids im zugrunde liegenden Gen; es handelt sich also um eine Punktmutation. Anstelle von Thymin (eines Thymidinnucleotids) wird Adenin (ein Adenosinnucleotid) eingebaut. Das folgende Schema zeigt, wie anhand der Codesonne die Mutation rekonstruiert werden kann:

AUFGABE 2

Die Krankheit wird autosomal-rezessiv vererbt. Wenn der Erbgang dominant wäre, könnten gesunde Paare kein krankes Kind bekommen. – die Annahme, dass die Sichelzellenanämie dominant vererbt wird, führt zu einem Widerspruch: Die Personen 15 und 16 sind gesund und haben mit 21 ein krankes Kind. Dementsprechend geben beide Eltern jeweils ihr »verdecktes« Allel an eines der beiden Kinder weiter; das Allel wirkt sich erst im homozygoten Zustand phänotypisch aus.

	1	2	3	4	5	6	7	8	9	...	146
normales Hämoglobin	Val	His	Leu	Thr	Pro	Glu	Glu	Lys	Ser	...	His
Sichelzellen-Hämoglobin	Val	His	Leu	Thr	Pro	Val	Glu	Lys	Ser	...	His

normales Hämoglobin						6				
Aminosäuren			...			Glu		...		
mRNA		5'	...			G A G/A		...	3'	
codogener Strang der DNA		3'	...			C T C/T		...	5'	

Sichelzellen-Hämoglobin						6				
Aminosäuren			...			Val		...		
mRNA		5'	...			G U G/A/C/U		...	3'	
codogener Strang der DNA		3'	...			C A C/T/G/A		...	5'	

Sichelzellenanämie wird nicht gonosomal vererbt, sondern autosomal [die Genmutation ist auf dem Chromosom 11 lokalisiert]. Auch diese Tatsache kann dem Stammbaum entnommen werden: Nimmt man eine Lokalisierung des Gens (Allelbezeichnungen *A* bzw. *a*) auf dem X-Chromosom an, hätten die (gesunden) Personen 1 und 2 die Genotypen *A*Y bzw. *Aa* oder *AA*. Dann könnten aus dieser Beziehung aber keine kranken Nachkommen hervorgehen.

AUFGABE 3

Mit Sicherheit heterozygote Träger des Gendefekts sind die Personen 1, 2, 15 und 16. Die beiden Männer und Frauen haben jeweils, obwohl sie selbst nicht von der Sichelzellenanämie betroffen sind, kranke Kinder, haben an diese also jeweils ihr rezessives mutiertes Allel weitergegeben.

AUFGABE 4

Ein vollständig Gesunder hat den Genotyp *AA* [Allelbezeichnungen s. Lösung zu Aufgabe 2]. Heterozygote Menschen (Genotyp *Aa*) sind Träger je eines Allels *A* und des rezessiven Allels *a*. »Unvollständige Dominanz« bedeutet, dass das betrachtete Merkmal (hier die Ausbildung funktionstüchtiger Hämoglobin-Moleküle) nur dann in voller Ausprägung phänotypisch zum Ausdruck kommt, wenn das dominante Allel homozygot vorliegt. Bei Heterozygotie wird das Merkmal nur teilweise ausgebildet; es bildet sich somit ein mittleres (intermediäres) Erscheinungsbild aus (hier: es wird eine geringere Menge an funktionstüchtigem Hämoglobin gebildet als bei Gesunden). Die heterozygoten Allelträger zeichnen sich durch eine schlechtere Konstitution aus, da sich die verminderte Menge an Hämoglobin negativ auf die Sauerstoffversorgung des Körpers auswirkt.

Zusätzliche Materialien

Sichelzellenanämie und Malaria

Zentralafrika zählt zu den Gebieten mit einer hohen Malaria-Durchseuchung. Auffällig ist, dass gerade dort die Sichelzellenanämie sehr stark verbreitet ist (s. Abb.).

Malaria wird durch den Einzeller *Plasmodium* hervorgerufen. Dieser pflanzt sich sowohl geschlechtlich als auch ungeschlechtlich fort. Dabei treten verschiedene Entwicklungsstadien auf. Die geschlechtliche Fortpflanzung findet in Fiebermücken der Gattung *Anopheles* statt. Aus der in den Mücken gebildeten Zygote entstehen sogenannte Sporozoiten, die beim Stich einer infizierten Mücke in das Blut eines Menschen übertragen werden können.

Die Sporozoiten gelangen im menschlichen Körper über die Blutbahn in die Leber. In den Leberzellen entstehen durch Teilungen zahlreiche Merozoiten. Diese Stadien können Erythrocyten befallen und sich dort weiter vermehren. Beim Zerfall der roten Blutzellen bilden sich Stoffwechselgifte, die Fieberanfälle hervorrufen. Aus einigen Merozoiten entstehen Vorstufen von Geschlechtszellen, die beim erneuten Stich einer Mücke in den Endwirt gelangen und dort wiederum zu Gameten heranreifen.

Dass in den zentralafrikanischen Ländern besonders viele Menschen Träger des »Sichelzellallels« sind, hängt ursächlich mit der Verbreitung der Malaria zusammen. Man stellte fest, dass bis zu 30 % der dortigen Bevölkerung heterozygote Träger des Allels sind. Diese Menschen erkranken nicht an Malaria. Dadurch haben sie einen deutlichen Selektionsvorteil zum einen gegenüber Menschen, die das mutierte Allel nicht besitzen (erkranken häufig an Malaria), zum anderen gegenüber homozygoten Trägern des mutierten Allels (sterben vorzeitig an den Folgen der Sichelzellenanämie).

Worauf der Schutz der Heterozygoten vor Malaria zurückzuführen ist, ist noch unklar. Möglicherweise hängt er damit zusammen, dass sich die Erythrocyten solcher Menschen beim Befall mit Malariaerregern verformen, wie es sonst nur bei starker körperlicher Belastung geschieht; die deformierten roten Blutzellen werden anschließend samt den in ihnen enthaltenen Parasiten in der Milz abgebaut. Unter Umständen werden die Plasmodien aber auch von Sauerstoffradikalen abgetötet, die in den Sichelzellen vermehrt gebildet werden. Daneben existieren weitere Theorien zu den molekularen und cytologischen Grundlagen des »Heterozygotenvorteils«.

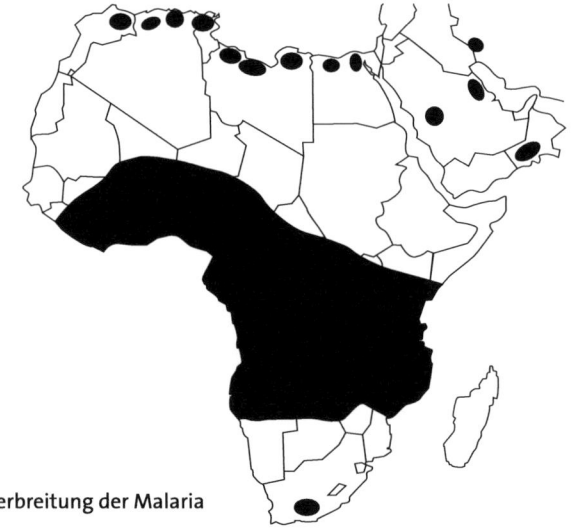

Verbreitung der Malaria

Verbreitung der
Sichelzellenanämie

Mutationendschungel (S. 55)

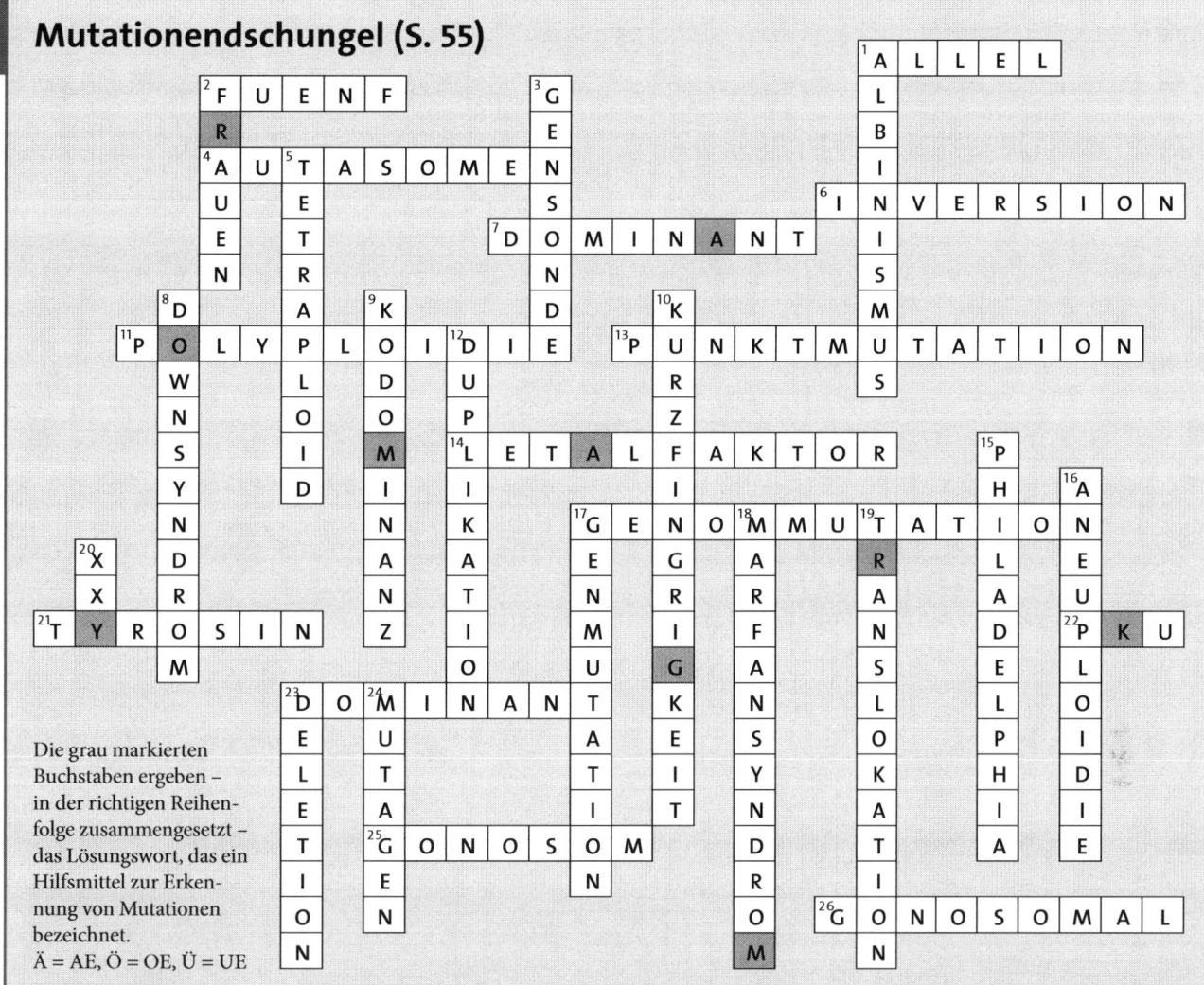

Die grau markierten Buchstaben ergeben – in der richtigen Reihenfolge zusammengesetzt – das Lösungswort, das ein Hilfsmittel zur Erkennung von Mutationen bezeichnet.
Ä = AE, Ö = OE, Ü = UE

Waagerecht:

1 Ausbildungsform eines Gens
2 Nummer des Chromosoms, dessen Stückverlust für das Katzenschrei-Syndrom verantwortlich ist
4 alle Chromosomen eines Chromosomensatzes mit Ausnahme der Geschlechtschromosomen
6 Mutation, bei der ein Chromatidenstück herausbricht und sich umgekehrt wieder einfügt
7 Eigenschaft der Blutgruppenallele i^A und i^B gegenüber Allel i
11 Vorliegen von mehr als zwei vollständigen Chromosomensätzen im Genom
13 Mutation, bei der nur ein Nucleotid eines Gens verändert, entfernt oder hinzugefügt wird
14 Allel, das bei Reinerbigkeit tödlich sein kann
17 Veränderung der Anzahl der Chromosomen eines Chromosomensatzes
21 Stoffwechselprodukt, das sich bei Albinismus anhäuft
22 Abkürzung für eine Stoffwechselerkrankung, bei der Phenylalanin nicht abgebaut wird
23 Das Allel, das den typischen Geruch des Urins nach Verzehr von Spargel hervorruft, wird … vererbt.
25 Geschlechtschromosom
26 Vererbungsmodus der Bluterkrankheit

Senkrecht:

1 Stoffwechselerkrankung, bei der Melanin nicht aufgebaut werden kann
2 Menschen mit dem Gonosomentyp X0 sind …
3 kommt beim Nachweis von Mutationen zum Einsatz
5 einen vierfachen Chromosomensatz nennt man …
8 Erbkrankheit, die auf fehlender Trennung des homologen Chromosomenpaares 21 in der Meiose beruht
9 Eigenschaft zweier Allele, die bei der Ausbildung eines Merkmals zusammenwirken
10 krankhaftes Merkmal beim Menschen, das Folge einer Genmutation ist und autosomal-dominant vererbt wird
12 Anlagerung herausgebrochener Chromatidenstücke an eine Chromatide des homologen Chromosoms
15 Chromosom, das nach Anlagerung eines Stückes des Chromosoms 22 an Chromosom 9 entsteht
16 Vorliegen einzelner überzähliger Chromosomen oder Fehlen einzelner Chromosomen in einem Genom
17 Mutation, bei der nur ein einziges Gen betroffen ist
18 Erbkrankheit, die auf einer einzigen Genmutation beruht, die aber ein komplexes Krankheitsbild hervorruft
19 Anheftung abgebrochener Chromosomenstücke an ein nicht homologes Chromosom
20 Gonosomenkonstellation beim KLINEFELTER-Syndrom
23 Verlust eines Chromosomenstücks
24 Einflussfaktor, der die Häufigkeit von Mutationen steigert

Lösungswort: K A R Y O G R A M M

Schwere Last im Stammbaum (S. 56)

Konzeption des Arbeitsblattes

Die Mucoviscidose ist eine gut erforschte Erbkrankheit des Menschen. Das Arbeitsblatt stellt im Informationstext die wichtigsten Symptome der Erkrankung vor und zeigt Behandlungsmöglichkeiten auf. Anhand eines fiktiven Fallbeispiels sollen die Schülerinnen und Schüler durch logische Verknüpfung einzelner Informationen einen Stammbaum entwickeln. Sie analysieren den selbst entwickelten Stammbaum und ermitteln den zugrunde liegenden Vererbungsmodus.

Geforderte Kompetenzen: Argumentieren (Analyse eines Stammbaums: Klärung des Vererbungsmodus und Erschließen der möglichen Genotypen), Repräsentationswechsel (Umsetzen von Textinformationen in ein Stammbaumschema), Modellbildung (Rechenbeispiel als Anwendung des HARDY-WEINBERG-Gesetzes).

Einsatz des Arbeitsblattes im Unterricht

Den Schülerinnen und Schüler sollten die im Schülerband behandelten Vererbungsmodi bekannt sein (autosomale und gonosomale Vererbung, dominante, rezessive bzw. unvollständig dominante (intermediäre) Vererbung). Sie sollten darüber hinaus in der Lage sein, Stammbäume aufzustellen (unter Verwendung der üblichen Symbole) und anschließend unter dem Gesichtspunkt des Vererbungsmodus auszuwerten. Daraus lassen sich anschließend Betrachtungen zu möglichen Genotypen anstellen (s. Schülerband S. 184–185). Die Aufgaben können als Vertiefung und Übung zur Stammbaum-

analyse eingesetzt werden. Aufgabe 4 setzt die Besprechung des HARDY-WEINBERG-Gesetzes voraus (Schülerband S. 173), kann aber alternativ auch zur selbstständigen Erarbeitung dieses Gesetzes verwendet werden.

Weitere Aufgaben zum Thema »Mucoviscidose« sind unter »Weiterführende Aufgaben« sowie auf S. 227 im Schülerband zu finden. Die Arbeitsaufträge zu modernen Therapieansätzen (somatische Gentherapie) in der Schülerband-Aufgabe setzen zusätzlich Kenntnisse zu gentechnischen Methoden voraus.

Lösungen und Anmerkungen

AUFGABE 1

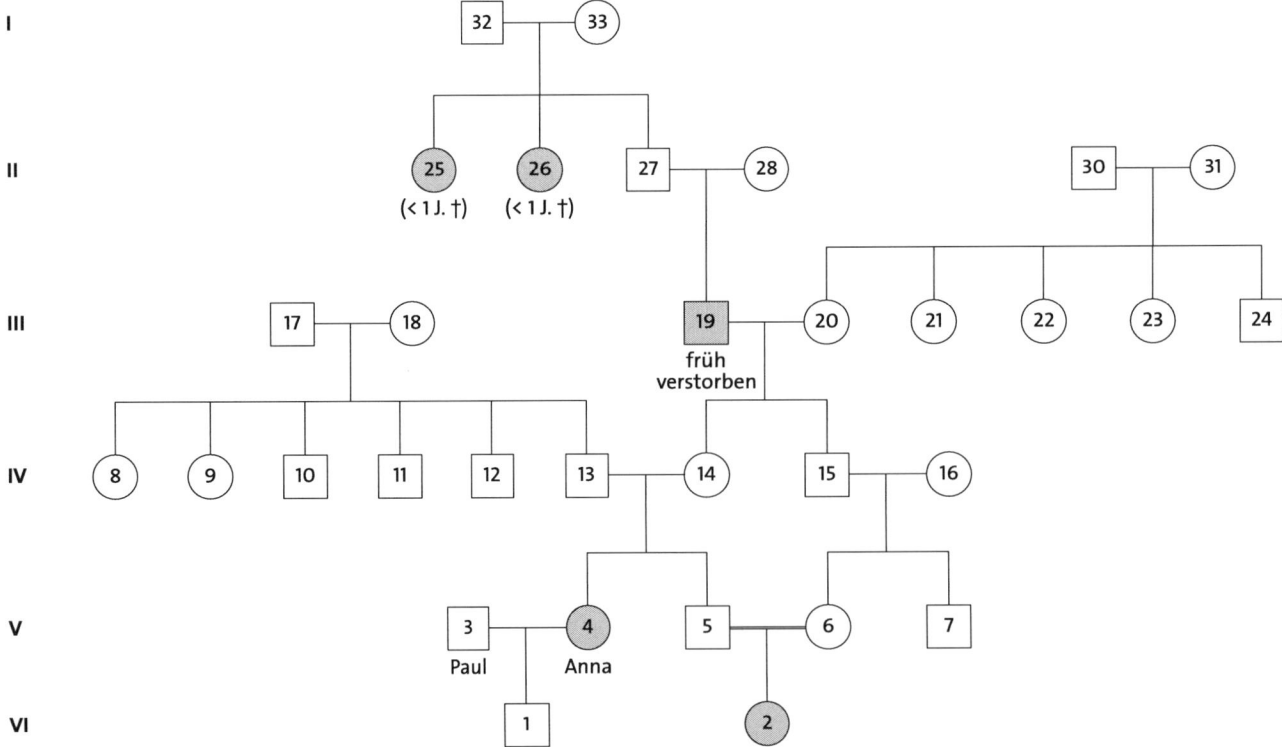

Möglicher Lösungsstammbaum. [Die Zahlen I bis VI bezeichnen die im Stammbaum erfassten Generationen, die übrigen Zahlen (1 bis 33) die einzelnen Individuen. Die verstärkte Linie im unteren Teil des Stammbaums kennzeichnet eine Verwandtenehe.]

AUFGABE 2

Die Krankheit wird autosomal-rezessiv vererbt; dementsprechend kann man folgende Genotypen unterscheiden: *aa* (krank); *AA* und *Aa* (jeweils gesund); *a* ist dabei das mutierte, die Krankheit verursachende Allel.

Wenn der Erbgang autosomal-dominant wäre, dürften die gesunden Eltern von Anna beide das Mucoviscidoseallel nicht besitzen; dann könnten sie aber auch kein krankes Kind bekommen. Die Tatsache, dass gesunde Paare (5/6, 13/14, 32/33) ein von der Krankheit betroffenes Kind zeugen, weist auf einen Erbgang hin, bei dem das betreffende Allel rezessiv vererbt wird.

Mucoviscidose wird nicht gonosomal vererbt. Annas Sohn müsste sonst von der Krankheit betroffen sein. Auch könnte Annas Bruder (5) nicht gesund sein und zugleich eine kranke Tochter haben.

AUFGABE 3

[Allelsymbole s. Lösung zu Aufgabe 1.]

Person	Genotyp
1	*Aa*
2	*aa*
3	*AA* oder *Aa*
4	*aa*
5, 6	*Aa*
7 – 12	*Aa* oder *AA*
13, 14	*Aa*

Person	Genotyp
15	*Aa* und *AA*; vermutlich hat 15 *Aa* und 16 *AA* (aber auch umgekehrt möglich)
16	
17	*Aa* und *AA/Aa*; vermutlich hat nur einer der beiden *Aa*, der andere *AA*
18	
19	*aa*
20 – 24	*AA* oder *Aa*
25, 26	*aa*
27, 28	*Aa*
29 – 31	*AA* oder *Aa*
32, 33	*Aa*

AUFGABE 4

In Deutschland sind derzeit etwa 8000 von rund 81 Millionen Menschen an Mucoviscidose erkrankt. Setzt man die Allelfrequenz von A = p und die Allelfrequenz von a = q, so lässt sich zunächst aus der genannten Häufigkeit q^2 berechnen:

q^2 = 8000 / 81 000 000 = 0,0000988

q = 0,00994

Daraus kann p = 1 – q = 0,9901 ermittelt werden.

Der Anteil der Heterozygoten kann nun anhand des HARDY-WEINBERG-Gesetzes berechnet werden:

2 pq = 2 · 0,00994 · 0,9901 = 0,02 (= 2 %)

In Deutschland gibt es demnach etwa 2 % heterozygote Träger des Allels für Mucoviscidose. [Der Anteil der homozygot gesunden Menschen mit dem Genotyp *AA* an der Gesamtbevölkerung beträgt etwa 98 %.]

Weiterführende Aufgaben

AUFGABE

Eine vergleichsweise häufige genetisch bedingte Stoffwechselkrankheit ist die autosomal-rezessiv vererbte Mucoviscidose (cystische Fibrose). Sie beruht auf der Mutation eines Gens, das für ein Membran-Tunnelprotein codiert. Dieses kontrolliert den Transport von Chloridionen durch die Zellmembran. Ist dieses Protein nicht funktionstüchtig, ist der Wasserhaushalt der Zelle gestört; in Drüsenzellen bewirkt dies die Produktion von zähflüssigem Schleim. Patienten, die an Mucoviscidose erkrankt sind, weisen neben vielen schwerwiegenden Krankheitssymptomen auch einen erhöhten Salzgehalt im Schweiß auf.

a) Erläutern Sie, welchen Einfluss der gestörte Chloridionentransport auf den Wasserhaushalt der Zelle haben könnte und welche Krankheitssymptome dadurch verursacht werden.

b) Das Gen für das Membran-Tunnelprotein besteht aus ca. 250 000 Basenpaaren, die mRNA, die an den Ribosomen die Proteinsynthese veranlasst, besitzt jedoch nur etwa 2,4 % der Genlänge. Erklären Sie diese Diskrepanz.

Lösung

a) Bei gesunden Menschen transportieren die Membran-Tunnelproteine Chloridionen aus der Zelle. Dies bewirkt gleichzeitig ein osmotisches Austreten von Wasser in das umliegende Gewebe sowie in den extrazellulären Raum. Besonders wichtig ist das bei Zellen, die Sekrete produzieren: Der geregelte Chloridtransport und der Nachstrom von Wasser führt zu dünnflüssigen Sekreten. Fehlt das Tunnelprotein, ist der Wassergehalt dieser Sekrete (z. B. Sekret der Bronchien und Schweiß) zu niedrig und sie werden zähflüssig, was zu Funktionsstörungen der betroffenen Organe führt.

b) Als typisches Eukaryotengen besteht auch das Gen für die Synthese des Tunnelproteins aus codierenden (Exons) und nichtcodierenden (Introns) Abschnitten. Im Zuge der mRNA-Reifung werden die Introns aus der Vorläufer-mRNA herausgeschnitten (Splicing), wodurch das Transkriptionsprodukt stark verkürzt wird [vgl. S. 140 f. im Schülerband].

X-chromosomale Erbgänge – Fragen und Antworten im Forum (S. 57)

Konzeption des Arbeitsblattes

Das Arbeitsblatt dient der Förderung des Verständnisses X-chromosomaler Erbgänge. Dazu sollen die Schülerinnen und Schüler sollen Fehler in Internet-Forumstexten ermitteln und dazu Stellung nehmen. Zudem erhalten sie die Aufgabe, unter Zuhilfenahme der Informationen aus dem Schülerband, einen eigenen Forumstext zu erstellen, in dem die gestellten Fragen umfassend beantwortet werden. Zur Lösung der Aufgaben sind genaues und kritisches Lesen der Texte, Argumen-tations- und Kommunikationsfähigkeit sowie gute Sachkenntnisse erforderlich. Um die inhaltlichen Fehler und Ungenauigkeiten zu finden, ist es sinnvoll, dass die Schülerinnen und Schüler die angesprochenen Szenarien (X-chromosomal-rezessive bzw. X-chromosomal-dominante Erbgänge) anhand von Kreuzungsschemata selbst durchspielen.

Geforderte Kompetenzen: Argumentieren, Gebrauch der Fachsprache.

Einsatz des Arbeitsblattes im Unterricht

Den Schülerinnen und Schüler sollten die im Schülerband behandelten Vererbungsmodi bekannt sein. Das Aufgabenblatt knüpft an die auf S. 185 vorgestellten Beispiele für gonoso-male Erbgänge an (Bluterkrankheit, Rot-Grün-Sehschwäche). Eine weitere Übungsaufgaben zum Thema ist im Schülerband (S. 195, Aufgabe 8) zu finden.

Lösungen und Anmerkungen

AUFGABEN 1 – 2
Fehler und Ungenauigkeiten in den Forumstexten:

Z. 2/3: Die Ausdrücke »autosomal« und »gonosomal« bilden ein komplementäres Begriffspaar. Gonosomale Erbgänge können weiter in X-chromosomale und Y-chromosomale Erbgänge [sehr selten] unterteilt werden.

Z. 7 ff.: Der Schreiber bezieht sich auf X-chromosomal-rezessive Erbgänge (für X-chromosomal-dominante Erbgänge gilt das Gesagte nicht; s. auch die folgende Frage im Forum). Aber auch beim rezessiven Vererbungsmodus kann eine merkmalstragende Frau merkmalstragende Töchter haben, sofern der Partner ebenfalls das Merkmal besitzt.

Z. 17: Söhne merkmalstragender Väter können bei X-chromosomal-rezessiven Erbgängen ebenfalls merkmalstragend sein. Die Mutter muss dann aber Konduktorin oder ebenfalls Merkmalsträgerin sein.

Z. 32 f.: Das Überspringen einer Generation ist bei X-chromosomaler Vererbung nicht zwangsläufig. So ist zwar die Konduktorin, die ihr rezessives Allel an ihre dann kranken Söhne weitergibt, selbst nicht von der Krankheit betroffen, aber Brüder dieser Frau, die derselben Generation angehören) können es sehr wohl sein [s. auch Stammbaum im Schülerband, Abb. 185.1]. Auch können kranke Frauen (homozygot in Bezug auf das rezessive Allel) ebenfalls betroffene Söhne (immer) und Töchter (aus der Beziehung mit einem kranken Mann) haben.

[Das folgende Schema kann den Schülerinnen und Schülern eine Hilfestellung beim Analysieren menschlicher Stammbäume liefern. Der »Bestimmungsschlüssel« ist dichotom aufgebaut und von oben nach unten zu lesen. Zunächst wird versucht zu klären, ob das betrachtete Merkmal dominant oder rezessiv vererbt wird. Dazu sucht man zum einen nach gesunden Eltern mit einem kranken Kind, zum anderen nach kranken Eltern mit einem betroffenen Kind. Führt dies zu einem eindeutigen Ergebnis, wird jeweils nach Hinweisen auf eine gonosomale Vererbung gesucht. Nicht in allen Fällen ist der Erbgang eindeutig festzulegen. Die Darstellung gilt darüber hinaus nur für monogen vererbte Merkmale.]

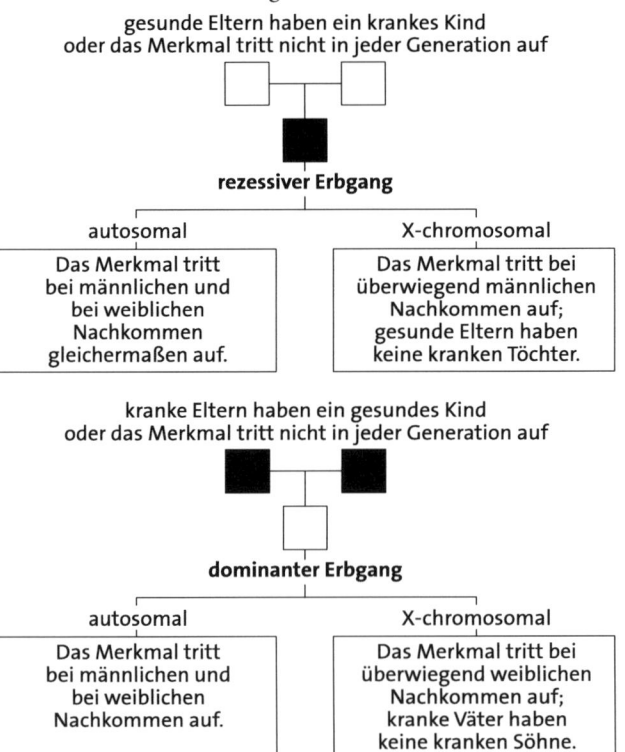

AUFGABE 3
Der englische Ausdruck »double-cross« bedeutet im Deutschen »betrügen, hintergehen, täuschen«; im Englischen ist der Begriff daher zweideutig und bezieht sich in dem Cartoon außerdem auf die beiden (kreuzförmigen) X-Chromosomen einer Frau).

Weiterführende Aufgaben

AUFGABE A

Eine Frau, die an einer rezessiv vererbten Stoffwechselkrankheit leidet, heiratet einen Mann, der von der Krankheit nicht betroffen ist. Der gemeinsame Sohn ist ebenfalls gesund, die gemeinsame Tochter ist krank.

a) Ermitteln Sie mit Hilfe dieser Angaben, ob es sich um eine gonosomal oder autosomal vererbte Krankheit handelt.

b) Stellen Sie die Genotypen für die Eltern auf (mit selbst gewählten Allelsymbolen) und begründen Sie Ihre Darstellung.

c) Berechnen Sie, mit welcher Wahrscheinlichkeit die nächstgeborene Tochter ebenfalls an der Krankheit leidet.

Lösung

a) Da es sich um eine rezessive Erbkrankheit handelt, muss die Erkrankung autosomal vererbt werden; andernfalls müsste der gemeinsame Sohn krank sein.

[Bei dominanter Vererbung des Merkmals wären sowohl ein autosomaler als auch ein gonosomaler Erbgang möglich.]

b) Rezessiver Erbgang; *a* = Allel für Krankheit: Da die Kinder nicht beide krank sind, muss der Vater heterozygot sein (*Aa*), die Mutter homozygot (*aa*); für die Kinder ergeben sich daraus die Genotypen *Aa* (Sohn) und *aa* (Tochter).

c) 50 %. Der Vater ist heterozygot in Bezug auf das Allel für die Stoffwechselkrankheit. Die Frau ist homozygot betroffen. Die Kinder können entweder wie die Mutter homozygot krank sein oder wie der Vater heterozygot gesund. Dabei ist das Geschlecht des Kindes für die Krankheitsprognose unerheblich.

AUFGABE B

Die in der Grafik rechts abgebildeten Stammbäume beziehen sich auf drei verschiedene Augenkrankheiten. Dabei handelt es sich um **Ectopia lentis et pupillae** (eine krankhafte Verlagerung sowohl der Linse als auch der Pupille, die autosomal-rezessiv vererbt wird), **familiäre Ectopia lentis** (eine autosomal-dominant vererbte angeborene Verlagerung der Augenlinse) und eine Form der **Retinopathia pigmentosa** (gonosomal-rezessiv vererbte Netzhautdegeneration). Merkmalsträger sind in den Stammbäumen jeweils grau hervorgehoben.

Ordnen Sie die drei Stammbäume den beschriebenen Erbkrankheiten zu und begründen Sie Ihre Entscheidung.

Lösung

Stammbaum a): Es muss sich um eine rezessiv vererbte Krankheit handeln, da in mehreren (sechs) Fällen zwei phänotypisch gesunde Eltern einen kranken Nachkommen haben. Die Tatsache, dass von der Erkrankung ausschließlich Männer betroffen sind, deutet darauf hin, dass es sich um die gonosomal-rezessiv vererbte Form der Retinopathia pigmentosa handelt.

Stammbaum b): Auch in diesem Stammbaum haben gesunde Eltern kranke Nachkommen, allerdings sind hier auch Frauen von der Krankheit betroffen, sodass es sich um eine autosomal-rezessive Erkrankung handeln muss, in diesem Fall um die Krankheit Ectopia lentis et pupillae.

Stammbaum c): Die Häufung der Merkmalsträger und die Tatsache, dass jeder Merkmalsträger einen von der Krankheit betroffenen Elternteil hat, lässt auf einen dominanten Erbgang schließen (familiäre Ectopia lentis); da gleichermaßen Frauen und Männer betroffen sind, kann auf einen autosomalen Vererbungsmodus geschlossen werden.

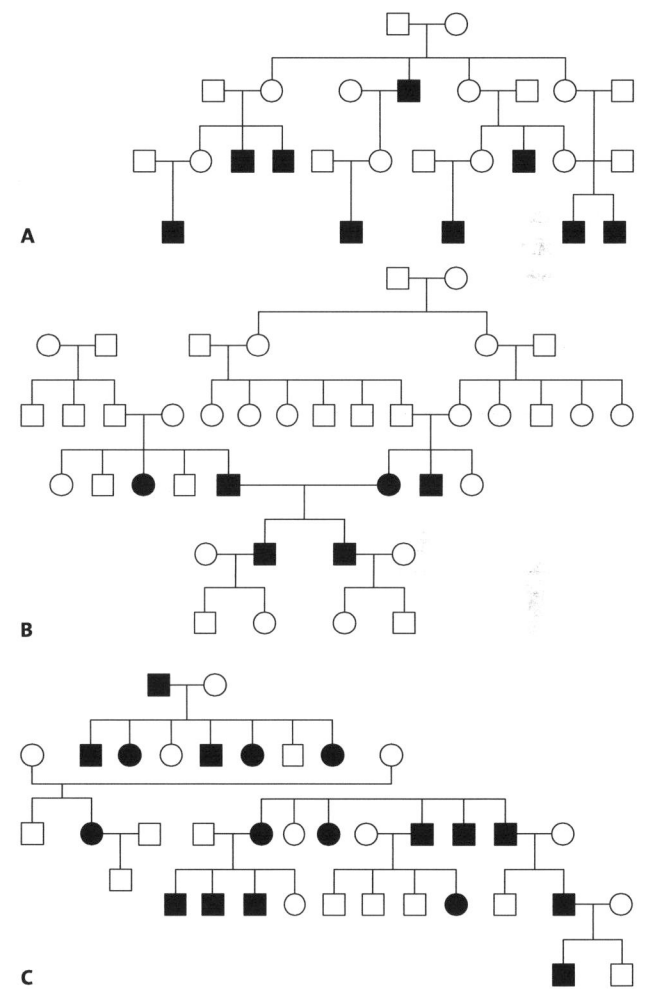

A

B

C

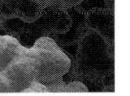
Genetische Beratung bei Chorea Huntington (S. 58)

Konzeption des Arbeitsblattes

Mit dem Chorea-Huntington-Syndrom steht ein genetischer Defekt mit gravierenden Folgen für die betroffenen Menschen im Mittelpunkt dieses Arbeitsblattes. Die Schülerinnen und Schüler sollen zunächst als Vorübung die Verwandtschaftsverhältnisse in einem Stammbaum ermitteln und im Anschluss die Genotypen für die im Stammbaum aufgeführten Personen angeben. Ihre Erkenntnisse nutzen sie bei der folgenden Auswertung eines Elektropherogramms einer DNA-Analyse. Die Schülerinnen und Schüler wenden somit zwei wichtige Methoden an, die bei einer genetischen Beratung zum Einsatz kommen: Familienanamnese und Elektrophorese von DNA-Abschnitten. Sie erstellen im Anschluss selbst ein human-

genetisches Gutachten. Abschließend sollen sich die Schülerinnen und Schüler begründet über die Notwendigkeit strenger Richtlinien für genetische Beratungen austauschen.

Das Arbeitsblatt dient der Anwendung des Wissens über charakteristische Vererbungsmodi und über die Elektrophorese von DNA-Abschnitten. Im Zentrum steht jedoch die Schulung der Bewertungskompetenz, zudem wird die Argumentations- und Kommunikationsfähigkeit geschult.

Geforderte Kompetenzen: Bewertung, Argumentieren, Repräsentationswechsel (sprachliches Analysieren eines Stammbaums und eines Elektropherogramms).

Einsatz des Arbeitsblattes im Unterricht

Den Schülerinnen und Schüler sollten die im Schülerband behandelten Vererbungsmodi bekannt sein. Sie sollten zudem das Gelelektrophoreseverfahren zur Analyse von DNA-Fragmenten kennen. Die Stammbaumanalyse ist hier gegenüber den vorangegangenen Seiten insofern schwieriger, als das Stammbaumschema keine eindeutigen Aussagen zulässt (s. Anmerkungen zu Aufgabe 2) und berücksichtigt werden muss, dass die Krankheit möglicherweise genetisch angelegt, aber bei manchen der Familienmitglieder noch nicht zum

Ausbruch gekommen ist. Damit lernen die Schülerinnen und Schüler gleichzeitig die Grenzen der Auswertung von Stammbäumen kennen und erfahren, dass biochemische Analysemethoden in solchen Fällen eine höhere Aussagekraft haben und sicherere Ergebnisse liefern können.

In Bezug auf die ethischen Fragen, die sich aus der genetischen Fallberatung ergeben, leitet diese Aufgabenseite zu den S. 188 und 189 im Schülerband sowie zu den beiden folgenden Seiten im Arbeitsheft über.

Lösungen und Anmerkungen

AUFGABE 1
Person 14 ist die Mutter von Person 5 (5 ist die Tochter von 14). Person 4 ist der Schwiegersohn von Person 13 (13 ist der Schwiegervater von 4).
Person 15 ist die Großmutter von Person 7 (7 ist die Enkelin von 15).
Person 8 und Person 9 sind eineiige Zwillingsbrüder.
Person 16 ist der Urgroßvater von Person 3 (3 ist die Urenkelin von 16).

AUFGABE 2
Die Erbkrankheit Chorea Huntington wird dominant vererbt [s. Informationstext auf dem Aufgabenblatt]. Allelsymbole: H – Allel für Chorea Huntington; h – Allel für das Merkmal gesund.

[Aus dem Stammbaum geht nicht eindeutig hervor, ob das Defektallel dominant oder rezessiv vererbt wird (s. aber Textinformation). Außerdem kann weder eine gonosomale noch eine autosomale Vererbung des Defektallels eindeutig aus dem Stammbaum abgeleitet werden. Dieses Problem bei der Stammbaumanalyse findet man immer dann, wenn das betroffene Merkmal zwar in jeder Generation, aber pro Generation nur selten auftritt.]

Da die Krankheit dominant vererbt wird, sollten alle nicht betroffenen Personen homozygot in Bezug auf das rezessive Allel sein. Die Betroffenen 7 und 13 sollten dagegen heterozygot sein, da jeweils ein Elternteil nicht von der Krankheit betroffen war; bei 15 lässt sich keine eindeutige Aussage treffen, da über die Eltern keine Informationen vorliegen (man weiß lediglich, dass dieser Mann mindestens ein dominantes Allel besitzen muss). Aus diesen Überlegungen heraus sollten sich folgende Genotypen ergeben:

Person	Genotyp
1–6, 8–12, 14, 16	hh
7, 13	Hh
15	Hh oder HH

Allerdings muss bei der Auswertung berücksichtigt werden, dass möglicherweise bei einem Teil der im Stammbaum aufgeführten Familienmitglieder die Erkrankung noch nicht zum Ausbruch gekommen ist, aber die Krankheit genetisch angelegt ist. Dies gilt insbesondere für die Personen 5, 6, 8, und 9, die aus einer genetisch belasteten Familie stammen und deren Vater das dominante Allel mit einer Wahrscheinlichkeit von

50 % an die Folgegeneration weitergegeben hat. Geht man davon aus, dass in den älteren Generationen (I, II) die Krankheit zum Zeitpunkt der Stammbaumerstellung bereits hätte ausbrechen müssen, ergibt sich folgende korrigierte Genotypenanalyse:

Person	Genotyp
11, 12, 14, 16	*hh*
4, 6, 10	vermutlich *hh* (eingeheiratet), möglicherweise aber auch *Hh* (dann wäre Krankheit noch nicht ausgebrochen)
7, 13	*Hh*
15	*Hh* oder *HH*
5, 6, 8, 9	*hh* oder *Hh* (dann Allel vorhanden, aber Krankheit noch nicht ausgebrochen)

AUFGABE 3

[Vorüberlegungen s. Aufgabe 2.] Geht man davon aus, dass Person 5 gesund ist (Genotyp *hh*) und auch der eingeheiratete Mann 4 das Chorea-Huntington-Allel nicht trägt, müssten alle Nachkommen gesund sein. Unter der Voraussetzung, dass 5 heterozygot ist, die Krankheit aber bisher noch nicht ausgebrochen ist, besteht eine Gefahr von 50 % (4 gesund) bzw. 75 % (4 heterozygot betroffen), dass auch die Nachkommen an der Krankheit leiden. Sehr unwahrscheinlich ist, dass 4 den Genotyp *HH* aufweist; die Krankheit hätte dann bereits früh auftreten müssen.

Bei Paar 6/7 ist der heterozygote Genotyp der Frau (*Hh*) sicher; demnach liegt die Wahrscheinlichkeit, dass die Kinder von der Krankheit betroffen sind, bei 50 % (Mann 6 gesund) bzw. (unwahrscheinlich) 75 % (6 heterozygot krank).

AUFGABE 4

Das Ergebnis der Gelelektrophorese zeigt beim Rat suchenden Mann (9) ebenso wie bei der Tochter (3) zwei Banden, eine unterhalb und eine oberhalb der Grenze von 35 CAG-Tripletts. Beide sind damit heterozygot in Bezug auf das krankheitsauslösende Allel (*Hh*). Das das Allel dominant ist, werden sie beide später an Chorea Huntington erkranken.

[Die Grafik unten zeigt neben den bereits in Abb. 2 aufgeführten Ergebnissen die Elektropherogrammdaten von weiteren Familienangehörigen.]

AUFGABE 5

Eine genetische Beratung bei Risikopatienten ist aufgrund der erheblichen psychischen und sozialen Tragweite, die sich aus einem positiven Testergebnis ergeben kann, strengen Richtlinien unterworfen. Möglicherweise erfährt ein bislang gesunder Mensch durch den Test, dass er an einer tödlich verlaufenden, heute noch unheilbaren Krankheit leidet. In diesem Fall besteht die Besonderheit darin, dass Person 8 und Person 9 eineiige Zwillinge sind. Aus konsequenzialistischer Sicht wäre eine genetische Beratung abzulehnen, da die Aufklärung das persönliche Wohl berührt. Die personalistische Ethik liefert dagegen ein Argument für die genetische Beratung. Es verstieße demnach gegen die Menschenwürde, einem Betroffenen die freie Selbstbestimmung vorzuenthalten, sich über seine mögliche gesundheitliche Zukunft und die seiner Kinder zu informieren.

AUFGABE 6

Bei Person 5 ist eine genetische Beratung angebracht, weil ein Elternteil (13) von einer Erbkrankheit betroffen ist und somit 5 das krankheitsversursachende Allel mit einer Wahrscheinlichkeit von 50 % besitzt..

Bei Paar 6/7 scheint eine genetische Beratung ebenfalls sinnvoll, da Person 7 bereits von der Erbkrankheit betroffen ist. Bei etwaigem Kinderwunsch kann über das Risiko, ein Kind mit Defektallel zu zeugen, aufgeklärt werden.

Das Paar 4/5 hat bereits zwei Kinder. Es ist daher im Rahmen einer genetischen Beratungsgesprächs zu klären, welchen Folgen das Wissen bzw. Nichtwissen über die Existenz der Krankheit bei allen Betroffenen (Eltern und Kindern) haben könnte. Gegen eine Beratung spricht in allen Fällen, dass ein möglicher Nachweis des Chorea-Huntington-Allels schwerwiegende psychische Probleme bei den Betroffenen und ihren Angehörigen hervorrufen könnte.

[Weitere Fälle, in denen sich eine genetische Beratung anbietet, sind im Schülerband auf S. 188 – 189 aufgeführt.]

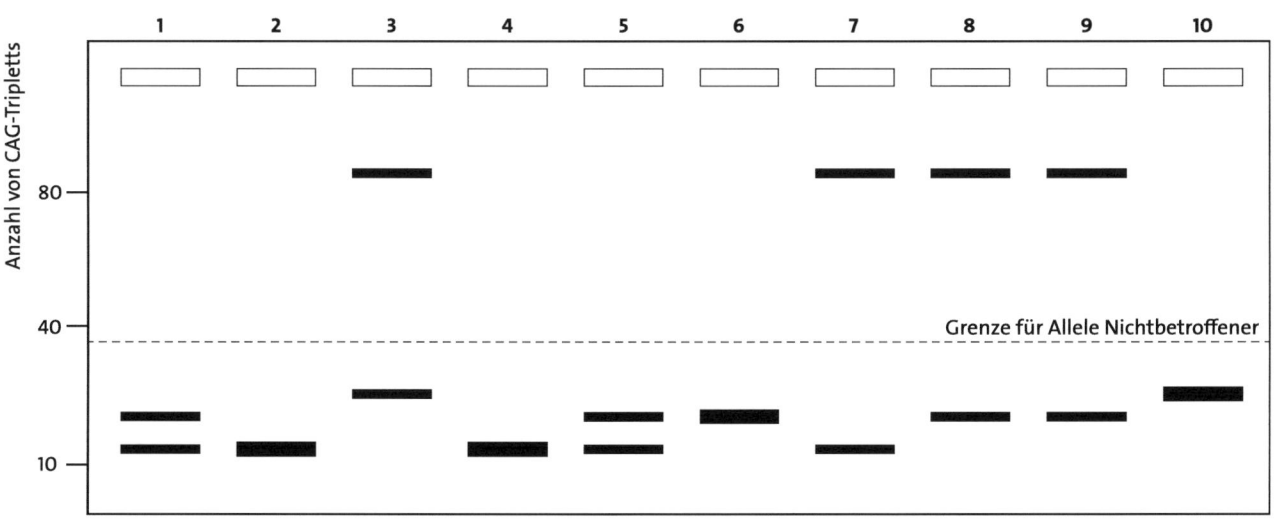

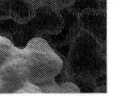

Durchführung einer ethischen Analyse (S. 59), Methoden der Präimplantationsdiagnostik (S. 60)

Konzeption des Arbeitsblattes

Auf dem Informationsblatt auf S. 59 lernen die Schülerinnen und Schüler sollen zunächst die fünf zentralen Schritte einer ethischen Analyse kennen lernen. In der Folge werden zwei verschiedene Methoden der Präimplantationsediagnostik vorgestellt. Die hierzu jeweils erforderliche In-vitro-Fertilisation wird im Schülerband auf S. 206 thematisiert. Die Schülerinnen und Schüler sollen zunächst die beiden Methoden mit den im Schülerband (S. 190) vorgestellten Verfahren der pränatalen Diagnostik vergleichen. Etwaige Vor- und Nachteile der verschiedenen Verfahren sollen erläutert werden. Im Anschluss nennen die Schülerinnen und Schüler Argumente, die für oder gegen ein Verbot der PID in Deutschland spre-

chen und diskutieren diese kritisch in ihrem Kurs. Das konkrete Beispiel des Rat suchenden Mannes von Arbeitsblatt 58 dient als Grundlage für diese Fallstudie. Die Schülerinnen und Schüler sollen ein Urteil fällen. Dazu soll eine ethische Analyse anhand der Anleitung auf S. 59 durchgeführt werden. Der inhaltliche Schwerpunkt der beiden Seiten liegt auf den Basiskonzepten »Reproduktion« und »Entwicklung«.

Geforderte Kompetenzen: Bewertung (ethische Analyse von Verfahren zur Präimplantationsdiagnostik), Argumentieren (Vergleich von PID-Verfahren mit Methoden der Pränataldiagnostik), Gebrauch der Fachsprache.

Einsatz des Arbeitsblattes im Unterricht

Lernvoraussetzung für die Bearbeitung der Aufgaben sind Kenntnisse zu Methoden der Pränataldiagnostik (Schülerband S. 190). Kenntnisse zur Bildung von Keimzellen im menschlichen Körper (s. hierzu auch S. 166–167 im Schülerband) und zu Gesetzmäßigkeiten der klassischen Genetik

werden vorausgesetzt. Zur Lösung von Aufgabe 3 sollten zuvor die Schritte einer ethischen Analyse besprochen oder von den Schülerinnen und Schülern selbstständig erarbeitet werden. Sinnvollerweise sollten zuvor auch die Aufgaben auf S. 58 des Arbeitshefts bearbeitet worden sein.

Lösungen und Anmerkungen

AUFGABE 1

Bei der Polkörperdiagnostik werden einer Eizelle Polkörper zur genetischen Analyse entnommen; dies findet nach dem Eintritt des Spermiums in die Eizelle, aber noch vor der Vereinigung der Vorkerne statt. Eine Befruchtung hat damit noch nicht stattgefunden, und ein Embryo im Sinne des Embryonenschutzgesetzes existiert auch noch nicht. »Fertilisation« bedeutet Befruchtung (lat. *fertilis* fruchtbar, befruchtend). Da die Diagnose ein Entwicklungsstadium vor der Befruchtung betrifft, spricht man von »Präfertilisationsdiagnostik« (lat. *prae* vor, vorher).

[Es ist zu beachten, dass sich die genetische Analyse bei dieser Methode lediglich auf die Eizelle, also auf die Anlagen der Mutter bezieht.]

AUFGABE 2

Präimplantationsdiagnostik (PID)	pränatale Diagnostik (PND)
Untersuchung von Furchungszellen etwa 50 Stunden nach der Befruchtung	Chorionzottenbiopsie: Untersuchung von fetalem Chorionzottengewebe etwa nach der 11. Schwangerschaftswoche Amniozentese: Untersuchung fetaler Zellen im Fruchtwasser etwa in der 17. bis 20. Schwangerschaftswoche Nabelschnurpunktion: Untersuchung fetalen Blutes etwa in der 18. bis 20. Schwangerschaftswoche
Untersuchung geht eine IVF voraus	Schwangerschaft kann sowohl auf natürlichem Weg als auch durch IVF entstehen
Untersuchung des Embryos erfolgt vor dem Einsetzen in die Gebärmutter	Untersuchung des Embryos in der Gebärmutter
höchstens zwei Zellen stehen für die Tests zur Verfügung	zahlreiche Zellen stehen für die Tests zur Verfügung
die Zellentnahme und damit die Tests können nicht wiederholt werden	die Entnahme des Probenmaterials und damit die Tests können wiederholt werden
höheres Fehldiagnoserisiko	niedrigeres Fehldiagnoserisiko

AUFGABE 3

Beispiele für Pro- und Contra-Argumente:

Pro PID	Contra PID
Entscheidungsfreiheit des Menschen muss berücksichtigt werden	Tötung »defekter« Embryonen wird in Kauf genommen
Ausnahmeuntersuchung im Zusammenhang mit IVF bei Personen mit einem besonders hohen Risiko, ein Defektallel weiterzugeben	Wert eines Menschen wird von seinen genetischen Eigenschaften abhängig gemacht
unnötiges Leid für Eltern und Kinder kann im Vorfeld verhindert werden	Erhöhung des Fehlgeburtrisikos

Für die ethische Analyse liefert das Arbeitsblatt auf S. 59 eine konkrete Struktur.

Cartoon zum Einstieg in das Thema »Präimplantationsdiagnostik«

Zusätzliche Materialien

Chorionzottenbiopsie

2 cm

Entnahmezeitpunkt: ab 11. Woche

ca. 0,5 ml

(fetales) Chorionzottengewebe

Kurzzeitkultur: Untersuchung auf häufige Chromosomenanomalien; Ergebnis nach 1-3 Tagen

Langzeitkultur

10-21 Tage

Ergebnisse aus -Chromosomenuntersuchung (Karyogramm) - DNA-Analysen, z. B. Screening mit Gensonden

Amniozentese

16 cm

Entnahmezeitpunkt: 17.-20. Woche

ca. 5 ml

Fruchtwasser

fetale Zellen

nach 1-3 Tagen: biochemische Untersuchungen, z. B. auf bestimmte Enzyme, Antikörper, pH-Wert, Bilirubin

Nabelschnurpunktion

18 cm

Entnahmezeitpunkt: 18.-20. Woche

ca. 0,5 ml

fetales Blut

3-5 Tage

Übersicht über die Methoden der Pränataldiagnostik

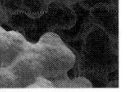

Und wie viele Kopien haben Sie? (S. 61)

Konzeption des Arbeitsblattes

Die Schülerinnen und Schüler informieren sich in einem auf dieser Seite abgedruckten Zeitungsartikel, im Schülerband (S. 192–193) und im Internet über den Forschungsstand zur Erforschung des menschlichen Genoms. Auf der Basis dieser Informationen bereiten sie einen Kurzvortrag vor und präsentieren diesen in ihrem Kurs. Die Schülerinnen und Schüler üben beim Zusammentragen der Informationen einen kritischen Umgang mit Informationsquellen und werden beim Anfertigen der Präsentation in ihrer Kommunikationsfähigkeit geschult. Der inhaltliche Schwerpunkt dieses Aufgabenblattes liegt auf den Basiskonzepten »Struktur und Funktion« und »Information«.

Geforderte Kompetenzen: Argumentieren, Gebrauch der Fachsprache.

Einsatz des Arbeitsblattes im Unterricht

Das Arbeitsblatt kann zur Erarbeitung oder Sicherung des Wissens zum Thema »menschliches Genomprojekt« eingesetzt werden.

Von Lehrerseite können vor der Recherche und der Erstellung der Präsentation noch einmal die spezifischen Anforderungen an einen Kurzvortrag thematisiert werden. Zentrale Elemente bei der Vermittlung von Informationen an eine bestimmte Zielgruppe sind die Verständlichkeit und die Anschaulichkeit des Vortrags. Ersteres bezieht sich auf die inhaltliche Aufbereitung des Vortrags, letzteres auf die Art der Darstellung. Die Vorbereitung und Präsentation eines Kurzvortrages sollte geübt werden. Hierfür kann folgende Checkliste sinnvoll sein :
- Exakte Formulierung des Themas;
- gezielte Informationssuche und Informationssammlung;
- Lesen und Bearbeiten des Materials (z. B. Unbekanntes klären, Schlüsselbegriffe in den Informationsquellen markieren oder herausschreiben, zentrale Informationen herausfiltern und ordnen (evtl. Mind-Maps oder Diagramme aus den Informationen erstellen);
- Vortrag in Einleitung, Hauptteil und Schluss gliedern (Einleitung: Thema klar formulieren und Bedeutung des Themas herausstellen; Hauptteil: kurzen Überblick über die Gliederung der Präsentation geben, detaillierte Darstellung des Themas; Schluss: kurze Zusammenfassung geben und Vortrag mit einem interessanten Gedanken beenden, z. B. zu weiteren Forschungsfragen);
- Stichwortzettel und evtl. Handout mit wesentlichen Inhalten des Vortrags erstellen;
- Vortrag üben (dabei auf Verständlichkeit, Lebendigkeit, Medieneinsatz und Anschaulichkeit achten);
- evtl. Überarbeitung der Präsentation erforderlich.

Zusätzliche Materialien

Copy-Number-Variationen

Internationale Forschungsteams ermittelten die Genomsequenzen von 270 Menschen und verglichen diese. Bei ca. 2900 Genen ließen sich deutliche Unterschiede in der Anzahl der Kopien feststellen. Einige Genabschnitte kamen mehrfach vor, andere wiederum fehlten bei einzelnen Individuen komplett. Diese Form der genetischen Variation bilden die *Copy-Number*-Variationen (CNVs, dt. Kopienzahlvariationen). Überraschend war das Ausmaß der Variationsbreite der menschlichen DNA bei der Anzahl der Kopien. Der Strukturvergleich der CNVs der verschiedenen menschlichen Genome zeigte, dass jedes Chromosom bestimmte Muster von Zugewinnen bzw. Verlusten von DNA aufweist. Die Forscher fanden 1447 CNVs, die insgesamt etwa 360 Millionen Basen umfassen. Das sind knapp zwölf Prozent der ca. $3{,}2 \cdot 10^9$ Basenpaare des menschlichen Genoms.

Die großen individuellen Abweichungen könnten erklären, warum Menschen eine unterschiedlich hohe Anfälligkeit für Krankheiten aufweisen oder verschieden auf Medikamente reagieren.

Internetquellen

Geeignete Informationsquellen zum Thema findet man im Internet unter folgenden Adressen:

http://www.faz.net/aktuell/wissen/mensch-gene/genetik-ein-erbgut-voller-kopien-1382123.html (kurzer FAZ-Online-Artikel; 2006)

https://www.medicalforum.ch/article/doi/smf.2008.06693 (D. BARTHOLDI, 2008)

https://www.sanger.ac.uk/collaboration/copy-number-variation-project/ (Website des Copy Number Variation Project; englischsprachig)

http://projects.tcag.ca/variation/ (tabellarische Zusammenstellung der strukturellen Variationen in den menschlichen Chromosomen)

Klassische Genetik und Humangenetik (S. 62)

Konzeption des Arbeitsblattes

Um die Multiple-Choice-Aufgaben auf dieser Seite zu lösen, sollten die Schülerinnen und Schüler gute Kenntnisse zu den Abläufen der Meiose, zu den MENDEL'schen Regeln und ihren Anwendungen, zur Entstehung und Bedeutung von Mutationen sowie zu zentralen Inhalten der Humangenetik mitbringen.

Geforderte Kompetenzen: Argumentieren, Experimentieren, Gebrauch der Fachsprache.

Einsatz des Arbeitsblattes im Unterricht

Das Arbeitsblatt kann am Ende der Unterrichtseinheit zur Vertiefung der erworbenen Kenntnisse als (ggf. binnendifferenzierender, zusätzlicher) Arbeitsauftrag während des Unterrichts, als Hausaufgabe oder zur Selbstkontrolle bei der Vorbereitung auf eine Klausur eingesetzt werden

Ergänzend können die Schülerinnen und Schüler zusätzlich angeben, worin die Fehler in den nicht korrekten Antworten bestehen und diese ggf. korrigieren(s. »Lösungen und Anmerkungen«).

Lösungen und Anmerkungen

Die korrekten Aussagen und Lösungen der acht Multiple-Choice-Aufgaben sind auf der folgenden Seite markiert. Im Folgenden sind einige Anmerkungen zu den Aufgaben 1 bis 7 zusammengestellt.

1. a) Die Metaphase II ist ein Abschnitt der 2. Reifeteilung der Meiose. Hier werden nicht wie in der 1. Reifeteilung (homologe) Chromosomen auf die Tochterzellen verteilt, sondern wie in einer mitotischen Teilung identische Chromatiden von Zweichromatidchromosomen.
b) Ausgangspunkt der Meiose ist eine diploide Zelle.

2. Es handelt sich um einen trihybriden Erbgang, wobei alle drei Merkmale dominant bzw. rezessiv vererbt werden. Um diese Aufgabe zu lösen, sollten die Schülerinnen und Schüler ein entsprechendes Erbschema bearbeiten. Daraus ergibt sich, dass – freie Kombinierbarkeit der Gene vorausgesetzt – in der F_2-Generation acht (2^3) verschiedene Phänotypen im unter a) angegebenen Zahlenverhältnis auftreten können, die auf 27 mögliche verschiedene Genotypen zurückgehen.

3. a) Nur ein einzelnes Chromosom kann eine Kopplungsgruppe bilden, d. h. die auf diesem Chromosom liegenden Allele werden normalerweise (von Kopplungsbrüchen während der Tetradenbildung in der Meiose abgesehen) gemeinsam vererbt (s. Antwort c); die Allele zweier verschiedener (also auch der homologen) Chromosomen werden dagegen nicht gekoppelt vererbt.
d) In MORGAN-Einheiten werden Genabstände auf einem Chromosom angegeben; diese Werte ergeben sich aus der relativen Häufigkeit von Crossover-Vorgängen während der Meiose, nicht aber aus der absoluten Anzahl dieser Prozesse.

4. c) SNPs lassen sich auf Punktmutationen zurückführen (vgl. Antwort a). Duplikationen sind die Ursache für CNVs (*Copy-Number*-Variationen), einer anderen Form der individuellen genetischen Variation.

5. a) Polygenie: Mehrere Gene sind an der Ausprägung eines einzelnen Merkmals beteiligt (Bsp. MARFAN-Syndrom).
c) multiple Allelie: für einen Genlocus existieren mehr als zwei verschiedene Allele (Bsp. AB0-Blutgruppensystem).
d) Aneuploidie: Genommutation, bei der einzelne Chromosomen gegenüber dem Normalgenom fehlen oder zusätzlich vorhanden sind (Bsp. Trisomie 21).

6. a) Das MARFAN-Syndrom ist Folge einer Punktmutation, also einer Genmutation. Bei einer Translokation handelt es sich dagegen um eine Chromosomenmutation.
b) Beim Katzenschrei-Syndrom des Menschen fehlt ein Teilstück des Chromosoms Nr. 5; es liegt also eine Chromosomenmutation und keine Genmutation vor.
d) Das DOWN-Syndrom ist Folge einer Chromosomenfehlverteilung während der Meiose, weshalb das Genom ein Chromosom zu viel (Trisomie des Chromosoms Nr. 21) aufweist. Es handelt sich demnach um eine Genommutation; eine Duplikation verursacht hingegen eine Chromosomenmutation.

7. Um die Aufgabe zu lösen, sollten die Schülerinnen und Schüler mit selbst gewählten Allelsymbolen die verschiedenen Vererbungsmodi durchspielen. Bei A muss es sich um ein dominant vererbtes Merkmal handeln (betroffene Eltern bekommen gesunde Kinder), bei B um ein rezessiv vererbtes Merkmal (gesunde Eltern haben kranke Kinder). Für A ist ein gonosomaler Erbgang ausgeschlossen (in diesem Fall dürfte es keine gesunden Töchter geben), für B ebenfalls (keine kranken Töchter möglich). Dementsprechend trifft nur Aussage d) zu.

Klassische Genetik und Humangenetik

Kreuzen Sie die korrekten Lösungen an. Beachten Sie, dass teilweise mehrere Antworten zutreffen können.

1. Bei der Meiose werden …

☐ in der Metaphase II die homologen Chromosomen in der Äquatorialebene angeordnet.

☐ aus einer haploiden Zelle vier haploide gebildet.

☒ die Schwesterchromatiden der Chromosomen in der Anaphase II getrennt.

☒ homologe Chromosomen zufällig auf die Tochterzellen verteilt.

2. Bei einem dominant-rezessiven Erbgang mit drei Merkmalen treten in der F_2-Generation …

☒ acht verschiedene Phänotypen im Verhältnis 27:9:9:9:3:3:3:1 auf.

☐ vier verschiedene Phänotypen im Verhältnis 9:3:3:1 auf.

☐ acht verschiedene Genotypen im Verhältnis 27:9:9:9:3:3:3:1 auf.

☒ 27 verschiedene Genotypen auf.

3. Welche Aussage(n) über Kopplungsgruppen trifft/treffen zu?

☐ Zwei homologe Chromosomen bilden eine gemeinsame Kopplungsgruppe.

☒ Während der Meiose können die Gene einer Kopplungsgruppe entkoppelt werden.

☒ Die Gesamtheit aller Allele eines Chromosoms bildet eine Kopplungsgruppe.

☐ Die Anzahl der Crossover in einer Kopplungsgruppe wird in MORGAN-Einheiten angegeben.

4. Welche Aussage(n) über SNP trifft/treffen nicht zu?

☐ Mit SNPs werden Variationen einzelner Basenpaare in einem DNA-Strang bezeichnet, die zumeist auf Punktmutationen zurückzuführen sind.

☐ SNPs führen dazu, dass es zwischen zwei Menschen etwa eine Million Unterschiede im Genom gibt.

☒ SNPs bilden gut erkennbare Muster, die auf Duplikationen eines Gens zurückzuführen sind.

☐ SNPs bilden gut erkennbare Muster, die jedoch zur Lokalisation von Haploblöcken nicht geeignet sind.

5. Wird bei einer Mutation der gesamte Chromosomensatz vervielfacht, spricht man von …

☐ Polygenie.

☒ Polyploidie.

☐ multipler Allelie.

☐ Aneuploidie.

6. Welche Aussage(n) trifft/treffen zu?

☐ Das MARFAN-Syndrom ist auf eine Translokation zurückzuführen.

☐ Das Katzenschrei-Syndrom beruht auf einer Genmutation.

☒ Phenylketonurie und Kurzfingrigkeit sind auf die Mutation eines einzelnen Gens zurückzuführen.

☐ Das DOWN-Syndrom beruht auf der Duplikation eines Chromosomenabschnitts.

7. Welche der vier Aussagen trifft zu?

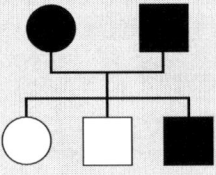   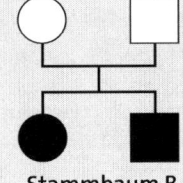

Stammbaum A   **Stammbaum B**

☐ Beide Stammbäume zeigen gonosomale Erbgänge.

☐ Bei Stammbaum A wird das Merkmal autosomal-dominant vererbt, bei Stammbaum B gonosomal.

☐ Bei Stammbaum A wird das Merkmal gonosomal vererbt, wobei das rezessive Allel auf dem X-Chromosom liegt. Das Merkmal bei Stammbaum B wird autosomal-rezessiv vererbt.

☒ Stammbaum A ist ein Beispiel für einen autosomal-dominanten Erbgang, Stammbaum B für einen autosomal-rezessiven Erbgang.

8. Von den insgesamt $3,2 \cdot 10^9$ Basenpaaren des Menschen codieren für Aminosäuren etwa …

☐ 75 %.

☐ 24 %.

☒ 1 %.

☐ 0,01 %.

Von Arbeiterinnen und Königinnen (S. 64)

Konzeption des Arbeitsblattes

Das Aufgabenblatt dient zur Vertiefung des Themengebietes der Epigenetik. Anhand der umweltabhängigen Individualentwicklung bei Honigbienen sollen die Schülerinnen und Schüler die Methylierung als einen bedeutenden epigenetischen Mechanismus kennen lernen. Das Arbeitsblatt dient zudem der Kompetenzförderung im Bereich der Erkenntnis-gewinnung, indem wissenschaftliche Daten interpretiert, experimentelle Bedingungen kritisch hinterfragt, Versuchsergebnisse diskutiert und begründete Hypothesen aufgestellt werden sollen.

Geforderte Kompetenzen: Experimentieren und Beobachten, Argumentieren, Gebrauch der Fachsprache.

Einsatz des Arbeitsblattes im Unterricht

Es empfiehlt sich, das Arbeitsblatt nach der Behandlung allgemeiner Grundlagen der molekularen Genetik sowie der Genregulation einzusetzen.

Die Aufgaben sind aber auch geeignet als Überleitung zur Entwicklungsgenetik, da hier die differenzielle Entwicklung eines holometabolen Insekts (Insekt mit vollständiger Verwandlung) vom Ei bis zur Imago thematisiert und auf molekulare Mechanismen Bezug genommen wird. Zur Bearbeitung sind allerdings Kenntnisse zur Epigenetik (s. Schülerband S. 202 – 203) von Vorteil. Insbesondere sollten die Begriffe »Epigenetik« und »epigenetische Veränderungen« im Unterricht im Vorfeld thematisiert worden sein.

Alternativ ist auch ein Einsatz der Aufgaben unmittelbar nach der Besprechung der Regulation der Genaktivität möglich. Hier könnte zusätzlich auch der Effekt von epigenetischen Mechanismen wie Histon- und Chromatin-Modifikationen besprochen werden.

Lösungen und Anmerkungen

AUFGABE 1
Eine Behandlung mit *Dnmt3*-siRNA führt zu tiefgreifenden Unterschieden in der Entwicklung der Bienenlarven und damit in der Folge auch der Imagines: Von den mit *Dnmt3*-siRNA behandelten Larven entwickelte sich die Mehrzahl der Individuen (72 %) zu Königinnen, also weiblichen Tieren mit voll entwickelten Ovarien. Die verbleibenden 28 % entwickelten sich zu typischen Arbeiterbienen.

[Die Ovarien einer siRNA-induzierten Königin unterscheiden sich im Grunde nicht von denen einer im Bienenstock mit Gelée Royale aufgezogenen Königin mit 12 – 180 Ovariensträngen pro Eierstock. Bienenarbeiterinnen haben allerdings nur rudimentär ausgebildete Ovarien mit 2 – 6 Ovariensträngen pro Ovarium (vgl. Abbildungen unter »Zusätzliche Materialien«].

AUFGABE 2
Es sind mehrere sinnvolle Hypothesen denkbar:
a) **Zeitpunkt der Larvalentwicklung der Versuchstiere:**
   Es wäre denkbar, dass sich die Larven nicht alle in exakt dem gleichen Entwicklungsstadium befanden, so dass ältere Larven ggf. bereits mehr Methylierungen aufwiesen. [Der Einfluss von *Dnmt3*-siRNA scheint besonders 48 bis 50 Stunden nach der Injektion besonders hoch zu sein; dies entspricht dem Übergang vom zweiten zum dritten Stadium der Larvalentwicklung.]
b) **Einfluss der äußeren Versuchsbedingungen:**
   In der Aufgabenstellung werden die »kontrollierten Bedingungen« angesprochen, unter denen das Experiment stattgefunden hat, doch ist es denkbar, dass nicht alle Umweltfaktoren, die einen Einfluss auf die Entwicklung nehmen, hier berücksichtigt wurden.
c) **Effizienz der *Dnmt3*-siRNA:**
   Es wäre auch denkbar, dass die siRNA nicht bei allen Individuen voll zum Tragen kam, da diese eventuell abgebaut worden ist oder weniger Genprodukte »abgefangen« hat.
d) **Weitere epigenetische Regulationsmechanismen:**
   Wie im Text angesprochen, stellt die Methylierung einen wichtigen epigenetischen Regulationsmechanismus dar, doch gibt es noch weitere Mechanismen [wie Histon- und Chromatin-Modifikationen], die einen Einfluss auf die Entwicklung nehmen könnten.

[Insgesamt steht man bei der Epigenetik-Forschung noch am Anfang, so dass den Schülerinnen und Schülern recht viel Freiheit bei der Beantwortung der Frage zugestanden werden sollte. Auf jeden Fall können die Schüler hinsichtlich des Ergebnisses des Experiments dafür sensibilisiert werden, dass neben der Inaktivierung der DNA-Methyltransferase noch weitere Faktoren einen Einfluss auf die Entwicklung zu haben scheinen.]

AUFGABE 3
a) **Lebenszyklus einer Bienenarbeiterin**
   Erster Lebensabschnitt, 1. – 10. Tag: Hausbiene im Inneren des Stockes; Reinigung von Zellen, Schutz der Brutzellen vor Abkühlung, Betreuung und Fütterung der Larven (»Brutamme«)
   Zweiter Lebensabschnitt, 10. – 20. Tag: Kurze Orientierungsflüge in die Umgebung des Stockes, Futterdrüsen bil-

den sich zurück, Wachsdrüsen entwickeln sich, Bau neuer Zellen, füllt Vorratszellen mit Pollen, Reinigungsdienste, zuweilen Wächter am Flugloch.

Dritter Lebensabschnitt; 20. Tag bis Lebensende: Sammlerin, stirbt im Sommerhalbjahr etwa einen Monat nach dem Schlüpfen, die überwinternden Arbeiterinnen werden 6 – 8 Monate alt.

Lebenszeit und Aufgaben der Königin:

Die Königin des Bienenstaates legt täglich 1500 – 2000 Eier. Eine Staatsneugründung erfolgt dadurch, dass vor dem Schlüpfen der ersten jungen Königin die alte Königin mit etwa der Hälfte des Volkes das Nest verlässt [bei starken Völkern kann auch mehr als ein Schwarm ausschwärmen].

Die neue Königin wird in der Luft an sog. Drohnensammelplätzen begattet. Eine Königin hat eine Lebenserwartung von bis zu 4 Jahren.

b) **Morphologische und ethologische Unterschiede, die auf epigenetischen Veränderungen der Genaktivität zu beruhen scheinen:**
- Entwicklung der Ovarien und Fruchtbarkeit,
- Determination der Aufgaben im Bienenstock,
- Lebensdauer,
- Methylierungsmuster der DNA.

Die Aktivierung oder Stilllegung von Genen hat einen direkten Einfluss auf den Phänotyp und das Verhalten eines Individuums.

Zusätzliche Materialien

Methylierung eines Nucleotids

Unter der katalytischen Einwirkung von DNA-Methyltransferase (DNMT) wird eine Methylgruppe auf einen Cytosin-Rest eines DNA-Nucleotids übertragen; dabei entsteht 5-Methylcytosin (s. Abb.). Die chemische Veränderung der Basenstruktur führt zu einer veränderten Struktur des DNA-Moleküls und zu einer veränderten Genaktivität, damit also auch zu einer Veränderung der Information.

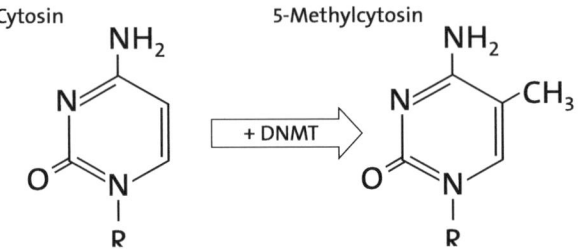

Ovarien und Ovarienstränge

Die Gonaden der weiblichen Honigbienen sind paarig angelegt. Wie bei den meisten Insekten, ist jeder dieser Eierstöcke in zahlreiche schlauchförmige Ovariolen untergliedert, die wie die Zinken eines Kamms den beiden Eileitern ansitzen. Dise vereinigen sich zu einem gemeinsamen Ausführgang, der in der Geschlechtsöffnung nach außen mündet. Dem Gang sitzen Anhangsdrüsen sowie ein Spermienbehälter an (Receptaculum seminis). Während des Ausschwärmens wird die junge Königin von mehreren Drohnen begattet, wobei die Spermien im Spermienbehälter eingelagert werden.

Jede Ovariole bildet an ihrem Ende Eizellen aus, die den Schlauch Richtung Eileiter durchlaufen und dabei heranreifen. Sie nehmen an Größe zu und erhalten einen reichlichen Dottervorrat sowie eine cuticulare Außenhülle. Die befruchteten Eier werden bei der Eiablage über die Geschlechtsöffnung nach außen abgegeben.

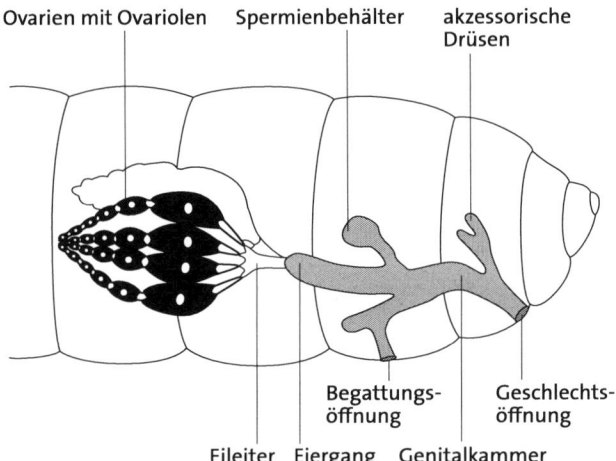

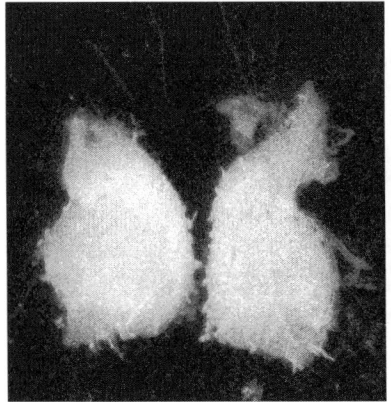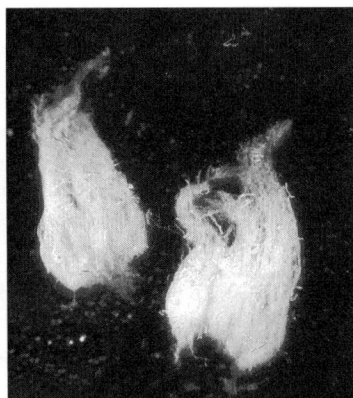

Ovarien (v. li.): im Stock aufgezogene Königin, Arbeiterin, Königin nach Behandlung mit Dnmt3-siRNA

Weiterführende Aufgaben

AUFGABE

Erläutern Sie die molekularbiologischen Grundlagen des Verfahrens der RNA-Interferenz anhand des auf dem Arbeitsblatt vorgestellten Beispiels der Honigbienenentwicklung.

Lösung

[Zum Verfahren s. Schülerband S. 153]

Synthetische Herstellung von siRNA (doppelsträngiges Oligonucleotid aus etwa 20 Nucleotidpaaren), deren einer Teilstrang komplementär zu einem Teilbereich der reifen mRNA ist, die für DNA-Methyltransferase 3 codiert – Injektion einer siRNA-Lösung in junge Honigbienenlarven – Aufnahme der siRNA in die Zellen – Bindung der siRNA an einen Proteinkomplex, anschließende Aufspaltung des Doppelstrangs und Präsentation der beiden Teilstränge an der Oberfläche des Proteinkomplexes – Bindung der komplementären Teilsequenz der siRNA an den entsprechenden Abschnitt der DNMT-3-codierenden-Bienen-mRNA – Blockierung und anschließender enzymatischer Abbau der mRNA – Synthese von DNMT 3 in den Zellen der Bienenlarven unterbleibt.

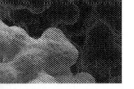

Stammzellenpuzzle (S. 65)

Konzeption des Arbeitsblattes

Die Schülerinnen und Schüler sollen sich zunächst im Schülerband (S. 204 – 207 und S. 223) über die verschiedenen Typen von Stammzellen sowie über die vier Verfahren »therapeutisches Klonen«, »induzierte Programmierung«, »somatische Gentherapie« und »Keimbahntherapie« informieren. Anschließend rekonstruieren sie die Abfolge zweier Verfahren mit Hilfe vorgegebener Textbausteine. Der inhaltliche Schwerpunkt liegt auf den Basiskonzepten »Reproduktion« und »Entwicklung«.

Geforderte Kompetenzen: Repräsentationswechsel (Vervollständigen eines Schaubilds anhand vorgegebener Textinformationen), Gebrauch der Fachsprache, Argumentieren.

Einsatz des Arbeitsblattes im Unterricht

Das Arbeitsblatt kann im Anschluss an den Unterricht zum Thema »Stammzellen« eingesetzt werden und so der Wiederholung fachlicher Inhalte dienen. Es ist auch möglich, dass sich die Schülerinnen und Schüler mit Hilfe des Arbeitsblattes und des Schülerbandes das Thema selbst erschließen.

Lösungen und Anmerkungen

AUFGABE 1

[Die Aufgabe kann ggf. als vorbereitende Hausaufgabe eingesetzt werden. Dabei empfiehlt es sich angesichts der komplexen Materie, dass die Schülerinnen und Schüler die wichtigsten Teilschritte der vier Verfahren stichwortartig notieren. Die vier Verfahren können auch arbeitsteilig bearbeitet und im Anschluss im Plenum von den einzelnen Arbeitsgruppen vorgestellt werden.

AUFGABE 2

[Bei der Bearbeitung ist zu beachten, dass alle vorgegebenen Elemente verwendet werden müssen (s. Lösung unten): Um die beiden Verfahren optisch besser voneinander abzugrenzen, können die »Puzzleteile« in zwei unterschiedlichen Farben ausgemalt werden. Zur Ergänzung können auch die Teilschritte der beiden anderen bearbeiteten Verfahren zugeordnet und sortiert werden (s. »Weiterführende Aufgaben«).]

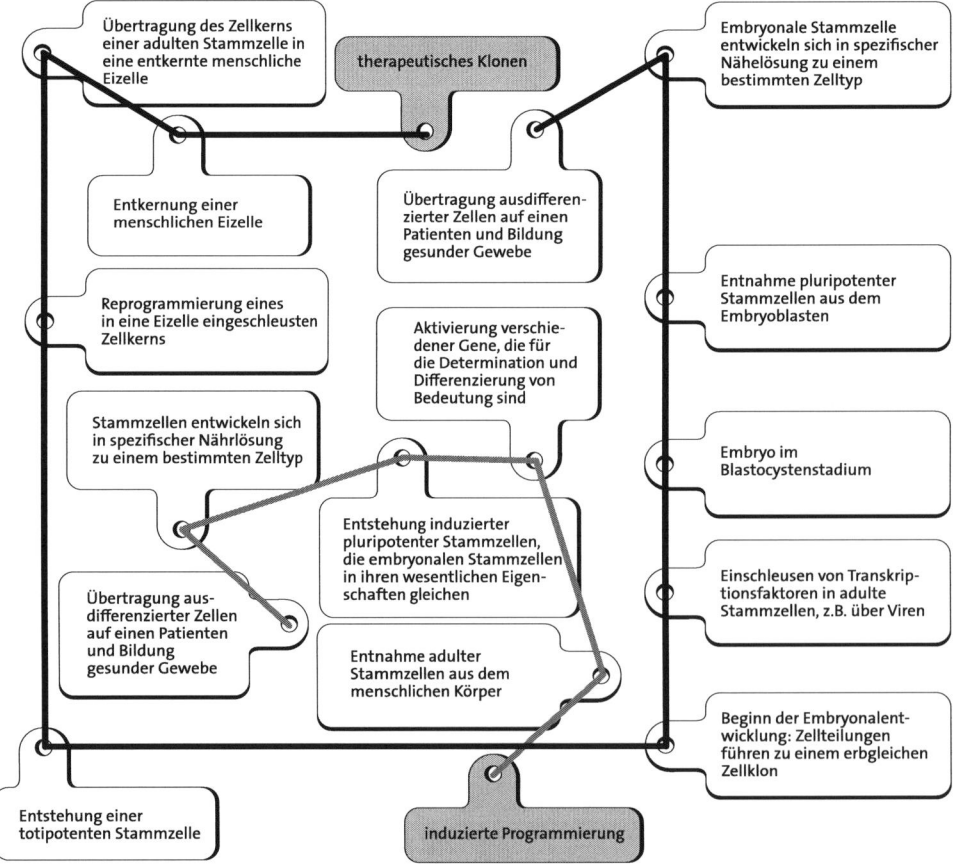

Zusätzliche Materialien

"You're a selfish bastard, Lewis! Those stem-cell lines were meant for people who've LOST an organ!"

Cartoon als Einstieg in das Thema »Stammzellen«

Weiterführende Aufgaben

AUFGABE
Ordnen Sie die die aufgelisteten Vorgänge den beiden Verfahren der somatischen Gentherapie bzw. der Keimbahntherapie zu. Bringen Sie die einzelnen Teilschritte anschließend jeweils in die korrekte Reihenfolge:

A Entnahme adulter Stammzellen mit Defektgenen aus dem menschlichen Körper

B embryonale Stammzellen entwickeln sich in spezifischer Nährlösung zu einem bestimmten Zelltyp

C Übertragung ausdifferenzierter Zellen auf einen Patienten und Bildung gesunder Gewebe

D genetische Veränderung adulter Stammzellen: Übertragung intakter Gene in adulte Stammzellen z. B. mit Hilfe von Virusvektoren

E umgewandelte Stammzellen entwickeln sich in spezifischer Nährlösung zu einem bestimmten Zelltyp

F Entnahme pluripotenter Stammzellen aus dem Embryoblasten

G genetische Veränderung embryonaler Stammzellen: Übertragung intakter Gene in embryonale Stammzellen z. B. mit Hilfe von Virusvektoren

H Eizelle oder Embryo

I Beginn der Embryonalentwicklung

J Embryo im Blastocystenstadium

K Übertragung ausdifferenzierter Zellen auf einen Patienten und Bildung gesunder Gewebe

L Selektion und Klonierung der genetisch veränderten Stammzellen

Lösung
Somatische Gentherapie: A → D → L → E → C (K)
Keimbahntherapie: H → I → J → F → G → B → K (C)

[Die Vorgänge können ähnlich wie auf dem Arbeitsblatt auch auf Kärtchen geschrieben/kopiert werden. Dies erleichtert das Zuordnen und Sortieren der Teilprozesse. Möglich ist auch das Erstellen von Folienfigurinen zur Ergebnisbesprechung am Tageslichtprojektor oder das Arbeiten mit dem Smartboard.

Wichtiger Hinweis zur Keimbahntherapie: Das Verfahren ist derzeit beim Menschen aus biologischer Sicht nicht möglich und wäre in Deutschland aus rechtlichen Gründen auch nicht durchführbar.]

Reproduktionstechniken – Der Weg zum Wunschkind (S. 66)

Konzeption des Arbeitsblattes

Die Schülerinnen und Schüler müssen zur Bearbeitung der Aufgabe über Kenntnisse zu den Methoden der In-vitro-Fertilisation (IVF) und der intracytoplasmatischen Spermieninjektion (ICSI) verfügen. Dies soll ihnen ermöglichen, für drei vorgestellte Fallbeispiele jeweils eine geeignete Methode der Reproduktionsmedizin vorzuschlagen und zu begründen. Der inhaltliche Schwerpunkt des Arbeitsblattes liegt auf den Basiskonzepten »Reproduktion« und »Entwicklung«.

Geforderte Kompetenzen: Argumentieren (reflektierte und gut begründete Vorschläge zur Anwendung moderner reproduktionsbiologischer Methoden), Bewertung, Gebrauch der Fachsprache.

Einsatz des Arbeitsblattes im Unterricht

Das Arbeitsblatt kann zur Erarbeitung des Themas »moderne Reproduktionstechniken« dienen. Da die Inhalte, die zur Lösung der Aufgabe erforderlich sind, aber lediglich anhand der beiden Grafiken in Abb.1 vermittelt werden, empfiehlt es sich, zusätzlich den Informationstext auf S. 206 im Schülerband hinzuzuziehen. Die Schülerinnen und Schüler können aber auch im Anschluss an den Unterricht zu Reproduktionstechniken mit dem Arbeitsblatt üben.

Es ist sinnvoll, in diesem Zusammenhang die Themen pränatale Diagnostik (S. 190 im Schülerband) und Präimplantationsdiagnostik (s. hierzu S. 60 im Arbeitsheft und zugehörige Lösungen und Anmerkungen) zu behandeln.

Lösungen und Anmerkungen

AUFGABE 1

Fallbeispiel 1:
Vorgeschlagene Methode: intracytoplasmatische Spermieninjektion (ICSI)
Begründung: Bei Frau Jensen werden keine Auffälligkeiten festgestellt. Das Spermiogramm von Herrn Jensen zeigt, dass das Ejakulat zwar funktionsfähige Spermien enthält, deren Konzentration jedoch gering ist. Zudem ist die Beweglichkeit der Spermien eingeschränkt. Um die Chancen einer Befruchtung zu erhöhen, kann eine intracytoplasmatische Spermieninjektion genutzt werden.

[Es wäre auch denkbar, dass nach Aufbereitung eines Ejakulats eine künstliche Insemination vorgenommen wird.]

Fallbeispiel 2:
Vorgeschlagene Methode: intracytoplasmatische Spermieninjektion (ICSI) oder In-vitro-Fertilisation (IVF)
Begründung: Durch den Verschluss der Spermienleiter kann es auf natürlichem Weg nicht zum Zusammentreffen von Spermien und Eizelle kommen; eine Befruchtung der Eizelle ist somit nicht möglich. Es können jedoch Spermien aus dem Hodengewebe gewonnen werden. Es gibt nun die Möglichkeit einer IVF-Behandlung oder einer ICSI-Behandlung. Die Entscheidung darüber dürfte abhängig sein von der Qualität der gewonnenen Spermien.

[Es wäre auch in diesem Fall denkbar, dass nach Aufbereitung eines Ejakulats eine künstliche Insemination durchgeführt wird.]

Fallbeispiel 3
Vorgeschlagene Methode: In-vitro-Fertilisation (IVF)
Begründung: Da die Eileiter verschlossen sind, können Eizelle und Spermien nicht zusammentreffen und eine Befruchtung auf natürlichem Weg ist demnach nicht möglich. Die Eizellreifung ist dagegen nicht beeinträchtigt. Somit können Eizellen entnommen werden und außerhalb des weiblichen Körpers befruchtet werden. Da keine Beeinträchtigung der Spermienqualität beschrieben wurde, ist eine ICSI-Behandlung zunächst nicht angezeigt.

Weiterführende Aufgabe

AUFGABE
Lösen Sie das Bilderrätsel [Kopiervorlage s. folgende Seite], indem Sie zu jedem Teilbild das zugehörige Lösungswort finden und die Buchstaben an den jeweils durch Zahlen angegebenen Positionen notieren. Hintereinander gestellt, ergeben die Buchstaben den Namen einer renommierten deutschen Biologin, die 1995 den Nobelpreis für Physiologie/Medizin erhielt. Hinweise: Ä = AE usw.; Bindestriche und Wortzwischenräume werden nicht mitgezählt.

Lösung
CHIASMA → Lösungsbuchstaben **CH**
THERAPEUTISCHES KLONEN → Lösungsbuchstaben **RIS**
TRANSLOKATION → Lösungsbuchstaben **TIANE**
AUTOSOMAL-DOMINANTER ERBGANG → Lösungsbuchstaben **NUESSLEIN-**
IN-VITRO-FERTILISATION → Lösungsbuchstaben **VOL-HARD**
Gesuchter Name: CHRISTIANE NÜSSLEIN-VOLHARD

Bilderrätsel

1 + 2

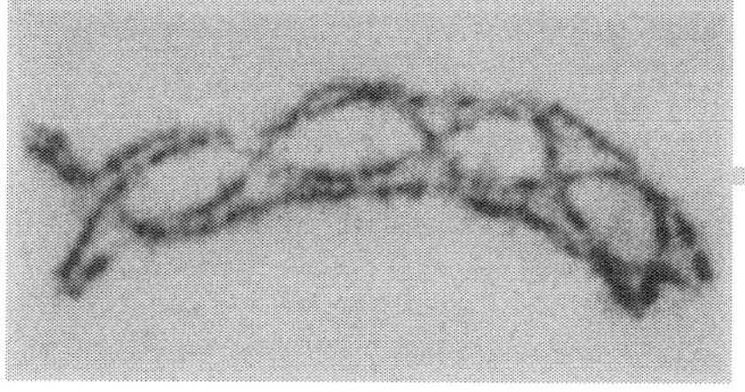

zwei Wörter, 4 + 10 + 11

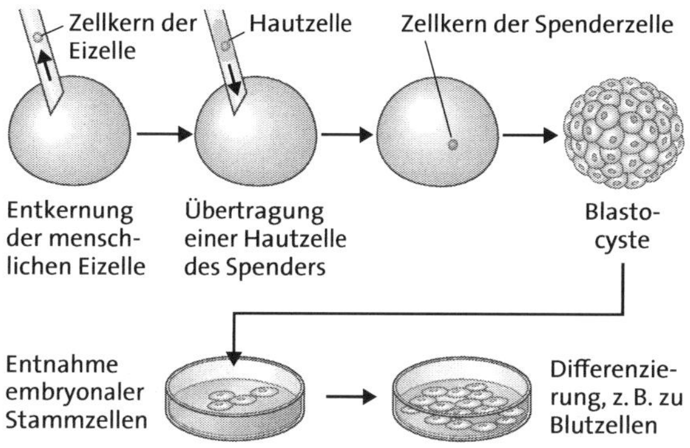

Zellkern der Eizelle — Hautzelle — Zellkern der Spenderzelle

Entkernung der menschlichen Eizelle — Übertragung einer Hautzelle des Spenders — Blasto-cyste

Entnahme embryonaler Stammzellen — Differenzie-rung, z. B. zu Blutzellen

10 + 11 + A + 13 + E

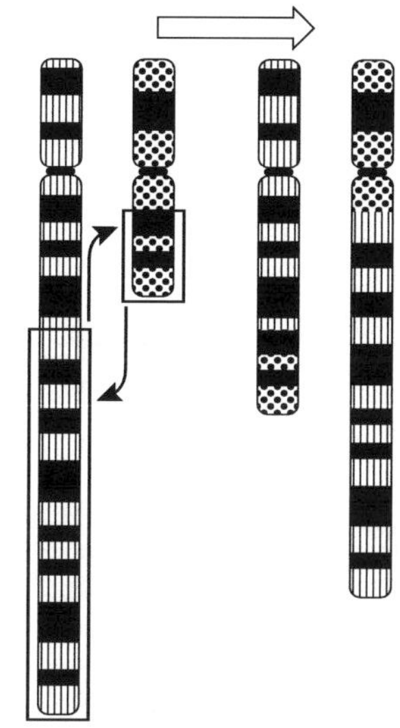

drei Wörter, N + 2 + E + 5 + S + 9 + E + 13 + 14 + −

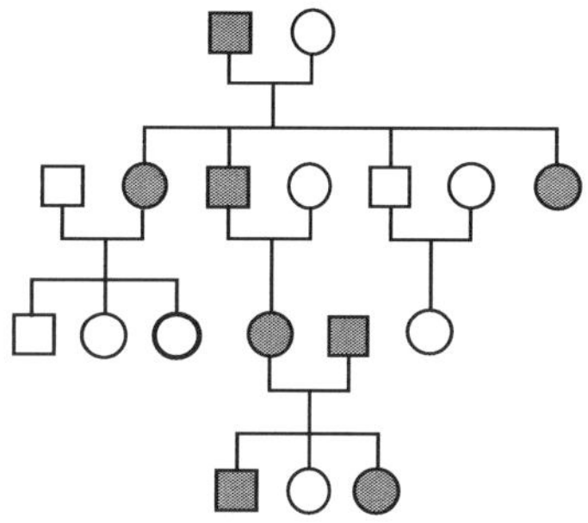

3 + 7 + 13 + H + 16 + RD

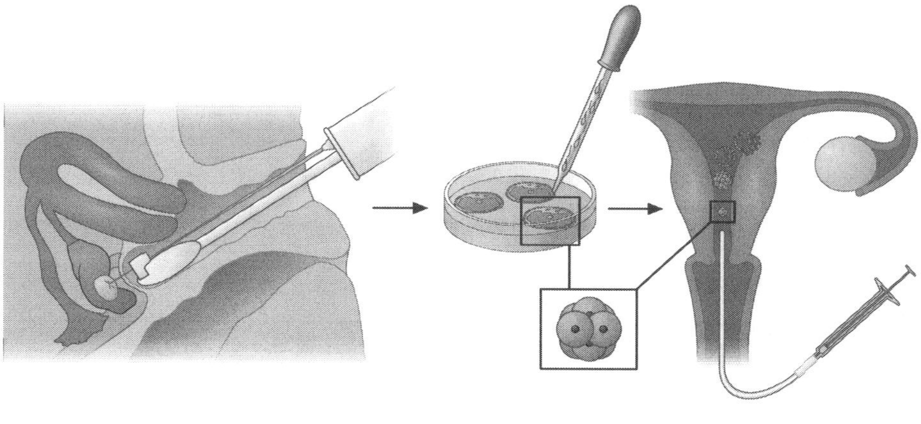

Lösung:

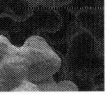

Lösung

CHIASMATA

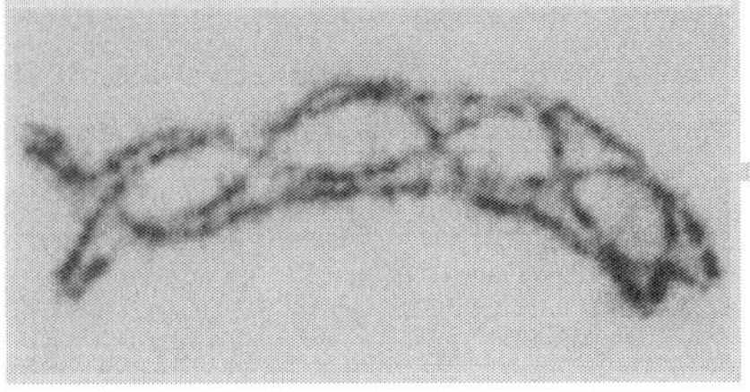

THERAPEUTISCHES KLONEN

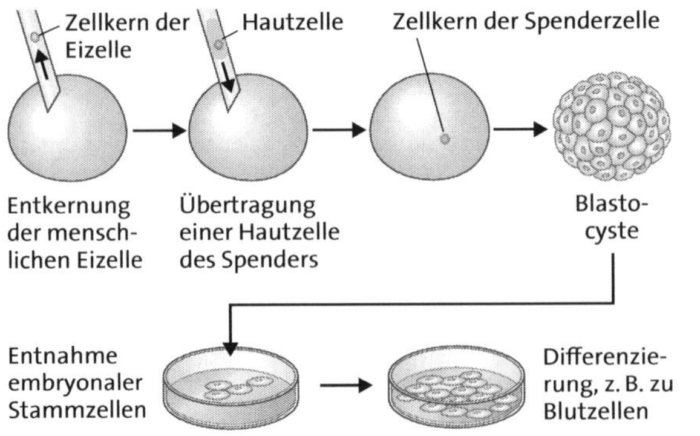

Zellkern der Eizelle

Hautzelle

Zellkern der Spenderzelle

Entkernung der menschlichen Eizelle

Übertragung einer Hautzelle des Spenders

Blasto-cyste

Entnahme embryonaler Stammzellen

Differenzie-rung, z. B. zu Blutzellen

TRANSLOKATION

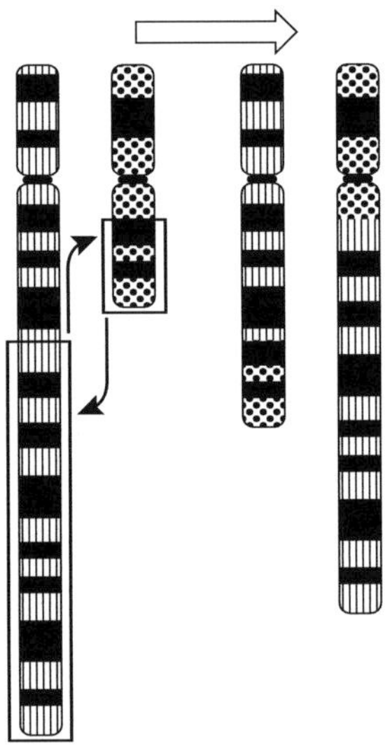

AUTOSOMAL-DOMINANTER ERBGANG

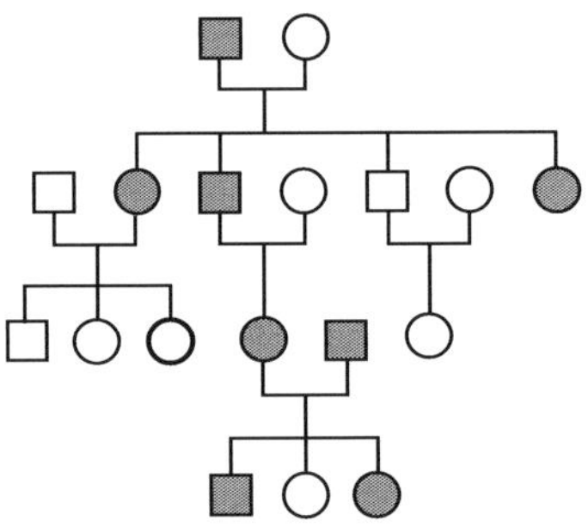

IN- VITRO-FERTILISATION

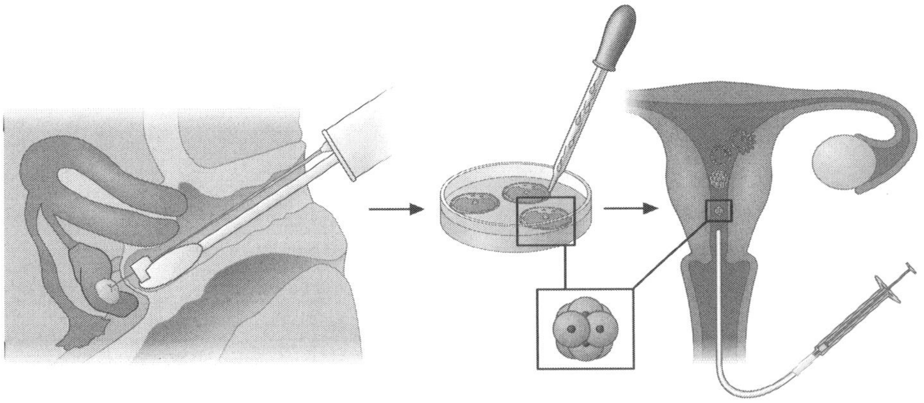

Lösung: | C | H | R | I | S | T | I | A | N | E | | N | U | E | S | S | L | E | I | N | – | V | O | L | H | A | R | D |

Vom Wolf zum »Dalmatinerdackel« (S. 67)

Konzeption des Arbeitsblattes

Anhand des Beispiels der Hundezüchtung sollen Einblicke in Formen der Wissenschaftsmethodik vermittelt werden und die Schülerinnen und Schüler motiviert werden, sich eingehender mit den zugrunde liegenden Überlegungen und Verfahren der klassischen Züchtungsmethoden zu beschäftigen. Dabei sollen sie sich – als Szenario dient ein fiktives Zuchtziel – in die Rolle des Züchters versetzen, der durch gezielte Auslese Individuen mit gewünschten Eigenschaften zur Rekombination bringt und durch die Kreuzungszüchtung neue Allelkombinationen und somit neue Phänotypen hervorbringt. Der Hundezüchter macht sich dabei die phänotypische Variabilität der Individuen zunutze. Die Schülerinnen und Schüler erkennen, dass bei der züchterisch gesteuerten Reproduktion über künstliche Zuchtwahl die genetische Information der Individuen neu kombiniert werden kann und so Zuchtformen mit neuen Merkmalskombinationen entstehen können.

Zudem werden die Lernenden anhand des ausgewählten Zuchtziels zugleich indirekt mit ethischen Fragen konfrontiert: Der typische Körperbau der Dachshunde beruht auf einem Gendefekt (Achondroplasie), auf den hin die Hunde gezielt gezüchtet werden (es handelt sich also bei Dackeln um »Liliputaner-Hunde«). Als Begleiterscheinung und Folge dieser Mutation treten verschiedene rassetypische Krankheiten auf. An diesem Beispiel kann im Anschluss exemplarisch der Sinn und Unsinn der Verfolgung bestimmter Zuchtziele bei Nutz- und Heimtieren thematisiert werden (z. B. Zwergwuchs, Kurzbeinigkeit, Haarlosigkeit; vgl. hierzu auch Abb. 424.1 im Schülerband).

Geforderte Kompetenzen: Argumentieren (begründete Konzeption von Kreuzungsansätzen), Experimentieren (Nachvollzug experimenteller Züchtungsansätze), Bewertung, Gebrauch der Fachsprache.

Einsatz des Arbeitsblattes im Unterricht

Das Arbeitsblatt eignet sich zum Einstieg in die angewandte Genetik und zur Wiederholung der MENDEL-Genetik. Die Schülerinnen und Schüler sollen erfahren, wie der Mensch (zunächst ohne Kenntnis der biologischen Grundlagen der Vererbung) durch individuelle Auslese und gezielte Kreuzungen Organismen verändert hat. Diese Veränderungen

können sie aufgrund ihres Wissens über die Vererbung von Merkmalen auch anhand der Vererbungsgesetze erklären.

Die Aufgaben 1 und 2 sind geeignet zur Wiederholung der Grundlagen zur klassischen Genetik, Aufgabe 3 erfordert eine Transferleistung im Hinblick auf ein tieferes Verständnis der MENDEL-Genetik.

Lösungen und Anmerkungen

[Vor der Bearbeitung der Aufgabe 1 durch die Schülerinnen und Schüler sollte darauf hingewiesen werden, dass man für die statistischen Berechnungen davon ausgehen darf, dass in jeder Generation in beiden Geschlechtern jeweils alle theoretisch möglichen Genotypen auftreten können, sodass die Schüler unter dem Nachwuchs phänotypisch (!) ein männliches oder weibliches Individuum auswählen können.]

AUFGABE 1
Verschiedene Lösungswege sind denkbar:
Der einfachste Weg (s. 1. Lösungsweg) besteht darin, zunächst Kurzhaardackelrüde Firun mit Langhaardackeldame Rondra zu kreuzen, um ein mischerbiges männliches Individuum zu erhalten, welches anschließend mit Dalmatinerdame Hesinde verpaart werden kann. Hierbei ist statistisch die Hälfte der Individuen ein Dalmatiner-Dackel (1:1).

Es ist aber auch möglich (s. 2. Lösungsweg), zuerst Firun mit Hesinde zu kreuzen und ein männliches Individuum dieser uniformen Generation (alle Individuen sind kurzbeinig und haben ein einfarbiges langes Fell; Genotyp *AaBb*) anschließend mit Dackeldame Rondra zu verpaaren, die bezüglich des Merkmals Fell mischerbig ist. Auch hier treten »Dalmatiner-Dackel« auf (theoretisches Zahlenverhältnis 3 : 16).

Erster Lösungsweg
1. Schritt: Kreuzung von Firun mit Rondra
[P = Elterngeneration, G = Gameten, F_1 = erste Nachkommengeneration]

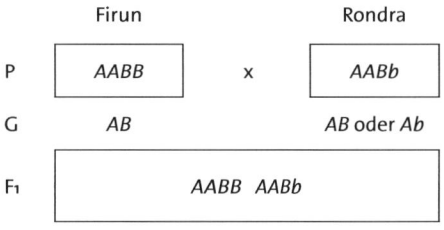

Die Nachkommen von Firun und Rondra sind im Verhältnis 1 : 1 kurzbeinig mit kurzem einfarbigem Fell [AABB] und kurzbeinig mit einfarbigem langem Fell [AABb].

2. Schritt: Unter den Nachkommen der F_1-Generation aus der Kreuzung von Firun und Rondra (1) wählt man einen männlichen Hund aus, der kurzbeinig mit einfarbigem, langem Fell ist; er besitzt demnach den Genotyp *AABb*. Diesen verpaart man (nach Erreichen der Geschlechtsreife) mit Hesinde (Genotyp *aabb*):

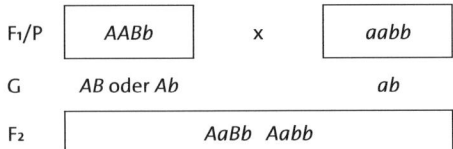

Die Nachkommen dieser Kreuzung sind im Verhältnis 1:1 kurzbeinig mit langem, einfarbigem Fell und kurzbeinig mit geflecktem Fell (»Dalmatinerdackel«). Statistisch ist also die Hälfte der Individuen ein »Dalmatinerdackel« (allerdings nicht reinerbig).

Zweiter Lösungsweg

1. Schritt: Kreuzung von Kurzhaardackel Firun ($AABB$) mit Dalmatiner Hesinde ($aabb$)

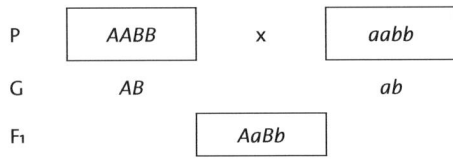

Alle Nachkommen von Kurzhaardackel Firun und Hesinde sind zwergwüchsig und haben langes, einfarbiges Fell.

2. Schritt: Verpaarung eines Rüden der F_1-Generation aus der Kreuzung von Firun und Hesinde (Genotyp $AaBb$) mit Langhaardackel Rondra ($AABb$)

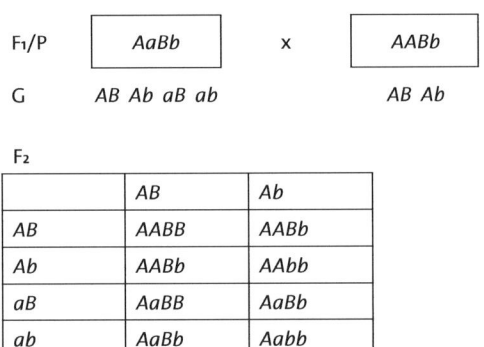

	AB	Ab
AB	AABB	AABb
Ab	AABb	AAbb
aB	AaBB	AaBb
ab	AaBb	Aabb

Statistisch erhält man bei dieser Verpaarung »Dalmatinerdackel« im Zahlenverhältnis 1:4.

[Es handelt es sich in beiden Fällen um rein statistische Werte, was insbesondere dann in der Praxis zum Tragen käme, wenn man von einer Wurfgröße von 4–6 Welpen ausgeht. Es wäre also nicht gesichert, dass man gleich im ersten Wurf auch »Dalmatinerdackel« erhält. Bei Züchtungsweg 1 wäre dies im Vergleich zum Züchtungsweg 2 etwas wahrscheinlicher. Bei einem möglichen dritten Weg wþrde der Rüde mit beiden Hundedamen verpaart. Nun könnte man phänotypisch ausgewählten Nachwuchs kreuzen oder eines dieser F_1-Tiere mit einem Elterntier, dies wäre jedoch Inzucht und soll laut Aufgabenstellung vermieden werden.]

AUFGABE 2

Je nach Lösungsweg beträgt der Prozentsatz statistisch 50 Prozent (Weg 1, da im Verhältnis 1 : 1) oder 25 Prozent (Weg 2,

da im Verhältnis 1 : 4) [Erläuterung über Ergebnisse der Kreuzungsschemata].

AUFGABE 3
Weiterführung der Züchtung nach Weg 1
(vgl. Aufgabe 1)

Nach dem gewünschten Phänotyp (Kurzbeinigkeit, geflecktes Fell) ausgewählte Individuen der F_2-Generation haben den Genotyp $Aabb$ und sind somit in keinem Fall reinerbig. Eine Inzuchtkreuzung der Geschwister dieser Generation wäre notwendig, um das Merkmal »geflecktes Fell« (Genotyp bb) beizubehalten und gleichzeitig Individuen zu erhalten, die bezüglich der Achondroplasie reinerbig sein könnten.

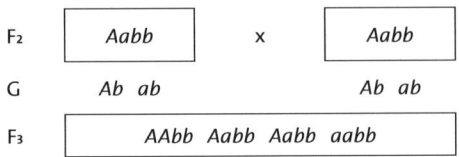

Unter den »Dalmatinerdackeln« kann man phänotypisch nicht unterscheiden, ob diese bezüglich des Merkmals Achondroplasie homo- oder herozygot sind. Man müsste diese daher weiter kreuzen, was über lange Zeit nicht möglich sein dürfte, da Inzucht vermutlich auch nachteilige Merkmale hervorbringen würde.

Man könnte daher die Individuen bezüglich ihres Genotyps testen, indem man einen der »Dalmatinerdackel« mit einem Dalmatiner kreuzt, der aufgrund der Merkmalsausprägung den Genotyp $aabb$ haben muss (Rückkreuzung):

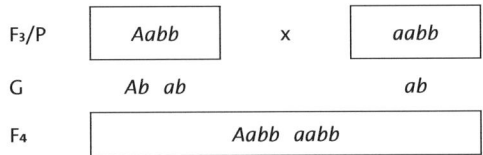

Treten im Wurf sowohl Tiere mit Dalmatinerhabitus als auch »Dalmatinerdackel« auf (statistisch im Verhältnis 1:1), war das getestete Tier mischerbig.

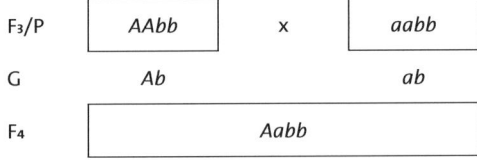

Sind alle Individuen des Wurfs uniform, war der zur Testkreuzung eingesetzte »Dalmatiner-Dackel« vermutlich reinerbig. Weisen die Würfe solcher Rückkreuzungen wiederholt keine Individuen auf, die langbeinig sind, so kann man mit einiger Sicherheit davon ausgehen, dass das Elterntier reinerbig ist.

[Praktisch ist jedoch auch möglich, dass bei der Kreuzung von Tieren der Genotypen $Aabb$ und $aabb$ immer nur Individuen mit der Allelkombination $Aabb$ geboren werden; die Anlage a wäre somit zwar vorhanden, träte aber phänotypisch nicht in Erscheinung. Die Antwort bezieht sich daher auf einen statistischen Wert, worauf die Schüler hingewiesen werden sollten, da sie oft davon ausgehen, dass beispielsweise bei vier Welpen eines Wurfes zwei mit dem Genotyp *Aabb* und zwei mit *aabb* geben würde (zur statistischen Absicherung bei Kreuzungsexperimenten vgl. die Anzahl der ausgewerteten Versuchspflanzen bei MENDELS Beobachtungen.]

Weiterführung der Züchtung nach Weg 2
(vgl. Aufgabe 1)
Die »Dalmatinerdackel« könnten mit einer Wahrscheinlichkeit von je 50 % den Genotyp *Aabb* oder *AAbb* haben. Auch hier kann über eine Rückkreuzung mit einem Dalmatiner getestet werden, ob das Elterntier (mit hoher Wahrscheinlichkeit) rein- oder mischerbig ist. Eine vorherige Kreuzung wie sie nach dem Züchtungsweg 1 notwendig wäre, ist hier nicht erforderlich.

[In beiden Fällen könnte es jedoch sein, dass unter dem Wurf tatsächlich gar kein reinerbiger Dalmatinerdackel ist (s. o.), so dass weitere Verpaarungen der Elterngeneration und ggf. der Nachkommen untereinander notwendig wären. In der Züchtungspraxis wird häufig der Weg über Inzuchtpaarungen eingeschlagen, um ein Merkmal reinerbig (reinrassig) zu »verankern«. Negative Nebenerscheinungen der Inzuchtkreuzungen werden dann durch das spätere Einkreuzen anderer Individuen »behoben«.]

Um den Schülerinnen und Schülern eine bessere Vorstellung von dem angestrebten Zuchtziel »Dalmatinerdackel« zu geben, kann man eine entsprechende Fotomontage zeigen:

Weiterführende Aufgaben

AUFGABE A
Definieren Sie die Begriffe »Auslesezüchtung« und »Kreuzungszüchtung«.
Lösung
Auslesezüchtung: Entwicklung neuer Nutz- und Zierpflanzensorten sowie Haus- und Nutztierrassen mit Hilfe künstlicher Zuchtwahl (Auslese zur Weiterzucht geeigneter Phänotypen).
Kreuzungszüchtung: Entwicklung neuer Pflanzensorten und Tierrassen durch Kreuzung vorhandener Sorten/Rassen, wodurch es zur Neukombination von Merkmalen kommt.

AUFGABE B
Achondroplasie entsteht bei Säugetieren in vielen Fällen auch durch Neumutation und tritt daher auch bei anderen Hunderassen (z. B. Schäferhunden) in der Zucht auf. Begründen Sie, wieso man diese Zwergformen jedoch nur sehr selten bei Hunden anderer Rassen sieht.
Lösung
Individuen mit dieser Mutation besitzen nicht die dem »Rassetypus« entsprechenden Merkmale; daher werden sie normalerweise nicht weiter gezüchtet kommen nur selten in den Handel. Es gibt solche Tiere also sicher häufiger, sie kommen jedoch nicht in diesem Maße »in Umlauf«.

AUFGABE C
Recherchieren Sie weitere Beispiele für Achondroplasie bei Haus- und Nutztieren und finden Sie heraus, worauf dieses Merkmal auf molekularer Ebene zurückzuführen ist.
Lösung
Beispiele: Haushund (Basset Hound, Dackel, Mops), Hausrind (Dexterrind [s. Schülerband Abb. 176.2], Hauspferd (»Dackelpferd«), Hauskatze (Munchkin; s. Abb. unten), Hauskaninchen (bestimmte Zwergkaninchenrassen). Achondroplasie kommt auch beim Menschen vor (Häufigkeit bei Neugeborenen 1 : 40 000).

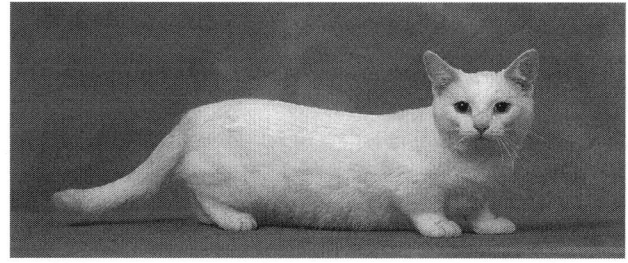

Molekulare Ursache: Punktmutation *FGFR-3*-Gen (codiert einen Membranrezeptor für den Fibroplasten-Wachstumsfaktor. Der Funktionsverlust dieses Gens führt zu einer Störung des Knorpelwachstums, gefolgt von vermindertem Längenwachstum besonders der Röhrenknochen der Extremitäten.

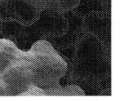

»Goldener Reis« (S. 68)

Konzeption des Arbeitsblattes

Der »Goldene Reis« ist eine gentechnisch veränderte Pflanze, die in den Jahren 2012/13 unter anderem auf den Philippinen, in Indien und in Vietnam auf den Markt kommen soll. Der »Goldene Reis« beruht auf einer Übertragung artfremder Gene in das Genom von herkömmlichen Reispflanzen. Das Arbeitsblatt richtet seinen Fokus in erster Linie auf die Wissenschaftsmethode und dient als Ergänzung und Vertiefung des im Schülerband besprochenen Beispiels des Bt-Maises (Schülerband S. 220 und 221). Ausgehend davon kann sich im Unterricht auch eine ethische Beurteilung mit einer Diskussion über Nützlichkeitsprinzip und Risikoabschätzung anschließen (z. B. Verbesserung des Nährstoffgehalts und gesundheitliche Prävention in Drittweltländern vs. Bekämpfung der eigentlichen Ursachen der Armut).

Geforderte Kompetenzen: Repräsentationswechsel (Umsetzung einer grafischen Darstellung in einen fachinhaltlich fundierten Text), Experimentieren (wissenschaftliche Vorgehensweise zur Erzeugung transgener Nutzpflanzen), Argumentieren, Gebrauch der Fachsprache.

Einsatz des Arbeitsblattes im Unterricht

Das Arbeitsblatt dient zur Übung, Vertiefung und Erläuterung des im Schülerband besprochenen Verfahrens zur Herstellung einer transgenen Pflanze, wobei das Bodenbakterium *Agrobacterium tumefaciens* als Vektor eingesetzt wird. Im Vordergrund der Betrachtungen steht die Erkenntnisgewinnung, wie über gentechnische Verfahren eine gezielte Veränderung der genetischen Information von Lebewesen bewerkstelligt werden kann. Die Schüler können bei der Bearbeitung der Aufgaben auf den Text im Schülerband zurückgreifen. Die Bilder auf dem Arbeitsblatt sollen dem Schüler helfen, sich das Verfahren zu veranschaulichen.

Eine mögliche Vertiefung der Thematik könnten zusätzliche Rechercheaufgaben leisten, die sich mit der Problematik der Vitamin-A-Unterversorgung, insbesondere in Dritte-Welt-Ländern, mit alternativen Therapieansätzen zur Lösung dieses Problems, dem aktuellen Stand der geplanten Markteinführung transgener Reissorten sowie der kritischen Diskussion um den »Goldenen Reis« beschäftigen.

Lösungen und Anmerkungen

AUFGABEN 1 UND 2
Beschriftetes und nummeriertes Schaubild s. S. 131.
[Während früher transgene Pflanzen bei Einkeimblättrigen, zu denen auch die Süßgräser und damit der Reis zählen, zumeist durch Partikelbeschuss hergestellt wurden, gelingt inzwischen bei diesen Pflanzen auch die Anwendung eines *Agrobacterium*-Transfers recht gut. Auch der »Goldene Reis« wird mit dieser Methode erzeugt, indem unreife Embryonen behandelt werden. Auf dem Arbeitsblatt wird zur Vereinfachung des Verfahrens nur der Transfer eines einzigen Fremdgens dargestellt. Tatsächlich wurden zwei Gene übertragen, nämlich eines aus der Narzisse bzw. (bei der neueren Variante *»Golden Rice 2«* aus Mais) und ein bakterielles Gen. Die beiden codierten Proteine sind Enzyme, die den mehrschrittigen Prozess der Synthese von β-Carotin aus dem Grundprodukt GGPP (Geranylgeranyldiphosphat) über das Zwischenprodukt Lycopin katalysieren.

Zur Lösung der Aufgaben muss das Regulationssystems, welches den eingeschleusten Genen vorgeschaltet werden muss, nicht thematisiert werden. Dieses System ist erforderlich, damit die Fremdgene transkribiert werden können.

Die Schritte der Isolation des Gens aus Mais und die Herstellung eines Zellhaufens können parallel erfolgen, es sind bei der Reihenfolge/Nummerierung daher zunächst verschiedene Lösungen denkbar.]

AUFGABE 3
Aus Maispflanzen isoliert man das gewünschte Gen für die Synthese von Provitamin A [Bilder 1 und 2].

Dieser DNA-Abschnitt wird in ein Ti-Plasmid von *Agrobacterium tumefaciens* eingebaut [Bilder 3 und 4].

Das [rekombinante] Plasmid wird in das Bakterium eingebracht, und die Bakterien werden anschließend vermehrt [es muss zuvor noch eine Selektion auf diejenigen Bakterien erfolgen, die ein rekombinantes Plasmid aufgenommen haben] [Bild 5].

Aus einem Reisembryo erwächst ein Zellhaufen [Kallus] [Bilder 6 und 7].

Agrobakterien, die ein rekombinantes Plasmid aufgenommen haben, werden auf die Zellen des Zellhaufens [Kallus] übertragen. Die Vektoren werden in die Reiszellen eingeschleust [Bild 8].

Bei erfolgreichem Transfer wird das Fremdgen in das Genom der Reispflanze eingebaut [Bild 9].

Aus den transgenen Zellen entwickeln sich transgene Reispflanzen, die in ihren Samen (den Reiskörnern) Provitamin A synthetisieren [Bild 10].

Lösung zu den Aufgaben 1 und 2:

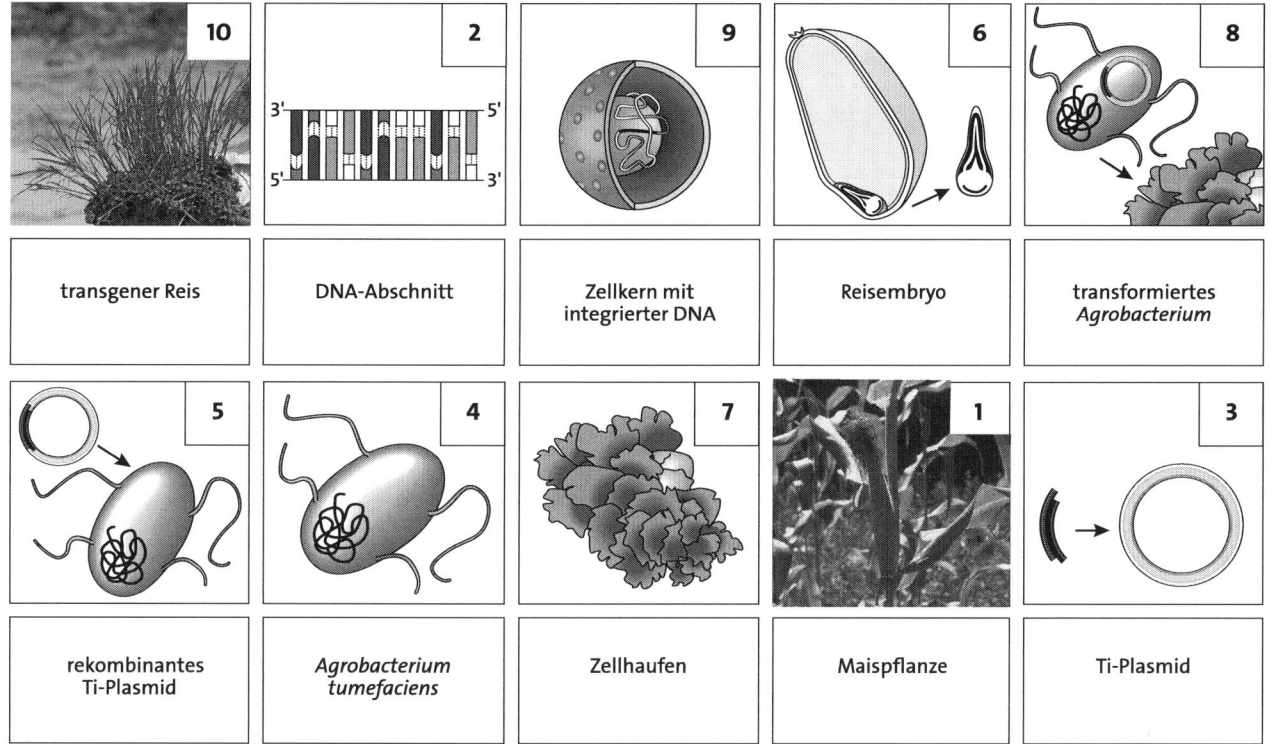

10	**2**	**9**	**6**	**8**
transgener Reis	DNA-Abschnitt	Zellkern mit integrierter DNA	Reisembryo	transformiertes *Agrobacterium*
5	**4**	**7**	**1**	**3**
rekombinantes Ti-Plasmid	*Agrobacterium tumefaciens*	Zellhaufen	Maispflanze	Ti-Plasmid

Zusätzliche Materialien

Als Diskussionsgrundlage zum Thema können folgende (auch im Internet verfügbaren) Artikel aus der Zeitschrift »Spiegel« und »Welt Online« dienen:
H. Goos: Die gelbe Revolution. Spiegel 48, 2008: 90–96.

U. Kulke: Lebensrettendes Reiskorn hat mächtige Gegner. Welt Online vom 10.6.2008.
http://www.welt.de/wissenschaft/article2086062/
Lebensrettendes_Reiskorn_hat_maechtige_Gegner.html

Die englischsprachige Eigendarstellung des »*Golden Rice Project*« findet man auf der Website:
http://www.goldenrice.org/

Der Verein »Forum Bio- und Gentechnologie« gibt auf seiner Website www.transgen.de ebenfalls gut verständliche Informationen zum Thema:
http://www.transgen.de/pflanzenforschung/
produkteigenschaften/173.doku.html

Eine kurze und prägnante Übersicht mit mehreren Links zu relevanten Internetseiten findet man unter:
http://www.agenda21-treffpunkt.de/lexikon/
goldener-Reis.htm

Abbildungen zum Thema:

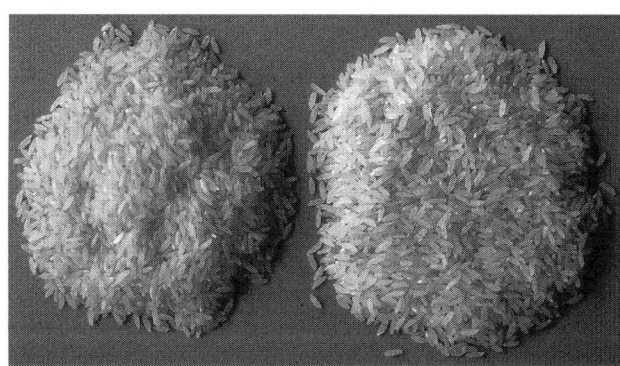

Normale und gelbe Reiskörner im Vergleich

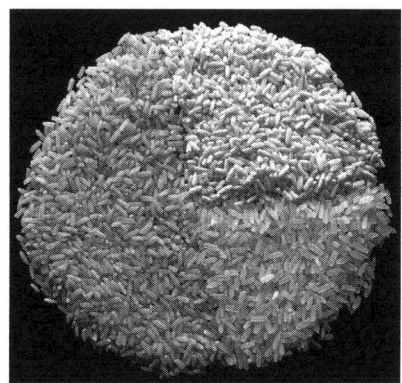

Körner dreier Reissorten: »Golden Rice 1« mit einem Gen aus der Narzisse, »Golden Rice 2« mit Maisgen und konventionelle Reissorte

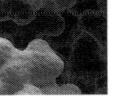

Transgene Lachse – Nutztiere nach Maß (S. 69–70)

Konzeption des Arbeitsblattes

Die Schülerinnen und Schüler sollen auf der Grundlage ihres molekulargenetischen Wissens die Herstellungsprinzipien transgener Tiere am Beispiel des Atlantischen Lachses erarbeiten. Die zwei Arbeitsblätter dienen dem Kennenlernen und Verstehen gentechnischer Verfahren. Der inhaltliche Schwerpunkt liegt auf den Basiskonzepten »Information«, »Regulation« und »Reproduktion«.

Indem die Schülerinnen und Schüler ihre molekulargenetischen Kenntnisse um gentechnische Verfahrenstechniken erweitern, werden sie insbesondere im Kompetenzbereich »Fachwissen« gefördert. Die Arbeitsblätter schaffen somit die Basis für die bewertende Auseinandersetzung mit angewandter Gentechnik (s. hierzu Arbeitsheft S. 71).

Erarbeitet bzw. vertieft werden die einzelnen Elemente des gentechnischen Verfahrens zur Herstellung von transgenen Tieren mit der Gruppenpuzzlemethode. Die Lernenden erschließen sich in »Expertengruppen« sachbezogene Informationen und tauschen diese argumentativ mit Mitschülerinnen und Mitschülern aus anderen Expertengruppen aus. Die zwei Arbeitsblätter leisten somit schwerpunktmäßig einen Beitrag Kompetenzförderung im Kompetenzbereich »Kommunikation« (Argumentation).

Geforderte Kompetenzen: Argumentieren, Experimentieren (experimentelle Schritte bei der Herstellung transgener Nutztiere), Gebrauch der Fachsprache.

Einsatz des Arbeitsblattes im Unterricht

Die Schülerinnen und Schüler bilden zunächst Gruppen mit jeweils vier Mitgliedern. In diesen Ausgangsgruppen (»Stammgruppen«) verschaffen sie sich mit Hilfe der Informationen auf S. 69 einen Überblick über das Thema. Unterstützt werden kann die Erarbeitung durch Abb. 225.1 im Schülerband, auf der die »Turbolachse« im Vergleich zu normalwüchsigen Fischen zu sehen sind.

Anschließend informieren sich die Lernenden in vier »Expertengruppen« mit Hilfe von S. 70 und dem Schülerband über verschiedene Vorgänge bei der Herstellung transgener Lachse. Das erworbene Wissen präsentiert jedes Expertengruppen-Mitglied den Mitgliedern seiner Stammgruppe.

Hinweise zur Durchführung des Gruppenpuzzles

Mit Hilfe von Gruppenkärtchen (s. »Zusätzliche Materialien«) kann eine schnelle Gruppeneinteilung erfolgen. Bei einer Kursstärke von 16 ergeben sich nur vier Stammgruppen (I bis IV) mit jeweils vier Gruppenmitgliedern. Jedes einzelne Basisgruppenmitglied gehört einer anderen Expertengruppe (1, 2,

3 und 4) an. Ist die Kursstärke größer, aber immer noch durch vier teilbar (z. B. 20, 24, ...) werden zusätzliche Basisgruppen (V, VI, ...) gebildet und die Expertengruppen entsprechend zusammengesetzt. Weicht die Kursstärke von diesen Werten ab, so können einzelne Experten in einer Basisgruppe auch doppelt besetzt werden. Dies kann auch im Hinblick auf differenzierende Maßnahmen sinnvoll sein. Um Anpassungen an die spezifische Kurssituation vornehmen zu können, sind auch vier Blankokarten beigefügt, in die eine Basisgruppennummer eingetragen werden kann.

Die Karten können vom Lehrer an der Tür zufällig an die Schülerinnen und Schüler verteilt werden. Wenn eine spezifische Gruppenzuweisung erfolgen soll, kann die Lehrkraft die Karten auch vor dem Unterricht auf die festen Plätze verteilen. Wenn die vom Lehrer vorgenommene Zuweisung zu Beginn des Unterrichts noch nicht bekannt gegeben werden soll, kann auch zu gegebener Zeit ein Plan ausgehängt werden oder die Karten werden vor dem Unterricht von der Lehrkraft mit Klebeband unter bestimmte Stühle geklebt.

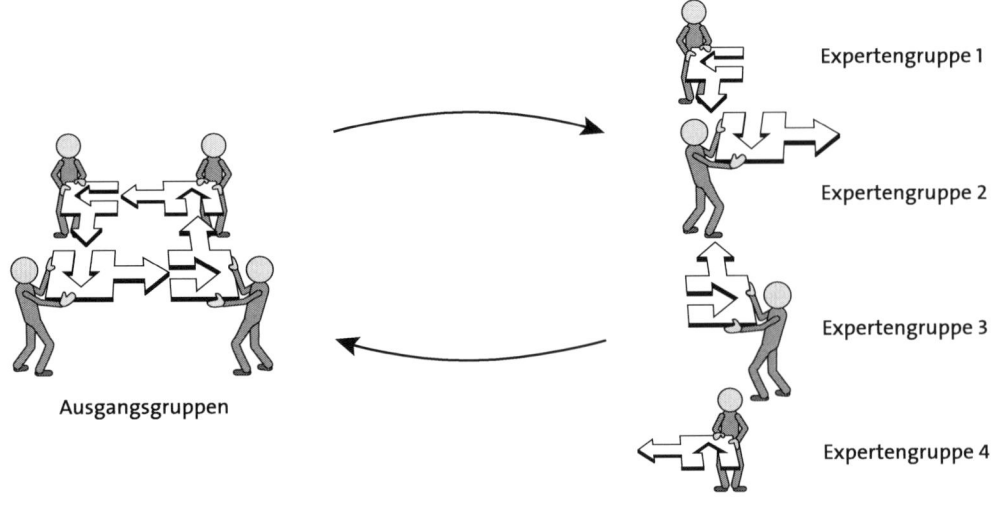

Lösungen und Anmerkungen

AUFGABEN 1 UND 2

Die Präsentationen der Schülerinnen und Schüler sollte auf der Basis der Informationen auf den beiden Arbeitsblättern und im Schülerband erfolgen.

Ergänzende Hinweise zum Thema Mikroinjektion (Expertengruppe 4):
Eine klassische Mikroinjektion in den Vorkern, wie sie bei der Gewinnung transgener Säugetiere durchgeführt wird, ist bei Fischen nicht möglich. Vor der eigentlichen Mikroinjektion muss zunächst das Chorion, das eine Fischeizelle umgibt,

enzymatisch oder mechanisch entfernt werden. Die Mikroinjektion erfolgt noch vor der ersten Teilung der Zygote. Fischembryonen überstehen die Mikroinjektion besser als Säugerembryonen. Trotzdem ist das Verfahren auch bei Fischeizellen immer noch wenig effektiv.

Ein weiteres mögliches Verfahren ist die Elektroporation. Spermien können DNA binden und bei der Besamung in Eizellen einbringen. Daher lassen sich mit Hilfe des Gentransfers über Spermien ebenfalls transgene Tiere erzeugen. Zudem werden auch Transfektionen von ES-ähnlichen Zellen beschrieben (ES = embryonale Stammzelle).

Zusätzliche Materialien

»Turbolachse«

Die gentechnisch veränderten Lachse, um die es in den Aufgaben (S. 69–71) geht, werden wegen ihres raschen Wachstums in der Presse bisweilen auch als »Turbolachse« bezeichnet. Sie wurden von der US-amerikanischen Biotechnologie-Firma *AquaBounty Technologies* (Waltham, Massachusetts) entwickelt. Das Unternehmen beschäftigt sich mit der Verbesserung der Erträge von Aquakulturen durch gezielte Herstellung transgener Meerestiere. Wissenschaftlern der Firma ist es dabei gelungen, zwei verschiedene Fremdgene in das Genom von Atlantischen Lachsen (*Salmo salar*) zu übertragen. Eines dieser Gene stammt von einer anderen Lachsart (Königslachs, *Oncorhynchus tschawytscha*) und codiert für ein Wachstumshormon, bei dem anderen handelt es sich um ein Regulationsgen der Amerikanischen Aalmutter (*Zoarces americanus*), einem in kalten Meeresregionen beheimateten Fisch. Letzteres ist erforderlich, weil Lachse normalerweise in kalten Gewässern keine Wachstumshormone synthetisieren; das eingeschleuste Gen der Aalmutter reguliert bei dieser Art die Bildung eines Anti-Frost-Proteins, das den Fischen das Überleben und die ganzjährige Aktivität in ihren eiskalten Heimatgewässern ermöglicht.

Aufgrund der beiden in das Lachsgenom eingebauten Fremdgene können die transgenen Lachse mit dem Handelsnamen »AquAdvantage Salmon« das ganze Jahr über (nicht

nur in den wärmeren Sommermonaten) wachsen. Die »Genlachse« werden zwar nicht größer als ihre »normalen« Artgenossen, doch erreichen sie bereits nach 1,5 Lebensjahren ihr Schlachtgewicht von ca. 18 kg (s. Abb.); diese Körpermasse erreichen Atlantische Lachse normalerweise im Freiland erst nach drei Lebensjahren.

Literatur zum Thema

Ausführliche Informationen zu den Techniken bei der Erzeugung transgener Tiere und eine übersichtliche Darstellung des aktuell technisch Machbaren auf diesem Forschungssektor findet man bei

J. SCHENKEL: Transgene Tiere, Spektrum Akademischer Verlag, Heidelberg/Berlin/Oxford 1995.

Einen aktuellen englischsprachigen Artikel zum Thema »genmanipulierte Lachse« aus der »*New York Times*« vom 17.3.2011 findet man unter
http://opinionator.blogs.nytimes.com/2011/03/17/frankenfish-phobia/

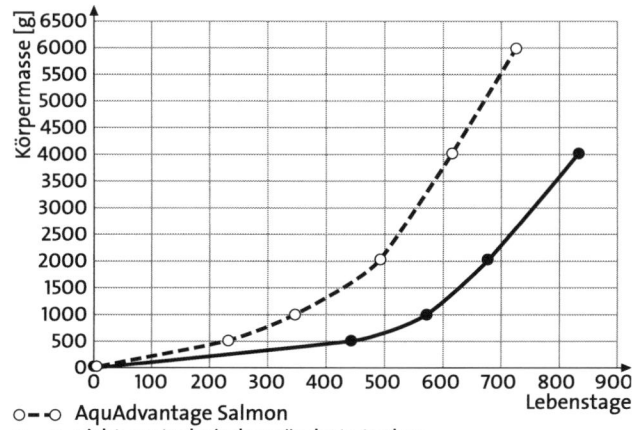

○--○ AquAdvantage Salmon
●—● nicht gentechnisch veränderte Lachse

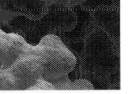

Transgene Lachse in der Diskussion (S. 71)

Konzeption des Arbeitsblattes

Die Schülerinnen und Schüler werden mit einer fiktiven, gesellschafts- und alltagsrelevanten Situation konfrontiert. Auf der Grundlage ihres Wissens über Verfahren zur Erzeugung transgener Nutztiere planen sie eine »öffentliche« Diskussion und führen diese in einem Rollenspiel durch. Im Anschluss sollen die Lernenden die geführte Diskussion analysieren.

Schwerpunkt des Arbeitsblattes ist die sachgerechte und bewertende Auseinandersetzung mit angewandter Gentechnik. Die Schülerinnen und Schüler nutzen ihr Wissen über Methoden gentechnischer Verfahren, um Bewertungen vorzunehmen und nachhaltige Handlungsoptionen zu erörtern. Es wird somit insbesondere der Kompetenzbereich »Bewertung« und »Kommunikation« (Argumentieren) gefördert. Durch das Rollenspiel lernen die Schülerinnen und Schüler die Differenziertheit von Entscheidungsprozessen kennen und gewinnen einen Einblick in menschliche Interaktionen und gruppendynamische Prozesse. Sie können Kommunikationstechniken einüben, indem sie den Standpunkt ihrer Rolle begründet darlegen. Dabei sollen die Schülerinnen und Schüler in der Diskussion zwischen deskriptiven und normativen Aussagen unterscheiden. Zudem sollte ihnen der Unterschied zwischen einer persönlichen und einer naturwissenschaftlichen Argumentation deutlich werden.

Der inhaltliche Schwerpunkt liegt auf den Basiskonzepten »Information«, »Regulation«, »Reproduktion« und »Entwicklung«. Zu den kognitiven Lernzielen zählt, dass die Schülerinnen und Schüler die gentechnischen Verfahren zur Erzeugung transgener Organismen erklären können sowie die Probleme, die damit verbunden sind, aufzeigen können.

Geforderte Kompetenzen: Bewerten (auf der Basis einer ethischen Analyse und unter Berücksichtigung verschiedener moralischer Prinzipien), Argumentieren.

Einsatz des Arbeitsblattes im Unterricht

Die Übung von Rollenspielen ist für die Analyse von Entscheidungsfindungsprozessen in sozialen, ökologischen und ökonomischen Kontexten wichtig.

Inhaltliche Grundlage für eine sachgerechte Diskussion zum Thema »transgene Lachse« sind die Informationen auf S. 69–70; methodische Basis ist das Informationsblatt auf S. 59, das die Durchführung einer ethischen Analyse am Beispiel der Präimplantationsdiagnostik (PID) erläutert. Für das Rollenspiel sollte der Klassenraum so umgeräumt werden, dass die öffentliche Debatte möglichst real dargestellt werden kann. Es ist auch denkbar, dass die Diskussionsteilnehmer des Rollenspiels auf einer Bühne, etwa in einer Aula oder Pausenhalle, Platz nehmen und die Beobachter der Diskussion auf Publikumsplätzen sitzen.

Lösungen und Anmerkungen

Anmerkungen zu den Aufgaben der Rollenspielteilnehmer

Die Rollenspielteilnehmer bereiten sich schriftlich auf ihre Rolle vor. Es ist darauf zu achten, dass zunächst die spezifischen Vorhaben rein deskriptiv erarbeitet werden, während normative (wertende) Aussagen vermieden werden sollen.

Deskriptive Aussagen beschreiben eine Tatsache, z. B.: »Es gibt ein gentechnisches Verfahren bei dem transgene Lachse erzeugt werden.« Normative Aussagen hingegen bewerten eine Tatsache: (1) »Es ist richtig transgene Lachse zu produzieren, da durch dieses Zuchtverfahren der Gewinn des Fischereibetriebes erhöht wird.« bzw. (2) »Der Mensch darf Organismen nicht gentechnisch verändern, da er nicht Gott spielen darf.«

Die verschiedenen Handlungsoptionen sollen klar benannt werden. Bei der Begründung der jeweiligen Handlungsoption sollen sich die Rollenspielteilnehmer an grundlegenden Prinzipien der konsequenzialistischen oder der deontologischen Ethik orientieren. Zum Beispiel basiert Argument (1) auf einer Kosten-Nutzen-Abwägung für den Menschen. Aus konsequenzialistischer Sicht wird hier der Einsatz des gentechnischen Verfahrens als moralisch richtig angesehen. Argument (2) basiert auf dem Wert des Lachses an sich und somit auf der Achtung vor der Natur und dem Schutz der Würde eines jeglichen Wesens. In der Diskussion können mehrere Argumentationsstrategien auftreten, und es können sich mehrere Lösungsmöglichkeiten ergeben. Es sollte nicht das Ziel der Diskussion sein, dass sich am Schluss alle Diskussionsteilnehmer für eine Argumentationsrichtung entscheiden.

Abschließend sollten eine Reflexion des Begründungsprozesses und eine kritische Betrachtung der getroffenen Entscheidung erfolgen. Unten sind einige Beispiele für Pro- und Contra-Argumente aufgeführt.

Anmerkungen zu den Aufgaben der Beobachter

Die Beobachter des Rollenspiels sollen die geführte Diskussion dokumentieren und analysieren. Dabei ist insbesondere auf die Unterscheidung beschreibender und bewertender Aussagen zu achten. Zudem soll auf die Elemente einer ethischen Analyse geachtet werden, und die Merkmale verschiedener moralischer Prinzipien sollten herausgearbeitet werden.

Die Analyse des Rollenspiels sollte möglichst im unmittelbaren Anschluss an das Rollenspiel erfolgen.

Beispiele für Pro- und Contra-Argumente zum Bau einer Aquakulturanlage zur Haltung transgener Lachse

Rolle	Pro	Contra
Fischwirt, Berufsfischer	ökonomische Vorteile: kürzere Wachstumsphase → geringerer Futterverbrauch; geringere Personalkosten; Ertragsmaximierung; geringerer Verbrauch von Antibiotika → geringere Umweltbelastung	Veränderungen des Ökosystems aufgrund möglicher Kreuzungen aus Aquakulturen stammender transgener Lachse mit wildlebenden Tieren
Eigner einer Konservenfabrik	ökonomische Vorteile: Produktionsmengenmaximierung	ökonomische Nachteile: Umsatzeinbußen wegen eines möglichen Boykotts transgener Nahrungsmittel durch die Kunden
Fischverkäuferin, Gastwirt	ökonomische Vorteile: Umsatzmaximierung; Arbeitsplatzsicherung	ökonomische Nachteile: Umsatzeinbußen wegen Boykotts transgener Nahrungsmittel durch Kunden und Gäste; Arbeitsplatzverlust
Doktorandin der Biotechnologie, Gentechnologe	gentechnisches Verfahren ist gut erforscht; Bau der Anlage sichert steigenden Nachfrage nach Nahrungsmitteln	gentechnisches Verfahren ist sehr kostenintensiv; angewandte Verfahren haben derzeit noch eine relativ geringe Erfolgsquote; Erfolg (Ertragssteigerung) ist von der Expressionsrate der eingebauten Fremdgene abhängig; Instabilitäten bei der Vererbung der Transgene führen zu einer weiteren Reduktion der Ausbeute an transgenen Tieren (daher Züchtung steriler Weibchen sinnvoll)
Mitglied einer Umweltorganisation	Sicherung der steigenden Nachfrage nach Nahrungsmitteln	etwaiges Gefahrenpotential für die Umwelt bzw. den Menschen; unerwünschte Nebenwirkungen bei den Versuchstieren
Wissenschaftsjournalistin	Tierschutzgesetz und Ethikkommission verhindern den missbräuchlichen Umgang mit Versuchstieren	Erfolgsdruck bei Wissenschaftlern fördert Vielzahl von Tierversuchen; Zucht transgener Tiere erfordert große Versuchstieranzahl (»Embryonenverschleiss«); Mikroinjektionsmethode geht einher mit geringer Effizienz und Erfolgsprognose, u. U. kranken Tieren und hohen Kosten
Ärztin	Forschungsergebnisse sind wichtig für andere Forschungszweige (z. B. Medikamentenproduktion)	Gelder für Forschung kommen nicht direkt dem Menschen zugute
Bürgermeister	ökonomische Vorteile: höhere Steuereinnahmen	ökonomische Nachteile: geringere Steuereinnahmen

Naturalistischer Fehlschluss

Argumente, die auf einem »naturalistischen Fehlschluss« basieren, sind in der Diskussion als solche herauszustellen. Solche Begründungen für menschliche Entscheidungen basieren auf der Meinung, dass etwas, das in der Natur unter normalen Bedingungen geschehen kann, auch vom Menschen ohne ethische Bedenken durchgeführt werden darf.

Zum Beispiel können aufgrund von Mutationen Lachse, die schneller wachsen, auf natürliche Weise entstehen. Hieraus kann nicht zwingend gefolgert werden, dass der Mensch entsprechende Veränderungen an Fischen vornehmen darf, die zum selben Resultat führen. Menschliche Handlungen erfordern demnach stets eine ethische Rechtfertigung.

Weiterführende Aufgabe

AUFGABE

Schlüpfen Sie im Anschluss an die Podiumsdiskussion in die Rolle eines Reporters/einer Reporterin der lokalen Tageszeitung und schreiben Sie einen ausführlichen Artikel zum Verlauf der Diskussion und zu den eventuell getroffenen Entscheidungen. Versuchen Sie dabei auch, ein Schlaglicht auf die Diskussionsatmosphäre zu werfen und die Sachlichkeit der Argumente zu bewerten.

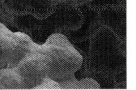

Züchtung und Gentechnik (S. 72)

In diesem Buchstabenfeld verstecken sich verschiedene wichtige Fachbegriffe zu den Themen »Züchtung« und »Gentechnik«. Unter dem Buchstabenfeld befinden sich Umschreibungen der gesuchten Begriffe. Suchen Sie die 15 Wörter und schreiben Sie sie rechts neben die zugehörigen Umschreibungen.

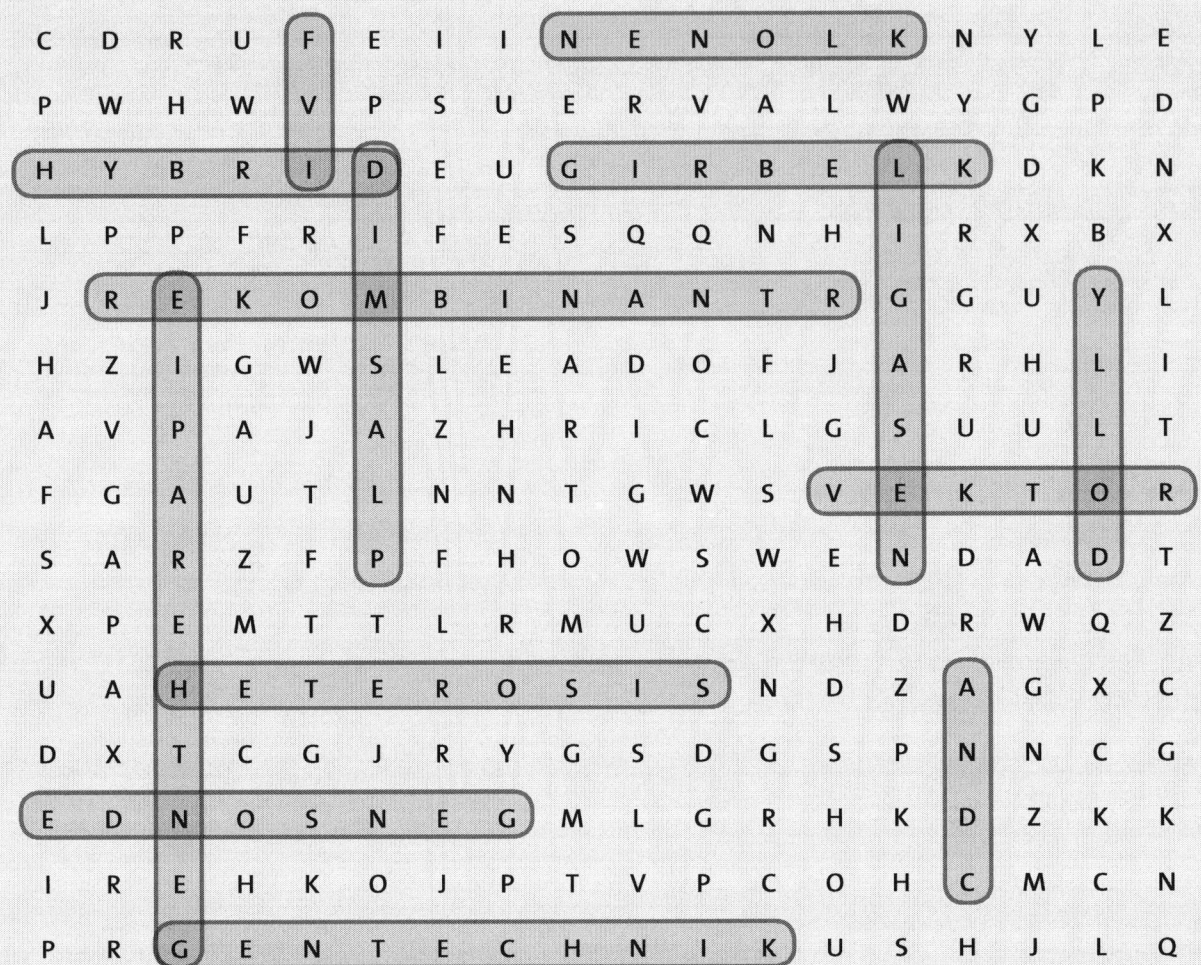

1	gentechnisches Verfahren zur Heilung erblicher Leiden	GENTHERAPIE
2	Enzyme zur Verknüpfung von DNA-Fragmenten	LIGASEN
3	DNA-Ring	PLASMID
4	durch reverse Transkription gewonnene DNA (Abkürzung)	CDNA
5	kurze, synthetisch hergestellte Nucleotidsequenz	GENSONDE
6	Hybrid-DNA bezeichnet man als …	REKOMBINANT
7	gezieltes Verfahren zur Veränderung eines Genoms	GENTECHNIK
8	wissenschaftliche Bezeichnung für »Mischling«	HYBRIDE
9	Transportsystem in der Gentechnik	VEKTOR
10	erstes geklontes Säugetier (Name)	DOLLY
11	Effekt auffallender Mehrleistung in der F_1-Generation einer Hybridisierung	HETEROSIS
12	künstliche Befruchtung in einer Glasschale (Abkürzung)	IVF
13	»sticky ends« sind …	KLEBRIG
14	entkernte Eizelle wird mit einer diploiden Zelle verschmolzen	KLONEN
15	allgemeine Bezeichnung für ein gentechnisch verändertes Lebewesen (Adjektiv)	TRANSGEN

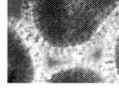

Angriff der unsichtbaren Winzlinge (S. 74)

Konzeption des Arbeitsblattes

Dieses Arbeitsblatt beschäftigt sich mit den einleitenden Aspekten zum Thema »Infektionskrankheiten«. Die Schülerinnen und Schüler sollen in einer Rechercheaufgabe zunächst Informationen über verschiedene häufige Infektionskrankheiten sammeln und sortieren. Anschließend beschäftigen sie sich mit den Abwehrmöglichkeiten des menschlichen Körpers in Form von Barrieren auf unterschiedlichen Systemebenen (histologisch, zellulär, molekular). Den Abschluss der Aufgaben bildet die Identifikation der zellulären Blutbestandteile in einem lichtmikroskopischen Bild, wobei auf Inhalte aus früheren Klassenstufen zur Zusammensetzung des Blutes zurückgegriffen wird.

Geforderte Kompetenzen: Argumentieren (Übertragung von Fachkenntnissen auf bislang unbekannte Zusammenhänge, verbale und visuelle Darstellung von Fachinhalten), Gebrauch der Fachsprache.

Einsatz des Arbeitsblattes im Unterricht

Das Arbeitsblatt ist als Einstieg in die Thematik gedacht. Zunächst erfolgt ein Überblick über einige bedeutende Infektionskrankheiten und das allgemeine Gefahrenpotenzial, das von ihnen ausgeht. Auf der Basis der Erarbeitung der Barrieren des menschlichen Körpers zur Abwehr von Infektionen lernen die Schülerinnen und Schüler die Bedeutung der Haut und der Schleimhäute als »erste Abwehrlinien« gegenüber Infektionskrankheiten kennen sowie die Mechanismen, mit denen diese den Keimen entgegentreten. Diese Aufgabe geht inhaltlich über die Darstellung im Schülerband hinaus. Über die Identifikation von Blutbestandteilen gelangen die Schüler zur »Zentrale« der Immunabwehr.

Alternativ können die Aufgaben dieser Seite auch nach Durcharbeiten von S. 230 im Schülerband bearbeitet werden, die Rechercheaufgabe ggf. auch als Hausaufgabe oder in Form einer kleinen Facharbeit.

Als Ergänzung zum vorliegenden Arbeitsblatt findet man unter »Weiterführende Aufgaben« eine Zusammenstellung von Fragen, die sich auf die zellulären Komponenten der angeborenen Immunabwehr beziehen.

Lösungen und Anmerkungen

AUFGABE 1

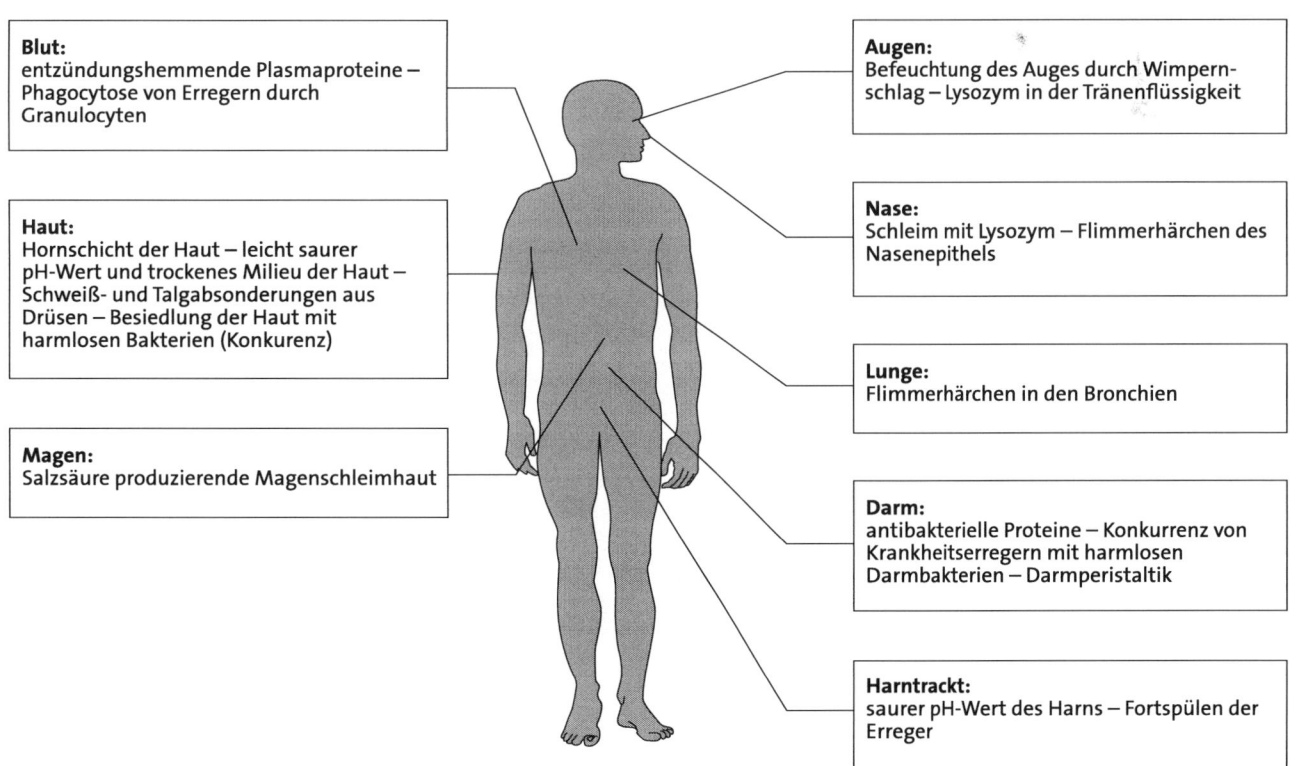

Blut:
entzündungshemmende Plasmaproteine – Phagocytose von Erregern durch Granulocyten

Haut:
Hornschicht der Haut – leicht saurer pH-Wert und trockenes Milieu der Haut – Schweiß- und Talgabsonderungen aus Drüsen – Besiedlung der Haut mit harmlosen Bakterien (Konkurenz)

Magen:
Salzsäure produzierende Magenschleimhaut

Augen:
Befeuchtung des Auges durch Wimpernschlag – Lysozym in der Tränenflüssigkeit

Nase:
Schleim mit Lysozym – Flimmerhärchen des Nasenepithels

Lunge:
Flimmerhärchen in den Bronchien

Darm:
antibakterielle Proteine – Konkurrenz von Krankheitserregern mit harmlosen Darmbakterien – Darmperistaltik

Harntrackt:
saurer pH-Wert des Harns – Fortspülen der Erreger

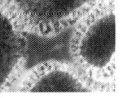

AUFGABE 2

a) Übersicht über die Erreger, die Infektionswege und Symptome der zu untersuchenden Krankheiten

Infektions-Krankheit	Erreger	Wie erfolgt die Infektion?	Symptome
Grippe (Influenza)	Grippeviren, Influenzaviren; diverse Typen (Stämme) von RNA-Viren	Tröpfcheninfektion beim Husten, Niesen oder Sprechen	allgemeine Abgeschlagenheit, Frösteln, Hals-, Gelenk-, Muskel-, Körperschmerzen, Fieber, Husten, Luftröhrenreizung, -entzündung
Mumps »Ziegenpeter«	Paramyxoviren (»Mumpsviren«); RNA-Viren	Tröpfchen- oder Schmierinfektion	angeschwollene Ohrspeicheldrüsen, Fieber um 38 °C; Schwellung von Tränendrüsen und Schilddrüse
Kinderlähmung (Poliomyelitis)	Poliovirus; RNA-Virus	Schmierinfektion, meist oral über die Aufnahme von mit Fäkalien verunreinigten Nahrungsmitteln	Zwei Phasen: 1. Appetitlosigkeit, Kopf- und Gliederschmerzen, Durchfall, Fieber, Schluckbeschwerden; 2. Lähmungen, Rückenschmerzen, Muskelschmerzen und eine erhöhte Empfindlichkeit auf äußere Reize
Tetanus	Tetanus-Bakterien (Clostridium tetani)	Eindringen des Erregers in offene Wunden; Erreger ist weit verbreitet und kommt auch in der Luft und in Gartenerde vor	zunächst Kopfschmerzen, Unruhe, Schweißausbrüche, allgemeines Unwohlsein; später unkontrollierte, heftige Verkrampfungen der gesamten Muskulatur durch Schädigung motorischer Nervenendigungen (beginnt meist im Bereich der Kiefer- und Zungenmuskeln: »sardonisches Lächeln«)
Borreliose	Bakterien der Gattung Borrelia	fast ausschließlich durch Zeckenstiche	meist Hautrötung im Bereich der Einstichstelle; Fieber, Kopfschmerzen, Muskelschmerzen, Schwellungen der Lymphknoten, Schweißausbrüche, Abgeschlagenheit, Konzentrationsprobleme, Schwindel

b) Globale Verbreitung, Bedeutung und statistische Daten

Infektionskrankheit	Globale Verbreitung und Bedeutung
Grippe	Auftreten von weltweiten Pandemien möglich, die Millionen von Todesopfern fordern können
Mumps	weltweit verbreitete Kinderkrankheit, i. d. R. mit eher harmlosem Verlauf, kann jedoch bei Erstinfektion männlicher Erwachsener zu Hodenentzündung mit anschließender Unfruchtbarkeit führen
Kinderlähmung (Polio)	weltweit etwa 1500 Neuerkrankungen pro Jahr, vor allem in Nigeria, Indien, Pakistan, Afghanistan; in den übrigen Regionen der Erde aufgrund erfolgreicher Impfkampagnen weitgehend ausgerottet
Tetanus	jährlich weltweit etwa 400 000 Fälle; führt unbehandelt bei Mensch und Haustieren oft zum Tode; kann nicht mit Antibiotika behandelt werden; in Deutschland durch Schutzimpfung im Säuglingsalter sehr selten auftretend
Borreliose	in Nordamerika und Eurasien verbreitet, jährlich 80 000 bis 140 000 Neuansteckungen; in Deutschland gibt es Gebiete mit einem geringen Infektionsrisiko ebenso wie »Hochrisikogebiete« (vor allem in Süddeutschland), in denen bis zu 50 % der Zecken Borrelienträger sind

AUFGABE 3

Blutbestandteil	Größe	Funktion
Rote Blutzellen (1) (Erythrocyten, »Rote Blutkörperchen«)	ca. 5 μm [5–8 μm Durchmesser, ca. 2 μm Dicke am Rand, ca. 1 μm in der Mitte]	Transport der Blutgase (Sauerstoff, z. T. Kohlenstoffdioxid)
Weiße Blutzellen (Leukocyten, »Weiße Blutkörperchen«)	ca. 11,5 μm	Granulocyten: • basophile Granulocyten (2): Abwehr von Parasiten, Auslöser allergischer Reaktionen, Entzündungsreaktionen, Juckreiz
	ca. 15 μm	• neutrophile Granulocyten (3): Phagocytose von Bakterien, Viren und parasitischen einzelligen Pilzen im Blut
	ca. 15 μm	• eosinophile Granulocyten (4): Abwehr von Parasiten, beteiligt an allergischen Reaktionen
	ca. 12 μm [je nach Typ 6–20 μm Durchmesser]	Monocyten (6): Vorläufer der Makrophagen im Blut
Blutplättchen (5) (Thrombocyten)	ca. 1–2 μm [1–4 μm]	Beteiligung an der Blutgerinnung

[Die in der Lösungstabelle aufgeführten Größenangaben sind mit Hilfe des in der Abbildung enthaltenen Maßstabs berechnet; in Klammern sind zusätzlich die jeweiligen Literaturwerte angegeben.]

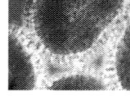

Zusätzliche Materialien

Das rasterelektronenmikroskopische Bild zeigt den räumlichen Bau von Blutzellen (von li. nach re. Erythrocyt, Thrombocyten, Leukocyt). Die Abbildung kann zur Illustration der zellulären Blutbestandteile bei der Besprechung von Aufgabe 3 eingesetzt werden. 1 Liter Blut enthält durchschnittlich 0,54 l Blutplasma sowie 0,46 l Blutzellen. Die Zelltypen liegen in sehr unterschiedlichen Mengen vor:

Erythrocyten: 5 Mio. / µl Blut
(bei Männern; bei Frauen liegt der Wert mit 4,5 Mio. etwas niedriger; jeder Mensch besitzt damit zwischen 24 und 30 Billionen dieser Zellen)
Leukocyten: 4000 – 10 000 / µl Blut
Thrombocyten: 150 000 – 300 000 / µl Blut

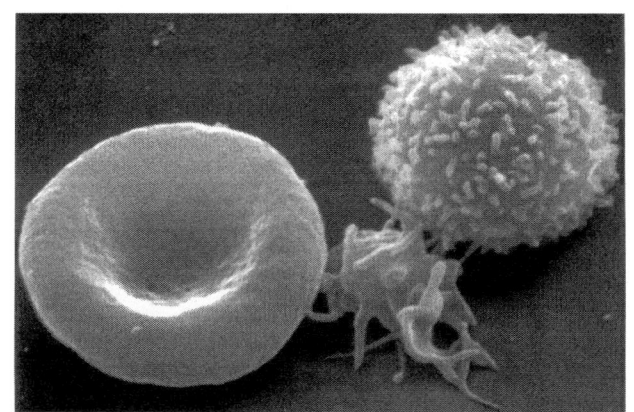

Weiterführende Aufgaben

AUFGABE A
Wenn unser Körper den Kampf gegen eingedrungene Krankheitserreger – z. B. Bakterien, die mit einem Dorn in unsere Haut geraten sind – aufnimmt, laufen spezifische Mechanismen zur Bekämpfung an. Beschreiben Sie die einzelnen Abläufe der angeborenen Immunabwehr, wenn z. B. ein Erreger in einen lokal begrenzten Bereich unseres Körpers eingedrungen ist. Stellen Sie hierbei den Informationsfluss bzw. die Kommunikation der am Prozess beteiligten Komponenten in einem Fließschema übersichtlich dar.
Lösung
Der Dorn durchstößt die Haut und verletzt die obersten Hautschichten. Durch die Gewebe des Körpers flottierende Leukocyten (meist Makrophagen und/oder Mastzellen) erkennen anhaftende Bakterien als körperfremd und starten die Entzündungsreaktion. Die Leukocyten geben bestimmte Botenstoffe (Cytokine) an das benachbarte Gewebe ab. Diese Botenstoffe führen dazu, dass weitere Leukocyten (Makrophagen, andere Leukocyten und Mastzellen) in die Nähe des Infektionsherdes gelockt werden. Die in der Nähe befindlichen Mastzellen geben Cytokine und Histamin ab; diese bewirken eine Erhöhung der Durchlässigkeit benachbarter Kapillaren für Leukocyten, weitere Makrophagen und Mastzellen. Außerdem dringen verstärkt Gewebsflüssigkeit und Rote Blutkörperchen ein, es kommt zu Schwellung, Rötung und Erwärmung der entzündeten Stelle.

AUFGABE B
Begründen Sie, warum man die angeborene Immunantwort auch als unspezifische Immunantwort bezeichnen kann bzw. muss.
Lösung
Als unspezifisch wird sie deshalb bezeichnet, weil sie auf jeden Typ an eindringenden Krankheitserregern in derselben Art und Weise reagiert. Sie richtet sich generell gegen Mikroorganismen, d. h. Erreger, die das Immunsystem als körperfremd erkennt.

Eindringen eines Splitters

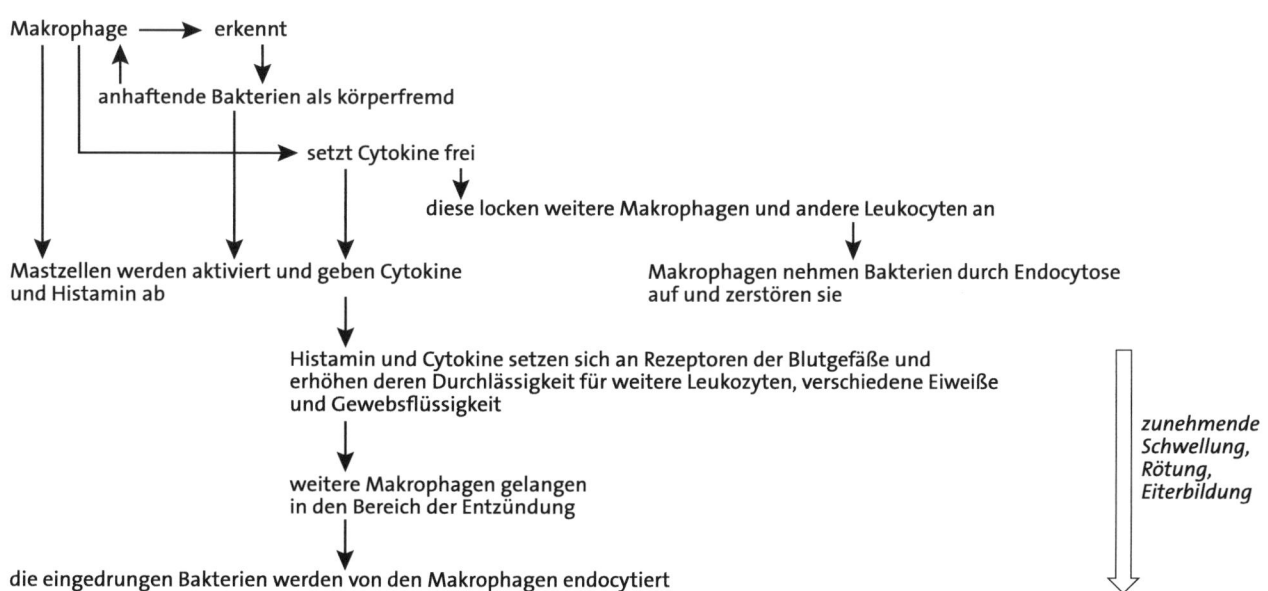

Der Körper wehrt sich (S. 75)

Konzeption des Arbeitsblattes

Hier geht es um die Reaktionen des Immunsystems auf das Eindringen eines Krankheitserregers am Beispiel eines Schnupfen verursachenden Virus (»Schnupfenvirus«). Der Bau, die spezifischen Eigenschaften und die daraus ableitbare Funktion eines B-Zell-Rezeptors werden thematisiert, zudem sollen die Schülerinnen und Schüler ermitteln, auf welcher Grundlage der menschliche Körper eine so enorm große Zahl verschiedener B-Lymphocyten bereitstellen kann.

Die zentrale Aufgabe besteht darin, die Abläufe der erworbenen Immunabwehr im Anschluss an die Erkennung eines Erreger-Antigens in Form einer schematischen Darstellung (Fließschema) festzuhalten. Am Beispiel der Bildung der aus den B-Lymphocyten hervorgehenden Plasmazellen erkennen die Schülerinnen und Schüler die Bedeutung der Begriffe »Differenzierung« und »Spezialisierung« (»Differenzierung

führt zur Spezialisierung«). Am Beispiel der Plasmazelldifferenzierung und der daraus resultierenden Antikörpervielfalt lässt sich besonders eindrucksvoll das biologische Basiskonzept »Variabilität« thematisieren.

Schließlich wird die Ausbildung des Immungedächtnisses. thematisiert. Die Schülerinnen und Schüler sollten die grundlegenden Unterschiede zwischen angeborener und erworbener Immunabwehr kennen und die Reaktionen der erworbenen Immunabwehr im Hinblick auf die Bildung von Antikörpern einordnen können.

Geforderte Kompetenzen: Repräsentationswechsel (Erstellen eines Diagramms auf der Basis von Informationstexten aus dem Lehrbuch, Interpretation eines Schaubilds), Argumentieren), Gebrauch der Fachsprache.

Einsatz des Arbeitsblattes im Unterricht

Das Arbeitsblatt kann eingesetzt werden, wenn die Schülerinnen und Schüler die Grundlagen und Gemeinsamkeiten der Immunabwehr und deren Teilprozesse kennen, vor allem aber auch angeborene und erworbene Immunabwehr voneinander unterscheiden und die jeweiligen Abläufe einordnen können. Der Einsatz empfiehlt sich daher im Anschluss an die Erarbeitung des Themas unter Einbeziehung der Informationen auf den Schülerbandseiten 232 – 235.

Abb. 2 stellt noch einmal als Ergänzung zu den beiden Grafiken im Schülerband (Abb. 234.2) den Aufbau eines Antikörpers dar; mit Hilfe des beschrifteten Modells sollen über die modifizierte Darstellung und die zugehörige Aufgabe 1 die Kenntnisse wiederholt und vertieft werden. Aufgabe 6 kann als Einstieg in das Thema »Immunisierung« (Impfung) eingesetzt werden.

Lösungen und Anmerkungen

AUFGABE 1
B-Zell-Rezeptoren sitzen als Y-förmige Strukturen auf der Oberfläche von B-Lymphocyten. Ein etwa 6 µm großer reifer B-Lymphocyt besitzt in seiner Zellmembran etwa 100 000 Rezeptormoleküle für dasselbe Antigen [vgl. Schülerband S. 232]. Diese Rezeptoren stellen die membrangebundene Form der jeweiligen Antikörper dar.

Ein Rezeptor besteht aus zwei identischen leichten und zwei identischen schweren Proteinketten, die über Disulfidbrücken miteinander verknüpft sind. Mit den beiden schweren Proteinketten ist er am unteren Ende in der Plasmamembran des Lymphocyten verankert. Schwere und leichte Ketten besitzen sowohl konstante als auch variable Abschnitte, die so genannten »Regionen«. Die konstanten Regionen bilden die unteren Abschnitte der jeweiligen Ketten, die variablen die oberen, d. h. die Bereiche, in denen die Rezeptoren Bindungen mit den Epitopen (Erkennungsregionen) des zugehörigen Antigens eingehen.

An der Antigenbindungsstelle gehen Antigen (über das Epitop) und Rezeptor eine spezifische Verbindung ein; der Rezeptor erkennt die Struktur des Antigens und induziert die Bildung der genau gegen dieses Antigen wirkenden Antikörper. Dies bedeutet, ein Rezeptor erkennt immer nur genau das

Antigen, dessen Epitop die exakte »Gegenpassform« zum Rezeptor hat. Die dann gebildeten Antikörper besitzen die gleiche Spezifität wie der entsprechende Rezeptor.

AUFGABE 2
Damit es dem Immunsystem gelingt, B-Lymphocyten für sehr viele verschiedene Antigene herzustellen und auf diese spezifisch zu reagieren, so ist dies nur möglich, wenn es die Fähigkeit besitzt, unterschiedliche genetische Informationen miteinander zu kombinieren. Das Immunsystem des Menschen kann ca. 10^{11} verschiedene Antikörper-Proteine bilden, demzufolge auch dieselbe Anzahl an Rezeptoren, der an die Membran der B-Lymphocyten gebundenen Form der Antikörper. Da das menschliche Genom jedoch »nur« etwa 22 000 Gene besitzt, kann nicht für jedes vorhandene Immunglobulin ein eigenes Gen zuständig sein [Zahlenwerte s. Schülerband S. 235]. Trotzdem muss jedes der 10^{11} verschiedenen Immunglobuline letztlich von einer eigenen DNA bzw. aus einer Kombination von DNA-Abschnitten codiert werden. Dies kann nur dadurch gelingen, dass während der Differenzierung der B-Lymphocyten die codierenden DNA-Abschnitte für die variablen Rezeptorregionen aus verschiedenen DNA-Segmenten kombiniert werden.

[Hierzu werden im Bereich, der für die Synthese der Immunglobuline codiert und aus einer Reihe von Einzelgenen besteht, spezifisch bestimmte Bereiche aus der DNA herausgeschnitten und abgebaut. So entsteht eine neue »reife« DNA mit einer speziellen Kombination von Einzelgenen (detaillierte Erläuterung dieser Rekombination auf DNA-Ebene siehe Schülerband S. 248 (Aufgabe 5). Diese Neukombination von Genen scheint nach bisherigem Kenntnisstand vom Zufall abhängig zu sein, für jede Kopplung stehen bis zu 65 verschiedene einzelne DNA-Abschnitte zur Verfügung. Hieraus ergeben sich immens große Zahlen an Kombinationsmöglichkeiten, und es wird nachvollziehbar, wie die große Variabilität an verschiedenen Rezeptorkonstellationen zustande kommen kann. Man bezeichnet diese Vorgänge, die zur Vielzahl an Rezeptoren und – hieraus folgend – Antikörpern führen, auch als »Gen-Rearrangement«. Punktmutationen in den verschiedenen DNA-Abschnitten erhöhen die Variabilität zusätzlich.]

AUFGABE 3

Zwischen dem Rezeptor des B-Lymphocyten und dem Epitop des Erregerantigens kommt es zu einem Kontakt, der Rezeptor erkennt »sein« Antigen. Der B-Lymphocyt beginnt sich zu teilen, er bildet einen Zellklon aus genetisch identischen Nachkommenzellen. Die Rezeptoren dieser Nachkommenzellen sind alle dazu in der Lage, dasselbe Erreger-Antigen zu binden. Der größte Teil dieser Zellen differenziert sich und entwickelt sich weiter zu Plasmazellen. Diese produzieren Antikörper und geben sie frei [pro Sekunde bis zu 2000 Moleküle]. Die Antikörper markieren und verklumpen schließlich die Erreger, die »ihr« Antigen besitzen, für die weitere Bekämpfung durch Makrophagen und das Komplementsystem.

AUFGABE 4

Auf der Computersimulation sind zwei Antikörper erkennbar, die an Oberflächen-Antigene eines Krankheitserregers gebunden haben. Die variablen Regionen sind weiß gekennzeichnet, die konstanten dunkel. Bedingt durch die Y-förmige Struktur kann jeder Antikörper an die Antigene von zwei gleichartigen Erregern andocken und diese miteinander verbinden. Werden viele Erreger durch Antikörper verbunden, kommt es zu einer Verklumpung und schließlich zur Bildung größerer Immunkomplexe. Diese werden von Makrophagen oder anderen Weißen Blutzellen als fremd erkannt und in Zusammenarbeit mit dem Komplementsystem zerstört.

AUFGABE 5

Die Bildung der Plasmazellen dient der Produktion und Freisetzung von Antikörpern. Wurde ein B-Lymphocyt durch den Kontakt mit einem Antigen aktiviert, so bildet er durch Teilung einen Zellklon aus identischen B-Lymphocyten. Diese entwickeln sich dann zu Plasmazellen, die die spezifischen Antikörper für das Antigen, welches den B-Lymphocyten aktiviert hat, produzieren und freisetzen. Die Antikörper sind spezialisiert auf die Markierung und anschließende Verklumpung dieser Antigene und damit der betreffenden Erreger.

Mit der Aussage »Differenzierung führt zur Spezialisierung« ist gemeint, dass die Antikörperproduktion mit dem Kontakt des Erreger-Antigens und »seines« durch zufällige genetische Rekombination entstandenen, passenden B-Lymphocyten beginnt und dieser auf DNA-Niveau ablaufende Differenzierungsprozess zu einer funktionellen Spezialisierung führt, indem die Zelle anschließend stets dieselben hochspezifischen Antikörper produziert.

[Für eine erfolgreiche Aktivierung vieler (aber nicht aller) B-Lymphocyten ist eine Beteiligung von T-Helferzellen erforderlich, die die B-Lymphocyten über Zellkontakte und über Cytokine steuern. Dieser Aspekt wurde aus Vereinfachungsgründen hier nicht besonders thematisiert, er ist allerdings in Abb. 239.1 sowie im Text zur humoralen Immunabwehr im Schülerband berücksichtigt.]

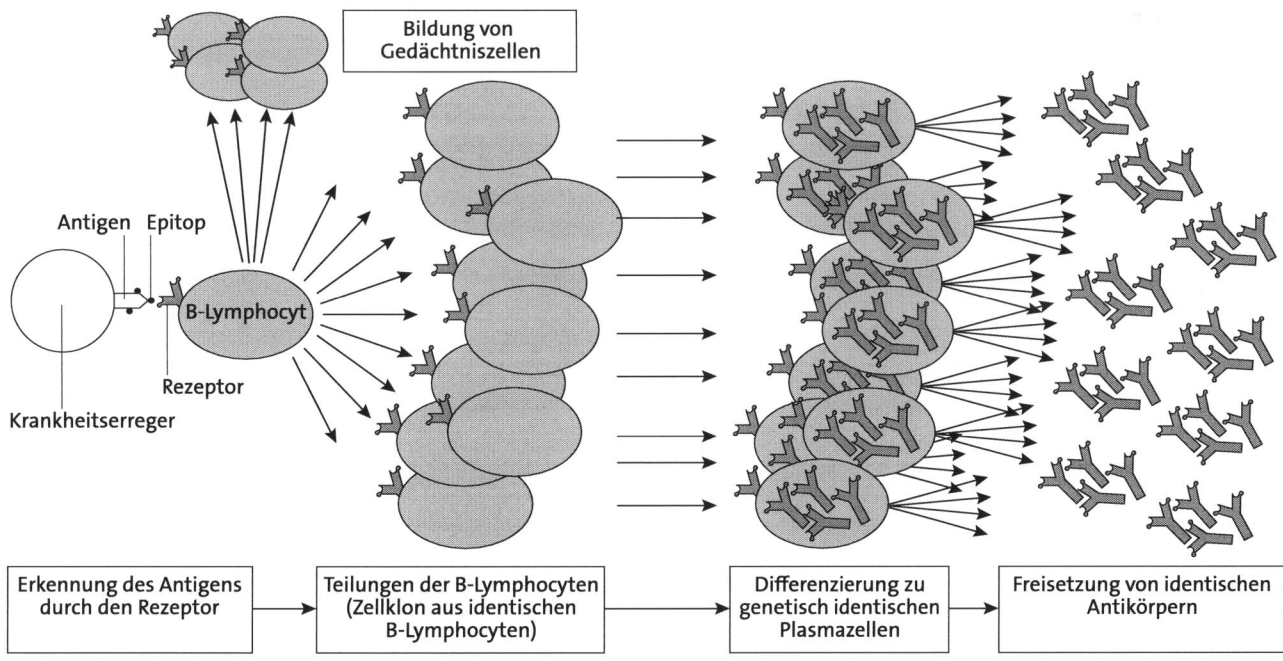

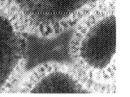
AUFGABE 6

Abb. 4 stellt die Konzentrationen zweier verschiedener Antikörper gegen die Antigene A und B im zeitlichen Verlauf nach dem Kontakt mit den beiden Antigenen dar.

Die Abbildung verdeutlicht das Prinzip des immunologischen Gedächtnisses, einer Eigenschaft der erworbenen Immunantwort. Doch zeigt sie auch, dass bereits beim Erstkontakt des Organismus mit dem Erreger eine – wenn auch vergleichsweise langsame – Immunantwort stattfindet. Diese ist darauf zurückzuführen, dass die Vorläufer der Plasmazellen, die noch undifferenzierten B-Lymphocyten, bereits (angeborenermaßen) im Blut vorhanden sind und demnach als Bestandteile der angeborenen Immunantwort aufgefasst werden können. Sowohl die Leukocytentypen der angeborenen als auch die der erworbenen Immunantwort gehen auf dieselben pluripotenten Stammzellen zurück.

Abb. 4 verdeutlicht, dass eine gewisse Zeit (hier etwa sechs Tage) nach der Erstinfektion mit Antigen A die Konzentration der Antikörper gegen A steigt. Sie erreicht ein gewisses Niveau, sinkt dann wieder ab und erreicht fast wieder den Nullwert. Diese Reaktion bezeichnet man als primäre Immunantwort. Beim erneuten Kontakt mit demselben Antigen A läuft die Antikörperproduktion wesentlich rascher ab als beim ersten Mal. Bei dieser sekundären Immunantwort wird eine erheblich höhere Antikörperkonzentration erreicht, die auch über eine längere Zeit hoch bleibt, bevor sie wieder sinkt. Dies ist auf die nach der ersten Infektion erfolgte Bildung von Gedächtniszellen zurückzuführen, deren Aktivierung durch erneut eindringende Antigene wesentlich schneller und effektiver erfolgt. Man bezeichnet diese Fähigkeit des Körpers als »immunologisches Gedächtnis«.

Bei einer dritten und bei weiteren Infektionen mit Antigen A wird die Kurve für die spezifischen Antikörper jeweils so verlaufen, wie sie im Diagramm für die zweite Infektion eingezeichnet ist. Bei einer erneuten Infektion mit Antigen B wird die Kurve B ähnlich verlaufen wie bei A.

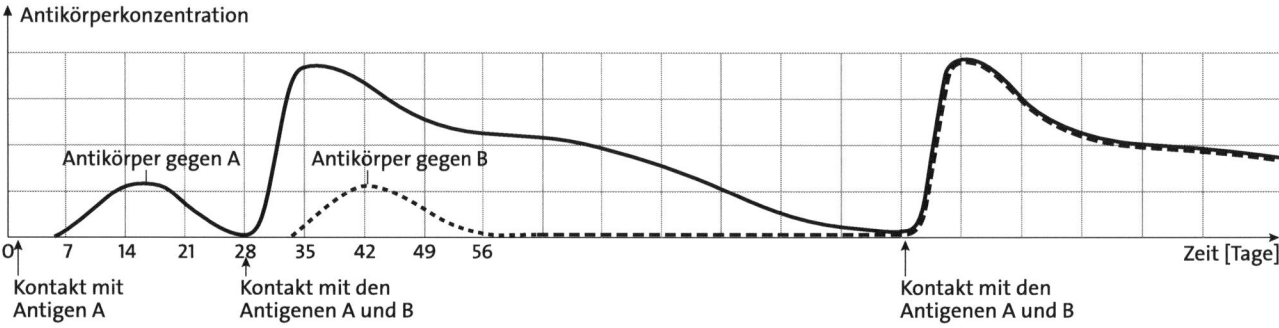

Zusätzliche Materialien

Antigenspezifität von Antikörpern

Die folgende Abbildung zeigt schematisch Antigene mit ihren unterschiedlichen Epitopen und einige jeweils »passende« Antikörper. Die Spezifität zwischen Antigen (Epitop) und Antikörper wird hierbei deutlich.

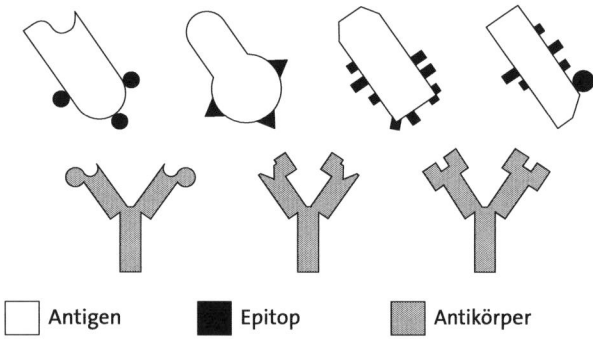

Die Ausbildung von B-Lymphocyten findet beim Menschen hauptsächlich in den ersten drei Monaten nach der Geburt statt. In diesem Zeitraum ist das Immunsystem des Säuglings noch nicht voll funktionstüchtig. Er muss daher über die Muttermilch mit mütterlichen Antikörpern versorgt werden. Die Milch enthält darüber hinaus auch Makrophagen und Cytokine. Letztere leiten die Reifung der unreifen B-Lymphocyten ein. Dabei werden die Leukocyten gegen potenzielle Antigene »auf Verdacht« gebildet, indem die hochspezifische Antikörper, die in der DNA der Zelle codiert sind, auf der Zellmembranoberfläche platziert werden. Diese so entstandenen unterschiedlichen Zellen unterliegen in der Folge einer Klonierung. Erst wenn eine Zelle eines solchen Klons in Kontakt mit einem »passenden« Antigen bzw. dessen Epitopen kommt, differenziert sie sich weiter zu einer Plasmazelle.

Bildung von Antigen-Antikörper-Komplexen

Bei der Reaktion von Immunglobulinen mit dem »passenden« Antigen kann aufgrund seiner Y-Form jeder Antikörper mit zwei Epitopen in Kontakt treten. Dies führt zu einer Vernetzung der Antigene (s. Abbildung unten), was sich makroskopisch in einer Agglutination äußert. Ein Beispiel für eine solche Antigen-Antikörper-Reaktion ist die Verklumpung, die beim Zusammenbringen unterschiedlicher Blutgruppen auftreten kann, etwa bei Bluttransfusionen oder bei Rhesusinkompatibiltät.

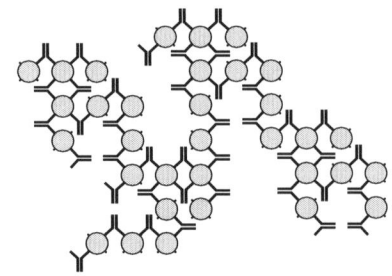

Kleine Ursachen – große Wirkung (S. 76)

Konzeption des Arbeitsblattes

Am Beispiel der Masern wird eine Infektionskrankheit, die auch in Deutschland immer wieder von Bedeutung ist, thematisiert. Der Verlauf und die Auswirkungen der Krankheit stehen zunächst im Vordergrund, anschließend geht es um die Entwicklung der Infektionszahlen, auch vor dem Hintergrund von Massenimpfkampagnen. Schließlich soll auf die aufkeimende »Impfmüdigkeit« bzw. »Impfgegnerschaft« hingewiesen werden. Hier sollte den Schülerinnen und Schülern deutlich werden, dass zwar auch Impfungen nicht gänzlich frei von Risiken sind, jedoch im Vergleich zu Ausbrüchen der Krankheit eine ungleich geringere Gefahr darstellen.

Geforderte Kompetenzen: Repräsentationswechsel (verbale Interpretation von grafisch aufbereiteten Statistiken, Erstellen einer Concept Map), Bewertung (mögliche Folgen der »Impfmüdigkeit«), Argumentieren (Vor- und Nachteile der Impfungstypen), Gebrauch der Fachsprache.

Einsatz des Arbeitsblattes im Unterricht

Das Arbeitsblatt kann eingesetzt werden, wenn die grundlegenden Kenntnisse im Bereich der aktiven und passiven Immunisierung vorhanden sind. Die Schülerinnen und Schüler sollen Informationen zum Thema »Impfmüdigkeit« zusammentragen, die aktuelle Situation im Hinblick auf dieses Thema bzw. die Bereitschaft, sich impfen zu lassen, beurteilen können und zu einer eigenen Meinung in Bezug auf die Risiken von Impfungen gelangen. Im Zentrum der Bearbeitung stehen die korrekte Beschreibung und interpretierende Auswertung von Statistiken.

Lösungen und Anmerkungen

Aktive Immunisierung (»Schutzimpfung«)

Abgeschwächte Krankheitserreger A
(Antigene/Antigenbruchstücke)

Übertragung

Immunsystem (Mensch)
aktiviert

aktivieren — T-Helferzellen
bilden

T-Helfer-Gedächtniszellen

B-Zellen
bilden — bilden

Plasmazellen — bilden — aktivieren

bilden — sezernieren

B-Gedächtniszellen

Antikörper

markieren, verklumpen — markieren, verklumpen — aktivieren — aktivieren

Krankheitserreger A

Passive Immunisierung (»Heilimpfung«)

Krankheitserreger B

Übertragung

Immunsystem
(Rind, Pferd, Schwein)
bildet

Serum
bildet

Übertragung ···· Antikörper

markieren, verklumpen

Krankheitserreger B

⟶ Prozesse nach der Impfung
----▸ Prozesse nach der erneuten Infektion mit dem gleichen Erreger
········▸ passive Immunisierung

Concept Map zu Aufgabe 2

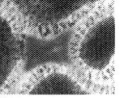

AUFGABE 1

In beiden Fällen gelangen Erreger – in einem Fall durch eine Infektion, im anderen mittels einer Impfung – in den Körper, bei Impfungen sind es mitunter auch nur Teile des Erregers. Im Körper lösen sie eine Immunreaktion aus. Die Stärke der Reaktion wird u. a. auch von der Menge an eindringenden Erregern mitbestimmt.

Bei einer tatsächlichen Infektion gelangen meist größere Erregermengen in den Körper als bei einer Impfung. Daher ist die Reaktion im Allgemeinen auch deutlich heftiger. JENNER setzte bei seinen Impfungen Erreger ein, die zwar auch den Menschen befallen können (Kuhpockenviren), aber normalerweise andere Säugetiere befallen. Beim Menschen bewirken sie allerdings ebenfalls eine Immunreaktion. Mit Kuhpocken geimpfte Menschen durchliefen die für Menschen im Allgemeinen harmlose Krankheit, wodurch sie auch immun gegenüber den gefährlichen menschlichen Pockenviren wurden. Bei heutigen Impfungen werden meist abgetötete oder abgeschwächte Erreger eingesetzt oder aber auch nur Bruchstücke davon. Voraussetzung für eine funktionierende Abwehr ist, dass die bei der Impfung eingesetzten Erreger den gefährlichen Erregern ähneln: Sie müssen gleiche oder zumindest sehr ähnliche Antigene bzw. Epitope besitzen.

Auch werden heute gentechnische Methoden zur Herstellung von Impfstoffen eingesetzt, z. B. bei der Impfung gegen Hepatitis (siehe Schülerband S. 240).

AUFGABE 2

a) Concept Map s. vorige Seite. [Es empfiehlt sich, vor Erstellen der Concept Map von den Schülerinnen und Schülern eine Liste der benötigten Begriffe zusammenstellen zu lassen, siehe hierzu Arbeitsheft S. 35.]

b) Vor- und Nachteile der aktiven und passiven Immunisierung

	Aktive Immunisierung	Passive Immunisierung
Vorteile	Vorbeugung (Schutzwirkung, bevor eine Epidemie auftritt); Langzeitschutz (Gedächtniszellen bleiben jahre-, jahrzehntelang oder dauerhaft aktiv)	rasche Heilwirkung durch Verabreichen nicht körpereigener Antikörper; Impfschutz wird kurzfristig erreicht (Urlaub, Auslandsreisen)
Nachteile	Wirkung erst nach einigen Wochen; nicht wirksam, wenn die Infektion bereits stattgefunden hat; Impfrisiko durch abgeschwächte Erreger bzw. Teile von Erregern; Körper muss bei Impfung gesund sein	kein Langzeitschutz, fremde Antikörper werden rasch abgebaut, keine Bildung von Gedächtniszellen; Gefahr eines allergischen Schocks gegen tierische Proteine, da der eigene Körper Antikörper bzw. Gedächtniszellen gegen Bestandteile des tierischen Serums bilden kann, die bei einer erneuten Impfung zu einer heftigen Immunreaktion führen können

Die Beurteilung der beiden Impftypen ist abhängig vom Zweck der Impfung. Im Normalfall, d. h. wenn ausreichend Zeit zur Verfügung steht, ist eine aktive Immunisierung anzustreben, weil der Körper hierdurch einen langfristigen Schutz erhält. Ist eine Krankheit dagegen bereits ausgebrochen oder sind Kontakte mit Krankheitserregern zu erwarten (etwa bei Urlaubsreisen in Gebiete mit einem hohen Infektionsrisiko für eine bestimmte Erkrankung), so bleibt die passive Immunisierung als sinnvolle Möglichkeit, dem Körper schnell Antikörper zur Verfügung zu stellen, die die Bekämpfung der Krankheitserreger aufnehmen können.

[In Deutschland gibt es keine verbindliche Pflicht zur Impfung. Allerdings empfiehlt die Ständige Impfkommission (STIKO), die am Berliner Robert-Koch-Institut (http://www.rki.de) die Gesundheitsbehörden der Bundesländer berät, Impfungen gegen Diphtherie, Masern, Röteln, Mumps, Tetanus, Keuchhusten, Poliomyelitis, Haemophilus influenzae (eitrige Hirnhautentzündung) und Hepatitis B. Älteren Personen wird auch empfohlen, sich gegen Grippe und Pneumokokken impfen zu lassen geraten. Personen, die in medizinischen Bereichen arbeiten, sollten zusätzlich gegen Hepatitis A und B geimpft werden.

Einstzmöglichkeiten für aktive Immunisierung (»Schutzimpfung«): Polio (Schluckimpfung), Mumps, Masern, Pocken, Tetanus, Röteln, Cholera, FSME = Frühsommerhirnhautentzündung, Gebärmutterhalskrebs durch humane Papillomviren (HPV), saisonale echte Grippe (Influenza), Hepatitis A und B, Hirnhautentzündung durch Meningokokken, Keuchhusten, Lungenentzündung durch Pneumokokken, Mittelohrentzündung durch Pneumokokken, Typhus, Windpocken.

Einsatzmöglichkeiten für passive Immunisierung (»Heilimpfung«): Masern, Diphtherie, Tollwut, Tetanus, Röteln, Prophylaxe gegen Rhesusunverträglichkeit bei Neugeborenen, Botulismus, Hepatitis A und B, Tollwut.]

AUFGABE 3

Abb. 2 zeigt die Zahlen der pro Jahr mit Masern Infizierten (y-Achse) in den USA im Zeitraum zwischen 1950 und 2001 (x-Achse). Die Werte lagen 1950 bis 1958 zwischen 320 000 und 780 000 Infizierten. Die beträchtlichen Schwankungen machen den epidemiehaften Charakter der Krankheit deutlich. Zwischen 1958 und 1965 pendelten sich die Werte um etwa 400 000 Infektionen pro Jahr ein. Die Lizenzierung des Impfstoffes erfolgte 1963. Danach ist ein enormes Abfallen der Kurve erkennbar, die Werte sinken bis auf einige tausend Infektionen pro Jahr ab. In vielen Jahren ist die Anzahl der Neuerkrankungen so gering, dass sich die Kurve gar nicht mehr von der x-Achse abhebt. Es zeigen sich bis 2001 allerdings noch drei Zeitabschnitte (um 1970, 1977 u. 1990), in denen die Infektionszahlen wieder leicht ansteigen; auch hier wird der epidemiehafte Charakter dieser Infektionskrankheit deutlich.

Gut sichtbar ist die Abnahme der Masernfälle aufgrund der Einführung der Masern-Massenimpfungen; die Anzahl der Fälle sank von über 400 000 auf deutlich weniger als 100 000. Ähnliches zeigt sich auch in Abb. 3, in der die Anzahl der Masernerkrankungen in Deutschland von 2001 bis 2010 abgebildet ist: Die Anzahl war von 2001 (6034 Fälle) bis 2004 (122 Fälle) stark rückläufig, nahm jedoch dann bis 2006 wieder zu. Nach einem erneuten Rückgang der Infektionsfälle im Jahr 2007 stiegen die Zahlen 2008 wieder an. Man kann auch hier den epidemiehaften Verlauf der Krankheit erkennen. Masernepidemien treten in Deutschland immer wieder und dann vor allem regional auf. Von einer vollständigen Ausrottung der Krankheit kann also auch nach Einführung der Massenimpfung nicht gesprochen werden, allerdings nahm die Zahl der Neuinfektionen seither deutlich ab.

[Allgemein gilt bei Masern ein anzustrebender Wert von mindestens 95 % Geimpften an der Gesamtbevölkerung, um die Verbreitung wirksam einzudämmen. Es werden zwei Impfungen empfohlen: zwischen dem 11. und 14. Lebensmonat und zwischen dem 15. und 23. Monat. Meist wird ein Kombinationsimpfstoff gegen Masern, Mumps und Röteln (MMR) verwendet. Nach Informationen des ROBERT-KOCH-Instituts lag die Impfquote für Masern im Jahre 2008 bei der Einschulung bei 95,9 % für die erste Impfdosis und bei 89,0 % für die zweite Impfdosis. Es wird seitens des Instituts betont, dass die Impfquote der zweiten Impfung für Masern zu gering sei. Dies erkläre die immer wieder auftretenden Masernepidemien in Deutschland. Will man also Infektionskrankheiten wie die Masern dauerhaft bekämpfen, so sind sehr hohe Impfquoten anzustreben. Erreicht man diese nicht, so wird immer ein gewisses »Reservoir« an Krankheitsüberträgern vorhanden sein. Dies ist vor allem vor dem Hintergrund eines starken internationalen Reiseverkehrs ein dauerhaftes Problem.]

AUFGABE 4

Die »Impfmüdigkeit« dürfte vor allem auf eine gewisse Nachlässigkeit in der Bevölkerung zurückzuführen sein – selbst bei den klassischen Kinderkrankheiten nimmt die Impfhäufigkeit ab. Da schwere Infektionskrankheiten insgesamt doch eher selten auftreten, werden sie wohl zunehmend unterschätzt.

Allerdings nimmt auch die Anzahl an überzeugten Impfgegnern zu. Hierbei handelt es sich oft um Personenkreise, die Impfungen ablehnen, weil sie die positiven Auswirkungen gegenüber den möglichen Risiken für zu gering ansehen. Es treten tatsächlich infolge von Impfungen in seltenen Einzelfällen Komplikationen auf, z. T. auch mit gravierenden gesundheitlichen Folgen. Dies ist unbestritten, doch wenn man die Gefahren, die von den Impfungen ausgehen können, mit denen vergleicht, die auf die Bevölkerung zukämen, wenn nicht mehr geimpft würde, dann muss die Entscheidung ganz deutlich für die Impfung ausfallen [siehe hierzu auch die Textinformationen im Arbeitsheft (S. 76) und den folgenden Artikel].

Zusätzliche Materialien

Internet-Artikel zu einem Beitrag aus »The Lancet«, einer der ältesten medizinischen Fachzeitschriften der Welt

10.06.11
Was kann das Vertrauen der Bevölkerung in Impfkampagnen stärken?

Im fünften ... Artikel der ... Serie zum Jahrzehnt der Impfstoffe analysieren Dr. Heidi J. LARSON von der London School of Hygiene and Tropical Medicine ... und ihre Kollegen die vielschichtigen Ursachen, die in der Bevölkerung zu einem Mangel an Zuversicht in die Wirksamkeit neuer Impfstoffe führen. Die Autoren konstatieren: »Die Impfstoffindustrie bemüht sich sehr um handfeste Belege für die Wirksamkeit eines Vakzins, um seine Unbedenklichkeit und seine technische und operative Verwendbarkeit, bevor es als neuer Impfstoff eingeführt wird. Nur zögerlich wird aber nachgefragt, welche psychologischen, sozialen und politischen Einflüsse in der Öffentlichkeit wirksam sind und das Vertrauen in den Wirkstoff beeinflussen.«

Dabei, so die Autoren weiter, »entscheidet sich die Akzeptanz eines Vakzins in der Öffentlichkeit keineswegs nur anhand wissenschaftlich-fachlicher oder ökonomischer Überlegungen, sondern auch unter dem Einfluss einer Mixtur psychologischer, soziokultureller und politischer Faktoren. Sie sollten von den Entscheidungsträgern sämtlich verstanden und berücksichtigt werden. Schließlich schwankt das Zutrauen der Bevölkerung in die Wirksamkeit von Impfstoffen; Vertrauen aufzubauen aber fußt darauf zu verstehen, wie sich die Wahrnehmung von Vakzinen und ihrer Risiken vor dem Hintergrund historischer Entwicklungen, religiöser oder politischer Zugehörigkeiten oder dem sozioökonomischen Status verändern.«

LARSON und ihre Kollegen betonen vor allem den starken Einfluss von Internet und Social-Media-Netzwerken auf die Impfstoffperzeption: Sie erlauben Pro- und Contra-Vakzin-Parteien, sich zu sehr effizienten überstaatlichen Interessensgruppen zu organisieren und als solche dann rasch Informationen zu streuen – genau wie Fehlinformationen oder Gerüchte. Ebenso wie die Aufklärung über die Ausbreitung von ansteckenden Krankheiten essenziell ist, muss auch die dynamische Entwicklung von Gerüchten, Befürchtungen oder Ablehnungstendenzen über einen Impfstoff systematisch analysiert werden, damit schnell gegengesteuert und vertrauensbildende Maßnahmen eingeleitet werden können. ...

Aufschluss geben eine Reihe von Fallstudien, die zeigen, wie Bedenken über die Risiken von Vakzinen ... auftreten und sich halten können. So hat sich in Indien ein Team um Jacob PULIYEL (in dem sich ein repräsentativer Querschnitt von Kinderärzten, Gesundheitsaktivisten und -pädagogen sowie Verwaltungsangestellten sammelt) 2010 gegen die Pläne der indischen Regierung gewandt, eine Impfung gegen Haemophilus influenzae Typ B landesweit offiziell einzuführen – Grundlage war die Überzeugung, die Bedeutung der Krankheit in Indien rechtfertige nicht die notwendigen Ausgaben. Nun hat PULIYEL besorgt konstatieren müssen, dass Teile der indischen Bevölkerung seine Ansichten als groß angelegte Anti-Impfstoff-Kampagne wahrgenommen haben – und dies im Widerspruch zur Tatsache, dass er sein gesamtes Berufsle-

ben hindurch für Impfungen in Indien eingetreten ist. Ein anderer Fall ereignete sich 2003 in Nigeria, wo religiöse und politische Führer ein Polio-Vakzin boykottierten, nachdem die Befürchtung grassiert hatte, es könne HIV verbreiten und zu Unfruchtbarkeit führen. Der Boykott hatte die »Global-Polio-Eradication«-Initiative aufgerüttelt und sie sensibilisiert, sich mit den lokalen Entscheidungsträgern besser auszutauschen.

Die Autoren warnen davor, dass »Informationskampagnen alleine gegen Misstrauen und Ablehnung in der Bevölkerung nicht ausreichen werden ... Vertrauen entsteht durch Dialog, Meinungs- und Informationsaustausch. ... Unbelehrbare, radikale Antiimpfstoffgruppen wird es immer geben. ... Man sollte [aber] sein Augenmerk auf jene richten, die Impfstoffe akzeptieren und unterstützen, ihr Vertrauen stärken und ausbauen – und gleichzeitig weiter daran arbeiten zu begreifen, wie ein wachsender Vertrauensmangel entsteht und wie ihm begegnet werden sollte.«

Quelle: http://www.wissenschaft-online.de/artikel/1073959

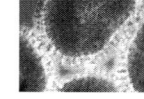

Bestechende Begegnungen mit Folgen (S. 77)

Konzeption des Arbeitsblattes

Dieses Arbeitsblatt thematisiert am Beispiel einer weit verbreiteten Allergie ein Beispiel aus dem Bereich »Störungen des Immunsystems« (Schülerband S. 242 ff.). Ausgehend von einer plakativen Behauptung zur Gefährlichkeit von Hornissen soll anhand von Berechnungen geklärt werden, dass man grundsätzlich zwischen Personen unterscheiden muss, die allergisch auf Insektengifte reagieren, und solchen ohne diesbezügliche Allergien. Dabei soll herausgearbeitet werden, dass diese Immunsystemstörung nicht angeboren ist, sondern erst im Laufe des Lebens erworben wird.

Die Schülerinnen und Schüler informieren sich anschließend über die Möglichkeiten einer Hyposensibilisierungstherapie und die ihr zugrunde liegenden Vorgänge und unterscheiden schließlich zwischen einer Allergie, einer Autoimmunerkrankung und einer Immunschwäche.

Geforderte Kompetenzen: Argumentieren (Überprüfen von »Alltagswissen« mit Hilfe von Berechnungen auf der Basis von experimentellen Daten, Rechercheaufgabe zur Hyposensibilisierung), Gebrauch der Fachsprache, Experimentieren und Beobachten.

Einsatz des Arbeitsblattes im Unterricht

Das Arbeitsblatt kann eingesetzt werden, wenn die Schülerinnen und Schüler die grundlegenden Abläufe der erworbenen Immunabwehr beherrschen. Sie sollten wissen, worin die unterschiedlichen Reaktionen des Körpers nach einer Erst- bzw. Zweitinfektion mit demselben Erreger bestehen.

Die Aufgaben können als Einstieg in das Thema »Allergien« verwendet werden oder alternativ im Anschluss an die Behandlung des Themas (hierzu S. 242 – 243 im Schülerband) vertiefend als zusätzliches Beispiel für allergische Reaktionen.

Lösungen und Anmerkungen

AUFGABE 1

Die Stiche von Bienen und Wespen dienen der Verteidigung des Tieres bzw. des Stockes.

[Es handelt sich bei den Stacheln um die umgewandelten Legeröhren der Weibchen, die männlichen Tiere haben keinen Stachel. Wespen können viele Male stechen, ohne Schaden zu nehmen. Bei jedem Stich wird eine gewisse Menge an Gift in die Stichwunde injiziert, abhängig vom Füllungsgrad der Giftdrüse. Sticht dagegen eine Biene ein gleichwarmes Tier oder einen Menschen, so bleibt der mit Widerhaken versehene Stachel in der Haut hängen und der gesamte Stachelapparat einschließlich der Giftdrüse wird herausgerissen. Er pumpt auch im herausgerissenen Zustand über den Stachel weiterhin Gift in die Wunde. Die Biene überlebt den Stich nicht.]

Die weiblichen Stechmücken durchstechen mit ihrem Stechrüssel, in spezifischer Form ausgebildete Mundwerkzeug, die Haut ihre Wirte (gleichwarme Tiere, Mensch) und saugen Blut. Die hierbei aufgenommenen Proteine sind für die Entwicklung der Eier im Körper der weiblichen Mücke nötig. Nur zu diesem Zweck ist eine Blutmahlzeit erforderlich, normalerweise ernähren sie sich – wie auch die Mückenmännchen – von Blütennektar und anderen zuckerhaltigen Säften.

AUFGABE 2

Vorgaben: mittlere Letaldosis des Giftes: 50 mg / 1 kg Körpermasse; Körpermasse des Menschen: 70 kg.
Theoretische tödliche Giftmenge:
$70 \text{ kg} \cdot 50 \text{ mg/kg} = 3500 \text{ mg}$
Die Giftblase enthält ca. 0,5 mg Gift; werden 50 % der Giftmenge injiziert, so ergäbe dies 0,25 mg Gift pro Stich.

Daraus ergibt sich rechnerisch eine Zahl von 3500 mg / 0,25 mg = 14 000 Stichen. Diese immense Anzahl wäre nötig, um mit der reinen Giftmenge die mittlere Letaldosis zu erreichen.

Zuverlässige und aussagekräftige Zahlen sind in der Literatur praktisch nicht zu finden, sie reichen von einigen Dutzenden bis zu einigen hundert Stichen, die für gefährlich gehalten werden. Völlig unberücksichtigt blieben bei der Berechnung Fragen der lokalen Wirkung von Hornissenstichen, z. B. starke Schwellungen, evtl. an »kritischen« Körperstellen (Schleimhäute, Atmungsorgane, Blutgefäße). Unter Umständen genügt bereits ein einziger Stich im Hals, damit der Gestochene aufgrund der starken Schwellung der Schleimhaut erstickt. Für Menschen, die allergisch auf das Gift reagieren, kann ebenfalls schon ein einziger Stich lebensbedrohlich werden!

Fasst man die Ergebnisse zusammen, so kann man sagen, dass die Aussage bezogen auf die reine Giftwirkung bei Nicht-Allergikern (in der Regel bei weitem) nicht stimmen kann, bezogen auf die Gefährdung bei Allergikern aber durchaus zutreffen kann. Eine Differenzierung zwischen Allergikern und Nicht-Allergikern ist also bei der Einschätzung der Gefahr eines Insektenstichs unbedingt erforderlich.

[Die mittlere Letaldosis LD_{50} von Honigbienengift wird in der Literatur mit 2,8 mg/kg angegeben, das Stoffgemisch ist also weitaus gefährlicher als das Gift von Wespen; bei einem Bienenstich gelangen 0,1 ml in die Wunde. Stellt man dieselben Berechnungen an wie beim Hornissengift, erhält man (wiederum für einen Menschen mit einer Körpermasse von 70 kg) eine (theoretisch) tödliche Giftmenge von 196 mg, wofür etwa 1960 Stiche erforderlich wären.]

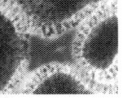

AUFGABE 3

Der erste Stich führt dazu, dass das Immunsystem mit dem im Insektengift enthaltenen Allergen Kontakt bekommt und bewirkt so eine Sensibilisierung. Das Allergen (= Antigen) wird von B-Lymphocyten aufgenommen, Teile davon werden anschließend an deren Oberflächen präsentiert. Die präsentierten Antigenbestandteile werden von T-Helferzellen erkannt. Die T-Helferzellen schütten daraufhin Cytokine aus und stimulieren B-Zellen zur Produktion von spezifischen Immunglobulinen [vom IgE-Typ]. Diese Antikörper binden an die Oberfläche von Mastzellen. Hier dienen sie sozusagen als »Andockstelle« für die Allergene. Kommt es bei einem weiteren Stich des gleichen Insekts zu einem erneuten Eindringen derselben [oder sehr ähnlicher] Allergene, so binden diese dieses Mal direkt an die auf den Mastzellen befindlichen Immunglobuline, wodurch die Mastzellen sofort eine heftige allergische Reaktion auslösen (meist verbunden mit einer starken Ausschüttung von Histamin).
[S. hierzu auch Abb. 243.1 im Schülerband.]

AUFGABE 4

Das Immunsystem eines Allergikers wird während der Behandlung durch regelmäßige Verabreichung zunächst kleinerer, später größer werdender Dosen des Allergens an die Allergie auslösende Substanz »gewöhnt« und dadurch gegenüber dem spezifischen Allergen unempfindlicher gemacht.

Die eigentliche hyposensibilsierende Wirkung erfolgt über die Beeinflussung so genannter regulatorischer T-Zellen. Dieser Zelltyp setzt Mechanismen in Gang, die die Intensität einer allergischen Reaktion steuern. Es kommt zu einer gewissen »Gewöhnung«, die dazu führt, dass das Immunsystem »lernt«, auf den Einfluss bestimmter Allergene nicht mit überschießenden Reaktionen zu antworten. Es kommt dann zu einer deutlich verminderten oder gar keiner Ausschüttung entzündungsfördernder Substanzen.

AUFGABE 5

Allergie: ungewöhnlich starke, übermäßige Reaktion des Immunsystems auf Antigene, die ansonsten (d. h. bei normalem Immunsystem nicht allergischer Personen) keine größeren Reaktionen hervorrufen.
Beispiele: Heuschnupfen, Hausstaub-, Schimmelpilzallergie.
Autoimmunerkrankung: Reaktion und Bildung von Antikörpern gegen körpereigene Stoffe und/oder Zellen. Körpereigene Strukturen (bzw. deren Antigene) werden als körperfremd interpretiert, es kommt anschließend eine Immunreaktion in Gang, die dazu führt, dass körpereigene Zellen beeinflusst oder gar zerstört werden können.
Beispiele: Diabetes mellitus I, Multiple Sklerose, Alopecia areata (Form des Haarausfalls) [s. S. 243 im Schülerband].
Immunschwäche: Unzureichende Entwicklung und/oder starke Störung des Immunsystems, hierdurch verursacht wird eine mangelhafte oder völlig ausbleibende Immunreaktion. Häufig erkranken bzw. sterben die Personen an zusätzlich auftretenden Infektionen (Hyperinfektionen), die im Normalfall für sich alleine keine schwerwiegenden Auswirkungen haben. Sie können im Falle einer Immunschwäche aber vom Immunsystem nicht mehr erfolgreich bekämpft werden und führen dann zu größeren gesundheitlichen Problemen bis hin zum Tod der Betroffenen [s. hierzu S. 244 – 245 im Schülerband].
Beispiel: AIDS (Befall der T-Helferzellen als zentrale Steuerorgane der Immunabwehr).

Weiterführende Aufgaben

AUFGABE

Erstellen Sie eine Concept Map, die die Prozesse und die Reaktionen des menschlichen Immunsystems bei einer Pollenallergie (»Heuschnupfen«) verdeutlicht.

Lösung

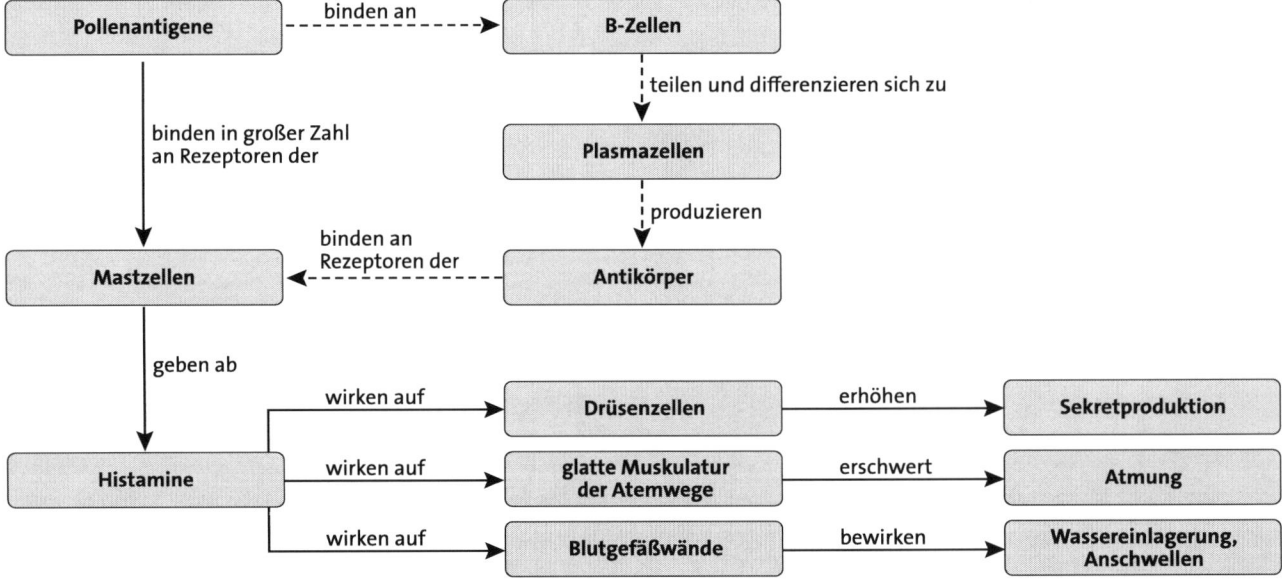

Rätsel

»Rätselhaftes« Immunsystem (S. 78)

Mit Ihren Kenntnissen zum Immunsystem sollten Sie das folgende Rätsel lösen können. Hinweis: Ä = AE, Ö = OE, Ü = UE. Die Buchstaben in den markierten Feldern ergeben, in der richtigen Reihenfolge angeordnet, das Lösungswort. Es besteht aus zwei Begriffen und umschreibt das Ergebnis einer bestimmten Immunreaktion.

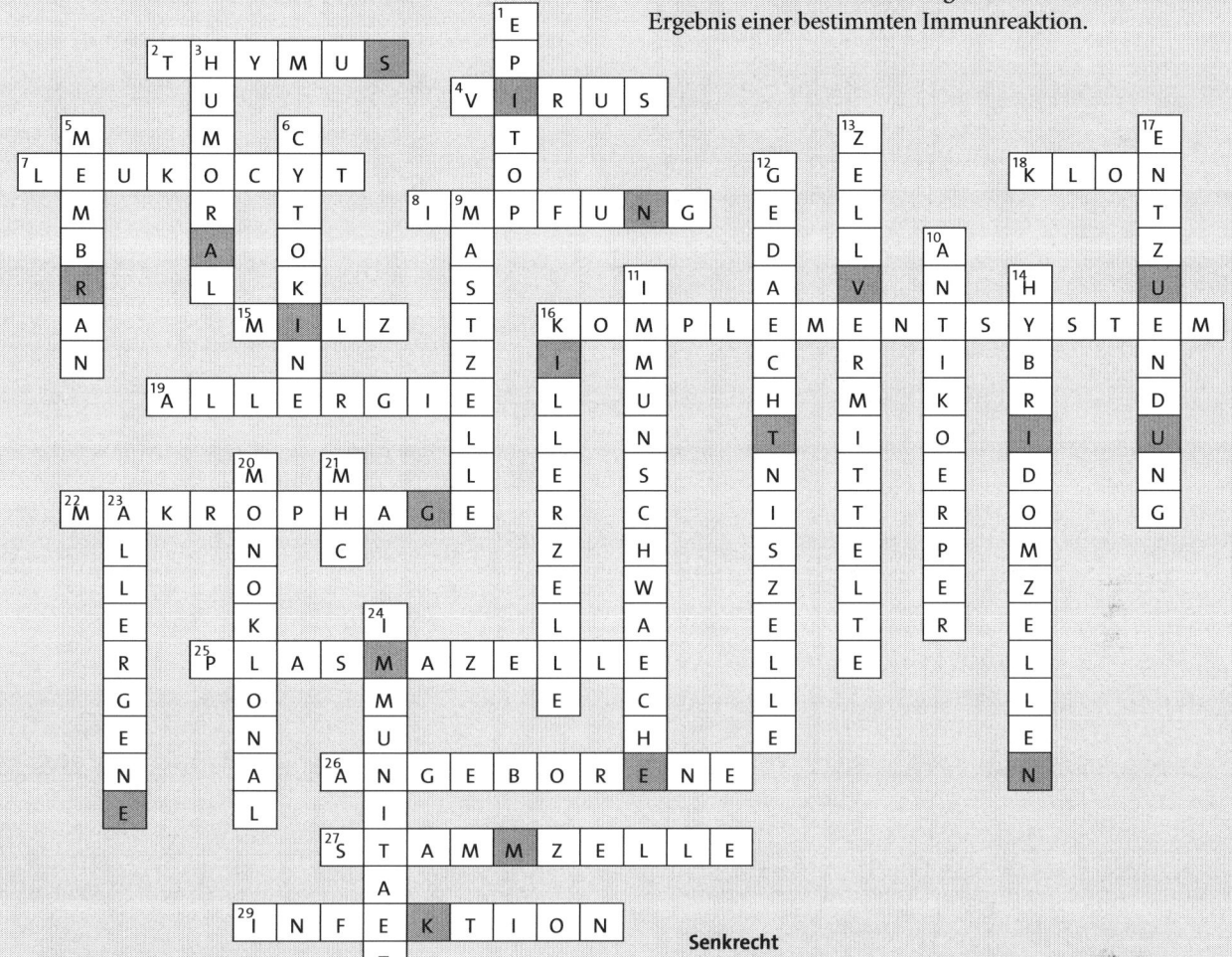

Waagerecht

2 Lymphocyten bildendes Organ
4 Krankheitserreger, der nicht alle Kennzeichen des Lebendigen zeigt
7 Weiße Blutzelle
8 Methode, den Körper gegen bestimmte Krankheitskeime zu immunisieren
15 lymphatisches Organ
16 Gruppe von Proteinen, die an der Zerstörung von Mikroorganismen beteiligt sind
18 Gruppe aus erbgleichen Zellen
19 Überempfindlichkeit gegenüber bestimmten Antigenen
22 Fachbegriff für Fresszelle
25 Antikörper produzierender Leukocyt
26 Die … Immunabwehr ist von Geburt an funktionstüchtig
27 Zelltyp, aus dem sich alle anderen Zelltypen entwickeln können
29 Eindringen eines Krankheitserregers in den Körper und anschließende Vermehrung des Erregers

Senkrecht

1 Bindungsstelle auf der Oberfläche eines Antigens
3 die Immunabwehr, die sich gegen frei im Blut befindliche Erreger richtet, heißt …
5 äußere Begrenzung einer tierischen Zelle
6 Botenstoffe im Immunsystem
9 Histamin freisetzende Zelle
10 Proteine, die Antigene spezifisch binden können
11 krankhafte Störung des Immunsystems
12 Zelltyp, der bei der Zweitinfektion von großer Bedeutung ist
13 die … Immunabwehr richtet sich gegen Erreger, die in Zellen eingedrungen sind
14 Zellverschmelzungen aus Tumor- und Plasmazellen
16 Zelltyp, der infizierte Zellen zerstört
17 immunologische Reaktion eines Gewebes auf einen schädigenden Reiz (oft verbunden mit einer Schwellung und Rötung)
20 Antikörper, die aus Hybridomzellen hervorgehen, nennt man … (Adjektiv)
21 Proteine, die der Präsentation von Antigenbruchstücken dienen, heißen … (Abk.)
23 Stoffe, die Allergien auslösen können
24 dauerhafte Abwehrfähigkeit gegenüber einem Erreger

Lösungswort: A K T I V E I M M U N I S I E R U N G

Immunbaukasten (S. 79)

Konzeption des Arbeitsblattes

Dieses Arbeitsblatt dient der Einübung der komplexen Vorgänge der humoralen und der zellvermittelten erworbenen Immunabwehr. Mit Hilfe von ausgeschnittenen und frei verschiebbaren Legekärtchen ist ein flexibles Arbeiten, auch in der Gruppe, möglich. So können die verschiedenen Prozesse entweder zusammen oder auch voneinander getrennt simuliert werden. Hierdurch wird es den Schülerinnen und Schülern ermöglicht, einzelne Teilaspekte des komplexen Geschehens herauszugreifen und die zugehörigen Abläufe nachzuvollziehen. Inhaltliche Grundlage zur Bearbeitung der Aufgaben sind die Informationen auf den Seiten 238 – 239 im Schülerband.

Geforderte Kompetenzen: Modellbildung, Repräsentationswechsel (Visualisierung einer schriftlichen Information; Anwenden neuer Modelle auf einen bereits bekannten Zusammenhang), Argumentieren.

Einsatz des Arbeitsblattes im Unterricht

Das Arbeitsblatt sollte erst eingesetzt werden, wenn gefestigte Kenntnisse zur zellvermittelten und humoralen erworbenen Immunabwehr vorhanden sind, damit die Erarbeitung nicht zu sehr zu einem bloßen Herumprobieren gerät, dessen Ergebnisse ständig korrigiert werden müssen. Die Schülerinnen und Schüler sollten die grundlegenden Abläufe immunologischer Prozesse beherrschen und die gegenseitigen Beeinflussungen von Zellen und Botenstoffen kennen. Der »Immunbaukasten« eignet sich somit vor allem zur Überprüfung und Festigung von erlernten Inhalten und Zusammenhängen, insbesondere auch zur Vorbereitung auf eine Klausur.

Die Aufgaben können auch zur Gruppenarbeit eingesetzt werden; die Kombination mehrerer Sätze von Legekärtchen erlaubt dann das gleichzeitige Darstellen mehrerer unterschiedlicher Szenarien immunologischer Vorgänge.

Lösungen und Anmerkungen

AUFGABE 1

[Vor dem Ausschneiden der Kärtchen sollte die Multiple-Choice-Aufgabe auf der Rückseite bearbeitet worden sein. Alternativ kann die Seite auch kopiert werden, möglichst in DIN-A3-Größe. Um den Kärtchen eine höhere Stabilität zu verleihen, kann der »Immunbaukasten« vor dem Ausschneiden (ggf. mit einem Cutter) auf einen stabilen Karton aufgeklebt werden. Wenn gewünscht, können die verschiedenen Komponenten zur besseren Unterscheidung auch mit unterschiedlichen Farben koloriert werden.]

AUFGABE 2

[Für die unterschiedlichen Szenarien ergeben sich verschiedene Konstellationen. Die Abbildungen auf den nächsten beiden Seiten zeigen beispielhaft die Anordnung der Kärtchen für die geforderten immunologischen Vorgänge. Für die Vorgänge, die in den Teilaufgaben von 2. visualisiert werden sollen, wird jeweils nur ein Teil der Legekärtchen benötigt. Um die Wechselwirkungen zwischen den beteiligten Komponenten des Immunsystems zu verdeutlichen, werden die Kärtchen auf ein Blatt Papier gelegt und dann die Beziehungen durch geeignete Symbole gekennzeichnet (Vorschläge finden sich bei den Abbildungen mit den Lösungsvorschlägen; auch verschiedenfarbige Pfeilsymbole sind denkbar).

Die Schülerinnen und Schüler können die Ergebnisse der Aufgaben a) und b) selbstständig mit Hilfe von Abb. 238.1 im Schülerband kontrollieren, die Resultate von Teilaufgabe c) anhand des Schemas in Abb. 239.1.]

a) Frei im Blut vorliegende Antigene, z. B. Bakterientoxine oder Oberflächenantigene von Krankheitserregern, rufen eine humorale Immunabwehr hervor. Bei einem Erstkontakt mit dem Antigen greifen noch keine Gedächtniszellen in die Immunprozesse ein, werden aber im Verlauf der Reaktion gebildet. Für das Legebild werden folgende Elemente benötigt [s. Abb. zu 2. a]:
Antigen (2x) – Makrophage mit endocytiertem Antigen – T-Zelle – T-Gedächtniszellen – T-Helferzelle in Vermehrung – Cytokine (2x) – T-Helferzelle Gedächtnis – B-Zelle – B-Zelle in Vermehrung und Differenzierung – B-Gedächtniszellen – Plasmazelle – Antikörper.

b) Viren sind intrazelluläre Parasiten; werden Zellen von Viren befallen, kommt es zu einer zellvermittelten Immunantwort. Für das Legebild werden folgende Kärtchen benötigt [s. Abb. zu 2. b)]:
Makrophage mit Virus – Cytokine – T-Killerzelle – T-Gedächtniszellen – T-Killerzelle in Vermehrung – T-Killerzelle aktiviert – T-Helferzelle in Vermehrung – infizierte Zelle – Giftstoffe – lysierte infizierte Zelle.

c) In Abhängigkeit vom Erregertyp laufen bei Zweitinfektion zwei verschiedene Mechanismen der Immunabwehr ab. Bei einem im Blut befindlichen Antigen kommt es wiederum zu einer humoralen Immunabwehr (A), bei einem neuerlichen Virusbefall zu einer sekundären zellvermittelten Immunabwehr (B). Für die beiden Legebilder werden folgende Elemente benötigt [s. Abb. zu 2. c)]:

A: Antigen – T-Helferzelle Gedächtnis – B-Gedächtniszellen – Plasmazelle – Antikörper;
B: T-Helferzelle Gedächtnis – T-Helferzellen – T-Killerzelle

aktiviert – infizierte Zelle – Giftstoffe – lysierte infizierte Zelle; zusätzlich ist ein Virussymbol (als selbst erstelltes Kärtchen oder Zeichnung) erforderlich.

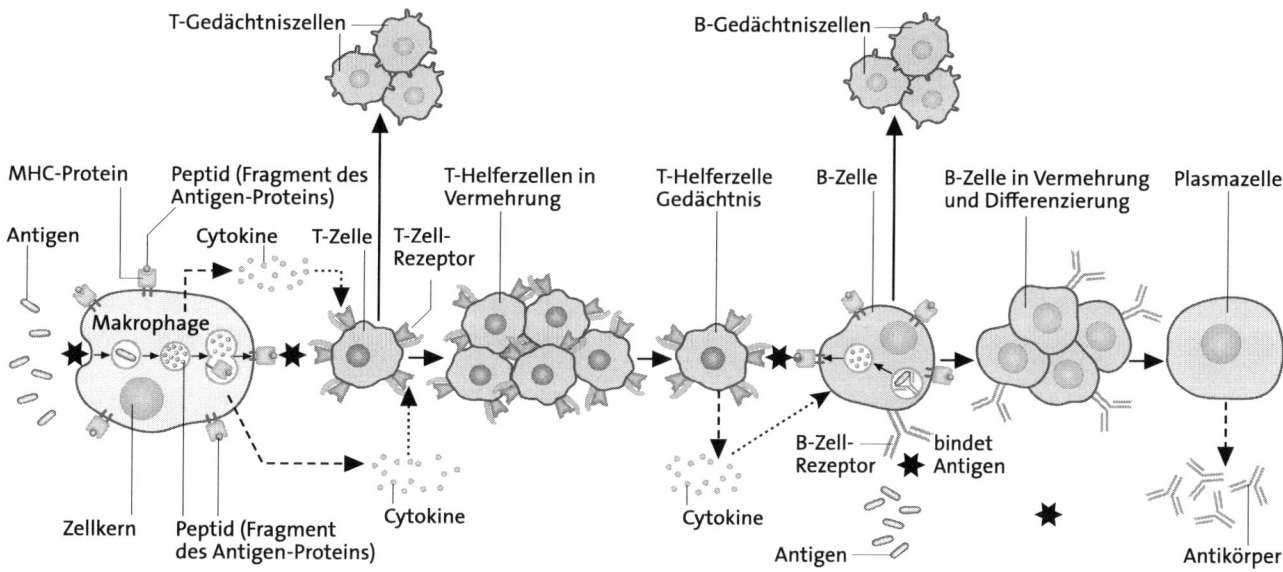

2.a: Humorale Immunabwehr
Bedeutung der Symbole: Stern = »bindet an«; normaler Pfeil = »entwickelt sich zu«; punktierter Pfeil = »aktiviert«;
gestrichelter Pfeil = »produziert«; punktierter Pfeil mit Kugelspitze = »zerstört/inaktiviert«

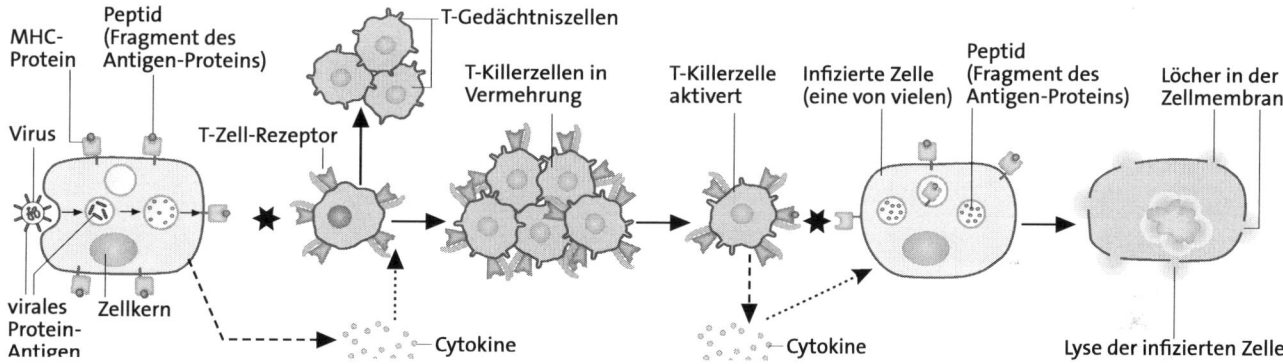

2.b: Zellvermittelte Immunabwehr

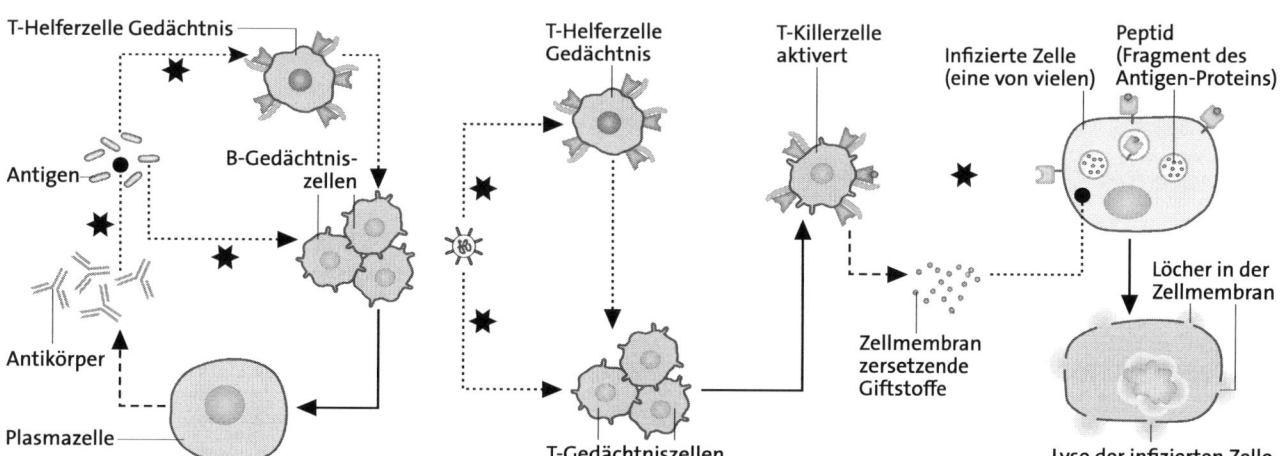

2.c: Links: Humorale Immunabwehr nach einer Zweitinfektion mit einem im Blut vorliegenden Antigen;
rechts: zellvermittelte Immunabwehr nach einer Zweitinfektion mit einem Virus

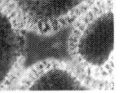

AUFGABE 3

[Für das Legebild werden fast alle Kärtchen der Seite benötigt; eine mögliche Lösung der Aufgabe zeigt die folgende Abbildung. Das Ergebnis, das eine Kombination der Lösungen von Aufgabe 2 darstellt, kann von den Schülerinnen und Schülern wiederum anhand des zusammenfassenden Schemas auf S. 239 im Schülerband überprüft werden.

Bei der Darstellung der immunologischen Reaktionen sind verschiedene lösliche Elemente, insbesondere die Proteine des Komplementsystems sowie inaktivierende Cytokine (vgl. Schülerband S. 239), aus Vereinfachungsgründen nicht berücksichtigt.]

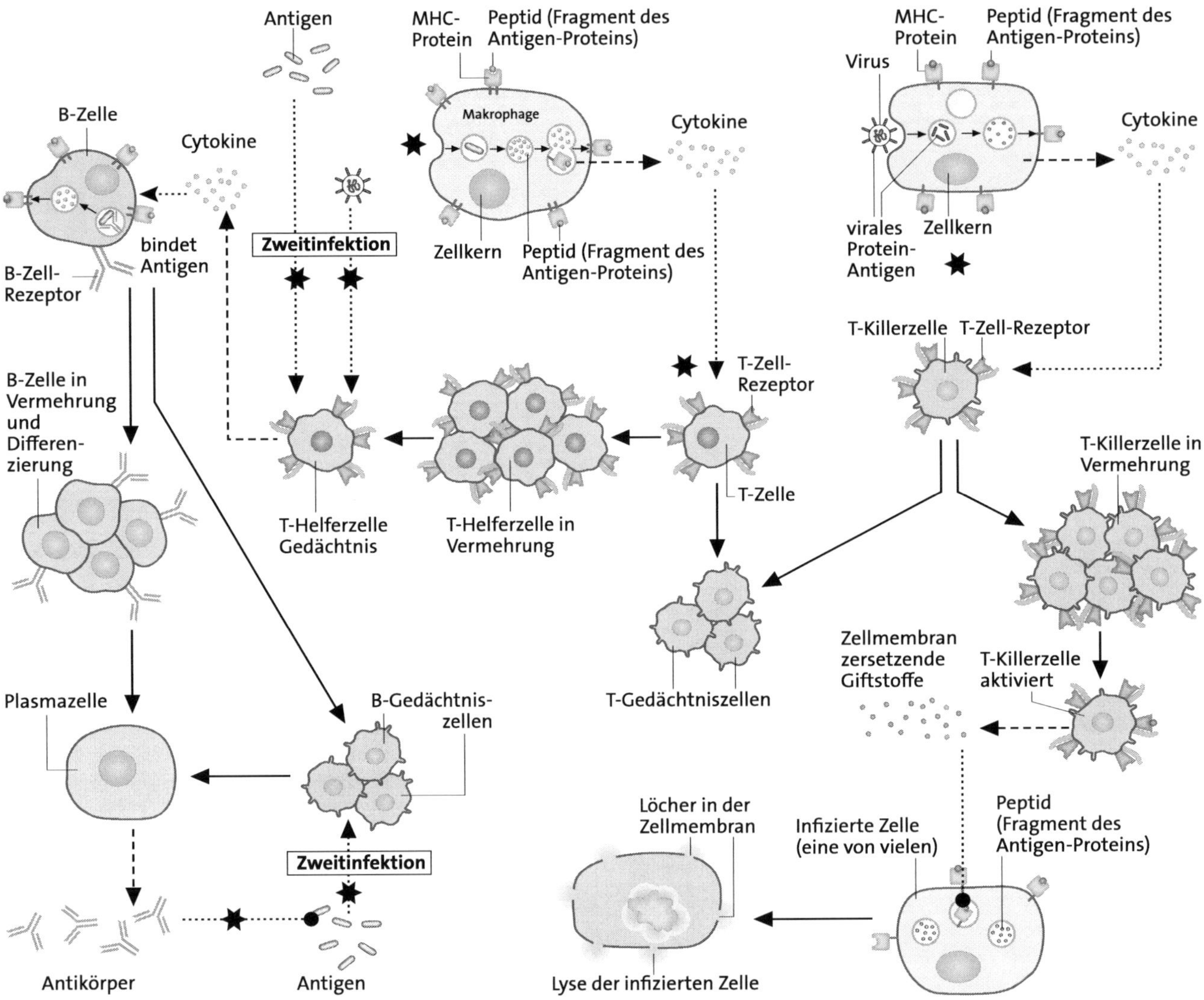

3.: Legebild zum Zusammenspiel von humoraler und zellvermittelter Immunabwehr

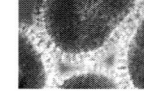

Eine starke Verteidigung (S. 80)

Konzeption des Arbeitsblattes

Das letzte Arbeitsblatt erfordert einen Überblick über das gesamte im Schülerband vermittelte Wissen zum Thema Immunbiologie. In diesem Multiple-Choice-Test werden beispielhaft Aspekte aus den verschiedenen Bereichen dieser biologischen Teildisziplin angesprochen, darunter auch das bisher nur am Rande erwähnte Thema »HIV und AIDS«.

Geforderte Kompetenzen: Argumentieren, Gebrauch der Fachsprache.

Einsatz des Arbeitsblattes im Unterricht

Das Arbeitsblatt kann zur Überprüfung am Ende der unterrichtlichen Behandlung de Themas »Immunbiologie« eingesetzt werden. Ergänzend zur eigentlichen Aufgabe, die richtige(n) Aussage(n) zu markieren, können die Schülerinnen und Schüler die falschen Aussagen kommentieren und erklären, worin der jeweilige Fehler besteht.

Lösungen und Anmerkungen

Die korrekten Lösungen zu den sechs Multiple-Choice-Aufgaben sind auf der nächsten Seite zu finden. In den folgenden Anmerkungen sind erläuternde Hinweise und Korrekturen zu den Aussagen zusammengestellt.

1. a) Leukocyten und Erythrocyten gehen beide aus adulten Stammzellen hervor; rote Blutzellen entstehen also nicht aus (bereits ausdifferenzierten) weißen Blutzellen.
    b) Leukocyten enstehen zwar aus Vorläuferzellen, aber diese nicht aus Erythrocyten.
    c) Lediglich die Erythrocyten sind kernlos. [Dies gilt allerdings lediglich für die roten Blutzellen der Säugetiere; die der übrigen Wirbeltiere enthalten einen Zellkern.]
    d) Leukocyten gehen nicht unmittelbar aus embryonalen Stammzellen hervor, sondern diurekt oder indirekt aus adulten Stammzellen.

2. b) Bei Zweitkontakt mit dem gleichen Erreger (bzw. dessen Antigenen) wird die Gedächtniszelle rascher aktiv als die undifferenzierte Vorläufer-B-Zelle.

3. b) Neben den Immunglobulinen der G-Klasse, die mit 80 % den größten Teil der Antikörper im menschlichen Körper ausmachen, gibt es noch eine Reihe weiterer IG-Typen (s. S. 235 im Schülerband).
    c) Antikörper binden zwar an die Antigene und tragen damit wesentlich zur humoralen Immunantwort bei, doch erfolgt die Zerstörung der eingedrungenen Erreger durch Makrophagen oder andere Weiße Blutzellen, die die Immunkomplexe phagocytieren und so die Antigene unschädlich machen. Eine wichtige Rolle beim Abbau der Erreger spielt das Komplementsystem, das etwa die Zellmembran von durch Antikörper markierten Bakterien öffnet und diese dadurch abtötet.
    d) Zur Rekombination der Gensegmente während der Lymphocytenreifung s. Aufgabe 5 auf S. 248 im Schülerband.

4. b) Antikörper sind typische Komponenten der humoralen Immunantwort. Bei der zellvermittelten Immunabwehr spielen sie keine Rolle; diese erfolgt ausschließlich mit Hilfe verschiedener Leukocytentypen.
    d) Die Antigen-Antikörperkomplexe sorgen für eine Aktivierung des Komplementsystems.

5. a) Die Aussage ist falsch – die Antigene der Pocken- und Kuhpockenerreger sind sich sehr ähnlich, sodass die gegen Kuhpockenviren gebildeten Antikörper bei einer Infektion mit Pockenviren auch diese erfolgreich bekämpfen, es also zu einer Immunisierung kommt.
    b) Nicht alle aktiven Immunisierungen verleihen dem Geimpften lebenslangen Impfschutz, wenn auch viele Schutzimpfungen jahrelang wirksam sind. Die Aussage ist also falsch.
    c) Bei einer passiven Immunisierung werden dem Körper von außen Antikörper gegen den zu bekämpfenden Erreger zugeführt; der Körper produziert selbst keine Antikörper (daher der Begriff »passive« Immunisierung). Auch diese Aussage ist daher nicht korrekt.

6. a) Bei einer Allergie kommt es zu einer besonders heftigen, unverhältnismäßigen Reaktion des Immunsystems auf ein bestimmtes Allergen.
    c) Die meisten Patienten mit einer Immunschwächekrankheit, insbesondere AIDS-Patienten, sterben an ansonsten vergleichsweise harmlosen Infektionskrankheiten, da ihr unzureichend funktionierendes Immunsystem dem Körper auch bei normalerweise nicht tödlich verlaufenden Krankheiten keinen oder einen zu geringen Schutz verleiht.
    d) HI-Viren sind außerhalb des menschlichen Körpers nur sehr kurze Zeit lebensfähig; durch einen normalen Körperkontakt mit einem HIV-Infizierten kann nach derzeitigem Kenntnisstand das Virus nicht übertragen werden.

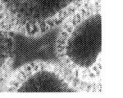

Eine starke Verteidigung

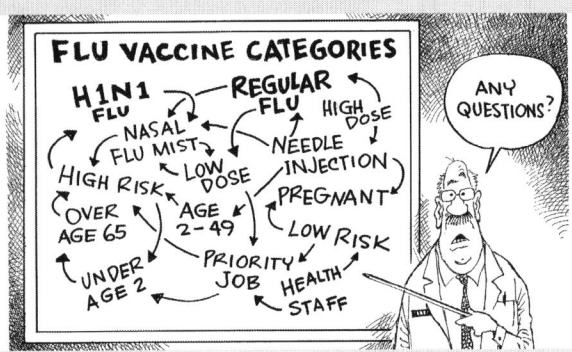

Bei den folgenden Multiple-Choice-Fragen zum Thema Immunbiologie können Sie Ihre fachlichen Kenntnisse unter Beweis stellen. Bei einigen Aufgaben können auch mehrere Aussagen zutreffen.

1. Weiße Blutzellen (Leukocyten) …

- ☐ … sind Zellen, aus denen sich durch Differenzierung Rote Blutzellen (Erythrocyten) entwickeln.

- ☐ … entstehen immer aus Vorläuferzellen, die wiederum aus Erythrocyten hervorgehen.

- ☒ … besitzen einen Zellkern.

- ☐ … entwickeln sich unmittelbar aus embryonalen Stammzellen.

2. Welche der folgenden Aussagen ist/sind falsch?

- ☐ Unter einem B-Zellklon versteht man B-Zellen, deren Rezeptoren alle das gleiche Antigen binden können.

- ☒ Eine B-Gedächtniszelle wird bei erneutem Kontakt mit demselben Erreger langsamer teilungsaktiv als die B-Zelle, aus der diese B-Gedächtniszelle durch Differenzierung hervorging.

- ☐ Unter Immunität versteht man eine langfristige oder sogar dauerhafte Abwehrfähigkeit gegenüber dem gleichen Erreger.

- ☐ Antigenpräsentierende Zellen aktivieren Lymphocyten, die passende Rezeptoren für das entsprechende Antigen besitzen.

3. Antikörper …

- ☒ … besitzen sowohl konstante als auch variable Regionen.

- ☐ … gehören alle zur Gruppe der Immunglobuline G.

- ☐ … haben die Aufgabe, die Antigene der Krankheitserreger zu zerstören.

- ☒ … werden jeweils durch mehrere Genabschnitte codiert.

4. Welche der folgenden Aussagen zur zellvermittelten und humoralen Immunantwort ist/sind falsch?

- ☐ Die zellvermittelte Immunabwehr richtet sich gegen körpereigene Zellen, die von Krankheitserregern befallen sind.

- ☒ Ein wesentliches Instrument der zellvermittelten Immunabwehr sind spezifische Antikörper, die an bestimmte Oberflächen-Antigene der Krankheitserreger binden.

- ☒ Die aus Antigen- und Antikörpermolekülen gebildeten Immunkomplexe inaktivieren das Komplementsystem.

- ☐ Antigene aktivieren die humorale Immunabwehr.

5. Vier Aussagen zum Thema Immunisierung:

- a) Die von EDWARD JENNER durchgeführte Immunisierung war nur möglich, weil sich Kuhpocken und Menschenpocken in ihren Antigenen deutlich voneinander unterscheiden.
- b) Nach jeder aktiven Immunisierung ist der Körper ein Leben lang gegen den entsprechenden Krankheitserreger immun.
- c) Der Sinn einer passiven Immunisierung besteht darin, den menschlichen Körper zur Bildung spezifischer Antikörper zu veranlassen.

- ☐ Alle Aussagen sind richtig.

- ☐ Aussage a) ist richtig, b) und c) sind falsch.

- ☐ Die Aussagen a) und b) sind falsch, c) ist richtig.

- ☒ Alle Aussagen sind falsch.

6. Kreuzen Sie die richtige(n) Aussage(n) zu den Themen »Allergie« und »Immunschwächekrankheiten« an.

- ☐ Unter einer Allergie versteht man eine zu gering ausgeprägte Reaktion des Immunsystems auf eingedrungene Allergene.

- ☒ Die Ausschüttung von Histamin führt zu stärkerer Sekretproduktion, z. B. in der Nasenschleimhaut.

- ☒ Eine Immunschwäche des Körpers kann dazu führen, dass ansonsten harmlos verlaufende Infektionskrankheiten dem Körper sehr gefährlich werden können.

- ☐ HI-Viren sind deshalb so gefährlich, weil sie auch außerhalb des Körpers lange überlebensfähig sind und bei Kontakt mit dem menschlichen Körper sofort infektiös werden können.